壹卷
YE BOOK

让思想流动起来

论世衡史
- 丛书 -

昨日之我与今日之我

当代史学的反思与阐释

杨念群 著

四川人民出版社

图书在版编目（CIP）数据

昨日之我与今日之我：当代史学的反思与阐释/杨念群著.
—成都：四川人民出版社，2020.11
ISBN 978-7-220-11922-4

Ⅰ.①昨… Ⅱ.①杨… Ⅲ.①史学思想—研究—中国—现代
Ⅳ.①K092.7

中国版本图书馆CIP数据核字（2020）第134745号

ZUORIZHIWOYUJINRIZHIWO——DANGDAISHIXUEDEFANSIYUCHANSHI
昨日之我与今日之我
——当代史学的反思与阐释

杨念群　著

出版人	黄立新
策划统筹	封　龙
责任编辑	赵　静　冯　珺
版式设计	戴雨虹
封面设计	周伟伟
责任印制	周　奇
出版发行	四川人民出版社　（成都市槐树街2号）
网　址	http://www.scpph.com
E-mail	scrmcbs@sina.com
新浪微博	@四川人民出版社
微信公众号	四川人民出版社
发行部业务电话	（028）86259624　86259453
防盗版举报电话	（028）86259624
印　刷	成都东江印务有限公司
成品尺寸	145mm×210mm
印　张	17.75
字　数	420千
版　次	2020年11月第1版
印　次	2020年11月第1次印刷
书　号	ISBN 978-7-220-11922-4
定　价	86.00元

■版权所有·侵权必究
本书若出现质量问题，请与我社发行部联系更换
电话：（028）86259453

昨日之我与今日之我
——关于学术历程的对话与反思（代序）

问：你在2000年出版的自选集和一些文章中都提到过，自己属于出生于60年代的这一批被称为"新生代"的学人，在你看来，这样一种时代背景对个人的经历和生命感受是否产生了特定的影响？

答：影响肯定不是没有的。60年代出生的这批学人开始独立思考和表达的时候，正赶上80年代的所谓"新启蒙"时期，我们这批人虽不是思想舞台的主角，但几乎都被当时激情荡漾的启蒙风潮震撼过，可以说80年代的思想遗产改变了我们设问历史问题的惯用方式，历史研究中各种灵动的、富有冲击力的思想"话题"开始吸引我们的眼光，相比之下以前那种体力比拼式的考证风格就显得黯然失色了。也就是在这个时候，在经历了严谨而苛严的史学训练之后，我们已经开始关注历史对研究者、对个人生命感受本身的意义。

所以对于我们这代人,80年代具有特殊的意义,也让人经常产生各式各样的怀想。但和50年代出生的人相比,我们这代人恐怕连最末一批戴上袖章的红卫兵也算不上,也不具备那种在基层社会中经过磨炼的复杂阅历,我们的回忆只可能是片断的、个体化的,没有那种因共同的上山下乡经历而形成的集体记忆,以及由此形成的凝聚力和认同感。和以后出生的"新新人类"相比,我们又没有他们彻底入世的品性,所以60年代人的心灵史颜色看上去有点苍凉,也带一点消极迷惘的气质。我有一个感觉,60年代人研究历史所采取的基本态度和方法总与他们回忆过去的方式相关,这种对现实的关注投影到历史研究中必然影响到我们认知历史的态度。在我自己20年的学术生涯中就经常感到有一种犹疑、紧张和自我否定的色彩,难以保持思想的连贯性,回头看来颇有"昨日之我与今日之我战"的味道。其实自己学术观念的变迁,不仅是个人际遇的真实反映,也是时代变革主题直接孕育的结果。

问:那么,在你自己的学术经历中是否能找到当时学院整体氛围的印记?

答:那时的校园氛围比现在要宁静许多,也单纯许多。1981年,我进入中国人民大学历史系学习,之后的学术生涯几乎完全是在学院的围墙中度过的。当时历史系的断代史课程都是由德高望重的老先生主讲,这种训练容易使人打下比较扎实的文献史料功底,又得以完整掌握中国历史发展的基本线索,这些对于以后的研究工作都是必需的。但我一直认为,这种训练只是给你提供了一种治学的平台,甚至可能仅仅是个入门的机会,却不能证明你就真的适合做史学研究,因为经过严格的史料解读训练之后,最重要的是要看你是否有能力运用主观的想象力去建立起这些史料之间的联系，而要摸索到这些联系，就要学会兼容各种对立的立场、以独立思考的精神开展对话和学术批评。

可以说对历史解释能力的大小，往往主要取决于研究者自身的反思能力而不仅仅是爬梳史料的能力，因而研究者是否具有和在何种程度上具有"问题意识"是至关重要的，这恰恰是中国传统史学训练比较欠缺的地方。

问：你对"中层理论"的倡导和建构是否主要针对这种欠缺呢？

答：有这方面的考虑。我一直认为，没有出色的理论背景做观照，仅靠量化的史料收集和堆砌是无法指导我们认识复杂的历史真相的。我们以往的历史研究中有一个致命的问题，就是在各种外在的尺度下预先规定了历史时间的本质含义。留给历史学家的工作好像就是给已经贴好标签的事件加上某种解释，从此形成了既定框架内单一的叙事风格。目前国内史学研究大体上仍然是采取"革命史观"和"现代化史观"两种视野，二者基本上都是对历史进行线性的认知诠释。

中国在20世纪初年所形成的具有现代意义的社会史研究传统，由于不断在论证或批判现代民族—国家建构的合理性和不合理性，或者为革命动员提供历史性依据，所以社会史研究大多采用集体叙事的手法，揭示中国社会与外部世界的关系，书写形式基本上也是以大通史或断代史的宏观叙述为主。进入80年代，一些崇尚传统述史风格的社会史家，为了回避集体叙事的意识形态制约，从儒道佛的经典资源中提炼出连续性的要素，用以和西方争夺对现代社会演变解释的发明权；或者回归乾嘉传统治史方法，专注于史料的整理钩沉。这些细节描绘足以弥补大叙事粗线条述史之不足,然而其认知方式仍然是精英式的,始终没能建构起诠释民间基层历史的有效框架。多少年来,中国社会史界一直在寻找把宏大叙事与乾嘉式的史料钩沉风格进行有效衔接的突破性方法,为了避免简单化的政治图解或碎屑的朴学遗风这两个极端。在这个背景下,可以说"中层理论"的建构主要旨在发现协调两个极端取向的可行性方案。

问:"中层理论"所说的"中层",是一种什么意义上的"中层"?

答:"中层理论"是由美国社会学家默顿提出的社会学方法,主要是想对那些解释社会构造时所采取的无所不包的功能主义大框架进行修正。具体到研究中,"中层"的意义可以在许多层面上体现出来。实际上从中国传统的官史书写到80年代以后流行的现代化叙事,其中都有一个明显的倾向,就是以国家为整个历史行为的承担者,"社会"的这个层面是被略去了的,这种倾向在被意识形态化了的马克思主义理论中得到了强化,一直渗透在历史学基本研究方法中。因此,如何摆脱仅仅关注国家上层历史的单向思路,赋予社会史资源以应有的地位和价值,也就形成了一个最基本的走进"中层"的问题。已经有一些学者前辈在这方面做出了开拓性的研究,比如费孝通认为中国传统社会分上下两个层次,下层对上层并不是完全的从属,而是自有一套自治规则,并且以应对和妥协的对话方式对上层统治加以渗透。这种提法在当时引起很大争议,但这种思路还是延续下来,在20世纪50年代被一些留美学者如张仲礼、萧公权等人吸取过去,在现在的美国中国学领域都有所反映。

我在史学界提出"中层理论",也旨在呼吁运用一些属于"中层"的概念,对中国本土的历史经验加以解释。实际上我并不主张在"国家""社会"之间必须作出一个清晰明确的边界划分,因为国家与社会的对峙本来是一个非常西方化的提法,西方社会学领域通用的"公共领域""市民社会"等概念移植到中国之后,在解释中国社会转型时遇到了困难,正是因为这些概念在西方已经被清晰地界定为一个具体的场域,也就是通过咖啡馆、出版物、社团等形成的所谓"中产阶级",而这个场域在中国是不存在的,即使能发现某些表象,也是移植而不是自发形成的,完全不同于中国本土的自治方式。所以我们应该注重一些经过严格界定和验证的"中层"概念,比如黄宗智提出的"过密化"概念,从经济史的角度描述江南劳动力和生产量的关系,它虽然是一个地区性的概念,但在提供一种趋势性的解释方面具有非常有益的导向作用。

问:你在《中层理论》中大量引证了美国中国学领域的研究成果,你认为这对于中国史学界有哪方面的借鉴作用?

答:引述域外中国学研究成果的主旨仍然是想和国内史学界习用的理论前提加以对照和参证,寻求建立"中层理论"的可能性。因为美国中国学研究在运用"中层理论"解释中国历史方面表现得最为自觉,积累了相当丰富的经验。总的看来,美国中国学呈现出理论模式快速转换的色彩,各种核心概念从提出到过时,总给人以眼花缭乱的感觉,但我们应该注意到,在这过程中已经形成了新的切入问题的起点,也为下一步的理论转型提供了讨论的前提,从中正可以看出中层理论的活力,它可以将许多原创性的思想成果迅速转化为解释相关问题的工具;同时它具有很强的反思能力,在史料甄别方面也具有革命性的意义,促成了对主流史料和边缘史料的重新审视。

问：为什么在美国中国学研究领域中，你格外看重后现代思潮影响下形成的研究方法和阐释风格？

答：这是90年代以后中国学研究领域出现的重要景观，总的来说是法国哲学家和历史学家福柯对西方启蒙理性的质疑和对现代化线性发展逻辑的批判波及美国的结果。就历史研究而言，后现代理论所提示的其实是一个常识性的认知问题，那就是历史学家研究历史时往往是在已经知道结果的情况下进行的追溯和确认，许多因果关系都是在这种事后追认的状态下得出的，这和历史现场中的人们体验历史的方式就有了根本不同。而后现代主义采取了将历史碎片化的立场，打破了以往事后追认的认知模式，重新赋予历史事件以个性化的意义。其实70年代美国中国学研究者柯文就已经提出了这个问题，认为历史研究的意义在于按照事物丰富多彩的个性重建过去，而不是寻找"本质"或规律的东西。

问：当前"地方史"研究的兴起是否受到了"后现代"思潮的直接影响？

答：二者之间确实有比较密切的关系。目前中国的"地方史"研究基本上受两个思路支配：一是国家—社会互动关系模式，一是对"文化"作为传统象征资源如何支配基层社会生活的探察。前一个思路接近现代主义思维方式，后一个思路比较清晰地体现了"后现代"思潮在史学界的影响。"后现代"叙事模式的引入有助于克服中国史界长期难以从政治意识形态的控制中摆脱出来的困境，但目前呈现出来的弊端是容易忽略对现代化过程作为支配性因素所造成的影响的分析，而刻意强调对现代化后果的抵抗意义。所以一些

"后现代"史学作品,容易给人一个印象,就是对国家上层政治运作的描述往往是相当模糊的,处理得也相对草率。

问:你在研究中所强调的"地方感"和空间概念是否主要受到以福柯为代表的后现代理论的影响?

答:福柯对空间与权利关系的判断主要基于西方社会的历史经验,由他的知识论体系推导出来的制度变迁理论大多可以在西方社会中得到验证,比如知识论可以推导出空间控制技术,任何现代空间的确立都与技术控制有关。这样一种"知识即权力"的认知前提在中国研究者手里往往被简单化了,以我目前所从事的医疗社会史研究为例,我发现,西方医疗体系在中国的确立是个漫长而复杂的过程,因为西方医疗空间在中国并非是一种原生态的事物,当它首次被引入中国时也就不一定具有不证自明的合法性。这时就必须把民间社会的民众对它的认识状况考虑进去,因为对于普通中国人来说,这首先是个本土经验是否认可的问题,另外这样一种认识还会受到非地域性因素的影响,比如都市化的空间制约和国家权力的干预。因此要重建民间基层社会这种真实的感觉结构,就应该首先考虑地方传统在哪些细节上与西方医疗空间达成了微妙的认同关系,其次才可能考虑"地方感"在外界权力强制干预下造成的破损及其影响。我认为在这个层面上的考察和建树,也正是我们可能对西方理论资源加以运用和回应的地方。

问:你认为口述史研究对国内史学界在研究方法上有什么特殊意义?

答:其实"口述史"研究倒是比较明显地表现出了后现代思潮对中国社会学界的影响。在考察"政治记忆"对民间意识的塑造中,"口述史"研究比较集中地使用了福柯关于"权力技术"对社会影响的分析方法,从中往往可以清晰地观察到普通民众对一些历史记忆的删除与国家记忆对民众思维的塑造这两个不同层面的互动场景。实际上"后现代"叙事的一个重要特点,就是力图用历史考古的眼光去解构由现代化逻辑创造出来的群体经验,特别是那些从个人经验出发拼接而成的"群体经验"。从这个角度看,这种解构方式就具有了很重要的建构性意义,我们可以据此对许多现代性问题重新发问。其实,仅在中国走向现代化的这短短百余年间,就存在许多未经反思和发掘的集体记忆场,比如对"文化大革命"的反思为什么总是不能超越个人痛苦的感受层面?正是因为中国学者长期满足于对个人经验的价值评判,而没有在多元的历史考古的层面定义这种评判的合理性标准。如果从"后现代"理论和方法的提示着眼,研究者恰恰需要与个人痛苦保持一定的"间距感",才能在众多历史人物的体验中逼近历史现场。

问:从你的研究经验出发,能否评价一下现在国内社会史、文化史研究的总体状况?

答:自从80年代末传出"史学危机"的呼声以来,产生了很多"社会史""文化史"等边缘研究,似乎打破了以往一元化的阐释方式。然而时隔不久就可看出,这种拓展其实只是一个看似热闹的表象,各种新出现的"社会史""文化史"只有形式上的更新,却很少范式操作意义上的突破。实际上我们所看到的一些社会史、文化史研究仍然是在原来的政治史思路中进行的,不过是把原来的政治史叙事范围加以扩大,将其中的一些问题做了某种外延式的拓展而已,并没有看到目前社会史、文化史研究的最大挑战实际上在于如何摆脱僵化政治史叙事的制约，形成自己独特的解释模式的问题。

其实"中国社会史"研究崛起的背景相当复杂，时间大约是在20世纪90年代初。80年代是中国史学界摆脱传统政治史和经济史研究框架的时期，摆脱方式分别走了两条替代路线，即以"文化史"摆脱"政治史"，以"社会史"摆脱"经济史"。"文化史"研究基本上是受到"文化热"的影响，实际上只不过是思想史研究的另一种说法，基本没有形成自身独特的问题意识和诠释框架，也没有就什么是"文化史"达成共识，许多研究常常是以"学术史"取代了"文化史"。如果硬要概括的话，所谓"文化史"研究基本上没有脱离"观念史"和现代化模式支配下的"社会习俗变迁史"的范围。

问：从你的著述成果来看，你以前似乎比较注重思想文化研究，目前在新社会史方向的倡导和开掘是否意味着个人兴趣取向方面的某种转变？

答：我认为新社会史的一个最主要的任务就是呈现出下层社会在一种什么样的层次和环节上建立同上层的对话和互动关系，这样一种关系在现实中又呈现出怎样的形态，在研究过程中我自己的想法确实经历了一些很明显的变化。但现代史学的创建从根本意义而言就是多学科方法逐渐渗入而史学方法逐渐淡出的结果，实际上现代史学运用最多的社会发展理论本身就是以社会学线性发展观为框架的，并不是传统的史学求证方法。因此现在的社会史研究面临的一个重要问题就是整合其他学科的方法论资源，使中国社会史的研究提升到自觉的理论探索的新高度。具体到地方感觉的塑造，就不应该仅从"帝国的隐喻"或与上层意识沟通的程度这一单面角度加以理解，或仅仅把宗教信仰理解为民间权力的政治表达方式，而是基层民间民众日常生活的具体而细腻的感觉。

问：最近你又针对中国社会史研究的现状提出了重新倡导中国政治史研究的问题，你是如何考虑的呢？

答：中国社会史研究近几年在充分借鉴社会理论方法的基础上有了长足的发展，但也随之出现了一些问题，比如过度注重研究某个区域或村庄群落的历史，而无法在更大的范围内观照更为重大的历史问题。"区域社会史"研究兴起的背景与柯文对"中国中心观"的提倡有密切关系。柯文在提倡中国中心观时表面上针对的是当时美国中国学研究的现状，即过于强调外力对中国社会和政治冲击作用的"冲击—回应"理论和"帝国主义作用"的理论，好像与中国史学在本土的发展并没有直接的关联，所以有人批评国内引进柯文的理论是一种盲从的表现，其实实际情况并非如此简单。国内史学界长期受马克思主义社会发展理论的影响，力图在世界史的进程中找到中国史自身的位置，这样就必然会强调外力因素的影响，包括"帝国主义"与"资本主义"对中国近代历史演变的拉力作用，与美国中国学的区别仅仅在于各自拥有自身的"意识形态"立场罢了。所以，美国中国学界面临的问题同时也是中国史学界面临的问题。因此，仅仅从这个角度否认柯文的意义是远远没有说服力的。

柯文受人类学的影响，强调在空间上对中国加以区分，横向上主张按区域局部地切入，纵向上从上层向下层延伸。他想以此为方法使自己的视角转移到中国历史的内部，寻找中国自身具有的"地方性"，尝试通过这个途径使研究者部分达到所谓"移情"的效果，这是"区域社会史"兴起的外来背景。受柯文及其他人类学家的影响，目前中国社会史研究者基本上都倾向于从"地方社会"的角度理解中国近代的变化轨迹，其实柯文提倡的方法早在20世纪30年代就被一些中国人类学家具体尝试过，如费孝通倡导的民族志研究和对中国社会运行状态所做出的"双轨制"的表述。只不过这种视角经过50年代的"理论旅行"转移到美国之后，经柯文的点拨又重新转回到了国内，这真验证了那句古话："外来的和尚好念经。"

柯文理论的最大问题是，他没有意识到，所谓中国的"地方性"恰恰是一种近代发生的现象，这种"地方性"的存在恰恰是被外来的力量所制约和规范的，这种制约越到近代表现得越加明显。如果没有外来力量的塑造，身处地方社会的人们是不会感受到有所谓"地方性"的，因为他们所处的位置只能使他们拥有一种普遍性的感觉。这就是"普天之下，莫非王土"的心理意义。甚至在某种程度上说，"地方性"是由近代条件下的"普遍性"所决定的。反过来也是一样，现代意义上的"普遍性"也是通过不断界定分散在各地的"地方性"才确立自己的霸权地位的，这是萨义德反复论述过的主题。

这里所说的外力当然不是抽象的所谓"西方势力"，而是经过其影响后的一种复杂的社会运行机制，包括现代政治原则支配下的政治体制。我认为，经过西方塑造后的国家社会动员能力和意识形态显得尤其重要，它们的干预直接使所谓"地方性"以日益明显的状态凸现出来。同时，这种"地方性"的凸现也是伴随着中国被日益纳入世界体系的过程中得以实现的，这是一种复杂的相互缠绕过程。目前，中国"区域社会史"研究中对发掘"地方性"的强调，确实使我们对中国社会的局部认知水平有了很大改观，但其从区域社会和地方脉络中理解上层政治运作的方法尚不足以说明"地方性"何以在近代才凸现的问题。只有充分理解近代塑造"地方性"的外在复杂政治机制,才能理解"地方性"的近代含义。

当然,另外一个极端也应尽量避免,即仅仅把"地方性"看作是近代政治经济单一力量塑造的结果。比如最近有学者提出"现代性悖论"理念,用此描述中国社会转型期所表现出的"欲拒还迎"的态度。但在描述这种理念的时候,却又容易走入政治经济学分析的老路,认为中国社会的变化幅度全部取决于西方对之构造的程度,而没有看出"传统"也有其自发性的塑造社会的力量,甚至这种力量有时足以强大到具备抵抗外力干预的能力。

这样一来,中国社会史研究很容易出现两个极端对立的观点:一种观点认为,为避免大而空疏的毛病,要理解中国这样广大领土上的社会与政治变革,就必须自下而上地从基层地方生活的角度对之加以认识,甚至过于迷信传统有自我再造的能力,上层精英的制度运作也必须从地方社会的具体表现中加以把握;另一派则坚持自上而下地理解中国的社会转变,认为近代中国的变化幅度取决于外部环境引发的政治经济变迁。

而在我看来,中国社会变化并不是"自上而下"或"自下而上"两种单向流动的态势所能单独决定的,而是上层政治经济与基层"地方性"反复博弈互动的结果。在西方影响下的上层制度无疑对地方社会有决定性的改造作用,但这种作用的发生并不意味着地方社会完全采取被动的姿态,以无法抵抗的无奈形式加以盲从和接受。上层政治制度的形成有时也会在吸收地方传统的意义上调整自己的策略,使之具有较大的灵活性。历史证明,中国近代许多历史态势的形成,都是上层与下层反复拉锯式博弈的结果。可我们的历史研究往往只是从单向上理解中国社会的变化,而没有把这种动态的复杂性纳入自己的视野,甚至把对传统"政治史"研究的不满直接转换成对下层的研究态度,而忽略了一个重要问题:如果没有搞明白上层社会的政治运作,也同样很难理解下层社会得以具有所谓"地方性"的缘由。这就是我想重提政治史研究的原因。

目 录

上 篇
"理论旅行"的反省与批评

美国中国学研究的范式转变与中国史研究的现实处境············ 003
  一、美国中国学思潮中的"世界观念"与国内史学的关系 ······ 003
  二、美国中国学研究中的"概念化"倾向 ·················· 011
  三、身处后现代思潮中的"我们"——历史如何重新书写 ······ 022

"理论旅行"状态下的中国史研究······················· 030
  一、导言——理想主义还是现实主义 ····················· 030
  二、由输入到输出——"理论旅行"的若干实例 ············· 036
  三、"理论回流"之后——对若干二元对立概念
  在中国的规范性运用引发的评述与思考 ··················· 052
  四、结语——几点延伸的思考 ························· 072

"后现代"思潮在中国 …… 075
一、中国"后现代"思潮的现代性表述形态 …… 076
二、中国何以不能出现真正的"保守主义" …… 088
三、多学科聚焦视点下的"后现代"修辞 …… 104

儒学作为传统中国"意识形态"合法性的历史及其终结 …… 120
一、"意识形态"理论对中国历史研究的规范作用 …… 120
二、"意识形态"的构造过程
——从上层"象征建构"到底层"文化实践" …… 132
三、"制度成本"与儒家"意识形态"的形成过程
——一个新的视角 …… 154
四、儒家意识形态的"象征建构"与"文化实践"之间的脱节及其后果 …… 173

中层理论与新社会史观的兴起 …… 192
叙事的变迁——政治与社会 …… 192
理论的横移——社会学与历史学 …… 198
历史呈现与划分对象 …… 201
理论的转换——悬置或者批判 …… 208
规范论证与范式迁升 …… 213
中层理论与一代悲剧的终结 …… 217
空间重设与普遍主权 …… 221
中层理论与自由的演进 …… 226

"应然态民主观"的现代范本……………………………………… 232
　　一、历史逻辑的变相延续 ………………………………… 233
　　二、现实逻辑的历史投影 ………………………………… 245

"常识性批判"与中国学术的困境……………………………… 250
　　"识字"的常识性威力 …………………………………… 251
　　"后现代"批评真那么不合时宜吗？……………………… 254

防疫行为与空间政治…………………………………………… 259
　　慈善传统与医疗观念 ……………………………………… 261
　　防疫行为与现代政治 ……………………………………… 267

"市民社会"研究的一个中国案例……………………………… 272
　　冲出"韦伯式圈套"？…………………………………… 272
　　冲突与控制——汉口的近代模式 ………………………… 276
　　"公共领域"的适用限度 ………………………………… 281

下　篇
跨学科入史的探索

梁启超《过渡时代论》与当代"过渡期历史观"的结构……… 289
　　一、《过渡时代论》表述框架中包含的内在紧张 ………… 289

二、克服"文化认同"与"政治合法性"的焦虑
　　　　——从"保教"到"保国" ………………………………… 293
　　三、徘徊于"复古"与"蔑古"之间
　　　　——重建传统道德与现代制度建设的关联性 ………… 298
　　四、对西方"进步史观"的修正及其后果 ………………… 301
　　五、我们需要什么样的"过渡期历史观" ………………… 309

"辜鸿铭现象"的起源与阐释——虚拟的想象抑或历史的真实 … 319
　　一、文化哈哈镜下的辜鸿铭——学术宗师还是复古幽灵 ……… 319
　　二、"自我东方化"——辜鸿铭与西方浪漫派的感应关系 ……… 328
　　三、"国家主义"与"文化主义"的内在紧张
　　　　——道德整体论的困局 …………………………………… 331
　　四、由西徂东——"理论旅行"的现代性意义 ……………… 340

"兰安生模式"与民国初年北京生死控制空间的转换 ………… 347
　　一、从警察空间到医疗空间——生死控制过程如何深化 … 347
　　二、从生到死——传统社区内的仪式表演 ………………… 351
　　三、"兰安生模式"与城市卫生示范区的建立 ……………… 356
　　四、"社区叠合"与生命的"档案化" ……………………… 361
　　五、北京的"街道政治"——抗拒与变迁 ………………… 367
　　六、结论 ……………………………………………………… 378

民国初年北京地区"四大门"信仰与"地方感觉"的构造 …… 380
　　一、民间信仰、宇宙观和"地方感觉" …………………… 380
　　二、"四大门"宗教秩序的非身份化特征 ………………… 385

三、庙神的定期崇拜与"四大门"的喧宾夺主现象 …………… 403
四、顶香看病的个体化特征与社会秩序的维系 ……………… 409
五、"四大门"与草泽铃医
　　——传统乡村医生角色的模糊性 ……………………… 418
六、"巫"与"医"的现代之争
　　——一个乡村医生的生活史 …………………………… 429
七、社会控制机制的转变与"地方感觉"的城乡差异 ………… 445
八、结论 …………………………………………………… 459

华北青苗会的组织结构与功能演变 ………………………… 463
一、"青苗会"组织功能的双面性 …………………………… 464
二、"青苗会"与乡村权力网络 ……………………………… 470
三、结论 …………………………………………………… 474

缠足由"美"变"丑"历史进程的身体政治学分析 ………… 476
一、导论——反缠足运动的三种诠释方法及其修正 ………… 476
二、从审美到卫生——反缠足话语的阶段性建构 …………… 481
三、"缠足之美"与"缠足之痛"
　　——传统与现代理解的错位 …………………………… 498
四、介于现代国家控制与社会风化间的反缠足运动 ………… 515
五、余论 …………………………………………………… 542

上 篇

"理论旅行"的反省与批评

美国中国学研究的范式转变与中国史研究的现实处境

一、美国中国学思潮中的"世界观念"与国内史学的关系

如果从源流上考察,美国现代中国学可以说是在反传统"汉学"的境况下诞生的。①概而言之,所谓传统"汉学"对中国的认识主要源于来华传教士的各种报告、著述、书简中拼贴出的一幅中华帝国的历史图景,如门多萨的《中华大帝国史》、利玛窦的《中国札记》等等就属于这类著作。②这种对中国历史进行的"想象式建构"③,甚至影响到了西欧启蒙运动的舆论导向,如伏尔泰在

---

① 周勤:《本土经验的全球意义——为〈世界汉学〉创刊访杜维明教授》,《世界汉学》1998年创刊号,第9页。
② 侯且岸:《当代美国的"显学"——美国现代中国学研究》,人民出版社1995年版,第19~30页。
③ Benedict Anderson, *Imagined Communities: Reflections on the Origin and Spread of Nationalism*, Verso Books Press, 1983, pp. 1~9.

《风俗论》中就声称哲学家的中国"发现了一个新的道德和物质的世界",从而借此对抗西方的宗教势力。①按萨义德的说法,中国作为想象的异邦被"东方主义"化了。②只不过这种想象带有迷幻的赞美色彩。

19世纪以后,随着西方资本主义全球势力的拓展,西方现代化的普世逻辑逐渐支配了西方汉学界,特别是黑格尔关于非西方社会"没有自己的历史"的论断③,促使汉学界借助西方的近代发展趋势重新把中国想象成了一个停滞不前的国家。所以史景迁认为,对中国的"他性"的塑造,与西方的现实境遇有关。④而诞生于第二次世界大战之后的美国"中国研究"(chinese studies)却与古典汉学研究(the classical sinology)的分析路径大相径庭。总体而论,中国研究变成了美国全球化总体战略支配下的"地区研究"(the regional studies)的一个组成部分,带有相当强烈的对策性和政治意识形态色彩。这一特点可以从费正清的研究框架中体味出来。费

---

① 关于欧洲思想界对中国文明态度的转变,可参阅许明龙:《18世纪欧洲"中国热"退潮原因初探》,《中国社会科学季刊》1994《春季卷》,第159~168页。
② [美]爱德华·W.萨义德:《东方学·导论》,王宇根译,三联书店1999年版,第1~37页。
③ 黑格尔说得非常明确:"中国很早就已经发展到了它今日的情状,但是因为它客观的存在和主观运动之间仍然缺少一种对峙,所以无从发生任何变化,一种终古如此的固定的东西代替了一种真正的历史的东西。中国和印度可以说还在世界历史的局外,而只是预期着,等待着若干因素的结合,然后才能够得到活泼生动的进步。"参阅[德]黑格尔:《历史哲学》,王造时译,上海书店出版社1999年版,第23页。
④ 史景迁(Jonathan Spence)曾经指出:"我们面临这样一个文化矛盾:四百年来,欧洲人关于中国的真实知识中总掺杂着想象,二者总是混淆在一起,以至我们确实无法轻易地将它们区分开。"因此,在西方思想世界里,对中国的认识"想象往往比知识更重要""想象的力量足以创造或超越现实。"参阅[美]史景迁:《文化类同与文化利用》,北京大学出版社1990年版,第16~17页。

正清的名著《中国沿海的贸易与外交》，基本上阐述的是中国古代朝贡制度与儒家思想的渊源关系，通过探讨鸦片战争后12年内通商口岸条约制度在演变过程和上海外国税务司的形成，暗示中国朝贡制度在现代国际网络中的衰落命运。在另一本著作《美国与中国》中，费正清亦直接使用对立的两个概念："集权传统"与"社会革命"，通过分析两者的关系喻示西方力量对中国停滞的传统具有决定性的改造作用。集权传统借助儒家思想渗透进政府、法律和宗教，甚至人道主义传统等方面，成为中国步入现代化的障碍，从而在无法适应现代化节奏时引发了社会革命，而社会革命均是西方思想影响下形成的。换言之，任何"革命"都是西方社会发展进程的一个连续组成部分。太平天国、戊戌变法、辛亥革命、新文化运动都是对传统结构的冲击。① 如后人所论，费正清的"冲击—回应"体系带有较为明显的"官方史"（official history）的色彩，由于其刻意强调中国传统的停滞和被动性，突出西方力量充满活力和发展的特征，中国社会只不过变成了现代化力量波及的对象之一，从中看不出中国历史有自生自发的转化和创新能力。虽然在20世纪50年代初，费正清被麦卡锡主义者指责负有丢失中国的责任，但费氏的观点仍是美国透视中国历史、制定对华策略的主要依据。

20世纪60年代初，美国中国学界开始出现了试图摆脱这种对策性思维定式的迹象，后来崛起的批评者如柯文对费氏的批评主要集中于两个方面：一是"费正清模式"过度关注于沿海贸易的地区，

---

① 在《美国与中国》中，费正清把全书内容分为三个部分，划分为受西方影响前后的两个时期，在第一篇中又特意以小标题提示"早期中国是个'东方式的'社会"。参阅［美］费正清：《美国与中国》，张理京译，世界知识出版社1999年版，第28~31页。

而没有把中国的其他地区如内陆的情况纳入观察视野;二是把一些中国内部的变化全部归结于"西方冲击",从而忽视了从中国人自身立场出发理解历史真相的可能性。这一批评引发了以中国为中心的新型"地方史"研究的浪潮,其与传统"地区研究"的差异表现在逐渐淡化中国研究强烈的对策性色彩,而形成相对独立的对中国历史与传统发展的认识脉络,柯文把这种转向概括为"内部取向"和"移情理论"。从方法论的角度而言,这次转向明显受到了人类学"民族志"方法的影响,即强调历史研究也应重新界定研究对象的范围,通过细致入微地对基层社会生活复杂图景的复原,深化对下层历史的了解。因为美国中国学的早期著作所存在的主要问题,就是侧重探讨中国近世史中西方自身所关切的问题,如鸦片战争、太平军、中外贸易、传教事业、日本侵略等等。而晚清以来发生的许多关于改革的言论采取的是处理内部事物的方法,与西方的刺激无关,比如"清议"就被看作是儒学内部的一场争论。这些现象的发生有可能仅仅是中国历史内部自身发展逻辑的一种近代表现。柯文强调说,选择历史事实的意义时取决于我们提出问题的方式,这又取决于我们关注时代演变的主观角度,其言外之意是反对历史发展的单向聚集的观点,强调对历史个别化特征的解释,否认探求历史发展的规律与共性,认为这是"西方中心论"的产物。[1]值得注意的是,这一导向明显受到20世纪50~60年代殖民地独立时期疏离西方政治控制的背景影响,认为文化的多元共存是阐释非西方文化历史之真正意义的前提条件。

---

[1] [美]柯文:《在中国发现历史——中国中心观在美国的兴起》,林同奇译,中华书局1989年版,第1页。

中国"地方史"研究的兴起逐渐扬弃了费正清刻意观照中西碰撞下的宏大事件的叙事传统,60年代以后,除个别学者如施坚雅提出了"经济区系理论"这样准宏观的解释框架外,美国中国学逐步转向了"区域研究"的中层分析。与美国中国学界的阐释取向相比较,中国历史学界对中国历史发展图景的解释,从20世纪30年代社会史论战以来,也逐步转向了强调外力因素作用的轨道。20世纪初,梁启超在《新史学》中首次提出"国民史"的概念,认为对中国历史的解释应是激发国民意识的工具。梁氏观点的重要贡献就是把中国历史首次置入世界历史发展的格局之中加以重新定位。他首次承认,中国历史只不过是世界历史发展流程的组成部分,而不是独立自足的文化实体;同时也承认对历史的解释不是一种文化秩序意义上的朝代循环和复古式的人类退化过程的分析,而是与世界其他文明特别是西方文明发展相关的一种具体表现。然而,梁启超心目中的中国历史一旦从一种"地方时间"被纳入"世界时间"的流程,也面临一个巨大的心理转变,就是需要重新认定中国历史发展是否具有独特性,如果有,那么又如何与世界历史的总体趋势相协调和衔接。①

到了30年代,对中国史的解释继续被纳入"世界时间"的进程之中,而且更加明确地带有线性进化观的取向,即历史的发展过程应有一个终极目标,对历史过程和现象的阐释由于与这个目标的设定密切相关,因此历史阶段的划分也必须以此目标为最终指向。同样,中国史作为一种"地区性历史",也不应该具有自

---

① 例如梁启超在《新史学》中把国家思想的缺乏,归咎于数千年之史家"知有朝廷不知有国家"。参阅梁启超:《梁启超史学论著四种》,岳麓书社1985年版,第242页。

身的例外性，不应该做出独立的解释，而应是世界阶段性时间进程的印证，和与西方历史进行关联性比较的结果，著名的中国历史发展五阶段论的提出，就突出表现了中国历史学家对线性进化史观的执着信仰。

从50年代到80年代，中国历史学界集中讨论的近代问题，特别是"三大高潮、八大运动"革命史框架的提出，都特别强调西方帝国主义的冲击对中国历史进程的改变作用。当然，另一重要的历史纬度即国内阶级矛盾的酝酿和激化所引起的社会变迁，也是与之并行不悖的另一条主线，但这条线索同样是在第一条线索不断刺激下发生的，也就是说仍比较强调外力的作用。所以我个人以为，80年代以前的中国近代史的解释框架与费正清的"冲击—回应"模式有一体两面的效果，即都比较强调西方力量对中国本土社会冲击的决定性质，只不过两种理论的基本出发点有所不同。费正清基于美国的战略思维，强调西方触媒对中国内部社会变革的主导作用，而基本忽视中国内部变化的传统依据何在；而中国学者则同时强调外力冲击造成的传统社会结构的瓦解，和国内经济利益分配不平等造成阶级冲突这样两条双重线索，似乎比费氏的解释多了一些复杂性，也显得具有更多的合理性。但革命史的框架仍是围绕与西方相关的重大事件设计问题，而且这些事件的起因与背景大多与西方有关，讨论也以此为核心加以展开，所以其基本模式与"冲击—回应"说有相似的地方，只不过费氏强调西方冲击对中国社会现代化有利的一面，而革命史框架强调帝国主义对中国传统结构破坏性的一面，但两者都没有真正把中国传统自身的特性纳入考察视野，而是基本上把它视为负面的因素加以抨击。

80年代以来，随着中国改革开放程度的日益深入，围绕革命史框架的纯粹政治史纬度的解释逐渐为中国现代化进程的历史描述和定位所取代，一些原来被负面评价的历史现象，逐渐拥有了正面性的解释，原来属于外力侵略的一些历史内容，由于现代化国策的调整，其部分措施逐步获得了较为正面的肯定，比如对"洋务运动"的评价，就从镇压人民的性质转变为基本正面的现代化先驱式运动，又如义和团运动的评价也随着对现代化运动评价标准的改变，对其基本的评价也有从反帝运动转向封建愚昧运动的迹象。在这一阶段中，我们看到，对现代化运动进步功能的强调，逐渐削弱了原有革命史对历史发展的政治史解释，对历史阶段论的认定也开始变得模糊起来，中国国内的历史研究开始更多地关注历史与中国现代化之间逻辑合理性关系的论证，这表现在对社会史、文化史研究取向的变化上。80年代中期，受到"文化热"流行趋势的影响，文化史、社会史研究出现了勃兴的景象。从表面上观察，这一转向主要是针对以往事件史、政治史所奉行的"宏大叙事"原则忽视日常生活历史细节而发生的纠偏运动，其中也表现出向地区史靠拢的若干倾向。但细究其意，与美国中国学研究中的"中国中心说"及其相关的地区史走向颇有不同，美国中国学研究中的"地区史"倾向是反思外力冲击的一个结果，强调的是中国传统和社会因素在西方世界控制之外的独特意义和活力性质，特别强调在传统影响下中国社会发展的自身逻辑。而国内的文化史、社会史研究，特别是近代社会、文化史研究，主要还是政治史、事件史解释的一种延续和深化。

如前所论，80年代对文化的反思基本上是改革开放国策的一个直接结果，而文化史的基本思路仍浓缩了近百年对中国内部变革与西方之关系的基本思路，这个思路早在20世纪初就由梁启超提出来了，即认为自外力渗透呈不可遏制的趋向以后，中国社会就呈现出"器物—制度—文化"递次变化的过程，从此以后，知识界对现代化过程往往容易采取简单笼统的认同态度。①于是在对这个过程的评价中，常常仅以现代化程度为参照，逐步形成了对传统的负面评价标准，而没有对现代化的各种理论框架提出反思性的批判，这导致我们的文化史、社会史研究在纵深层次上基本上还是为西方现代化的普遍进程提供一个地区性注脚，远未形成具有本土解释和反思能力的有效性框架。其主要症结在于，国内史学界尚缺乏对现代性问题复杂程度进行深刻认识的理论准备，而仅仅把复杂的现代化进程简单理解为对传统社会结构进行扫荡的必然步骤，从而看不到传统在不断被建构的过程中如何发挥自身的活力。其实早有学者指出："现代化"和"现代性"是两个不同的概念，现代化主要是指一种以西方为中心的线性发展模式和扩散的实践过程，主要是指功能制度意义上的建构，而"现代性"主要是指一种对于时间进化的态度。②因此，对现代化作为一种基本国策的论证和对现代性概念的反省和批判，应是两个不同层面的问题，不能混为一谈，也不能相互取代。而我们过去的历史研究，仅仅在政治史的意义上，即主要从反抗帝国主义侵略的纯粹政治角度来理解现代化的负面含义，或者像现在那样仅仅对现代化的过程简单加以认同，这都不利于对

---

① 20世纪60年代初，一些中国学者仍沿袭着当年梁启超所提出的中国现代化必须实施三个步骤的观点，如金耀基在《从传统到现代》一书中仍指出现代化仍需经过：（一）器物技能层次的现代化；（二）制度层次的现代化；（三）思想行为层次的现代化。参阅金耀基：《从传统到现代》，中国人民大学出版社1999年版，第131~134页。

② 关于"现代性"问题的典型阐述，可以参阅［法］福柯：《什么是启蒙》，载汪晖、陈燕谷主编：《文化与公共性》，三联书店1998年版，第422~442页。相关的评论可以参见汪晖：《现代性答问》，载《死火重温》，人民出版社2000年版，第3~40页。

"现代性"问题在中国本土的处境进行合理的解释。当代社会学家吉登斯就认为:"现代性"就像一把双刃剑,因此必须尝试创立一种对现代生活双刃性的制度分析法。①我想是否我们历史学界也应该想办法寻找到一种对历史现象进行合理解释的双刃分析法。

二、美国中国学研究中的"概念化"倾向

如果从历史源流的总体特征上考察,美国中国学思潮给人的感觉是代际转换频繁迅速,核心命题新意迭出,理论阐释的前沿特征明显,这种潮起潮落的变异性似乎给人以趋新时髦的印象。分析起来大致有两点原因:其一是当代美国中国学的诞生与发展始终建立在美国与其他文明不断变化的复杂现实关系基础之上,即明显具有"地缘政治"的状态,历史研究往往变成了现实关怀的投影,这与古典汉学有所不同;其二是美国中国学诞生之初就与各种社会科学的思潮发生着非常紧密的关联,几乎每一次命题的转换都与社会理论前沿错综复杂的变化有关,这些研究中国史的学者发觉仅仅使用传统历史的分析方法无法有效地使历史变成观照现实的工具,也无力使之具备现实的反省能力,而必须与其他社会科学的方法频繁进行追踪式交叉才能不断延伸历史解释的敏感度。费正清早年创办哈佛东亚研究中心时就请当时的社会学家如帕森斯等人参与研讨班的

---

① [美]罗兰·罗伯森:《全球化:社会理论和全球文化》,梁光严译,上海人民出版社2000年版,第200页。又参阅[英]安东尼·吉登斯:《社会的构成——结构化理论大纲》,三联书店1998年版,第31~59页。

授课①,由此奠定了这种开放多元的风格和基调。

从表面上看,美国中国学的演进呈现出过于强烈的"社会科学化"的色彩,大量的相关社科词汇的借用几乎成了代际转换的明显标志,比如"冲击—回应""传统—现代""中国中心论""过密化理论"(内卷化)、"市民社会理论"(公共领域)、"权力的文化网络",等等,似乎总给人以流行时尚的感觉。其实我觉得这种"概念化"的倾向至少表现出了两种值得注意的特征:首先,每一个核心概念的提出都标志着一次方法论转换的完成,进而形成新的研究和切入问题的起点,同时又为下一步的转换积累了讨论的前提,尽管这种转换和积累的幅度有大有小。比如柯文提出的"中国中心论"对"冲击—回应"模式的反思和修正,从整体意义上开始把中国史的研究方法从政治经济学的角度向人类学的区域研究方向实施转换,也就是说从空间意义上扭转了设问中国历史的方式,所以具有库恩所说的范式变革的作用。以后许多命题的提出,如黄宗智对江南经济区域"过密化"现象的概括其实就是"地区史"研究方法的具体展开和深化,只是这种地区史研究显然已不同于费正清时代的所谓"地区研究"的冷战思维和近代化的直线演进的乐观态度,而是充满了反思和批判的精神。"中国中心论"不仅表现为一种姿态和口号,而且是借助各种中层概念的建构不断通过具体的研究加以深化和推进,比如"过密化"理论是黄宗智借助美国人类学家格尔茨对印尼稻作农业的考察所得出的结论,并尝试移用于对长江三角洲的考察。这一社会经济史的思路虽然长期以来备受

---

① [美]钱金保:《中国史大师费正清》,《世界汉学》1998年创刊号;陶文钊:《费正清与美国的中国学》,《历史研究》1999年第1期。

争议①，但却一直是讨论中国小农经济与社会变迁之关系的理论前提，其学术规范性能力之强是显而易见的。

90年代初，杜赞奇对格尔茨的"过密化"理论重新进行修正，并把它运用到对华北农村基层组织的转型分析中，认为中国农村基层政权在现代民族国家的威权支配下和现代化的社会改造设计中，由于没有协调好传统社会结构与现代化组织构造的相互关系，造成了农村基层政权的低效率状态，杜赞奇称之为"内卷化状态"。同时这套理论又受到福柯知识—权力之关联理论的启发，形成了"权力的文化网络"这个基层社会分析框架，以此试图超越传统的"乡绅社会"的概念模式。他假设，"文化类型"如象征符号、思想意识和价值观念本质上都是政治性的，或者是统治机器的组成部分，或者是反叛者的工具，或者二者兼具，对文化符号的争夺和利用成为能否有效控制社会基层的关键。而中国近代化的进程恰恰是没有注意利用权力的文化网络使之转化为有效资源，而是通过强行嵌入现代制度，同时又强力摧毁旧秩序的方式建立新式的越层组织，结果造成基层政权的内卷和效率低下的状态。杜赞奇对"内卷化"概念的移植和阐释，与黄宗智有明显不同的理论前提，即带有后现代主义的批评取向，其对华北农村的研究也一直处于争议的焦点。②但这部著作一出版马上被反复引用，而且其对农村基层政权的概括分析已经渗透到人类学等其他学科或领域，形成了进一步讨论相关

---

① 参阅黄宗智：《中国农村的过密化与现代化：规范认识的危机及出路》，上海社会科学院出版社1992年版。
② ［美］杜赞奇：《文化、权力与国家——1900—1942年的华北农村》，江苏人民出版社1996年版。相关的评论可参阅李猛：《从"士绅"到"地方精英"》，载《中国书评》1995年5月号；罗志田：《社会与国家的文化诠释》，载《东风与西风》，三联书店1998年版。

问题的出发点。

其二,是每一个核心中层概念的提出都开拓了新的史料来源。我们知道,早期费正清的名著《中国沿海的贸易与外交》由于受到马士等传统殖民官吏思维和处理史料眼界的影响,主要注重的是英国外交档案和英文文献[①],同时其搜寻史料的范围也是与其"冲击—回应"的基本框架相吻合的,所以给人的印象总是关注于和西方社会相关领域的问题。而"中国中心论"范式的提出所引发的地方史研究的浪潮,却根本改变了史料选择的范围和特征,即开始从中国人自身的感觉和立场出发选择史料的种类,地方史的一些早期著作如魏斐德的《大门口的陌生人》和孔飞力的早期著作《中华帝国晚期的叛乱及其敌人》在史料的选择上已经初现这方面的端倪。

仍以"过密化"理论的应用为例,对格尔茨(Clifford Geertz)"involution"这个分析概念的有效引入不仅促成了中国社会经济史研究方法的剧烈变革,而且深化了对华北长江经济史资料类别的再发掘和再解释,即从注重生产关系资料的开掘转向对生产力资料的搜集,从而在新的意义上把经济增长率与人际组织关系的相关讨论导向了深入。另一种情况是,核心概念的转换有可能使同一类或同一种史料被忽略的侧面凸显出来,进而获得重新定位自身价值的机会,比如杜赞奇在使用"内卷化"一词时,与黄宗智使用的均是满洲铁路调查报告,甚至都是华北六个村子如寺北柴村的材料,但两者的偏重有所不同,杜赞奇对华北农村基层政权史料的发掘,恰恰是在involution的规范本义上进行的,也就是说,"内卷化"一词

---

① [美]钱金保:《中国史大师费正清》,《世界汉学》1998年创刊号;陶文钊:《费正清与美国的中国学》,《历史研究》1999年第1期。

的规范作用进一步拓展了对史料价值的认定。由此我想到，国内史学界一直在争论"论从史出"还是"以论带史"这两种取向到底孰优孰劣的问题，初看起来，这两种取向似乎都各有道理，可这两种取向又都似乎把理论与史料的发现对立起来，或者认为史料的搜寻与理论洞识能力之间没有关系，所以一看到新框架的引进就容易先天性地抱有鄙夷反感的态度，或简单地以卖弄新名词斥之；或者认为只凭某种对简化了的宏观理论的认识和把握，就可替代对史料的艰苦开掘的工作，结果造成历史研究或流于琐碎，或流于空洞的状况。其实这两者并不矛盾，问题是枯坐十年，穷搜史料的笨夫式方法只能作为研究历史的必要条件，而不能作为充分条件，而我们恰恰习惯把两者相混淆，现在已无人能够否认，历史研究需要天赋和直觉，只不过不可滥用，需要自设边界而已。关键在于我们现在还形不成一套规范式的方法，既摒弃笨夫式的毫无灵气的僵化思维，又能防止天马行空式的对直觉的滥用，在这方面美国中国学研究给我们提供了一个非常有益的启示，即通过中层理论的概念化积累，来规范对史料的解读。一方面它用中层理论的概念转换不断引导着史料搜寻出现新的惊喜发现，另一方面每个中层概念在知识积累方面形成相互衔接的递增特性，使问题的讨论和史料的搜集必须被限定在概念规定的范围之内，这样就防止了对主观直觉的随意滥用。

我们可以以"市民社会"理论在中国历史研究中的运用为例做些分析。按照西方社会理论的解释，"市民社会"具有相对于国家的自主性空间，市民社会观念大致包含三个要素：一是由一套经济的、宗教的、知识的、政治的自主性机构组成的，有别于家庭、家族、地域或国家的一部分社会；二是这一部分社会在它自身与国家之间存在一系列特定关系以及一套独特的机构或制度，得以保障国家与市民社会的分离并维持二者之间的有效联系；三是一整套广泛传播的文明抑或市民的风范。①从亚当·斯密、黑格尔·洛克到马克思都对市民社会的起源和性质有着不同的解释，特别是有关国家与市民社会之间的关系存在着两派代表性观点，即"市民社会外于国家"或"国家高于市民社会"这样不同的解释架构。②然而两者实际都强调在建构国家与家庭之间的公共空间时，市民阶级形成的"私人性质"。在研究市民社会起源的各种理论流派中，德国社会学家哈贝马斯更加明确地把"公共领域"的产生与资产阶级的发生和发展联系起来加以考察，认为资产阶级取代封建阶级与他们利用城市公共空间如咖啡馆、报纸、自治社团扩大自己的舆论影响有关，同时，一部分资产阶级从封建贵族中脱胎出来，也主要是依赖公共领域的支持才得以完成自身的转化。③

哈贝马斯的著作翻译成英文后，其关于"市民社会"和"公共领域"的观点迅速为美国中国学界所吸收，并转化为认识中国社会转型的工具，比如罗威廉在他著名的有关汉口的研究中，就移植了"公共领域"的解释框架。罗威廉发现，汉口是在十九世纪崛起的新兴城市，很晚才确立自身的城市边界，所以并不具备韦伯所说的行政城市的特性；同时，在汉口的城市人口中移民比例甚高这一性质也为公共空间的产生提供了很好的条件，他认为汉口商人市民组织的各种机构如商会、救火队等都具有类似西方

---

① ［美］爱德华·希尔斯：《市民社会的美德》，转引自邓正来、［英］J.C.亚历山大编：《国家与市民社会——一个社会理论的研究路径》，中央编译出版社1999年版，第33页。
② 邓正来：《市民社会与国家——学理上的分野与两种架构》，载邓正来等主编：《国家与市民社会》，中央编译出版社1999年版。
③ ［德］哈贝马斯：《公共领域的结构转型》，曹卫东等译，学林出版社1999年版，第15~25页。

公共领域的特征，比如行会组织就具有大宪章式的管理职能，很少受到政府的干预。罗威廉也曾用"精英能动主义"一词来描述汉口近代市民精神的形成，以印证希尔斯所说的"市民的风范"在中国亦有类似的表现。①

罗威廉的观点曾在美国中国学界掀起了轩然大波，也遭到了魏斐德、黄宗智等人的批评，比如魏斐德就认为罗威廉所惊喜发现的一些标志中国"公共领域"产生的社会组织，可能不过是旧有社会组织运作的翻版，同时他所着意最多的自治商人不过是国家垄断机构的代言人。②当然，也有些学者如兰金等也曾对罗氏的观点表示支持。③平心而论，市民社会理论无疑产生于西方，其对西方社会现代转型特征的解释，经过哈贝马斯著作流传到美国，而逐步渗透进对中国历史现象的解释中。值得我们深思的是，在这一渗透过程中，美国中国学家并不是全盘照搬移植，而是对原有解释概念的适用性做出了修正。如罗威廉在分析汉口城市结构时就采用了"公共空间"（public space）这个概念而不是直接挪用哈贝马斯描写西方社会进程的"公共领域"（public sphere）④，虽然其改动仅是一词之差，却为中国现代城市的功能研究开辟了一条新路。罗威廉的研究尽管受到广泛的争议，但其利用市民社会理论对中国城市公共空间所做出的细密考察，无疑

---

① Willian T. Rowe, *Hankow: Conflict and Community in a Chinese City*, 1796—1895, Standford University Press, 1989.
② ［美］魏斐德：《市民社会和公共领域问题的论争——西方人对当代中国政治文化的思考》，载《国家与社会》，第371~400页。
③ Mary Backus Rankin, "Some Observations on a Chinese Public Sphere," *Modern China*, April 1993.
④ William T. Rowe, *Hankow: Conflict and Community in a Chinese City*, 1796—1895, Standford University Press, 1989.

大大拓展了对晚清城市社会组织的认识，而恰恰是有些历史现象的功能作用，如果不借用类似"公共领域"的分析方法，就无法审知其与现代国家控制之间的微妙互动关系。

与此相比较，国内的城市史研究基本上处于条块分割式的功能分析阶段，习惯把城市发展仅仅切割成经济、政治、宗教等互不相干的几个部分，却看不出城市在现代社会发展中各种因素之间的复杂纠葛关系。对西方社会理论进行中国化移植的尝试也表现在思想史研究的探索上，例如艾尔曼在研究清初乾隆时期常州学派的产生原因时，着力分析了学派与地方宗族网络的互动关系，这一研究路径结合了"思想史"与"社会史"的研究方法，艾尔曼的研究试图借鉴法国社会学家布迪厄有关"社会资本"（social capital）的概念解释，布迪厄认为，教育体系内部存在着明显的等级划分，而其原有进入教育体系之前拥有的"社会资本"，往往决定了其在体制中的位置。艾尔曼用"社会资源"（social source）替代"社会资本"作为分析工具，相对淡化了其西方解释的色彩，同时又把西方社会理论中重视社会现象与思想发生过程的合理内核转化成了自身的分析资源。①

美国中国学界20世纪80年代以来深受文化人类学派别的影响，对中国社会的地方史研究也逐步从民族志式的社区研究方法逐步向文化分析的路向转进，所谓社会史研究的文化取向就是试图从对符

---

① 本杰明·艾尔曼曾经说过："布迪厄透过文化资本的累积而再生产社会层级的基本假说，越未经检验且不加辨别地运用在不同国家的脉络里，越无法适当地说明这种过程在特定文化里的特殊形式。我们能够说清代的中国社会有'文化资本'吗？那时还没有'智慧财产'这个法律概念，甚至没有'经济资本'的概念。"参阅［美］本杰明·艾尔曼：《中国文化史的新方向：一些有待讨论的意见》，载《经学、政治和宗族——中华帝国晚期常州今文学派研究》，江苏人民出版社1998年版。

号和象征意义的分析上把握社会的变迁轨迹,而不是从传统功能分析的意义上梳理社会结构的转型,这是对受传统社会学影响的"社会史"研究方向的一种修正乃至反动。这一取向在中国人类学家之中也有突出的表现。①

地区史研究的如此转向同样引起不少争议,如周锡瑞曾经对"文化研究"的方法越来越强烈地渗透进社会史研究提出了批评,他认为近年来中国社会史研究的失宠,反映了把中国革命从历史舞台中心移开的倾向,因为革命已经被搬离中心舞台,历史研究的关注点就基本从农村转向了城市,即使在城市研究中,一些早期作品如韩起澜(Emily Honig)的《姊妹与陌生人》和贺萧(Gail Honig)的《天津工人》聚焦于工人阶级,并对阶级意识和工人阶级与中国革命的关系问题保持关注。而90年代以后的作品如杜赞奇的《从民族国家中拯救历史》和贺萧的最近作品《危险的愉悦》,恰恰从各种"话语"的聚集中寻求现代性的表现,寻求文本解读中构设的内在逻辑,而忽略形成这种逻辑的政治经济基础。

周锡瑞同时声明自己并不是一个保守主义者,而是同样看到了传统社会史研究的弊端,他指出:"社会史在其更接近社会科学形态上的一个特点是关注塑造和限制人类行为的社会制度,无论是马克思主义者还是韦伯学说的信奉者,按照这种模式取得的最好成果,都提出了有力的比较模型,其中社会经济和政治结构都被用来解释社会实践和集体行为,但这些模型倾向于否认行动者的力量,而我相信新的文化史的引人之处在于它给予了历史行动者以声音和主体性(尽管主要是那些能够留下文字记录的人),因此帮助他们

---

① 参阅王铭铭:《社会人类学与中国研究》,三联书店1997年版。

成为历史过程的动因,不光是历史过程的人质。"但是,"文化研究"所导致的主要问题是从强调现实是由社会构成的观点,到强调现实是由文化与符号构成的观点,由于受福柯等后现代主义"话语分析"模式的影响,突出导致了把变革的动因归结为对权威话语自身的争夺、控制与实施,或者想象出国家和资本主义中的精英分子操纵了话语权力的运作,至于这一过程怎样发生和为什么发生,以及为什么某些文化实践兴盛,而其他却趋于衰亡,却没有人乐意去寻求答案。所以,单纯建立在话语—权力架构分析之上的文化史研究,无法解释为什么现代中国会走一条独特历史道路的重要问题。①

文化研究的兴起当然与革命作为中国历史研究的中心话语的衰落趋向有关。美国中国学研究在20世纪60年代以前的革命研究,如韩丁的《翻身》等,基本上是在表达与美国政府官方的对策性研究相对抗的左派立场,同时也与中国国内强调为革命实践的现实主义主题服务的历史研究取向有关,两者存在着潜在的呼应关系。特别是80年代以来,现代化已成为中国的基本国策后,对革命起源的探索退居幕后,各种地方史、文化史的兴起恰恰呼应了"中国中心观"倡导的基本题旨。针对这种状况,一些怀念50年代革命史研究方法的具有新左派倾向的学者如德里克等开始纷纷呼吁向革命史的传统解释路径复归。②

尽管如此,大家似乎仍达成了一种共识,文化史研究已经形

---

① 周锡瑞:《把社会、经济、政治放回20世纪中国史》,载《中国学术》第1辑,商务印书馆2000年版。
② [美]阿里夫·德里克:《革命之后的史学:中国近代史研究中的当代危机》,《中国社会科学季刊》1995年春季号,第141页。

成的基本方法和命题是无可回避的,完全向传统社会史复归也已不可能,社会史研究即使有趋于复兴的迹象,也必须建立在整合文化史即有成果的基础之上,而不是简单地复旧。美国中国学界形成的地区研究传统,其对某一阶层和地域历史形态的细致分析,为更为广泛意义上的空间研究提供了相当雄厚的阐释资源,特别是使原来属于宏大叙事的革命史研究具有了坚实的微观基础。最近译成中文的研究早期农民运动领袖沈定一经历的著作《血路》一书,就反映出社会史研究中对革命过程解释的复兴迹象,但这种复苏显然不是简单地否定以往地区史研究的人类学导向,而是试图把"区域研究"与在革命年代实施广泛社会动员的背景下超越地域界定的革命者身份角色的变化结合起来加以考察。萧邦奇分别考察了沈定一在上海、杭州和衙前三个不同场域中的活动情况,用近乎白描的方式叙述了沈定一的革命身份与不同场域人群活动之间的复杂纠葛关系,力图把对革命时期社会动员的跨区域解释与个人遭际联系起来加以考察,把地区史研究与传统的政治经济学分析框架巧妙地加以结合,既体现了"区域研究"对基层社会微观场景的关注,同时又通过作为沈定一活动背景的三个场景的交错呈现,试图跨越人类学民族志方法对社会变革运动解释的限制。① 因此,在这个意义上,"地区史"研究成为"新革命史"阐释导向的一个十分必要的中间环节,而不是革命研究的对立物或舍弃的对象。

---

① [美]萧邦奇:《血路——革命中国中的沈定一(玄庐)传奇》,江苏人民出版社1999年版。

三、身处后现代思潮中的"我们"——历史如何重新书写

20世纪90年代美国中国学出现的一个重要景观还表现在后现代主义思潮对其方法论阐释的影响方面。后现代思潮的一个出发点就是对以往现代化理论中强调历史发展规律和终极目标的解释传统提出反思性批判,认为历史的演进序列并没有终点可寻,追溯其起源也没有任何意义,所以应把历史过程碎片化,并重新加以拼贴,以便击破强加于历史现象之上的各种"本质性"规定。①福柯对西方启蒙理性的质疑,和对现代化线性发展逻辑的批判,在90年代初也开始波及美国中国学界。其实早在提出"中国中心观"的时候,柯文就已经开始对西方现代化发展道路的普适性发生了怀疑。他在70年代就已经强调:"个人直接经验历史的重要性,因为史家所谓的'历史事实'并不是外在的、客观的、界限分明的存在,它首先是当事人记录下来的自己心中的种种经验体会,然后又经过史家过滤,转化成了史家心中的经验体会,因此,史学的任务就是按照个别历史事件丰富多彩的特性重建过去,不是探求历史发展的规律与共性。"②在其近著《历史三调——作为事件、经历和神话的义和团》中,柯文把"义和团事件"作为历史研究对象所包含的意义分离出三个层面分别加以讨论,柯文认为,"义和团运动"作为一个

---

① 关于后现代主义思潮的概要评述,可参阅王岳川:《后现代主义文化研究》,北京大学出版社1992年版,第4~17页。
② [美]柯文:《在中国发现历史——中国中心观在美国的兴起》,林同奇译,中华书局1989年版。

纯粹的历史事件和作为一种相当个人化的经历（包括旱灾与洋人来华、集体降神附体、谣传以及引起的恐慌和死亡），以及作为神话叙述的义和团（包括新文化运动时期［五四前］、19世纪20年代反帝国主义时期、"文化大革命"时期），所面临的解读境况是不一样的，所以必须以不同的方式加以理解。在柯文的眼里，"义和团运动"不仅是一个真实的历史事件，而且是一种群体记忆进行文化建构的结果，还有可能是权力运作过程中不同的派别对之进行话语构造的结果。①这与国内学者一贯强调义和团运动的性质、社会构成与源流追踪，并带有强烈的价值判断色彩的研究途径大为不同，体现出了相当明显的"后现代"取向。

在文化史研究中，艾尔曼也曾经做出把清代历史"碎片化"的尝试，他在研究常州今文经学派兴起的原因时，明确否认其与十九世纪末康有为进行变法维新时使用今文经学方法之间存在着任何渊源关系。他指出，那种把常州今文经学视为晚清变法之先驱和源流的看法，恰恰是堕入了现代化论者设计好的圈套，因为现代化的设计者总是把原来毫不相干的历史事实有意串接起来，构成为社会发展的普世目标做注解的若干阶段和环节，从而形成了人为的历史神话。②后现代思潮的反现代化逻辑在美国中国学界尽管尚处于边缘状态，然而近年以后现代方法研究历史的著作却频频获奖（如杜赞奇的《文化、权力与国家》、何伟亚的《怀柔远人》、贺萧的

---

① ［美］柯文：《以人类学观点看义和团》，《二十一世纪》1998年2月号。又参见其文，*History in Three Keys: The Boxers as Event, Experience, and Myth,* Columbia University Press, 1997。

② ［美］艾尔曼：《中国文化史的新方向：一些有待讨论的意见》，载《经济、政治和宗教——中华帝国晚期常州今文学派研究》，江苏人民出版社1998年版。

《危险的愉悦》、刘禾的《跨语际实践》等分别获得了各种不同的奖项），说明后现代思潮的影响力在不断扩大，如果视其为继"市民社会"研究方法大讨论之后出现的又一个争议高峰似不为过。如美国中国学研究的核心刊物《现代中国》（*Modern China*）就发表了有关何伟亚著作《怀柔远人》的争论及后现代史学方法讨论的专号，专号中所收文章的观点往往针锋相对，极端者甚至认为，既然无法判断和衡量历史事实的客观程度和价值，那么，"史学"和"文学"的界限都有可能趋于模糊。[①]

另一派则认为，后现代思潮置基本史实于不顾的纯粹主观态度，是对学界严谨风气的一大损害。[②]尽管争议的风烟至今尚未消散，我们仍应该承认，无论后现代思潮的批判使应用其方法的中国史研究著作处于怎样的偏师地位，但其切入历史的极富个性的姿态仍值得我们高度重视，而且对国内的史学研究也应极具启示意义，但要合理地吸收和评价这种取向和方法，至少需要澄清两个误解，其一是认为后现代方法是一种纯任主观、完全不顾历史事实的任意性写作。事实上，后现代方法呈现出的取向虽然拒斥对规律性问题的探究，却并非不重视史料的开掘与使用，而是可能恰恰相反，更加注重史料的类别化和多元化的选择，只不过他们使用的材料在主流史学界恰恰被忽略了，或者是仅仅被认为具有边缘化的特征而已。这当然与后现代史学对历史演进的独特判断有关，如福柯在做监狱史、性史和疯癫史的研究中发现，本来处于边缘状态的史料，可能恰恰是洞悉探索资本主义权力机制运作的最核心的资

---

① Frederic Wakeman , "Telling Chinese History." *Modern China*, April 1998.
② Joseph W. Esherick, "Cherishing Sources from Afar." *Modern China*, April 1998.

源。①故而使用后现代方法研究中国历史的著作,虽在史料文本的阅读上时或引起争议,但在史料类别的多元拓展方面,其贡献是毋庸置疑的,如贺萧在研究上海色情业的著作《危险的愉悦》中,已把史料的搜索范围延伸到了一直不为以往史家所注意的导游手册、街头小报和侦讯记录等传统史料学无法归类的文本上,至于解读史料的方法倒是素来就有所争议,完全是见仁见智的事情,似不应成为否认其重视史料多样性的理由。

其二,后现代思潮的反现代化性质不应成为我们摒弃其基本反思方法和创新意义的借口。西方后现代思潮的产生似乎有西方社会自身发展的脉络和背景,是现代化已经实现之后的一种反省途径,中国正处在现代化的进行过程之中,而且这种过程的合理性认证是历史上经过长期奋斗和阵痛才得以确认的一种结果,在这种认识的笼罩下,似乎一旦吸取了后现代的论点,就是对这种奋斗结果的一种否定。事实上,在历史研究中,我们似应注意把现代化过程的追求和对"现代性"的反思与认识这两个层面区分开来,也就是说,对现代性多种复杂面相进行反思,并不意味着他是一个反现代化论者,而更有可能是现代化弊端的忧虑者。就国内史学工作者而言,如果仅仅满足于为中国现代化的历史进程提供相应的描述和论证,以为资治之鉴,而忽略了对现代化历史进程中呈现出的各种复杂性进行反思,显然是不够的;也不宜把后现代取向仅仅看作西方社会内部才有必要做出的反思姿态,而应视为与中国历史发展过程切身相关的一种方法论选择。

---

① 关于福柯理论的简要评述,可以参看[美]阿兰·谢里登:《求真意志——密歇尔·福柯的心路历程》,上海人民出版社1997年版;莫伟民:《主体的命运——福柯哲学思想研究》,上海三联书店1996年版。

我们过去似乎有一种误解，就是认为我们国家正处在现代化运行的过程之中，似不应考虑所谓后现代问题，似乎所有有关"后"现代的问题都是西方国家的专利，与我们当下的处境无关。表面上看，这种认识具有相当本土化的处境意识，实际上仍是不自觉地以西方历史发展阶段来亦步亦趋地作为我们判断事物的标尺，因为现代化道路是西方社会经过内发型发展演变而成的，它以西方标准昭示出的表面化的"必然逻辑"，实际上并不必然应成为普遍化的标准，而是需要不断反思的命题。当西方人已经积极反省现代性的后果时，我们自身却还在笼统地以乐观认同现代化的基本态度，取代对现代性复杂历史面相和扩张过程的反思，而很少考虑到现代化作为一种体制和观念进入中国后内化为一种带有必然性支配色彩的主观选择时，是伴随着传统衰竭与消失的阵痛而取得其霸权地位的，现代化意识是一种通过权力加以训练的结果，对这种霸权机制在中国形成的复杂结构视而不见，而仅仅以一种先入为主的简单姿态去赞美性地表达对其发展的认同，恐怕不是历史学反思的唯一使命。

80年代末以来，美国中国学的基本方法开始较为广泛地进入中国历史学家的视野，其各种转型方法的争议也成为部分学者讨论的话题，但总的来说，中美学者的研究仍处于相互隔阂的状态，国内史学界也并没有通过对话和讨论使美国中国学的一些有益方法转化为我们自身创新的内在资源。在我的印象里，只有黄宗智的"过密化"理论在中国经济史学界引起了较大反响，成为进一步研究的积累性前提。美国中国学是在西方内部对中国进行观察的产物，尽管地方史研究兴起后，美国学者极力仿效和逼近中国人的经验感受，同时又力求用现代社会理论的方法来描述这种感受，这本身就体现出了相当矛盾的状态，其对西方社会理论概念的移用引起颇多争论,也是这种困境的某种体现。然而我个人的观点是,国内史学界尽管在借鉴其基本思路时需要持审慎的态度,但其在学科交叉基础上尝试把社会理论"中国化"的实验仍是值得称道的。国内80年代以来在社会史、文化史研究方面均有可喜的进展,特别是在各个具体领域中,课题设计和史料疏理都呈现出多元繁荣的局面,可是给人的总体感觉是,在中层理论的建构方面仍形不成具有规范意义的认识框架,采取的基本方法仍局囿在政治史、事件史的影响范围,比如一些文化史、社会史的研究项目仍围绕着重大历史事件展开分析;并没有真正深入到基层社会的底部,只不过比原来政治史的叙述多了一些文化和社会的观照面相而已,比如原来研究戊戌变法只关注康有为的政治观,那么文化史开始流行以后,往往大家又都去注意康有为的"文化观",仿佛多了一个纬度,文化史研究就获得了突破性进展。可是,如果我们的文化社会史研究仅仅满足于对政治史、事件史框架的拓宽式叙述,却形成不了类似美国学研究中中层理论的概括能力和认识立场,那么我们自身知识积累意义上的规范能力,以及与国际中国学界的对话能力就会受到很大限制。

近年来,一些学者如余英时始终坚持"内部研究"的立场,认为要了解中国传统思想的沿袭脉络,就需要从思想的内部转变中寻求资源。① 90年代初形成的"学术史"研究热潮,也基本上呼应了这一取向,"内部研究"虽然并不否认"外缘因素"如政治经济等条件的影响,但由于过分强调传统文化的本质性特征,而没有凸显学术与思想在不同时代被不同权力因素所塑造和建构的复杂态势,

---

① 参见余英时:《论戴震和章学诚——清代中期学术思想史研究·自序》,三联书店2000年版,第1~10页。

因而毕竟难以回应现代性问题所造成的挑战。中国当代学术史的治学方法继承了传统"国学"的一些基本原则，注重学术思想传承脉络的疏理，这对中国古文献的整理与民族精神的诠释当然有极大的贡献，但"国学"方法的阙失也是十分明显的，即缺乏当中国社会结构演变趋势的合理性解释框架，特别缺乏当中国进入世界体系的辐射圈之后，其在现代性境遇中所表现出的演变态势的分析工具，其原因就在于我们没有把社会理论的合理内核有效转化为我们从事社会历史研究的本土资源。近年来一些国内学者试图尝试借用一些社会理论概念观察中国社会变迁，如利用"公共领域"的概念诠释商会和清代习惯法的作用。①也有学者开始用"话语分析"方法描述儒学传统在区域空间中的扩散过程，及其对近代知识群体运动的影响。②这些尝试一方面是一出现就形成广泛的争议，另一方面由于尝试的人数量稀少，讨论的问题无法形成广泛的"知识共同体"和交叉互动的态势，从而使这些概念的移植远远缺乏规范能力。

应该承认，国内传统的政治经济学分析方法，注重社会政治经济结构对人类主体行为的制约和影响等仍是极有生命力的一种方法，西方中国学中受人类学影响的地方史研究路向最近受到沃勒斯坦"世界体系"理论的影响，更加注意区域传统在近代所受外在环境的制约，就体现出了政治经济学方法的复归趋向，其复归也可和学术史脉络中的"内部研究"途径相互构成优势互补，但传统的政治经济学分析与偏于国学思路的学术史研究似更应向广义的"文化研究"方法开放，特别是向文化研究方法中的"社会建构论"

---

① 梁治平：《清代习惯法：社会与国家》，中国政法大学出版社1998年版。
② 杨念群：《儒学地域化的近代形态——三大知识群体互动的比较研究》，三联书店1997年版。

（social construction）开放。① "社会建构论"认为，每一种社会行动者的身份认同或自我意识，都是论述与话语互动造成的效果，其中都有一个复杂的论述建构过程，而个别行动者的话语不是一种内在本质的简单外现，而是一种人际网络关系的言说与表述。社会建构论强调主体与权力支配的关系，如果与政治经济学的外缘因素的考察和"内部研究"的思想史梳理相结合，同时又避免两者过度强调"外力"和"内生"的极端倾向，当会为社会史研究拓展新的气象。

美国中国学研究给我们的另一个启示是，历史学的资治功能不仅应该体现在对现代化运动提供历史的借鉴和说明，同时也应对现代化过程中出现的各种复杂的现代性现象进行深刻地反省和批判，从而增强自身的反思能力，历史研究的这种"双刃剑"功能也是对传统历史学资治功能的一种发展。美国中国学研究早已超越了当年费正清时代服务于冷战实践的对策性研究阶段，而具有了相当多元的反思解释能力，其中层理论从"冲击——回应"说到后现代模式的递进式演变，表面上是在论述中国走向现代化的普遍过程，实际上已经对这种现代化过程中出现的种种历史问题具有相当深度的批判性解释，以至于每一个核心概念的阐释都标志着中国研究方法的深化。我总是在想，如果国内史学界能更多地在规范性概念上形成富有特色的解释传统的话，那么肯定将会有效地增强我们和国际中国学界的对话能力，最终形成取长补短的优化格局。

---

① 简家欣：《90年代台湾女同志的认同建构与运动集结：在刊物网络上形成的女同志新社群》，《台湾社会研究》（季刊）1998年6月号，第68页。

"理论旅行"状态下的中国史研究

一、导言——理想主义还是现实主义

经过多年的探索，中国学术界已经意识到，自20世纪以来，中国的任何一种历史现象都只能在别人的概念框架中获得解释，好像离开了别人的命名系统，我们就无法理解自己在干什么，我们生活的意义来自别人的定义。[①]由此出发，一些学者提出中国学术应该有这个抱负，不但别人的问题是我们的问题，而且我们的问题也是所有人的问题。这一提议当然是既明智又使人激动，可是我们必须提出一个更加具体的问题：我们凭什么资源来定义别人的生活意义？我们如何在可操作的技术层面上实现这个目标？没有具体的实践规划，仅有宏大的志向肯定是不够的。我们时断时续叫喊着摆脱

---

① 张旭东："全球化时代的中国文化反思——我们现在怎样做中国人"，《中华读书报》2002年07月17日。

西方控制至少已有20年的历史，可我们的学术表达样式无疑却越来越西方化，越来越受其各种思潮的支配。面对这种局面，我个人的态度毋宁是更加现实一些。

现实一些的具体做法是，应该从对方具体的文本成果入手分析其各阶段研究路向甚至是代际学术转变的内在动因，然后才能进一步考虑如何摆脱其控制的问题。有不少学者似乎看不起海外中国学，甚至似乎不屑于和海外汉学或中国学研究展开对话，认为其不过是西方学术旨趣的派生物而已，他们总想急于进入当代世界的核心问题，力图通过梳理现代世界历史的内在脉络，来领会中国现代性历史经验的内在正当性。这主意固然不错，但具体落实到中国历史学界就显得极不现实，美国中国学经过"冲击—回应说""地区史研究"再到全球化视野支配下的后现代研究，固然有其西方理论支配下的运作背景，甚至某些流派具有相当功利的为政治意识形态服务的对策研究取向，比如费正清的模式就是以所谓"地区研究"的框架直接为美国的全球战略提供东亚史依据。① 但经过多代学者的反思，他们提供的"中国历史图景"不能说完全真实却越来越具有其自洽性。如果说柯文提出"中国中心说"是因为有越战反思的背景而多少带有矫枉过正的"政治正确"嫌疑的话，那么经过后来学者的"移情"努力则越来越从各种角度贴近了中国历史的现场。至少说明其研究趋向已经越来越摆脱传统政治话语和国家利益原则

---

① 费正清曾说过："西方人与中国人之间的和谐关系需要以相互的理解作为基础。而理解又必须建立在对对方民族的不同习惯、态度、理想和自我表达方式了解并欣赏的基础之上。"参阅［美］费正清、赖肖尔著：《中国：传统与变革》，江苏人民出版社1996年版，第1页。从表面上看，费正清的动机是从了解的角度切入对中国的认识，但字里行间仍流露出其为美国政策导向参谋的意向。

的支配而步入了多元的轨道，特别是一些亚裔学者如德里克、杜赞奇的介入更加分化了传统中国学的"策略导向"，使之具有较为敏锐的现实批判能力，特别是拥有了对中国底层历史颇为细腻的感知能力。①

相反，中国史界特别是近代史学界从"革命史叙事"过渡到"现代化叙事"之后，或者成为西方研究旨趣的简单模仿者，或者成为呼应政治意识形态的对策研究者。其与海外中国学（包括日本）的差异在于，海外学者尽管时时受到各种社会理论的制约，但总是不断在批判性质疑的基础上加以运用，日本学界在战后与中国学界一样盛行庸俗马克思主义的经济决定论，而在20世纪60年代就经过反思提出研究中国底层社会的"共同体"模式，这与美国发起"地区史"研究的时间几乎同步，且没有多少迹象表明是受其影响。②而中国学者对某一理论的使用往往缺乏批判性的梳理而直接横向挪用，比如对"现代化理论"的使用，中国学者几乎不加反思地

---

① 孙歌在分析日本战后史观时曾经指出，理论框架的分析不能替代对"日常经验"的认知，国内学者则恰好漠视对"日常生活经验"的认知，如其所述："在'日常经验'的层面，文化认同的问题远比理论分析来得复杂，理论层面的正确性并不能保证日常经验尤其是感情经验的同等'正确'，因为日常经验总是被排除在意识形态乃至理论视野之外的。"美国中国学则不断在努力寻求或靠近这种认知，而我们却离它越来越远，这就是我们与之差距所在。参见孙歌：《寻找近代——来自日本的思考轨迹》，载贺照田主编：《学术思想评论》第八辑，吉林人民出版社2002年版，第182页。
② 比如战后日本中国史学界盛行历史唯物史观的发展阶段论，热衷于探求所谓"世界史的基本规律"，不久一些学者就意识到，马克思主义学派中强调亚细亚生产方式的一支刻意描绘出的中国"停滞论"模式，恰恰把日本侵略中国的行为正当化了。于是有意从两个方面予以修正：一是从秦汉帝国构造的独特性出发克服由世界史发展的基本法则所推导出来的"亚细亚停滞论"。参阅［日］东晋次：《秦汉帝国论》，刘俊文主编：《日本学者研究中国史论著选译》第二卷，中华书局1993年版，第330页。二是从探讨基层社会的日常形态入手揭示中国历史发展的另一面相。参见［日］重田德：《乡绅支配的成立与结构》，同上书，第201页。

直接把它运用到"地区史"的研究中,其结果是在不加论证的情况下,现代化过程完全等同于一种正面的认知前提作为观察中国变迁的工具,"地区史"研究不但未能推进对中国内部历史的认识,反而成为全球化进程合理性的地区性注解。[①]而海外学者早已把现代化看作了一个复杂的悖论过程谨慎地加以使用。说得不客气一点,中国史学界无论是在当代或近现代史研究框架,还是在其主题选择和史料梳理方面要远远落后于海外中国学界。在这种情况下,不经过与他们的充分对话,我们怎么可能超越这一初级阶段而进入更高一层的历史经验的内在正当性的反思高度呢?说得严重一点,我们现在的学术反思屡屡跳不出西方如来佛的手心,并不在于我们仅仅在视野上局限于与海外中国学者过于频繁的对话,而恰恰在于我们尚没有充分足够的能力在这个阶段和层面上与之进行有效的对话,我们近几年拿不出多少与之相抗衡的过硬史学作品即是证明。

这里特别需要强调的是,对话并非单向模仿的同义语,对话的前提是不仅要梳理海外中国学在西方建构自身理论的动机与背景,而且必须注意到另一个为人所忽略的历史现象,即海外中国学的发生与发展始终不是某个国家单向出现的历史现象,它是在与中国内部史学的互动与纠葛过程中才得以不断演化而形成自身风格的。其具体表现是,当代海外中国学所提出的许多框架和问题意识,都能在中国20世纪早期(如三四十年代)学术问题设计中找到各自的源头,这有点像萨义德所说的"理论旅行"现象。我们过去总是有一

[①] 目前国内的所谓"地方史"研究往往是打着研究"社会变迁"的旗号,却几乎毫无例外地认同"现代化理论"所设置的人类应按西方道路发展的普遍性和终极性前提,因而多数研究不具备基本的批判反思能力,而只能视为现代化理论普遍模式的一种地方性注解。

个误解,似乎海外中国学的问题都是从西方语境出发制造出来的,只与其现实社会的当下需求导向和内部旨趣的形成有关,而与中国的本土历史问题无关,也与中国学人的研究意识和方法无关,实际上经过几代人的理论互动,海外中国学的提问方式已经具有本土提问方式无法具有的普遍穿透力。所以我们在面对海外中国学时,就不应该仅仅刻意关注其在自身处境的提问脉络中建构理论的过程,同时也更要注意到各类框架的形成在多大程度上是与中国早期现代学术发生有效互动的结果。描述和梳理这个互动的过程不仅仅是个相当专门化的学术史探索,更是我们进一步提升问题意识和历史反思能力的必要步骤。同时我们也注意到,中国学术界20世纪在三四十年代为50~80年代海外中国学界所提供的灵感,并非都是我们常常挂在嘴边的所谓纯粹本土化的资源,而是同样受到西方思潮影响后的另外一种本土性的表达态势而已。由此,我们应该选择一种更加复杂和细致的认知方式梳理这个对话过程,把它视为一个连续不断的纠缠与相互渗透的碰撞,因为这个过程目前仍在继续。

萨义德在描述"理论旅行"现象的发生时,似乎抱有一种谨慎的乐观态度,他认为各种观念和理论从这个人向那个人,从一情境向另一情境,从此时向彼时旅行,有助于不同文化与智识生活彼此通过流通获取养分。但他也意识到,这种流通也必然会牵涉到与始发点情况不同的再现和制度化的过程,这就使关于理论和观念的移植、转移、流通以及交换的所有说明变得复杂化了,因为我们需要知道,一种理论或一个观念作为特定历史环境而出现了,当它在不同的环境和新的理由之下被重新使用时,以致在更为不同的环境中被再次使用时会发生什么情况。①

我曾经在一篇文章中说过，自从梁启超《新史学》发表以后，中国史学的发展过程同时就是如何选择融入世界体系方式的过程，也是无可避免地使传统学术自主性逐步削弱乃至趋于丧失的过程。②《新史学》发表以后，中国史学领域通过理论旅行的途径与多种学科建立起了亲密的交叉渗透关系，比如敦煌学与甲骨文字学的发展使史学率先与考古学联手，破译古代文化与艺术的奥秘；三四十年代社会人类学也与史学建立起了初步的联盟关系，借此契机，史学甚至做好了全面解读基层社会运行机制的前期理论准备。③但好景不长，史学逐渐与大型社会改造运动相适应的宏大理论相协配，意识形态化的学术工程一旦与宏大的社会运动相衔接，就自然宣告了其自主性的终结。

---

① ［美］爱德华·W.赛义德（即萨义德）：《理论旅行》，出自《赛义德自选集》，中国社会科学出版社1999年版。刘禾曾运用理论旅行的理论观察西方词语进入中国所造成的种种变化以及对中国人思维方式所造成的影响，但刘禾也批评了赛义德由于赋予理论以主体性，也就过分肯定了理论的首要性并且未能成功地解释何为翻译的工具。因此旅行成为一种抽象的思想，以至于理论在哪个方向旅行，出于什么目的旅行，或者使用哪一种语言，为了哪些受众旅行等问题都变得无足轻重了。参见刘禾：《跨语际实践——文学，民族文化与被译介的现代性（中国，1900—1937）》中的"旅行理论与后殖民批判"一节，三联书店2002年版。本文在使用这一术语时将尽量避免同类情况的发生。
② 杨念群：《东西方思想交汇下的中国史研究——一个"问题史"的追溯》，《杨念群自选集》，广西师范大学出版社2000年版，第28~96页。
③ 周予同在《五十年来中国之新史学》一文中曾将中国现代史学分为"泥古""疑古""考古"与"释古"四派，基本上以脱离经学化的程度为标准对现代史学流派加以评价。而钱穆在《国史大纲》的引论中，将中国近世史学分为三派：一曰"传统派"，亦称"记诵派"；二曰"革新派"；三曰"科学派"，亦称"考订派"。而"革新派"的史学，随时递变，又可分为三期：其初为"政治革命"，继为"文化革命"，又继为"经济革命"。参见朱维铮编：《周予同经学史论著选集》，上海人民出版社1983年版，第520页。顾颉刚在《当代中国史学》（辽宁教育出版社1998）一书中则对甲骨文字、考古发掘与内阁大库档案的发现进行了评析。

本文即以发生于20世纪三四十年代中国史学理论与相关社会科学理论方法发生交融互动的情况为背景，探索经过50~80年代"理论旅行"的复杂过程后，中国史学方法变革在中国境内与海外所获得的不同命运，力图梳理出一条"问题史"的脉络。本文所关注的是，在50年代以后，受日益向宏观模式趋同的风气制约以前，中国史学界本来有可能发展出多种考察问题的独特品质，然而这种萌芽状态的思考品质和能力在压抑的过程中却通过西向流出的渠道成为海外中国学的共享资源，而没有成为中国历史学家拓宽研究视野的起点，这是十分值得深思的学术史现象。本文共分三个部分：第一部分通过若干实例阐释这种"理论旅行"对海外中国史研究的意义；第二部分重点考察一些曾经从本土流向海外的理论如何又通过"理论回流"的途径重新构建了中国史学新的话语场，以说明一些经过几次相互交换的理论文本对当代中国史学的微妙意义；最后初步尝试探索若干解决方案。本文的研究注重的是各种文献资料的交叉性解读，所选择的文本可能在一些历史学家看来并非传统意义上的历史文本，但我的目的恰恰在于审视这些不同文本如何对历史研究方法的转型形成多元化的影响。

二、由输入到输出——"理论旅行"的若干实例

个案之一：市镇集市理论

在中国20世纪初期的史学界，面对各种社会理论的渗入与挑战，曾经出现过两种历史研究方法的争论与较量：一种理论认为必须

把中国历史的演变趋势按照进化论的因果图式重新编排起来,以替代过去以探索朝代循环为特征的旧史观;另一种理论遵循功能学派的原则,这种原则主张所有的文化或是服务于社会中个人的需要,或是维护一个社会的社会结构,这对进化论在中国科学舞台上的支配地位是一个挑战。① 功能学派与进化论分道扬镳的关键在于对"历史"存在的态度差异上,直至90年代初费孝通在谈到马林诺夫斯基对《江村经济》的评价时,还坚持对"历史"的功能化理解,以功能作用的大小来划分"活的历史"与"死的历史"。他说"历史学者和人类学者在这个今中有昔的问题上出现了分歧的态度,历史学者咬定历史是一线三维的行列",而人类学家认为:"一个器物一种行为方式之所以成为今日文化中的传统是在它还发生'功能',即能满足当前的人们的需要。凡是昔日曾满足过昔日人们的需要的器物和行为方式,而不能满足当前人们的需要时,也就会被人们所抛弃,成为死历史了。"费孝通诠释的是马氏的这句话:"可把现状作为活的历史来追溯过去。"② 我对以上这段话感兴趣不在于其对功能学派对待历史方法的重新解读,而在于他明确点明了功能学派与进化论在观察历史现象上的差异性,这个差异性如果放大为一种研究背景,就可以投射出中国历史模式演变的许多渊源关系。

比如在进化论框架支配下,中国历史的演变基本上被看作是国家行政行为运作的结果,社会的变迁属于总体性的国家行为导致的结构性转换,而功能学派则把历史聚焦向了一个村落的变迁,历史

---

① 顾定国:《中国人类学逸史——从马林诺斯基到莫斯科到毛泽东》,社会科学文献出版社2000年版,第30~31页。
② 费孝通:《重读〈江村经济·序言〉》,马戎等主编:《田野工作与文化自觉》,群言出版社1998年版,第29页。

的长程发展突然被浓缩进特定的时空场域而变得具体且细腻起来，不是干巴巴的几条趋势或规律。进化论与功能派的分野其实重新圈定了历史研究的对象与范围，不过在"国家"与"村庄"之外，仍有一个中间领域受到了一些学者的注意，那就是遍布中国乡村社会中的市镇集市体系。

我们知道，美国中国学家施坚雅曾经提出一个"经济区系理论"以挑战以行政区域宏观运行逻辑或者村庄微观运行逻辑为两极的研究传统，而建立起了一个相当缜密新颖的中层新学统。这个学统认为，传统中国的所有核心地点都可以依据经济功能界定的分立级序来安排，市场级序的理想状态是，高层的地点在一个较大的体系内容纳一系列低层的地点，并为后者提供当地无法提供的物品和服务。①施坚雅选择集镇而不是城市与村庄作为研究对象是采用了德国经济地理学家克里斯塔勒（Christaller）和勒施（Losch）的核心地点理论。他借用后的最大贡献是把中国全境视为具有独特功能和变迁周期的不同区域城乡体系集合体，这个集合体不是按照行政区划或自然村设立范围和边界，而是由地貌和市场级序界定的九个宏观区域。

更加令人惊异的是，施坚雅是想用这套经济区系理念取代以国家全能型政体为历史主导动力的传统史学解释结构，认为真正社会运转的动力发生于政府之外的经济空间，而且国家行政中心往往与这种核心地点的位置叠合并受其制约，甚至一些非行政组织也依赖于经济空间的运作，因为："各种各样的自发组成的团体和其他正式组织——复合宗族、秘密会社分会、庙会的董事会、宗教祈祷会社——都把基层市场社区作为组织单位，职业团体也可能在基层市

---

① 王铭铭：《社会人类学与中国研究》，三联书店1997年版，第117页。

场社区内组成。"①

讲了这么多施坚雅的理论，我的目的不是对其再加注释和推介，也无意对其理论得失进行批评，我这里只是想证明，除了以进化论为基础的"国家全能论"和以功能学派为基础的"村落功能论"之外，在20世纪三四十年代一些中国学者的论著中即已出现"集镇区系论"的若干萌芽，他们大可看作是施坚雅理论的先驱。比如杨庆堃早在1934年就对华北地区特别是邹平市镇的结构进行了开拓性的研究，杨庆堃运用当时的区位学理论，开始在国家和村落之外寻求解释中国基层社会运转的新空间。他认为在农村社会中，每个大群和小群都有其地理基础的根据，依了地理上的形势、生产和距离，各群体间形成了经济和社会生活上的互相依赖的形势。这种自然群体间的功能的互倚形势，就是生态秩序（ecological order）。又说："市集系统是物产交换的中心，物产的地域根据既深，则市集是建立在各地域功能单位的互倚形势上，这是很显明的，是以在市集的研究上，区位学的方法，便成了最重要的工具。"②这种论说很显然既超越以国家上层行政行为为研究目标的传统路径，同时与同时代的社会学家对村庄的过度重视亦有所不同。

杨庆堃研究市集网络所运用的社会理论虽与施坚雅有所不同，

---

① ［美］施坚雅：《中国农村的市场和社会结构》，中国社会科学出版社1998年版，第49页。
② 杨庆堃：《邹平市集之研究》，燕京大学研究院社会学系硕士毕业论文，1934年，北京大学图书馆藏，第7页。杨庆堃的思路受到派克影响的另一证据是他曾在1934年9月13日的《社会研究》上发表了《介绍地位学方法》一文。费孝通在《补课札记——重温派克社会学》一文中详细追溯了派克的区位学方法以及对中国社会学的影响。参见费孝通：《师承·补课·治学》，三联书店2002年版。此节的若干观点及材料承蒙夏明方予以提示并惠与讨论，特此致谢。

但他运用区位学方法得出的研究结论却深深影响了施坚雅对"市镇经济区系论"的建构过程。比如杨庆堃在研究邹平市集时提出了市集活动有一定范围和形状,并做出了平原与山地的类型区别。如他指出,平原地带一个市集的活动范围是平均地向四面发展而成为圆形或方形,对于赶集的各庄子的时间经济上这种形状是最方便的。①而市集地点的位置,总是在村庄最密,而距离活动范围边沿各庄子最近的地点。②

在考察了14个市集的活动半径后,杨庆堃已发现活动半径的距离是一个抽象的指数,各个村庄与市集相距的活动范围的形状是多边形的,而不是圆形的。只是为了方便比较,才把它当作一个中心点所发射出去的圆形半径,市集自身就代表这中心点。③大约过了30年以后,施坚雅在研究平原地带的集镇分布网络时设计了一个简单的模型,其讨论的背景是一个同纬度的平原,各种资源在这个平原上均匀分布,根据以上假设,以此为背景的集镇分布就应该符合一个等距离的坐标,好像位于把空间填满的等边三角形的顶点。在理论上,每个市场的服务区域也应该接近于一个正六边形。在施坚雅考察过的六个区域中,大量的集镇都正好有六个相邻的集镇,因而有一个六边形的市场区域,尽管这个市场区域受到地形地貌的扭曲。④虽然在自己的著作中,施坚雅批评了杨庆堃认为中国农村市

---

① 杨庆堃:《邹平市集之研究》,燕京大学研究院社会学系硕士毕业论文,第55页。
② 同上书,第57页。
③ 同上书,第44页。
④ [美]施坚雅:《中国农村的市场和社会结构》,中国社会科学出版社1998年版,第21页。

场区域形状接近于圆形或正方形的观点①，但施坚雅自己也承认，这个著名的"六边形理论"受到了杨庆堃市集理论的很大启发，因为前述杨氏已非常明确说过市集活动范围是多边而非圆形。这至少也可说明，早在30年代，杨庆堃已提出了较为系统的市镇网络观点，只是没有更广泛地加以使用。②

有关交通运输体系影响集镇系统现代化程度的情况，施坚雅曾在市镇从传统向变革的过渡分析中着墨甚多，但却同样大量引用了杨庆堃、杨懋春、乔启明等中国学者的研究，他甚至这样评论说："杨庆堃的研究就这样提供了一个经典范例，说明了一个市场体系如何由于中心市场与较大城市间长期存在的现代交通联系而商业化，却又由于内部道路体系长期不变的传统性而实质上没有现代化。"③

我们以上引用施坚雅与杨庆堃有关集镇网络前后相续的研究成果，并非抱着"古已有之"的陈腐心态去争夺某某理论的中国发明权，也并非头脑简单地想证明施坚雅的理论完全沿袭杨氏的思路，然后以此为资本自大地炫耀中国学者的学术预见性。我的目的恰恰相反，我是想证明，尽管杨庆堃的理论解释也是受西方社会理论影响的一个结果，是诸多东西学术交汇互动链条中的一个环节，然而中国学者当年所积累起来的多学科交叉的学术素养有可能成为滋养中国史学步向辉煌的有效资源，可结果非但没有如此，这些初步累积起来的成果反而在数十年后为海外学者所充分利用，从而成为构筑解释中国历史新型模型的基石。这种"理论旅行"所导致的讽刺

---

① 杨庆堃：《邹平市集之研究》，燕京大学研究院社会学系硕士毕业论文，第61页。
② 施坚雅就曾说过杨庆堃在1932—1933年所做的实地研究至今仍是第一流的作品，参见［美］施坚雅：《中国农村的市场和社会结构》，第56页。
③ ［美］施坚雅：《中国农村的市场和社会结构》，第99页。

性效果，不断发生在当代史学变革的路途中。

个案之二：士绅理论

"士绅"作为一种阶层分析范畴引起重视始于三四十年代社会学家们的关注，费孝通、潘光旦等人都有相关的论述，他们从社会分层的角度认为士绅们是官僚系统的组成部分，是官僚身份的某种表征，只是有在位与不在位的区别。比如费孝通在《论绅士》一文中就有一个标题叫"官僚和绅士"，可见在他的心目中，官僚和绅士是有区别的，基本有在朝在野的区分。[①]但这种一体两面的说法有一点值得注意，就是他们仍重视在野士绅在基层社会中相对的自主作用，以及这种自主作用与行政官僚体系运转的差异性。只是可惜的是，对绅士在基层社会中自主作用的研究这条线索在40年代以后被迫中断了，这里面当然有政治意识形态干预的原因，不过一开始仍属于学术意义上的分歧。比如30年代一些马克思主义史学家就视官僚于绅士是异名同体的政治动物，但更主要是从马克思主义历史观出发把官僚与绅士看作是一体化的统治阶级利益和经济利益的代言人和实践者。如吴晗重视"士庶之别"，往往以豁免田赋和占有土地的多寡来估测绅士的身份，吴晗是这样分析的："士大夫也就是地主，因为他们可以凭借地位来取得大量土地，把官僚资本变成土地资本，士大夫和地主其实是同义语。反之，光是地主而非士大夫是站不住的。"[②]

---

① 吴晗等著：《皇权与绅权》，天津人民出版社1988年版，第80页。
② 同上书，第69页。

50年代以后，由于绅士与地主阶级是同义语，所以"绅士"不仅被地主阶级这个名词所取代，而且逐渐萎缩直至消失。因为在经济决定论等庸俗唯物主义解释框架支配下，既然绅士的存在是以其占有土地的多寡为唯一评价标准，其与"地主阶级"的身份相叠合，使绅士在更广义的地方自治功能上所起的作用几乎不可能也似乎无必要进入学者的研究视野。

相反，起步于40年代国内的绅士在基层社会功能的研究取向，在50年代转移至美国中国学界，一度成为显学。人们熟知的萧公权、张仲礼的著作即是如此。张仲礼虽然仍认为："绅士的地位是通过取得功名、学品、学衔和官职而获得的，凡属上述身份者即自然成为绅士集团成员。功名、学品和学衔都用以表明持该身份者的受教育背景。"①但张仲礼还是对绅士的身份做了区分，把他们分成了上下两层，而且辟出专节探讨下层绅士的社会职责，认为他们视自己家乡的福利增进和利益保护为己任。在政府官员面前，他们代表了本地的利益，他们承担了诸如公益活动、排解纠纷、兴修公共工程，有时还有组织团练和征税等事务。他们在文化上的领袖作用包括弘扬儒学社会所有的价值观念以及这些观念的物质表现，诸如维护寺院、学校和贡院等。②

这里尤需注意的是，他并没有把绅士与皇权视为铁板一块的利益共享者，甚至认为绅士的这些职责与其私人土地的占有以及所在地点无关，而仅仅与行政区划更有关。这样就避免了仅从土地占有的角度评价绅士作用的狭隘观点，而与40年代中国社会学家强调

---

① 张仲礼：《中国绅士——关于其在十九世纪中国社会中作用的研究》，上海社会科学院出版社1991年版，第1页。
② 同上书，第48页。

绅士地方自治功能的观点颇为接近。弗兰兹·迈克尔在为张氏所写序言中曾经特意摘出书中所述绅士对中国社会的管理，包括经济方面的管理，并不依赖于其对土地占有的论点加以评述。弗兰兹·迈克尔认为，许多绅士拥有私人土地，其中大部分人将土地租给佃户耕种。不过这一事实不应导致人们混淆绅士和地主。这两个集团部分交叉，但并不是一回事：一个绅士未必是地主，一个地主也未必是绅士；一个绅士即使没有土地也可拥有很大权力，而没有绅士身份的地主却无这样的权力。①这种观点明显与同时代的中国史学家如吴晗等人的结论有异。迈克尔还特意提到，民国时期的"绅士"曾是费孝通在若干领域研究的对象，而与《中国绅士》的写作完成几乎同时，费孝通的多篇论文以文集的形式重新用英文发表，名为《中国的绅士》，这就从间接的角度证明，20世纪40年代社会学家的"绅士论"远远比历史学家的"绅士论"在美国中国学界更居支配地位。

20世纪50年代，美国的绅士研究似乎仍然承认绅士的功用与行政区划有关，而80年代周锡瑞等人已对此提出质疑。周锡瑞就认为不应改以行政区划而应该以"场域"（arena）作为研究士绅阶层的基本历史研究的单位，特别要避免在行政区划和等级制的支配下视士绅阶层为整齐划一的群体。不能因为所有县级精英在相同的行政区域中运作，就预设他们基本上是相似的，也不能因为所有生员具有相同的官方等级，就预设他们会以相同的方式行事。相反，只有仔细考察精英活动的"场域结构"才能有效地评价和理解士绅阶层

---

① 张仲礼：《中国绅士——关于其在十九世纪中国社会中作用的研究》，上海社会科学院出版社1991年版，第6页。

的多样性。这里所说的"场域",是比行政区划更加复杂的一种多样化的环境和社会空间,它可能是地理上的(村庄、县、国家),也可能是功能上的(军事的、教育的、政治的),甚至包括构成此一场域成员的价值观念、文化象征和资源的集合。地方士绅在这种"场域"内不是靠行政系统决定的身份发挥作用,而是一个通过灵活地控制各种地方资源来确定自己的价值与地位,这是一个动态地实践和创生各种策略的过程。①

"士绅理论"从以土地占有的多寡和官僚级序的高低确定其身份,到强调其在乡间基层的自治功能,最后到摆脱行政区划对其功能分析的限制,设定动态分析的策略,是一个前后相续的理论跃进的过程。这个过程本应完整地在国内发生和完成,但以上勾勒出的结果却是一条海外中国学的转型脉络。

个案之三:现代国家控制能力的早期研究

如何估计现代国家对地方资源的动员和控制能力近年一直是各个学科紧密关注的现实课题,把这个课题的现实情境稍向前延伸至晚清,就立刻转化成了一个颇带有争议性的历史性问题,其具体表述是:在晚清内忧外患的大格局下,中国国家控制基层社会的能力到底是削弱了还是增强了?针对这个问题海外中国学经过多年研究逐渐划分成了两派:一些较为传统的中国学研究著作倾向于认为,经过多次对外战争尤其是太平天国运动的消耗,清廷已无法有效地

---

① Joseph W. Esherick and Mary Backus Rankin edited, *Chinese Local Elites and Patterns of Dominance,* University of California Press, 1990, pp. 3~24.

在全国范围内动员各种地方资源，只有依赖在战争动员中逐渐获得利益与实权的新型地方士绅才能维系国家机器的运转。比如孔飞力就认为，十九世纪中叶绅权的扩张所导致的地方军事化，破坏了传统意义上的中央与地方的平衡状态，全面重组了国家与地方社会的关系，并最终导致了传统王朝的崩溃。①

而其弟子杜赞奇则从相反的方向证明，晚清以来的现代国家建制的不断强化过程是有其连续性的，这种延续性由晚清一直向民国延伸，王权旧体制的崩溃并不代表现代国家的控制能力被削弱了，正相反，现代国家建设的动员能力和向地方社会渗透的强度恰恰得到了加强。在这种强力压迫下，恰恰是传统的地方自治网络纷纷趋向崩溃。②如果考虑到目前对国家能力研究的状况，杜赞奇的观点显然把原有的研究水平向前推进了一步。而我在这节想要论证的是，早在20世纪三四十年代，中国的一些社会学家已经朦胧地提出了类似的观点，至少为以后近代中国国家能力研究的若干走向提供了方法论拓进的可能性。

费孝通的提问方式虽仍是从"提高政治效率"这个国家行为的动机出发，但结论却是悲观的，因为他把民国与古代做比较之后，发现古代的行政"双轨制"变成了现代的"单轨制"，由此引发出许多弊端。他说："一个健全的，能持久的政治必须是上通下达，来往自如的双轨形式"③。费孝通提醒我们关注"从县衙门到每家

---

① ［美］孔飞力：《中华帝国晚期的叛乱及其敌人——1796—1864年的军事化与社会结构》，中国社会科学出版社2001年版，第217~232页。
② ［美］杜赞奇：《文化、权力与国家——1900—1942年的华北农村》，江苏人民出版社1996年版，第1~12页。
③ 费孝通：《乡土重建·基层社会的僵化》，参见《费孝通文集》第四卷，群言出版社1999年版，第336页。

大门之间的一段情形"①。要了解这一段情形就需知道，中国传统政治结构有着中央集权和地方自治两个层面，而中央集权所做的事是极有限的，地方上的公益不受中央的干涉，由自治团体管理。表面上我们只看见自上而下的自治轨道执行政府命令，但是事实上一到政府和人民接触时，在差人和乡约的特殊机构中，转入了自下而上的政治轨道，这轨道不在政府之内，但是其效力却是很大。②以上观点似乎是当今社会史研究者对基层社会作用耳熟能详的判断，但我觉得费氏对社会结构进行历史性评估的真实价值并不限此，而是以下对社会结构变化效果与众不同的论说。

　　费孝通感叹乡土性的地方自足时代过去了，这又导致传统上防止权力被滥用的无为主义防线的溃决，因为现代制度中保甲制度的推行把自上而下的政治轨道筑到了每家的门前，而40年代警管制更把这轨道延长到了门内。原来保甲制设置的本义是有意使之成为基层的自治单位，从这起点筑起一条公开的自下而上的轨道，实现现代的民主政体。这种以"政治单位"强行替代"生活单位"的做法破坏了乡村社会的自治系统，因为生活上相互依赖的单位的性质和范围却受着很多自然的、历史的和社会的条件所决定，保甲却是以数目字管理的方式力求控制过程的一律化，导致了政治双轨制的拆除。这使我想起了黄仁宇在其"大历史观"中对数目字化管理的核心意义的痴迷，其深层想法仍是以西方现代化标准作为衡量中国社会变化的尺度。③

---

① 费孝通：《乡土重建·基层社会的僵化》，参见《费孝通文集》第四卷，群言出版社1999年版，第338页。
② 同上书，第340页。
③ 参见杨念群："青山遮不住——评黄仁宇的历史观"，《中国社会科学文摘》2002年第2期。

另一方面，保甲是执行上级机关命令的行政机构，同时却是合法的地方公务的执行者。这两种任务在传统结构中由三种人物分担：衙门里的差人，地方上的乡约和自治团体的领袖管事。而把这三种人合而为一是假定了中央的命令必然是合于人民意愿和地方能力的。这样一来，保甲制度不但在区位上破坏了原有的社区单位，使许多民生所关的事无法进行，而且在政治结构上破坏了传统的"专制安全瓣"，把基层的社会逼入了政治死角。而事实上新的机构并不能有效地去接收原有的自治机构来推行地方公务，旧的机构却失去了合法地位，无法从事正式活动。①费孝通的结论是：基层行政的僵化是因为我们一方面加强了中央的职能；另一方面又堵住了自下而上的政治轨道，把传统集权和分权、中央和地方的调协关键破坏了，而并没有创制新的办法出来代替旧的。我们似乎有意无意地想试验政治单轨制。②

费氏对单轨制的忧思明显是对当时已经甚嚣尘上的现代化论大唱反调，发表后立刻遭到多方面的批评，批评的主旨是针对其对现代化过程中国家作用的负面估计。因为在20世纪的思想界，对现代化和国家作用之间的联系近乎迷信地完全一边倒建立在乐观崇信的基础上，甚至转变为一种意识形态的霸权。谁要是从反思的角度对这种崇信提出质疑，不仅要遭到思想界的普遍攻击，也可能会遭到国家意识形态的干预，是需要具备相当勇气的。费孝通虽然在后来为自己做了有力的辩解，但其声音很快就湮没无闻。50年代中国史学界为"革命史叙事"所笼罩，一直到80年代，中国史学界仍然受

---

① 费孝通：《乡土重建·基层社会的僵化》，《费孝通文集》第四卷，第342页。
② 同上书，第343页。

到对单轨制持肯定态度的现代化国家主导论的支配。

令人深思的是，费孝通当年对农村基层政权瓦解过程的分析，至今并没有为中国史学界所注意，就更别提借鉴为中央与地方社会关系的规范性框架。与之相比，经过理论旅行，这套分析路径却成为美国中国学研究第三代学者分析中国社会转型的利器。90年代的一些后现代论者如杜赞奇倒是与费孝通当年的判断若合符节，他提出"国家政权建设"这个概念是现代化过程最重要的表征，特别指出国家在20世纪初竭尽全力，企图加深并加强其对乡村社会控制，但同时也强调其伴随现代政体而来的压制、僵化和破坏性的一面。①在研究华北农村时，杜赞奇得出的另一结论居然与费氏的表述具有惊人的相似性。杜赞奇的观点是，在民国时期的华北农村存在着两种类型衔接国家和地方社会的中介人，即按照与地方和国家的倾向程度分为保护型经纪人和赢利型经纪人，随着现代化过程的演进，保护型经纪人逐渐为赢利型经纪人所替代，从而破坏了原来通过保护型经纪人所实现的国家与民众的文化联系。最终结果是，"国家政权建设"过程破坏了国家自身在基层的权力基础。他还试图证明直至十九世纪末，不仅地方政权，而且中央政府都严重依赖地方文化网络，从而在华北乡村中建立自己的权威。20世纪国家政权抛开甚至毁坏文化网络以深入乡村社会的企图注定是要遭到失败的。②这个观点已迅速蔓延到中国史学界，深刻影响了中国社会史研究问题意识的形成。

其实杜赞奇的观点在费孝通的著作中早有预言，只不过中国

---

① ［美］杜赞奇：《文化、权力与国家——1900—1942年的华北农村》，第1页。
② 同上书，第5页。

当时的变革正方兴未艾地进行着合并"自然村"为"行政村"的大规模运动，以至演变为人民公社化运动，费氏的奇谈怪论显然是不合时宜的，自然会被边缘化直到销声匿迹。然而随着改革开放的深入，人民公社体制瓦解，基层行政区划面临重组，国家虽部分允许自然村状态下地方自治权威的恢复，宗族等传统势力大有卷土重来之势，然而国家行政势力根本不可能完全撤出乡村社会，地方自治系统无法恢复原态，地方官僚机构却反而呈日益膨胀的态势，变本加厉地盘剥农民，这样的状态多少验证了费孝通当年的预言。更具讽刺意义的是，当年的预言却由一位美国籍的印度学者重新揭示出来，并予以概念化、规范化。

当然，我们不能武断地认为，杜赞奇的判断完全直接来源于费孝通，其引证的理论依据是欧洲学者查尔斯·蒂利（Charles Tilly）对"国家政权建设"（state-making）观点的引述。我这里想要说的是，中国史学界本来可以有机会借助社会学、人类学的方法在40年代就建立起自己对现代化进程进行有力反思的解释框架，直接有效地用于指导中国基层社会变革的具体实践。可直等到90年代，绕了一个大圈子，我们才从美国中国学的论题中重新发现反思国家能力与地方社会关系这一问题意识的重要性，可见我们史学界反思意识的敏感度是多么滞后了。同时我要说明的是，杜赞奇对"国家"与"民间社会"互动关系的解释，是西方中国学研究中从"整体史"向"地方史"研究转换策略中间的一个重要环节，并不是凭空产生的。杜赞奇的观点直接针对60年代"地方史"研究传统发出挑战，因为杜的老师孔飞力和魏斐德等人在60年代末通过对湖南、华南在清末战乱中地方组织应对能力的研究，提出了地方势力兴起逐步侵消了国家权力的基本认知框架，此框架曾经颠覆了费正清传统的"冲击—回应"理论，有力扩展了对中国基层社会组织构成的理解，但却有意无意地把这一趋向凝固化、普遍化了，容易让人产生误解，似乎中国国家政权在晚清一直处于衰落状态。①而杜氏等人却在晚清与民国的国家政权建设上建立起了连续性的合理解释。他认为国家权力企图进一步深入乡村社会的努力始于清末新政，20世纪国家政权控制地方的能力随之大幅度提高，这种状态的出现不应笼统地以正面作用一以概之，而应与地方组织在历史中作用的估计结合起来加以考察，而我们的历史研究目前还刚刚处于从"革命史叙事"向"现代化叙事"转型的过程中，大多数学者还在兴致勃勃地为现代化逻辑在中国的历史合理性做反复论证，而没有把现代化的过程充分问题化，以纳入反思的轨道。

无法否认的是，当前有一些学者已经意识到，"国家政权建设"在论述中国社会变革时，好像并不具备类似在西方语境中那样合理的解释力度。因为中国其实并没有真正发生过像西欧那样的规范意义上的"国家政权建设"行为，如中国并没有发生或尚未完成类似西欧那样的国家——公共（政府）组织角色的变化、与此相关的各种制度——法律、税收、授权和治理方式的变化，以及公共权威与公民关系的变化等等。②可问题的关键在于，我们关注基层乡村社会并不应过多注意其与西欧相似的制度建设的形式主义规范的吻合程度，而应注意政治模仿的力量如何重组和改变了基层社会的组织状况。对中国过渡期历史复杂面相的阐释和各种历史行动后果

---

① 参见［美］魏斐德：《大门口的陌生人——1839—1861年间华南的社会动乱》，中国社会科学出版社2002年版。此书以华南为地区史研究单位，揭示的是中国在应对西方入侵时表现的非整体性特征，暗示国家能力已无法全面支配地方势力。
② 张静："国家政权建设与乡村自治单位——问题与回顾"，《开放时代》2001年9月号，第10页。

的分析，与中国是否规范地实现了和西欧同样的历史性后果应完全是两个层面的问题。因为在这一问题框架内，我们的研究反而不应把过多精力用来揭示在中国本土上这种形式主义的国家政权建设的欧洲内容到底落实了多少，移植得怎样，我们反而要问这种国家渗透的方式如何在中国乡土社会发生变形，其变形的原因是什么，其理由何在，更不要匆忙对这种变形予以是非曲直的评判。因为我们过去匆匆下的结论，往往不是从这种变化与中国社会历史传统对现实制约的关系出发，而恰恰是以形式主义的欧洲历史标准来评价中国社会转型的程度。我们已习惯于用"农民没有法律观念""农民是小农意识"等等标准来批评乡村社会对国家行为的理解，而没有充分分析这种抵抗的社会历史根源。

三、"理论回流"之后——对若干二元对立概念在中国的规范性运用引发的评述与思考

受各种社会理论不间断的冲击和影响，80年代中国史学变革中出现了一些被广泛运用的二元对应概念，这些概念的出现使单调的中国史学界开始摆脱传统的叙事模式，一度变得活跃和富有灵性，且大多成为规范性讨论的前提。有些对应概念无疑是基于对传统—现代、东方—西方的二元观的崇信而设计的，体现了某种欧洲中心论的原则[①]；

[①] 黄宗智特别提示说，目前流行的"中国中心论"表面上是民族主义的某种表现，其实不过是"西方中心论"的翻版。参见黄宗智："学术理论与中国近现代史研究——四个陷阱和一个问题"，载贺照田主编：《学术思想评论》第五辑，辽宁大学出版社1999年版，第264~265页。

而另一些概念的提出则是以尊重地方本土文化的反现代化姿态为标志进入我们的视野,它们曾经刷新了我们的认知领域,同时也不自觉地把我们带入了新的言说困境。本文选取其中最具规范性的若干对应概念进行分析和梳理,以呈示其在中国史学界使用时所具有的复杂多面的意义。

(一)国家—社会二元对立的诠释框架

1. 从"空间"分析进入乡土社会。

国家—社会的诠释框架来源于海外中国学对西方社会理论的借用,它是整个西方社会理论波及中国研究比较显明的例子。不少学者已经意识到,西方的中国研究乃是西方学术文化大共同体的从属而非主导,其问题意识、兴起方向以及理论方法大多都不是自生的而是外来的,亦即是西方学术文化大共同体基本旨趣的派生。因此,必须检讨其研究中国的基本旨趣。①

那么,当国家—社会框架被移植到中国时,其背后隐藏的基本旨趣是什么呢?概括言之,它是一个后冷战时代的政治议题。从学术渊源上讲,国家—社会框架脱胎于哈贝马斯关于"市民社会"与"公共领域"的研究②,哈贝马斯的原义是探讨西方资本主义兴起的方式,可是研究东欧和东方民主运动的学者却从中得到了灵感,

---

① 甘阳:《十年来的中国知识场域——为〈二十一世纪〉创刊十周年作》,《将错就错》,三联书店2002年版,第227页。
② 从社会理论的角度加以分析,"市民社会"与"公共领域"两个概念有很大区别,可在具体运用于中国历史现象的分析时两者往往被混淆使用。有关两者的区别,可参见〔英〕简·柯恩、安德鲁·阿雷托:《社会理论与市民社会》,载邓正来等编:《国家与市民社会:一种社会理论的研究途径》,中央编译出版社1999年版。

认为这些概念表述了一个摆脱国家监护而自上而下地创建独立的社会生活形式的纲领。甚至由联想到公民权力对抗国家权力的内涵，再进而在空间上界定出"社会"反抗"国家"的意义。①一些历史学家就是以此为起点进一步想象出中国历史上是否存在着相同的相互对抗形式。

其实在我看来，对于中国史学界而言，国家—社会框架的引进并不在于其用比附的方法描述出中国出现了多少类似西方的政治运动，或者在西方政治学内涵下营造出了多少类似西方的反抗空间和表达方式，而在于它给我们创造出了一个机会，使中国史学界得以暂时抛开仅仅关注于上层制度运作，同时又不自觉地以上层替代下层研究的传统取向，开始独立审视基层社会运转的真实图景。基层社会的研究从此多少拥有了自己的自主性。至少这个自主性的获取具有中国自身所需要的那种旨趣，而与西方的研究旨趣无关。

在这对概念被引进之前，中国历史研究中并没有使用过"国家"与"社会"相区分的类似概念，而更多地使用"中央"与"地方"的关系这对概念。"中央"与"地方"关系基本上还是被视为从一种自上而下的行政关系的角度处理和审视历史的方法，并没有顾及地方社会有可能拥有自己的自主自治的可能形态。而"国家"与"社会"之间对峙概念的产生渊源于对空间划分的重新理解，原有的中国历史研究框架并没有把"中央"与"地方"看作是截然对立的关系，而是主要从自上而下的角度理解国家行政对地方社会干预和影响的程度和机制。与此相较，"国家"与"社会"的二分法

---

① Frederic Wakeman, "The Civil Society and Public Sphere Debate: Western Reflections in Chinese Political," *modern China*, Vol. 19, No.2（April 1993）.

则预设了二者各自分立的形式,特别强调"社会"独立于"国家"存在的自治状态,这很显然是直接从西方诠释中横向移植的结果。因为哈贝马斯所强调的"市民社会"的诞生恰恰依赖于一种独立于国家形态的"公共领域"的扩展,而且哈贝马斯花费了很大精力来论证这种"公域"作为独立空间的存在形式,并特别描绘出了与国家上层的清晰边界。但是,这种方法向中国历史研究横向移植的结果,似乎并不能令人信服地证明中国同样存在着类似边界分明的"公共领域"①。只是毋庸置疑的是,这种转换使中国历史研究者的注意重心转向了思考民间社会是否存在着区别于上层自我运转机制的问题,大大提高了其问题意识的创新和辨析能力。

更具体地说,"国家"与"社会"的互动框架的提出首次把现代化国家势力对地方社会的改造融入了负面的评价,而以往的社会史研究基本上把国家行为完全毫无保留地视为正面的行为。这样就为地方史的自主研究提供了可能。当然,所谓"地方史"研究获得自主性经历了一个复杂的模式转换过程,大致可以分成三个阶段:第一阶段明显比较强调社会在空间上与国家的对抗性即基本上把地方"公域"的存在视为民间对政府制度的反抗行为,这一取向更带有政治社会学的判断色彩,往往成为现代民主运动在东方表现的一种历史佐证。岸本美绪曾评论说:"既有人从对抗国家权威性统治的公共批评论坛这一角度来把握由自律的市民所组成的市民社会,强调国家—社会的理论框架,也可能以人会从团体意识的成长或市

---

① 中国国内直接移用"市民社会"理论进行历史研究的著作似乎只有朱英所撰《转型时期的社会与国家——以近代中国商会为主体的历史透视》(华中师范大学出版社1997年版)一书。其中专列"商会与市民社会研究"一节讨论"市民社会"理论是否可以解释清末商业社团的崛起。

民意识的自觉这一延长线上去展望国民之国家意识的发生以及国家本身作为统一体的整合形成。"①

在如此心态的制约下,对"地方空间"的描述和解释往往比较狭隘地局限在政治支配与对抗的单一解说中,地方空间与政府进行政治性谈判的能力成为衡量其存在合理性的主要标准。即使对"公共领域"概念在中国的使用持批判态度的学者也往往采取一体两面的思维态度,认为中国的民间自治完全不具有政治性的批评功能,只不过是在某种程度上代替缺乏效率的政府履行一定的公益事务而已。讨论的切入点还是在政治作用圈子中打转。

具体而言,这个阶段的研究大多起步于对乡村民主选举的关注,一些研究成果往往是从具体的调查报告和样本分析中提炼而来。它们和历史研究的重叠点表现在分析现实的乡村权力运作关系的过程中,自然地向历史的纬度延伸,构成连续分析的框架。②这些研究对认识近代历史上乡村权力更迭的复杂过程无疑颇具启发,其问题是由于研究的出发点所限,他们仅仅关注乡村政治的运作过程,而忽略了其与乡村社会其他因素之间的动态关系和作为一种复杂共同体的诸多面相。

第二阶段的研究则开始注意避免过度强调地方社会与政府制度之间的张力关系,而是关注民间共同体的自主特性在维持基层秩序方面的独到作用。比如社会史家对华北农村的研究就创造出了"权力

---

① [日]岸本美绪:《市民社会论与中国》,载[日]滋贺秀三等著:《明清时期的民事审判与民间契约》,法律出版社1998年版,第364页。
② 关于较早期乡村权力系统变动的研究,如胡宗泽:《华北地方权力的变迁——1937—1948年十里店资料的再分析》,载王铭铭、王斯福主编:《乡土社会的秩序、公正与权威》,中国政法大学出版社1997年版。近期著作,参阅吴毅:《村治变迁中的权威与秩序——20世纪川东双村的表达》,中国社会科学出版社2002年版。

的文化网络"的概念,借以把各种乡村资源如宗族、乡约、水会、宗教祭祀系统等整合进一种统摄性的框架内,以说明传统乡村社会自我运转的态势及其合理性。"权力的文化网络"是一组反映在价值观念、宗教信仰、地方组织上的行为规范,而不是以村为单位的空间范围。由于各种组织在这种空间之下的相互作用,这种规范组织格局便为地方政治的参与者们提供了实施权力的空间,同时也界定了行动范围。①这类解释后来不断遭到批评和修正,如李怀印就批评"权力的文化网络"这个概念含混不清,无所不包,算不上一个空间概念,认为要探究乡村权力的日常运作的真相,必须回到村社这一具体而真实的空间,研究各种各样的惯例和村规组织而成的"村庄话语"才是最重要的工作。②虽然受到了批评,这类解释强调界定地方秩序的基本单位应是一个文化现象而非单纯意义上的政治现象的尝试,仍开辟了一个处理乡村社会自主性问题的新视角。

2. 摆脱"空间"框架进入"地方感"的世界。

国家与社会互动关系框架的拓展的确在"空间"意义上区分了两种生活方式,特别是凸现了地方性的文化与社会价值,但其中仍存在相当明显的自上而下的审视取向。其具体表现是,尽管已开始承认民间文化观象如一些信仰形式具有和上层文化如儒道佛宗教迥然相异的特性和体系,但仍不自觉地认为,这些基层文化表现一定受到上层观念和意识形态的制约;而如果以精英认可的所谓文化标准加以衡量,民间文化形式显然属于次属一级的研究对象,这种观

---

① 罗志田:《社会与国家的文化诠释》,载《东风与西风》,三联书店1998年版,第239~251页。
② 李怀印:《二十世纪早期华北乡村的话语与权力》,《二十一世纪》1999年10月号。

念很可能是受到近代西方启蒙运动思潮的影响,同时也牵涉到对非西方的地方社会在全球文化系统中如何定位的问题。在西方现代性的思维框架中,"地方"(place)与"空间"(space)有根本性的区别,"地方"往往是与特殊的文化、传统、习俗等因素联系在一起的,是地方性知识的载体,而"空间"则被赋予了现代普遍主义的特征并暗喻其具有人类普遍特质的表述意义,这种启蒙式的表述总是置"空间"于"地方"之上,"空间"成为各种类型的宇宙观传播的工具和容器,具有了某种话语霸权的作用。它不断提示我们,当今在我们仅仅拥有关于"地方"知识的时候,似乎必须首先考虑它和普遍性知识有何联系之后才能确定其表述的价值和意义,对"普遍性知识"认识的重要性要远在对"地方性知识"的认识之上。康德就曾经认为,普遍性知识必须超越于地方性知识,因为没有普遍性知识,全部被获取的知识只能是些碎片般的经历而不是科学。[1]其中暗示普遍性知识的拥有者只能是西方人。在这种观念支配下,一些学者往往喜欢把"宇宙观"等上层阶级形成的认知世界的图式作为了解和评价民众信仰的参照,而没有把民众自身在地方社会中形成的对生活的认识和感觉当作相对独立的结构来加以看待,这样就大大削弱了我们对民众真实生活的认识程度。所以目前不仅是历史界而且也波及其他社会科学门类,都在重新思考如何不在上层精英的干扰范围内找到民间社会运作的真正逻辑和民众思考的真实感觉。换言之就是找到区别于"空间"的"地方"上的"地方感"。这标志着对地方社会的研究进入了第三阶段。

---

[1] *How to get from space to place in a fairly short stretch of time*, Phenonmenological Prolegomena ,in: Steven Feld、Keith H. Basso edited, *Senses of Place,* School of American Research Press, 1996, p.19.

关于"地方感"如何描述目前已有了一些经典的定义，如威廉斯和布迪厄的说法①，以后学者不断补充其解释内涵，如有学者说"地方感"是一个"文化行为的构成"（a form of cultural activity），或者说是一种"想象的经历"（a kind of imaginative experience）②。现今达成的基本共识是："地方"是被感觉到的，感觉是被地方化的，因为"地方"塑造感觉，感觉也同样塑造"地方"。③如果"地方"在"感觉"里被确定为是一种"地方性"的，它就不可在传统西方的概念系统里被普遍化。"地方"往往与社会想象和实践、记忆和欲望等因素相联结，同时也被不同的历史学家、不平等的经济和政治权力、不同的地区性和国家事件所塑造和分割。因此，我们需要认识身体、地方与情感之间的相互作用，如主体在"地方"中的说话表达，在"地方"中的行动以及在"地方"与"地方"之间的移动。④

"地方感"在国内基本上还没有被纳入史学研究的视野，我最近在研究"巫医"治病与京郊民间信仰崇拜"四大门"的关系时，曾经注意到了应该把民间的宗教信仰与官方或精英宗教相区别的问题。以往的研究者常常把民间信仰当作低级宗教阶段加以看待，以区别上层系统化的宗教仪式，而且他们也习惯于运用上层宗教的内涵作为判断基层信仰价值高低的依据。第三阶段研究的任务就是回

---

① 参见[法]布迪厄：《社会空间与象征权力》，载夏铸九、王志弘编：《空间的文化形式与社会理论读本》，增订再版，明文书局1994年版。
② Keith H. Basso, "Wisdom Sits in Places: Notes on a Westem Apache Landscape," *Senses of Place*. P.83.
③ Phenomenological Prolegomena, "How to get from space to place in a fairly short stretch of time," in: Steven Feld and Keith H. Basso edited, *Senses of Place*, School of American Research Press, 1996, p.19.1996.
④ 同上书，第23页。

到民众的地方感觉中去寻找更为贴近地方社会的真实图景。比如"四大门"作为民间信仰的一种形式,在华北地区拥有许多信众,但我们如果深入到其组织和信仰中就会发现,其表现内涵与程式化的宗教形式如道教和佛教有相当大的区别,它没有形成精英和系统知识意义上的"宇宙观"。普通乡民基本上是靠生活需求所培养和指示出的一种直觉感觉来选择崇拜对象,其对崇拜对象的分类也属于一种相当感觉化的分类,比如"四大门"在精英对崇拜类别的划分中属于未成仙的低级神祇,而在华北乡民的家中却被摆在核心位置上加以供奉,远远高于对佛龛的重视程度。以往的史学研究还对乡土社会设定了一些常识性的场景,如乡土伦理秩序一定是儒家上层秩序的再现等等,或者上层信仰所传达的儒教信息一定塑造着乡民的伦理信念,比如人们喜欢举关公如何从一个地方神祇演变为一个帝国偶像,反过来再用其忠孝节义的理念灌注到民间社会的例子。① 而对"四大门"的研究则证明,正是"四大门"的神力灌注进了"关帝"的偶像之中,才诱发了其显灵的功能,"四大门"一走,关帝反而无法显示灵异的威力,相反"关帝"后来被赋予的儒家特性由于对乡民来讲并不实用,反而成为其显灵的障碍,甚至显得有些迂腐。②

一些受到人类学影响的历史研究者开始采用田野工作的方法以摆脱文本叙说的控制,去体验基层民众真实的历史现实情感和思维

---

① 关于上下层在互动的过程中塑造"关公"形象的出色研究,可以参见 Prasenjit Duara, "Superscribing Symbols: The Myth of Guandi, Chinese God of War," *The journal of Asian Studies 47*, no.4（November 1988）: pp. 778~795

② 杨念群:《民国初年北京地区的"四大门"信仰与"地方感觉"——兼论京郊"巫"与"医"的近代角色之争》,载孙江主编:《事件·记忆·叙述》,浙江人民出版社2004年版。

表达方式,尽管这种"感觉"非常难以准确地加以描述。如陈春声在研究岭南樟林村的祭祀崇拜过程中,发现对某一庙宇的信仰认同是建立于一种他称之为"有份"与"无份"的微妙感觉基础上的。这种"有份"与"无份"的微妙感觉所产生的差异显然比"祭祀圈"和"信仰圈"的分析性概念难以把握和定位①,但却有可能更接近地方民众的感觉生活状态,故而成为理解乡村社会民众真实感受的一个崭新的途径。对"地方感"研究的开展可以进一步证实对历史中"生活经验"的感知有时候比理论概况更加拥有说服力。

(二)知识论问题——"地方性知识"还是"普遍性知识"

1. 完全的"地方性知识"有可能吗?

中国史学变革从政治史向社会史研究的一个重要转向就是试图从内涵和边界上重新确定"地方社会"的意义,以摆脱由西方"普遍性知识"所支配的对大叙事的迷恋。由于人类学者的大力提倡,尊重"地方性知识"现已渐渐渗透进历史学的叙事中而渐成为共识,虽然这种共识的形成至今仍受到现代化叙事的不断干扰。与此同时,尊重"地方性知识"这个命题的提出也面临着一个难以解决的问题,即在现代各种文化之间相互频繁交叉和渗透,纯粹的文化形式甚难保留其原态的情况下,我们如何辨析和衡量"地方性知识"在基层的真实作用?

---

① 关于"祭祀圈"的讨论,可参见郑振满:《神庙祭典与社区空间秩序——莆田江口平原的例证》,载《乡土社会的秩序、公正与权威》,第171~204页。关于所谓"有份""无份"状态的研究,参见陈春声:《正统性、地方化与文化的创制——潮州民间信仰的象征与历史意义》,《史学月刊》2001年第1期。

从"地方性知识"的角度理解中国历史与现实社会,就意味着必须遵守以下知识论原则,阐释知识的范围必须遵从地方社会通过象征表现表达出的原始含义,并原汁原味地呈现其各种形态,以避免现有的普世性知识原则从外部赋予其支配性意义。之所以强调所谓"象征表现",是因为一些阐释人类学家认为在阐释中不可能重现别人的精神世界或经历别人的经历,而只能通过别人在构筑其世界和阐释现实时所用的概念和符号对之加以理解。[①]在谈到人类学家应该怎样使用原材料来创设一种与其文化持有者文化状况相吻合的确切的诠释时,格尔兹曾说过:"它既不应完全沉湎于文化持有者的心境和理解,把他的文化描写志中的巫术部分写得像是一个真正的巫师写得那样;又不能像请一个对于音色没有任何真切概念的聋子去鉴别音色似的,把一部文化描写志中的巫术部分写得像是一个几何学家写的那样。"[②]因为在很大程度上一个文化人类学研究者并不能感知一个当地文化持有者所拥有的相同感知。他所感知的是一种游离的,一种"近似的"或"以……为前提的""以……而言的",抑或诸如此类通过这种修饰语言所涵示的那种情境。[③]尽管如此,人类学者始终相信,发生在现实生活中的许多"传统的再造"现象,就是一种探究"象征"的原始含义的努力,他们假设这些符号始终是地方性的、分殊性的,无论在前现代与现代社会中均能起到对意义结构进行沟通、设定、共享和修正的作用。[④]人类学

[①] [美]克利福德·格尔兹:《地方性知识——阐释人类学论文集》,中央编译出版社2000年版,第6页。
[②] 同上书,第74页。
[③] 同上书,第75页。
[④] [美]克利福德·格尔兹:《文化的解释》,纳日碧力戈等译,上海人民出版社1999年版,第60、103页。

的分析就是力图按照事物的本原所呈来操作。①这一套认知地方知识的原则近几年也正在改变中国历史学家看待问题的视角，开始刺激他们眼光向下地寻求新的研究对象和领域。

不过，"地方性知识"作为可操作的概念进入历史学家的视野后仍有待澄清一个问题，那就是在现代性的条件下，"地方性知识"果真能有效地维系自己的自足性吗？在当今弘扬地方文化价值以抗衡欧洲中心主义的潮流中，以"文化主义"对抗"经济主义"是第三世界知识分子的通例，他们在寻求对抗资本主义制度的工具时，不约而同从发现本民族文化的重要性入手，通过设定当代西方文化的没落作为判断前提，来重新确认自身"文化"在当代世界的优越性，至少都在刻意论证其与西方文化各有短长这个多元主义的命题。这种路径把文化作了本质化的处理后，抽去了其历史发展的内涵，和其在历史与当代不同语境下赖以生长的权力结构的差异性。比如"新儒学"对"道统"的抽象分析，就已屡次遭到批评。②"地方性知识"作为一种文化表现形式也面临同样的问题，无论是"地方性知识"还是精英操纵的"普遍性知识"，都不仅是某种精神价值的抽象准则，还是一种制度性的建构活动。西方社会对非西方社会的渗透和改造恰恰不是从纯粹的文化与知识形态入手，而是通过复杂的制度安排来间接达致的。德里克曾经分析到，欧洲中心主义能得以全球化，并不是由于欧美价值观本身有什么内在的力量，而是因为那些价值观被铭印在不同种类的活动上，这些

---

① 张静：《"雷格瑞事件"引起的知识论问题》，参见《清华社会学评论》（2），鹭江出版社2000年版。
② 比较典型的批评，参见[美]阿里夫·德里克：《边界上的孔子：全球资本主义与儒学的重新发明》，载《后革命氛围》，中国社会科学出版社1999年版，第227~272页。

活动巧妙迂回地潜入现存的运作中（例如贸易），渐渐证明能被一些非欧美社会的集团欣然接受。①

从中国历史变迁的角度来考察，我们同样会发现无论对"文化"还是对"地方性知识"而言，其实都不是一个抽象意义上的变化结果，而是依附在各种复杂的社会制度和生活状态的变迁中得以实现的，比如中国农村经历了一个以行政村取代自然村的变革过程，在这个过程中原先作为传统社会基层细胞的宗族被压缩直至取缔之后，"地方性知识"的载体自然也就不存在了，如果再谈文化的建构就基本没有什么意义。20世纪80年代，宗族复兴表面上似有燎原之势，实际上其复兴的范围和程度均受制于行政村运作规则的制约，既然传播和持守"地方性知识"的制度空间和载体都受如此限制，"地方性知识"当然不可能恢复到自然村体制下的自足状态，"文化"再造的程度自然大打折扣。②在这种情况下，如果过度强调发掘"地方性知识"的意义，就有可能恰恰遮蔽了对生产各种非地方性知识的权力机制进行剖析的重要性的认识。

---

① 参见［美］阿里夫·德里克：《全球主义、后殖民主义和对历史的否认》，载《后革命氛围》，第166页。所以我不同意欧洲中心主义仅仅是一个观念传播的过程。国内近年来流行一些论著如弗兰克的《白银资本》以及近期翻译成中文出版的布劳特的《殖民者的世界模式——地理传播主义和欧洲中心主义史观》等著作都强调欧洲中心主义作为一种神话话语的制造过程，并致力于破除这种神话，但他们都没有能回答既然是神话为什么还会长久地居于支配地位这个问题。所以，不深入分析西方模式的非文化性的传播机制，而仅仅把东西方归结为一种文化的较量是远远不够的。
② 比如一些研究者往往不自觉地站在行政命令的角度看待和评估宗族复兴的得失，比较典型的例子是钱杭的宗族研究。钱杭在对江西农村宗族复兴进行调查时，几乎直接以国家政策代言人和诠释者的姿态介入研究过程，成为"对策研究"的一员，致使其无法理解宗族复兴复杂的社会和文化含义，研究者和政策实施者角色的合一与混同已经严重妨害了对地方历史进程的真实理解。参见钱杭：《中国当代宗族的重建与重建环境》，《中国社会科学季刊》1994年2月号。

当然，我认为，对具体的"地方性知识"和文化形态的分析与研究是绝对必要的，关键在于怎样把现代普遍性知识的生产与再生产的机制与地方知识在传统意义上发挥作用的条件既予以区别又综合起来加以分析，而不可有所偏废，似是一种比较明智的态度。有些持新政治经济学观点的学者通过对哈耶克关于社会历史拥有"自生自发秩序"的质疑，提出中国近代的历史均是国家创构的结果，而与地方性知识的作用无关。①这种取向从政治经济学的立场上否定了从"文化主义"的角度抽象定位"地方性知识"的方法，但却以极端的形式否认了"地方性知识"在中国有限却有效的作用。我觉得对"地方性知识"的定位而言，我们既不应该把它完全放在"文化主义"的框架下予以抽象化，同时也不应该强调其制度附属品的性质，而湮没了其在地方社会中的自主意义。德里克也主张不要仅从文化的角度而是从权力结构的角度出发评判东西方关系，建立物质世界与文化现象之间新的解释框架是一件急需从事的工作。因为把文化和话语隔离开来，放入与物质世界不相干的领域内，本身就是一个很现代的事情。"出于同样的原因，支持把文化及话语和日常生活的物质性重新连接起来，并不是主张重新恢复当年政治经济所有的特权地位，而是想要打开新思路，以新思想看待当今情形下这两者的联结。这也隐含了要重新思考在现代性的时代里被摒弃的那些联结。"②我想这也适用于我们目前在历史研究中如何处理"地方性知识"与"普遍性知识"的关系问题。

---

① 汪晖：《"科学主义"与社会理论的几个问题》，载《死火重温》，人民文学出版社2000年版。
② ［美］阿里夫·德里克：《全球主义、后殖民主义和对历史的否认》，载《后革命氛围》，第163页。

2. 位置感：复原、重构抑或呈现。

由于格尔兹等人类学家强调在历史和现实的情境中发掘"地方性知识"的作用，尽量运用多元分殊的当地人的内部逻辑理解其行为的意义，从而改变了传统史学对研究对象的认知立场，其意义非同小可。不过，在具体的历史研究中仍然面临着如何操作的困境。我这里仅提出一个位置感的问题来加以讨论，即你采取什么样的位置和心态去观察历史，目前观察历史的方法大致可以分为三种：第一是所谓"求真"。这是最常见的对历史的态度，他们始终相信可以通过某种手段达到对历史真实的复原。当今国学与学术史研究的部分学者仍持守这个信条，尤其是传统学术路径被加上了"实证主义"的标签之后，变得与科学更有亲缘关系，使"求真"拥有了合法的话语霸权意义。但现代史学已表明，"求真"等同于"神话"。第二是"建构"。"建构"是个时髦的词，大家都在用，既然找不到那个"真"，历史就是纯粹由人的所作所为加以解释，我们的精力只要花在对人为的话语构成的分析上，或者是去透析其撰写历史人物背后的权力关系就可以了。新政治经济学派对之稍有修正，认为不仅要分析话语构成的方式，还要找出权力纠葛形成的社会条件。但两者都是想从权力关系的网络中寻找即时性的历史形态，而不承认历史连续演进的陈说还有什么意义。① 第三是"呈现"。这颇受惠于人类学家的底层视角。其效果是研究者不可能有和历史人物相同的感知，但却通过一些阐释途径有可能拥有接近其历史情境的感

---

① 比较极端的例子是运用Benedict Anderson的现代民族国家形成的理论，认为中国近代国家的诞生也是一个复杂的建构过程。这方面的代表作是沈松侨的文章：《振大汉之天声——民族英雄系谱与晚清的国族想象》，载贺照田主编：《在历史的缠绕中解读知识与思想》，吉林人民出版社2003年版。

受能力。他想解决的是一个研究者应该怎样使用原材料来创设一种与其历史现场状况相吻合的确切解释，既区别于盲目的求真，也区别于过分自信的建构。但问题依然存在，因为"地方性知识"并不是一种稳定的存在形态，而是处于不断被重新表达和阐述的实践状态。这不禁会使人难以辨别，运用和研究地方性知识的人在多大程度上会受到现代普遍性知识的制约和塑造，在这种制约和塑造下，历史将会"呈现"出什么往往会出人意料而难以把握。

当人类学家说到"文化持有者的内部视界"（the native's point of view）时，传统意义上是指落后原始民族的文化视角和自身立场。现在的问题是这个纯粹的文化持有者还可能存在吗？当年马林诺夫斯基为费孝通《江村经济》作序时，曾指出其贡献是把研究对象从原始部落转向文明社会，其前提判断是生活其中的人仍有至少接近原始部落的"文化持有者的内部视界"的可能。① 可是人们仍然会问：20世纪40年代的中国仍是一种凝固纯粹的"文化体"吗？事实上，生活在这个文化体内的人本身已被西方文化"污染"过，无法保持学术期待中的那种纯粹状态了，他们何以会从完全非西方的立场建立自己的认知眼界呢？在这种状态下，也许真有可能是外来的和尚好念经。可笑的是，中国史学界总是说外国人看中国历史隔靴搔痒，却没有自觉反省自己正用更为西方化的方式解读自己的历史。没有古典的文化氛围，没有书香门第式的传统训练，现在的历史学家根本无法在一种相对纯粹的场域，甚至连自己作为一个中国人应该如何思考这个问题上都难以获得定见。因此，重建历史研

---

① 费孝通：《江村农民生活及其变迁》（即《江村经济》），［英］马林诺夫斯基序言，敦煌文艺出版社1997年版。

究中的"自我认同感"才是历史学家面临的最大课题。如果连自己的思考成分中到底哪些属于"中国式"哪些属于"西方式"的都无法辨析和确认清楚,我们恐怕很难底气十足地去指摘他人对中国历史理解的准确程度。

说到"位置感"的变化,当代中国史学家一直面临着摸索和定位中国历史"古代"和"近代"的分期和界限,以确定其社会性质的差异,这就形成了对"古代"与"近代"诠释评判系统的断裂。其表现是,对"古代"的诠释依赖于古代遗留文本的解读,盖因古代社会即使有变化也很难确受一种普遍性文化的影响;而对"近代"的评价则大受全球普遍逻辑的制约,因为中国的变化也是普遍性变化的组成部分。中国50年代的历史学家想通过划分"五阶段论"的方式把中国"古代"与"近代"的历史统统纳入一种连续体的演进序列中,这为断裂找到了一个很好的弥补借口,另有学者则以中国社会是"超稳定结构"的说法,刻意突出古代与近代的差异感。但无论如何我们都不能否认,对"古代"与"近代"的史料文本的解读,不仅仅在于已经完全为截然不同的知识系统所支配,而更加严重的是,由于西方知识的进入已经完全控制了史料的搜集与构成的方式,由此造成对"近代"史料的搜集再也无法保持与搜集"古代"史料相似的状态。这当然也包括对"地方性知识"的认知。[1]我们被迫将影响"地方性知识"的外来因素更多地纳入到观察历史的视野,那是因为连"地方性知识"的持有者都无法保证其真正的纯度。因此,如果以近代为分期(尽管这个分期的具体时间

---

[1] 梁启超似乎不承认中国历史记载中有"地方性知识"的存在,而只有帝王家谱,但是我们仍然能假设古代如果有对地方性知识的搜集也应该与近代有很大的区别。

很难确定），"古史的呈现"会更多地依赖古代文本构造出的"过去的经验"，"近代的呈现"则更多依赖现代知识的过滤诠释，这中间存在一条缝隙，从缝隙看过去就是"过渡期的历史"。我曾经以解析"缠足"现象为例尝试解读过这种"过渡期"的历史，"缠足"基于古史的呈现是美的，可基于近代史的呈现却是丑的，古史与近世中的缠足形象是基于两个完全不同的知识系统获得评价的，因此其间存在着很大的中间地带，这并不意味着这个地带毫无内容和意义。我们不应该仅仅以善恶美丑的简单二分法予以定位，然后武断得出缠足由美变丑就是由不合理向合理转换的简单结论，然后从中作出非此即彼的选择，而是应该研究这个中间地带到底发生了什么，是什么因素造成我们必须作出非此即彼的选择，从而最终发现缠足由美转丑的真实背景和意义。①

一系列的证据告诉我们，对"地方性知识"的复原不应抱有太多的幻想，或预先把它设定为一种毫无污染的纯净状态，然后以复原这种状态为天职，最终把它作为反对现代西方话语霸权唯一正确的选择，而是应当把各种"地方性知识"在应对现代性问题时所做出的变通选择与改变纳入研究视野。当然，这个视角与完全站在现代化的外部立场观察历史仍有根本性区别。比如我在医疗社会史的研究中就发现，经过现代科学训练的中国历史学家往往最不理解民间乡土社会对治疗方式的选择，常常简单斥之为"迷信"。民间社会在遭遇疾病侵扰而被迫选择治疗方式时，往往依据的是自身形成的一套分类系统，比如中国北方地区的民众都有将疾病分成"实

---

① 参见杨念群：《从科学话语到国家控制——女子缠足从"美"到"丑"历史进程的多元分析》，《北京档案史料》2001年第6期。

病"和"虚病"的说法。①所谓实病在病理上容易明确诊断,通过正规的求医问药的治疗程序(包括中医和西医)能治好的器质和生理上的疾病。

而与"实病"相对应的"虚病",在乡间则称之为"中邪","中邪"的原因无法通过一般的病理分析获知,也无法通过普通的治疗程序予以缓解和治愈,而表征为疯癫、忧郁等气质性心理病症。所以乡间民众往往通过"巫医"的顶香看病及法师作法念咒等方式治疗病症,而且时生奇效。这方面经过田野调查已收集到了大量证据,这些个案并非神鬼奇谈式的不经传说,而是日常生活中时时发生的真实场景,绝不可以科学的普遍性知识的名义衡之而一笔抹杀。同时我们发现,"虚病"频繁发生与治愈的程度往往与民间文化氛围的保存程度成正比关系,比如我在陕南杨地镇调查时,发现"狐仙"附体的故事一般发生在80年代以前,以后则趋于消失。②也即是说,"虚病"是地方文化制造的结果,而"实病"则是一种普遍性的技术对文化进行渗透和取代的结果,两者在民间同时交替发生作用,它们不应是替代的关系,而是并行的关系。这倒不是说这种技术背后没有文化背景做支撑,而是说这种文化背景已经足以通过技术的形式强行推广开来,使另外一些文化成了与之相对应的"地方性"产物而不可能拥有真正的"地方性"面目。对于中国民众而言,由于不可能在纯粹的地方文化氛围中生活,于是在面对疾病时创造出了"实"与"虚"病划分的抵抗策略,可谓是"文化"对"技术"的对抗,同时也是地方性知识对普遍性知识的

---

① 参见周星:《四大门——北方民众生活里的几种灵异动物》,北京大学社会学人类学研究所2000年工作论文。
② 参见陕南杨地镇口述调查笔记(未刊)。

容纳与筛选。作为历史学者的我们其基本态度是首先应尊重地方知识系统中对疾病分类的合理性,而不是首先冠以"迷信"残留的帽子;同时也要了解这种地方性知识被变通改造后,民众采取分类的抵抗策略的动机和过程,我们在这个过程中自身确实面临着一种立场转换的问题。因为现代知识分子基本上是从直接面对和思考民族国家富强问题的群体中演变而来的,他们最主导的观念和思考方式很大程度上来自西方的塑造。在大多数中国知识分子(也包括历史学者)眼里,民众主要被作为如何将其有效编织到知识拥有者为现代国家设计的出路和所欲达致的目标时,费思虑的设计安排对象,民众的主体感觉、精神欲求很少被认真面对。①

而从另外一个角度说,一些受人类学影响的历史学家希图在近现代社会中寻找到真正的"地方性知识",这里且不说是否有可能遂人所愿,即使从认识论的角度分析,这种做法也不是一种多元主义的认知态度,而是一种非此即彼式的"一元论"的认知态度。因为它排斥了各种不同知识体系相互影响乃至相互改造的可能性,特别是越到近代社会,这种知识体系的互渗就越加强烈,保持纯度"地方性知识"的可能性就越小。所以对不同知识体系沟通状态的理解就显得更加重要。当然,这种理解要防止建立在单向性的渗透基础上,如果要想突破那种按照城市—乡村,传统—现代的二分阐释方法,我们就不应该仅仅从"地方"的意义上来界定民间知识,以示其与外来知识的区别。这里仍可以医疗史为例加以强调的是,要理解底层民众对治病的真实态度,就不应该以"替代型"的分析

---

① 贺照田:《制约中国学术思想界的几个问题》,《开放时代》2002年第1期,第10页。

法为切入点,"替代型"分析法往往以科学的西医必然取代民间医学作为唯一的认知前提,以理解西方医学是如何替代中国民间医学而成为主流的过程,这恰恰遮蔽了普通民众对西医的真实态度和应对策略。我们应当从民众的眼光出发,理解其在什么样的场景下他们会做出不同于传统也不同于现代主流的变通选择。

四、结语——几点延伸的思考

中国史学界尤其是社会史学界总是热衷于讨论所谓"社会史"的概念问题,争辩社会史是与政治史、经济史、思想史、军事史、法制史相并列的一门历史学的分支学科呢,还是一门综合史、通史和总体史。[①] 人们似乎没有注意,"社会史"研究方法的出现恰恰是"专门史"分割历史的解毒剂,"社会史"正是通过对陈旧的专门史领地进行蚕食和侵犯才确立自己的边界的。确立边界的最初形式是扩大历史关注的范围,如以往忽视的所谓"基层社会生活",再深入则开始动手拆除传统历史门类之间的藩篱。

可能受福柯重新安置知识—权力关系的影响,致使原有的学科内涵被置换到了一些更为复杂的场景中重新进行定义。比如原来政治史与文化史之间的关系有点老死不相往来的意思,因为"政治"与"文化"之间分属两个截然不同的领域,很难直接套上关系。按过去理性的分类,"政治史"自然描述的是具有事件意义的权力更迭现象,"文化"则是精神一系的投影,与权力政争无关,是一片净

---

① 常建华:《中国社会史研究十年》,《历史研究》1997年第1期。

土。可一旦把它们放入"社会史"的框架，人们会发现"文化"可能是某种较纯粹的上层或地方精神愿望的表达，也可能仅仅是权力运作的象征，或是一种政治的表述形式。从这个意义上来说，"社会史"颇会让那些富于幻想的人失望。可社会史的魅力及犀利之处也恰在于此。更重要的是，"社会史"为历史学接受其他学科的滋养提供了最适宜的技术操作形式。本文研究"理论转移"的现象即基本上以"社会史"研究如何在接受不同学科的影响后不断调整自己的研究边界为考察对象，考察的结果已充分证明："社会史"目前拥有的不定型的怪异面貌，恰恰是其不断吸收不同学科方法滋养的结果。因此，"社会史"研究似乎很有必要继续如此"怪异"下去。

还有一种说法是把"社会史"理解为一种新的研究范式。①但我以为这种理解对于"社会史"研究来说是远远不够的，我们应该把注意力放在如何使这种范式在具体的历史研究中变得能够操作；同时，这种操作向具体化目标的过渡又是以我们是否清晰地考察了以往方法论转换的得失为前提的。也就是说，我们必须首先建立起我们反思研究历史方法的"问题史"视野，不要总犯盲人摸象的错误。以本文为例，从"问题史"的角度分析，"社会史"研究经历了从注重"空间"—"关系"—"地方感"分析架构的转变，注重"空间"的阶段是极力建立和确认民间与上层社会的边界，以便突出下层社会也拥有自身的自主性空间；注重"关系"的阶段是发现上层与下层社会的理念很难用"空间"来简单加以区分，这是与西方社会的最大区别，因此需要在动态的变化中对民间社会复杂的关

---

① 赵世瑜：《社会史：历史学与社会科学的对话》，载《狂欢与日常——明清以来的庙会与民间社会》，三联书店2002年版，第414页。

系状态加以分析；"地方感"分析路径的出现则说明社会史研究开始注意摆脱仅仅从上下层关系的纠葛程度为参照探讨民间社会的老路，而准备寻求较纯粹的底层文化的学术关怀和欲求。当然这种阶段性划分肯定是相对的，这三种取向至今仍同时并存于社会史界，而且还分别发挥着各自的作用。

最后我想要说的是，"社会史"虽作为新兴领域颇引人注目，而且其研究方法不断以更迭迅速的各种社会理论为依托，但它并非包罗万象，也非包治百病的药方，以至于可以包容各种历史问题的解释。比如在处理上下层关系的问题时，当前的"社会史"框架可能就有过于注重下层历史解释而相对忽略对上层社会进行重新研究的趋向。[①]也许有感于历史学有关上层社会的研究充满了陈旧的偏见，目前"社会史"研究往往把下层社会孤立于上层社会之外以便做出不受干扰的独立解释，这固然有其合理的意义，不过任何社会与历史现象的演变都不可能是完全孤立的行为，不想办法更新对上层社会历史的解释，显然在一定程度上也会影响在孤立状态下诠释基层社会的意义，我们对上层历史的一些被公认为研究前提的一些假设如儒家社会伦理总是毫无阻碍地支配着基层社会，再如中华帝国对外关系始终存在着一个华夷秩序等等是否也该到做出修正的时候了？我认为，只有在推进"社会史"研究不断更新的同时，也不断提高历史学对上层社会的解释能力，才能真正提升整个中国历史学对问题意识的把握能力。

[①] 例如，以研究城市史和底层社会见长的美国中国学家罗威廉最近出版的著作 *Saving the World: Chen Hongmou and Elite Consciousness in Eingteenth-Century China*（Stanford University Press, 2001）是研究清代名吏陈宏谋的。这一研究主题的转变初看颇令人费解，可如果联系以上的分析，我们就会明白这一转型的意义。

"后现代"思潮在中国

首先应该声明，本文撰写的初衷虽然是想处理20世纪90年代延续至今的中国思想界存在的所谓"后现代"问题，但我一直以为，中国从来没有出现过标准意义上的"后现代"思潮，包括其表述方法、思维逻辑、师承关系以及对文化传统的态度等等，都表现得犹疑不定，难以定位，以至于在我的目力所及范围内，大多数自我标示或被划归"后现代"之列的论者其实最终均无法把真正"后现代"的原则贯彻到底，由此亦无法证明自己是个标准的"后现代主义者"。以至于我始终怀疑中国是否真存在一个严格意义上的所谓"后现代"思想派别。

中国式"后现代"思潮的出现还有一个重要的特点是，它的思想表述总是与某种特定的理论形态纠缠在一起，其攀附其上的程度，往往使得我们无法孤立地把它从各种不同的思想形态之中剥离出来单独进行评价和审视，恰恰相反，它迫使我们在大多数情况下，只能于分析知识界各种复杂理论表述的过程中去间接辨认出其并不清晰可寻的踪迹，或者在相对模糊的状态下确认其思想方位。由于有了上述特点，所以我们对中国"后现代"思潮的研究，就不可能是一种边界清晰、内涵明确，具有规范意义的独立思想形态的研究，而必须把它放在20世纪90年代形形色色的多元思想脉络中加以把握。

一、中国"后现代"思潮的现代性表述形态

西方"后现代"边缘话语何以在中国赢得了正当性

要想真正把握"后现代"思潮之所以在中国流行的脉搏，我们就必须了解，中国式"后现代"思潮的出现与西方意义上的"后现代"思潮所具有的功能作用完全不同，它的出现首先与中国知识分子对自身在社会生活中角色定位的迷茫，与试图寻求重新自我认同的道路这一历史背景息息相关。中国知识界的相当一部分人在20世纪80年代是以启蒙民众的姿态扮演着"文化英雄"的角色。1989年后知识群体急剧分流，一部分转入商界和政界，导致所谓"黄道"（商道）和"红道"（官道）上人满为患，固守纯粹学术立场的知识人顿时感到孤立无援，深陷深度焦虑之中。焦虑的核心则共同指向了如何重新确认自身的位置这个问题。

当然，各种知识群体表达焦虑的方式各有不同，一部分人可能尚未从80年代英雄光环的笼罩中走出，所以一边痛恨世风日下的道德滑坡；另一方面则在感叹"人文精神"失落的同时津津乐道于重拾古老的道德遗绪，还有一层不宜言说的隐晦原因，那就是期盼讨

论"文学主体性"时的那种一呼百应的风光场面再次出现。①另一部分人似乎甘于放弃高高在上的"思想家"头衔，寻求关注人间情怀下的学术复兴，通过学术史式的梳理与所谓"新国学"的思考，希图使思想争论落在一种可以按规范操作的学术平台上。作为80年代思想界的另一分流趋向，"后现代思潮"是借助西方学界内部对东方进行"他者"式想象的批判而崛起的，他们想借此途经来表述与前两个群体共同拥有的某种相似的焦虑感。这三种趋向虽说着眼点不同，但主旨似乎是一致的，即都是想重新找回已经失落的80年代思想启导者的位置。然而，正是在寻找这个"位置"的过程中我们会发现，中国的"后现代"主义者完全疏离了"后现代"的批判使命，与西方"后现代主义者"所承担的角色发生了紧张和错位，甚至成为西方现代主义扩张合理性的代言人。

"后现代"在西方知识界成为流行术语也是近十年的事情，卡林内斯库是这样描述的："恶魔现代性已寿终正寝，它的葬礼乃狂野欢庆的时刻。几乎在一夜之间，小小的前缀'后'成了解放行语中备享荣宠的修饰语。仅仅是'后于……而来'就是一种激动人心的特权，它一视同仁地顺应任何对它提出要求的人，一切都值得以'后'开头——后现代，后历史，后人等等。"一个尤需关注的事实是，西方"后现代思潮"的产生是与所谓现代问题相伴随的结果，更形象一点说，"现代"与"后现代"犹如"双面兽"似的现代性的两面，有某种共生的特征。在西方内部一直存在着两种

---

① 这在学术界似乎是普遍的现象，如史学界一些人似乎总习惯讨论一些"核心问题"，如总想掀起类似"封建社会分期问题"，"资本主义萌芽问题"的讨论热潮，而不太善于从一些中层现象入手重构问题意识，在近代史界亦是如此。参见吴剑杰：《关于近代史研究"新范式"的若干思考》，《近代史研究》2001年第2期。

彼此冲突却又相互依存的"现代性":一种从社会上讲是进步的、理性的、竞争的、技术的,另一种从文化上讲是批判的与自我批判的。比如文学现代主义就既是现代的又是反现代的,在它对革新的崇奉中,在它对传统之权威的拒斥中,在它的实验主义中,它是现代的;在它对进步教条的摈弃中,在它对理性的批判中,在它的现代文明导致珍贵之物丧失,导致一个宏大的综合范式坍塌消融,导致一度强有力的整体分崩离析的感觉中,它是反现代的。① 换句话说,"现代主义"的早期话语中往往已经包含了"后现代"的一些命题,这些命题在西方现代性的早期经典阐释中已表现出来,如韦伯等人因焦虑于资本主义经济与官僚系统对生活世界加以制度化控驭所造成的异化现象,从而引发对现代理性的推崇与批判相互交错的论述。早期现代性论述中所构成的内在张力,正好说明"后现代"的诸多命题其实早已隐含在"现代主义"的内在结构中,只不过在等待着爆发和颠覆其统治权的时机而已。

既然"现代主义"已经具备了某种自我调整的能力,那么"后现代"思潮在某种意义上其实也只是放大了"现代主义"自身具有的批判意识的某一方面,特别是正确揭示了西方的交往模式和话语在全球范围内占据主导地位所导致的殖民化效果。因为西方文明当中很大一部分的物质文化和符号文化,是通过全球市场网络和全球传媒网络而传播开来的。不过,一些对现代性仍持同情态度的学者如哈贝马斯亦批评后现代理论装备太差,根本无法区分殖民性的话语和有说服力的话语,两者的区别在于,前者是依靠制度的强制性

---

① [美]马泰·卡林内斯库:《现代性的五副面孔——现代主义、先锋派、颓废、媚俗艺术、后现代主义》,商务印书馆2002年版,第284、289页。

而在全球获得推广的，后者则是因为有自明性而被全球接受的。①

哈贝马斯的话当然不是专门针对中国知识界而说的，但却恰恰戳中了中国"后现代"移植者的痛处。因为西方后现代思潮的崛起是一种内发性要求达致的反思结果，亦即通过对西方资本主义控制社会机制的批判性反应，勾连起对整体西方启蒙理性的反思意识，所以其源起完全是一种内部自省的形态，这种形态的绵延伸展才是对西方资本主义对外扩张如何形成世界性霸权的批判，有关"知识"与"权力"之关系的后现代叙说也必须在这个层面上加以理解，例如"东方主义"有关"他者"想象结构的解读就只能被看作是西方"后现代"内部批判潮流延伸出的一种边缘姿态，而不是主流叙事的表现。而中国的"后现代"思潮的始作俑者恰恰是选择了这个边缘地带开始进入的，其道理并不在于"东方主义"的鼻祖萨义德恰恰是个美籍亚裔人，由此搅乱了美国"后现代"阵营中的"内发型"走势，因为那毕竟是美国学术圈内部的口舌之争，而是其亚裔身份和发言姿态恰恰触动了中国民族主义历史记忆这根敏感神经。

然而，我认为更重要的是，"东方主义"所引领的"后殖民"叙事之所以在中国"后学"领域中迅速确立了自己的位置，乃是因为它可以使中国学术界有意避开一个悖论处境：那就是他们既要在20世纪90年代的知识界重新确立自己批判现实的前沿身份，同时又要小心翼翼地表示要延续和吸取80年代现代化叙事的批判能量，因此不敢从内部正面反省中国现代化的后果，因为他们总是受制于以

---

① ［德］哈贝马斯：《现代性的概念——两个传统的回顾》，载《后民族结构》，曹卫东译，上海人民出版社2002年版，第196页。

下命题：即中国社会尚未完成现代化的任务，因此理论界的工作不是批评现代化过程中所产生的弊端，而是应从正面阐扬现代化的基本理念和价值。因此，所谓"后现代"批评亦有意无意地以此作为自设的界限，不敢越雷池一步。

而在一般的意义上，"后现代"理论正应该是从内部反省资本主义发展之问题的典型思潮。"东方主义"正是在这一点上搭起了一个使中国学者进入"后现代"语境的有效平台，因为"东方主义"恰恰强调的是在跨民族—国家状态下的互动，这种理论路向当然有其重大意义，但当它被移植到中国后，除了给中国学者获得了得以昂首进入"后现代"理论殿堂的通行证，因而终于找到了一个重新充当批判型知识人的自我角色认同的机会之外，还给中国的"后现代"提倡者提供了一个冠冕堂皇的理由，即当他们津津乐道于批判西方如何歪曲中国的形象时，其实他们恰恰忽略了如何从中国内部的角度反思和批判西方现代资本主义给中国内部变化所带来的一系列后果，从思想根基、经济互动、社会变迁与政治剧变的多层次梳理中国近代以来如何从传统社会形态向资本主义形式过渡的历史遗产。

相反，从"后现代"的规范意义上讲，这一思考取向不但疏离了"后现代"理论对现代化后果进行批判的原创能力，而且恰恰与现代性观念共享了一些理论前提。比如一旦"后现代"论者与现代"民族主义"达成了某种合谋关系后，实际上许多貌似"后现代"的论述恰恰是在认同即有现代化理论的情况下展开的，其结果是正好成为论证中国现代化合理性的另一种表述方式。对于现在已位居正统的中国现代化理论而言，"后现代"思潮并未构成足以与之抗衡的对称力量，而是显得有些"妾身未明"。也就是在这层意义上,当中国的"后现代"论者在中国舆论界试图获取其与现代化叙事相区别的思想正当性时,总给人以颇为勉强的感觉。

"历史记忆"如何成为后现代"民族主义"的表述工具

"后现代"思潮登陆中国与美国理论家詹明信20世纪80年代来华讲学的背景直接相关。但詹明信的讲学与当时中国知识界所热衷的现代化启蒙主题明显发生了错位,当中国知识人正整日为中国有可能被开除"球籍"而忧心忡忡时,詹明信在北大课堂上却大讲福柯、德鲁兹与文化研究的叙事分析,难免会使听者感到一头雾水,不知所云,显得很不合时宜。[①]进入90年代,由于中国现代化进程的加速所导致的诸多文化现象的日趋复杂化,使得现代化启蒙理论的原有批判锐力已不足以为说明中国社会现状提供足够的理论资源,詹明信无意中带来的"语境错位"才有逐步被抹平的趋向。其表现是,流行于西方论坛中的"后殖民批评"在经过模仿式转换后,开始逐渐成为中国舆论界颇受瞩目的思想景观。尽管这种模仿式转换始终未与中国的历史与现实情境发生真实的关联。在此情况

---

① 詹明信的中国阅读史表明,他始终是个无法被中国知识界完全接受的悖论式存在。一方面,自从他的第一本演讲录《后现代主义与文化理论》(陕西师范大学出版社1987年版)在中国出版后,几乎他所有的主要著作都有了中译本,新的翻译几乎和他的写作同步;另一方面,他的理论活动本身,哪怕对于一些常常把它的名字挂在嘴上的人来说,却变成了一本尚没有打开就已经合上的书。参见张旭东:《詹明信再解读》,《读书》2002年第12期。20世纪90年代初,一些中国文学界的学者已开始译介西方的"后现代"思潮,如王岳川的《后现代主义文化研究》(北京大学出版社1992年版)的介绍范围几乎涉及"后现代"理论的各个方面。但这些研究基本上是在西方后现代理论流派自身发展的脉络中展开分析,还没有触及西方"后现代"思潮到底与对中国历史和现实的批判性反思如何建立起有效的联系这一更为关键的问题。

下,詹明信的观点似又重获青睐,特别是他关于"第三世界批评"的主张。

在那篇影响颇大的文章《处于跨国资本主义时代中的第三世界文学》一文中,詹明信提出了一个重要观点,那就是不应该把第三世界的文化看作人类学意义上的独立或自主的文化,"相反,这些文化在许多显著的地方处于同第一世界文化帝国主义进行的生死搏斗之中——这种文化搏斗的本身反映了这些地区的经济受到资本的不同阶段或有时被委婉地称为现代化的渗透"。[①]詹明信进而认为,第三世界文化生产的文本均带有寓言性和特殊性,这些文本应被当作"民族寓言"来加以阅读。这里的关键问题在于,詹明信并没有把所谓"民族寓言"当作第三世界自身文化传承的一个有机组成部分来加以看待,或者根本没有兴趣去关注其实际存在的本源形态,而是把"民族寓言"视为投射全球区域政治的一种形式,民族文本中所描述的个人命运的故事包含着第三世界的大众文化和社会受到冲击的寓言。这样一来,"民族寓言"的说法实际上就相当隐晦地透露出以下的特性:第三世界文学的表述方式和内容似乎只能受制于外力压迫(经济,政治,文化)的程度而被迫做出自己的反应,文学的内容不过是这种对外部反应的表现形态之一。

中国"后现代"论者所发起的所谓"第三世界批评"实际上受到这种"民族寓言"假说相当直接的影响和制约,这种假说有一个前提,所有第三世界文化生产都具有相同的"民族寓言"机制在起作用。这种同质化的判断也许相对适用于研究被西方完全殖民过

---

① [美]弗雷德里克·詹姆森(詹明信)《处于跨国资本主义时代中的第三世界文学》,载张京媛主编:《新历史主义与文学批评》,北京大学出版社1993年版,第234~235页。

的一些国家的历史与文化,所谓"后殖民"批评的出现即与这种判断有密切的关联性。可是当这种判断被中国学者不加区别地直接挪用于中国社会的研究时,问题就出现了。与起源于纯粹殖民地区域的一些国家如印度的"后殖民批评"有显著不同,中国"后现代"思潮的批判锋芒应直接指向被现代线性叙事所遮蔽的社会文化性分析,而非"后殖民话语"所刻意强调的如何回应西方的"压迫性"问题。因为就近代社会历史条件的嬗变而论,在殖民地的世界格局中,中国始终是个所谓的"半殖民地国家",其受西方体制与价值理念等因素影响的程度与纯粹殖民地式的国家自然有很大差别。就我的理解而言,许多貌似外部"殖民"问题的一些因素,恰恰需要转化为"区域内部"的政治社会文化问题并对其进行分析时,才有可能予以恰当的解释。

"后殖民主义"的论述语式忽略了殖民或半殖民地发生的内部条件,尤其是通过"殖民"的表述把"西方"对第三世界的某个局部的影响夸大成了一种普遍的模式。① 所以,当我们选择"东方主义"或"后殖民话语"作为中国研究的参考范式时,其成败关键乃是在于我们是否能明晰,那些表面上需要运用东—西方对立的压迫与反压迫模式处理的问题,是否能够成功转化为可以在区域语境下处理的"内部"问题。而中国"后现代"思潮的表述恰恰相反,他们过多模仿"后殖民"论述中高度关注与批判第一与第三世界不平等的压迫关系,以及第一世界对第三世界形象的压迫性塑造。通过一种貌似与世界接轨的"国际化"姿态,轻易化解了对国内政治经

---

① 关于"后殖民"论述与全球资本主义的合谋关系的论述,可参见[美]阿里夫·德里克:《后殖民氛围:全球资本主义时代的第三世界批评》,载《后革命氛围》,中国社会科学出版社1999年版,第111~152页。

济条件的批评性审视。

中国文学界的"后现代"论者有一种说法,就是要唤醒被西方压抑的"潜历史"记忆,并使之释放出来。有学者认为,所谓"潜历史"的表述过于模糊,应可定义为后殖民理论常说的"被压抑的历史"。这种"被压抑的历史"在三种情况下受制于西方:一是西方对中国人过去的或现今的经验生活世界的某种看法和知识;二是西方对中国过去或现今的文化、社会、政治等诸方面所作的某些叙述、概括和评价;三是西方对中国社会的演进和变化规律所作的某种概括和总结,从中辨认出某种轮廓轨迹、发展方向、本质特征等等。三种叙述中的第一种是基于偏见,第二种是跨文化理解的问题,第三种是权力与知识共谋支配下达成的普遍主义支配原理,而中国的"后现代"批评主要是在文学批评领域中进行,没有涉入到历史学、社会学和文化人类学这些层次,对正统马克思主义历史和社会发展观的反思也刻意进行了回避。①

这里面实际涉及两个问题:一是所谓中国人的"历史记忆"在多大程度上可以仅仅在玄渺虚空的文学情景中被想象式地加以描述,并以此作为对抗西方的抽象批判资源。因为这样的"后现代"批评容易造成一种幻象,仿佛中国式的"历史记忆"由于时时笼罩在西方的霸权语境中而被压抑着,而且这种霸权体系已成为某种无所不在的支配力量。这种假设往往使得"后现代"论者没有兴趣也无暇深入挖掘中国本土民众"历史记忆"的实际存在状态和呈现其中的内容,真正的民众记忆反而作为一种背景虚化在了与西方对抗

---

① 徐贲:"第三世界批评在当今中国的处境",《二十一世纪》1995年2月号,第20页。

的历史与现实的文学化想象之中。

所以对民众记忆真正潜在历史的释放，并不在于仅仅把它置于东—西（或第一——第三）这样的二元对立状态下加以解读，而是应更好地理解西方理论作为背景资源如何通过转化成国内的政治意识形态与现代制度宰制方式，从而成功抑制了民众记忆的表达渠道的。民间底层记忆的恢复或保存在很大程度上并不取决于其与西方对抗的程度和形式，而更多取决于其如何在日常生活中呈现界定其与政治意识形态表述和塑造的差异感。如果不在文化人类学和历史人类学的层面上来把握这层关系，那么中国"后学"就会把自身论述的格局始终限制在东西二元对立的典型现代性表述的窠臼之内。

我以为，中国"后现代"表述面临的最严峻问题是如何把复杂多样的"历史记忆"与"民族主义"的表述方式区别开来。因为20世纪90年代的"后学"叙事几乎无一例外地是借助现代民族主义的情绪化言说来制造出流行效果的。在他们的印象里，既然中国的底层记忆是直接在西方霸权的格局下被压抑着，那么，也只有在民族对抗的层面上来理解这种底层记忆如何作为潜历史被释放出来似乎才有意义。换句话说，国内的任何底层记忆只有在民族主义思想和意识的表达框架下才会具有其合法与合理性。"民族意识"与"底层意识"就这样悄悄被置换成了同义词，并被不加区别地交替使用着。而在实际上，"民族意识"不但不与"底层意识"相一致，而且有可能恰恰处于截然相反的对立状态。

首先，尽管现代意义上的"民族主义"会呈现出多种多样的态势，但在非西方国家却几乎毫无例外地与民族—国家的兴起有着密不可分的关系。而民族—国家的兴起及其强化又恰是现代性涉及的核心命题。而"底层记忆"则是传统自然延绵塑造的结果，在这个意义上，民众的"底层记忆"不但不应和"民族意识"混为一谈，而且可能恰恰是"民族意识"压抑和清剿的对象，因为它的内核常常呈弥散状态，并不为统一的国家意识形态所收编。我们不能在共时的含义上以故意抹平这两者的差别为代价，以谋求自欺式的理解。因此，局囿于"民族主义"氛围制约下的所谓"后现代"阐释要想真正具有有效的批判能力，就必须厘清自身与现代民族—国家的关系，至少要搞清自己是单纯基于现代国家形态制约下的民族主义情绪的一种简单宣泄，还是首先对民族国家意识形态进行认真反思的结果。

其次，"民族主义"与国家政治意识形态具有密不可分的共生与共谋的关系。"民族主义"作为一种思想形态属于上层精英"文化"有意制造的结果。因此，"文化"与"国家"的融合极易使"文化讨论"成为国家意识形态的表述，而这种表述恰恰是近代西方现代性的一个后果。盖尔纳就说过，只有当"文化"的边界与"国家"相重合，即变成现代国家支配的一种形态时，"民族主义"就由此产生了，因为在此之前，"文化"呈现出的多元丰富和差异万端的状态完全可与政治的疆界不相重合，而一旦共享文化的人企图与政治相结合，政治组织决定把自己的疆界扩展到自身文化单位的边界，用权力的庇护方式来界定和推行自身的文化时，"民族主义"就会渗透其中，文化就会越过民间宗族、宗教和组织的形式变成了规范意识形态的表达。①

正是在这个意义上，中国的"后现代"论者往往无法区别"民

---

① ［英］厄内斯特·盖尔纳：《民族与民族主义》，中央编译出版社2002年版，第73~74页。

族意识"与"底层记忆"的根本差别。"民族意识"本身往往直接或间接地就是某种政治意识与理论阐述的体现与传达，这与民间"底层记忆"与政治表述之间的差异显然不可同日而语，"底层记忆"如果要上升为"民族意识"，必须经过政治意识形态的训导与收编，以符合一定的规范和尺度。而且这种收编与特定的历史时期特别是外来势力入侵加剧的历史时代有关，如帝国主义与殖民主义压迫，外在国际形势的严峻（如面临经济封锁制裁以及各种各样政治与文化渗透程度的加剧等等状况），从而导致国人民族认同心理的增强。在一般情况下，民族认同只能以隐态的方式而存在。在此情况下，大量散布于底层的民间记忆是拒绝被收编和训导的，于是也就无法形成统一的民族主义意识。照理说，中国"后现代"论者应该通过自己的文化想象展现中国文化的多样性，特别是不应以精英上层的理念和逻辑去涵盖基层文化的内蕴。然而他们选择的办法是，在力图破解西方"妖魔化中国"传统的同时，又以虚构的所谓"中华性"作为对抗"西方中心论"的武器，而所谓"中华性"恰恰是在"文化"日益被"政治"所统摄的状态下立论的，是为民族主义合法性存在辩护的一种姿态。①这种"中华性"的设定和以"中国中心论"对抗"西方中心论"的逻辑是以和国家意识形态相契合的程度为其立论前提的，对抗西方就是捍卫"中华民族"这个政治实体，而"中华性"的提出，恰恰强化了民族政治的表述语义，甚至成为政治符号化在文化方面的另一种表现。

释放被压抑的历史能量的目的，恰恰是应更多地关注区别于正

---

① 张法、张颐武、王一川：《从"现代性"到"中华性"——新知识型的探寻》，载罗岗、倪文尖编：《90年代思想文选》第一卷，广西人民出版社2000年版，第243、249~255页。

统民族主义表述的大量形态各异的底层意识及其生存状态,而不是以"民族主义"作为替代性方案,以想象的姿态为底层意识代言,或者把已被收编成官方意识形态的伪底层记忆作为民间表态的真实证据,而区别"民族意识"与"底层意识"乃至寻求与呈现真正的"民间意识"的任务,显然不是单纯的文学批评或作为其简单延伸的所谓"文化批评"所能完成的,而必须由多学科交叉的思考取向共同参与完成。与之相并行,我们应意识到,"底层意识"及其所面临的压抑机制并不总是以"民族"主义的表达形式,通过与西方的对抗姿态释放出来,而是正相反,目前迫切需要揭示和反思的是,来自民族—国家内部集团和阶级利益冲突和对立的关系如何影响到了民间基层社会的成长,而当权的利益集团又如何利用民族主义来掩饰新形式的压迫关系。[①]如果中国"后学"的阐释者不自觉实现这种角色转换,那么其表述的理论关怀再诱人动听,也只可能被视为是永远打着"后现代"旗帜的某种"现代性"思想症候而已。

二、中国何以不能出现真正的"保守主义"

中国"后学"的深层焦虑——对"保守"思潮的欲拒还迎

若论源起背景,中国"后现代"思潮的出现,与20世纪80年代激进"文化热"的退潮直接相关。在整个"文化热"的氛围中,虽

[①] 徐贲:"第三世界批评在当今中国的处境",《二十一世纪》1995年2月号,第20页。

然反传统的舆论基调一直居于主导位置,并且与中国现代化论辩的总体思路相配合,但对传统价值的依恋与阐扬一直作为一股暗潮在悄悄涌动。如林毓生所竭力推行的哈耶克式"保守主义"思潮与杜维明倡扬的"儒家第三期发展说"都曾在80年代大陆知识圈造成了一定范围的影响。进入90年代,当西方式的现代性规划方案已成为中国政府运作的主导策略时,知识界突然弥漫着某种英雄迟暮的苍凉与鸟尽弓藏的悲伤,因为他们在80年代以预言先知身份所表达的各种主张,在90年代被迅速整合进了国家的主流叙事中,而失去了其持有民间批判之道义立场的价值。①这种"阐释中国的焦虑"②,表现在大多数知识人不知如何提供一种与政府主流叙事相区别的话语系统,以证明自己作为舆论先导的合理性。在这种情况下,如何与在90年代已成国家主导言说体系的80年代启蒙表述策略相区别,往往成为知识分子标识自己批判性良知身份与重寻文化英雄之梦的重要动力。而通过对传统文化价值的重估这条途径以区别于80年代的全盘清算,恰恰可以在反向上树立自己的舆论先知形象。③

但是,90年代的中国知识群体尽管在重估传统的"保守"趋向上达成了共识,却在如何重新进入反思文化与传统的场域前出现了

---

① 汪晖曾对此转化过程有十分精彩的分析,参见汪晖:《当代中国的思想状况与现代性问题》,载罗岗、倪文尖编:《90年代思想文选》第一卷,第271~273页。
② 这个说法来源于张颐武的文章,参见张颐武:《阐释"中国"的焦虑》,《二十一世纪》1995年4月号。
③ 杜维明在20世纪90年代重新提出化解"启蒙心态"(Enlightenment mentality)的主张,无疑呼应与强化了这种状态。参见杜维明:《文化中国:精神资源的开发与重建》,载《东方》1996年第1期,第22页。面对杜氏在继"儒学第三期发展说"之后提出"文化中国"的乐观信念,王力雄已发出预警式批评,尽管这种声音已显得十分微弱。参见王力雄:《我们可能不得不从头开始——文化结构解体带来的危机》,载《东方》1996年第1期。

分化。一些学人以"新国学"和学术史研究者的身份部分实现了与"保守主义"思路的有效对接，之所以说部分实现了对接，是因为这些研究者仍局限于在个别研究取向和方法上表现出"保守"的姿态，而尚未真正在理论建构的层面上形成"保守主义"的思想轮廓与基础。尤其是"新国学"一派在构筑传统与现实之关系时与"保守"思想的衔接方式，与海外"新儒家"颇为接近和呼应，即均以"东亚"为区域单位来验证儒家思想对东亚资本主义的腾飞具有某种决定性的作用。他们认为，尽管各个国家的文化性格仍有差别，而在器物、制度、精神文化等方面确实形成了一些共同的文化质素，以致仍然有理由把东亚看成一文化的共同体（文化圈）[①]。

中国的"后现代"思潮从一开始出现，就与中国90年代保守思潮的兴起形成了复杂的纠葛关系。如前所论，中国"后现代"几乎是直接搬来了"后殖民理论"与"第三世界批评"等西方流派的观点，为自身的民族主义倾向提供理论保护色。然后通过提倡"中华性"等抽象概念实现向本土"保守"思想的过渡。这样就出现了一个奇怪的现象，即中国的"保守"思潮的理论根据来自西方最激进的"后现代"学说。而更为奇怪的是，中国的"后现代"论者并不是真正想通过发掘传统的形态或重估其价值的途径与"保守"思想建立起有机的联系，他们从来就没有认真分析中国传统在当代世界中如何焕发新的意义，也没有兴趣去认真研究中国文化的历史形态，而是仅仅想通过所谓"市场化"的途径抗衡西方对中国的"妖

[①] 陈来：《儒家思想与现代东亚世界》，载《东方》1994年第4期。不过陈来仍认为所谓"国学热"是一种幻想，而且在政治上面临双重怀疑，一方面被怀疑可能遭意识形态化和国粹主义化；另一方面，被怀疑有国粹主义倾向而侵占了马克思主义的主导地位，成了猪八戒照镜子。参见陈来：《90年代步履维艰的"国学"研究》，载《东方》1995年第3期。

魔化"塑造，这看起来颇似一种相当便捷的以毒攻毒的手法。

也许是直接秉承西方"后现代"理论通过解读文学文本与关注都市文化的方式颠覆现代化逻辑的传统策略，中国的"后学"似乎对文化的"市场化"表示不满，因为"市场化"直接导致了90年代知识精英批判能力的丧失。另一方面，颇为吊诡的是，中国"后学"又秉承了经济腾飞必然导致文化复兴这样的单线决定论逻辑，他们羞涩地承认，只要"市场化"就会导致"他者"焦虑的弱化和民族文化自我定位的新可能。市场化的结果，必然使旧的"伟大叙事"产生的失衡状态被超越，而这种失衡所造成的社会震撼和文化失落也有了被整合的可能。"市场化"似乎不但能超越西方或苏联式的现代模式，而且可以提供民族自我认证和自我发现的新道路。甚至温情脉脉的"小康"景象也成了文化复兴的前提，成了不仅是经济发展的指标，也是一种文化发展的目标，"小康"象征着一种温馨、和谐、安宁、适度的新生活方式和新价值观念的形成，它是一种超越焦灼的新的策略。①其结果是，中国"后学"阐释焦虑的方法恰恰验证出了以下的状态：当他们一旦自己成为这"小康"生活中的一员后，立即就失去了敏锐的嗅觉而成为大众文化的同谋。这既是一种个人选择，也是一种现代化逻辑的选择，我们可以想象，如果詹明信得知此中所藏悖论之曲折婉转的底细，肯定会惊讶于他的中国弟子们居然如此念歪了他的经。

颇引人注目的是，把经济进步当作导致文化发展的直接动源的观点不仅作为一个特例而存在，而且弥漫于中国现代化的整体论

---

① 张法、张颐武、王一川：《从"现代性"到"中华性"——新知识型的探寻》，载罗岗、倪文尖编：《90年代思想文选》，第243、249~253页。

述结构中,比如很多论者不仅在急于论证经济发展与文化复兴的关系,而且也把其作为民主选择的必要条件,并以之作为宏观历史比较社会学的理论前提。①如此一来,中国"后学"在借反思现代性问题为出发点之后,又颇具讽刺意味地悄悄潜回了现代化的阵营,因为在预设"小康"与"文化"复兴之间的因果关系时,其实"后学"们也把自己预设进了先富起来的情境中,而模仿了大众文化生产的逻辑。中国"后学"们通过重建"经济"—"文化"之间的对立因果关系,重新设置出了西方现代化的普遍合理性。尽管他们提出了许多似乎与保守主义能够衔接的大而无当的描述如什么"经济重质主义""异品同构审美""超构思维方式""外分内合伦理"②,这些似是而非的语辞创构出了所谓"中华性"的要件。但其内核理念则完全与"保守主义"无关。

中国"后现代"思潮应有的使命
——区分"传统主义"与"保守主义"

上节的论述已经表明,20世纪90年代以后的中国学术界已

---

① 如甘阳曾指出,这种宏观历史比较社会学路向的基本特点是:突出地强调了社会经济历史条件对于走向民主政治的制约性。至今仍然在非政治学界非常流行的很多说法,诸如"因为某国还没有中产阶级,所以不可能有民主",或"该国农村人口和农业生产仍占主导,所以不可能有民主"等等,大体都与宏观历史比较社会学路向的观点有关。许多人甚至由此而想当然地认定:只要经济发达了(由此中产阶级就多了,农民就少了等等),政治民主自然也就随之而来了。参见甘阳为邹谠《20世纪中国政治——从宏观历史与微观行动的角度看》所写的序言,牛津大学出版社2000年版。
② 张法、张颐武、王一川:《从"现代性"到"中华性"——新知识型的探寻》,载罗岗、倪文尖编:《90年代思想文选》,第243、249~253页。

经出现了较为强劲的"保守"动向,表现在如"新国学""新儒学""后学"等这样的时尚思潮都同时表达了重估传统价值的意向。所以有人已开始在"后现代"与"保守主义"之间画上了等号①,甚至有人干脆直接把"后学"称为中国的"新保守主义"②。如果我们仔细分析这些思潮的理论内涵,尽管他们所表达出的"保守"趋向的风格有所不同,但有一点可以肯定,即它们都不是严格意义上的"保守主义",充其量只能算是对传统的一种普遍主义的态度和思维,或可称之为"传统主义"。

关于"传统主义"与"保守主义"之间存在何种区别,卡尔·曼海姆曾经做出了一个很有启发的区分。曼海姆认为,"传统主义"是一种普遍主义式的态度和思维,是几乎每一个人都存在的心理属性,而且可以从一般的形式规定性中加以预测,是无时间性的;而"保守主义"则是在一定时段内形成的一种思想和态度,是与一定的结构环境相适应的行为。在曼海姆的解释框架里,"传统主义"是一种弥散于个体的心理状态和对现代理性的普遍质疑,但这种状态和质疑没有被系统化,或与某一政治结构相适应,而"保守主义"则表现为一种非常具体的实用行为和一种自律的行为。"保守主义"虽与"传统主义"有血缘关系,但它成为一种(反对革命经验和思想的)生活和思想态度的明确表现,并一贯保持下去时,"传统主义"才能过渡到"保守主义"。③

---

① 参见何明虹:《20世纪:进步主义与保守主义之间》,载《东方》1995年第6期。
② 参见赵毅衡:《"后学"与中国新保守主义》,《二十一世纪》1995年2月号。
③ [德]卡尔·曼海姆:《保守主义》,译林出版社2002年版,第77、101页。

而且西方的"保守主义"另有一层政治含义,即通过捍卫个体性权利来质疑权威制度,并寻求具体的自由。在一般人的印象中,英国思想家柏克则是通过缜密的思考,使西方"传统主义"成功过渡到"保守主义"的最重要人物。为什么这样说呢?因为柏克尽管赏识社会体系的复杂性及其习俗的宏伟力量,尊崇既定制度的智慧,尤其是尊崇宗教和财产,对制度的历史变革具有强烈的连续感,并且相信个人的意志和理性要使制度脱离其轨道是相对无能为力的。但柏克并不只把这种判断和感觉仅仅限于普遍主义的心理状态,而是力求不但把它上升为对抗现代性的一种哲学,更主要是上升为一种系统的政治主张。因此有人评价说,柏克被人们看作是自觉的政治保守主义的创始人,几乎政治保守主义的一切原则都可以从他的言论和时事论著中找到。①

反观中国思想界,似乎从未可能出现过类似柏克这样的思想家。近代以来,凡是具有保守思想的人,大多具有在传统哲学理念上进行发掘和阐释的感性冲动,却缺乏理性地通过对现代化进程的批判性反思建构政治法则的开创性人物。中国的"保守"思潮更多地延续了运用"传统"的若干理念以对现代社会进行直觉反应的本能,这点似乎与曼海姆对"传统主义"的定义颇为相似,但中国式的"保守"思想却往往不是从行为践履的角度出发形成一套系统治理社会的逻辑和策略,比如与之相配合的经济与政治措施,而更多地反映出的仍是一种回归"文化"源头的基本态度,特别是对"传统"流失后如何拾掇其残存思想碎片的态度。中国近代知识分子群

---

① [美]乔治·霍兰·萨拜因:《政治学说史》(下册),商务印书馆1986年版,第691页。

体很难明确地在"政治"上形成"保守主义"的派别，但是在文化态度上却总能表现出某种一致性，他们屡屡通过对现代化事物的抗拒反应而回归"传统"。

如果从是否存在"保守主义"的角度去观察90年代的思想界，我们就会发现，有些争论如中国近代时期到底是"保守主义"还是"激进主义"占上风这样的讨论几乎没有什么意义。[①]因为既然近代中国自始至终都没有形成系统的"保守主义"思潮和推行其理念的实践家，那么何谈所谓"保守主义"与"激进主义"的真正对立呢？这种情况的出现当然是受制于中国迫于外患压力而实施激进变革要求的大环境所使然；另一方面，具有保守倾向的中国近代思想家中缺乏如柏克那样相应能把握过渡期变革的政治智慧和实践能力的人物亦是不容忽视的原因。这不仅反映在康梁在戊戌变法等早期政治实践中，而且也反映在民国初年有关民主制度建构的一系列设想缺乏坚实的"保守主义"根基这个历史现象中。其突出表征是，持有"保守"立场的中国知识界没有能力把自身对传统变革中应发挥积极作用的理解，通过制度化的形式表现出来。

林毓生曾经正确地指出，中国传统与制度的一体化建构方式，特别是皇权作为政治与文化整合的象征符号经辛亥革命被破坏以后，由于传统思想失去制度性附丽依托而变成"游魂"，从而引发了中国意识的危机。[②]这似乎是为中国保守知识界难以形成"主

---

① 参见余英时：《中国近代史中的激进与保守》，载许纪霖编：《20世纪中国思想史论》上卷，东方出版中心2000年版；《再论中国现代思想中的激进与保守》，《二十一世纪》1992年4月号；姜义华：《激进与保守：与余英时先生商榷》，《二十一世纪》1992年4月号。
② 林毓生：《中国意识的危机——"五四"时期激烈的反传统主义》，贵州人民出版社1988年版。

义"提供了某种辩解。然而事实却是，在民国初建之时，当革命的激情释放过程开始转向构设民主政治的理性思考之后，中国保守型知识分子实际上在仍有机会完善自己的政治哲学和行为实践体系的情况下错失良机，迷失于宪政争辩的空谈中。这固然可以用民初军阀混战权力更迭频繁，使宪政实践无法有序进行加以解释，但保守知识分子缺少政治制度化的建构能力亦难辞其咎。由于缺少相应的制度化实施的条件和理论准备，中国保守知识人常常被迫避开政治理性的建设途径，转而对传统文化进行深度开掘和思考，中国的保守理念由此被逐渐缩窄至"文化"的层面，以至于在20世纪三四十年代出现了文化讨论的复兴景象。所以如果说，中国保守派中仍有可能出现非严格意义上的"主义"的话，那么他们持有的理念似乎更加接近"文化保守主义"，即强调对传统的尊奉，特别是希图在中国传统中寻找某种道德秩序的恒定性这一点上或许有些"保守主义"的味道。

从表面上看，中国的保守知识群同样推崇常识和经验，贬抑抽象的理论，强调累积构成的传统在当代社会中的价值，并认为社会行动的依据应来源于具体的实践经验，但这种思路没有有效地与政治上的保守措施相结合，而演化为一种政府的依据和行为。最典型的例子是中国保守知识分子中难得的践履家梁漱溟也试图通过邹平乡村实验在传统和习俗的实践理性框架内寻求保守的出路，但这种实验基本上是一种文化理念的延续，而没有相应的上层政治制度的实践相配合。

在我看来，中国的保守知识群无法像西方的正宗保守主义那样可以自信地宣称，体现超法律原理和自然主义的自然法，不是由喜欢抽象概念的理论家们去书写，而是写在历史、文化、传统与习俗之中,写在活生生的社会生活之中。①因为中国的文化传统因与西方有别,显然不可能自然开出宪政民主的途径,因此,中国的保守派无法建立起现代民主政治与文化传承之间的合理性联系,也就自然无法把文化保守的思路合理转化成政治保守主义的资源,而只好被迫让位于唯理主义的企望。中国现代的激进唯理主义者似乎很善于利用保守知识群的这种近于宿命的心态,他们总是宣称,既然在中国传统中找不到与宪政民主相关联的历史资源,那么在建立现代民族国家过程中,有意割断与传统的联系而重新构造现代政治体制就有了正当性与合法性。新中国成立以后对地方基层制度连根拔起式的破坏行为就是建立在如此的预想之上的。

中国思想界为什么只能出现非严格意义上的"文化保守主义"

"保守"的思想动态作为一种文化景观无疑占据了20世纪90年代舆论界的主要画面。甚至有人认为,保守主义不但已成为今日知识界的主流,而且可能成为中国进入二十一世纪时的主导意识形态。不但如此,保守主义还被指仿佛已渗透到历史、文化、政治、经济诸领域中处于支配地位。②但如果仔细检视90年代被标举为"保守主义"的若干思潮的内容,我们就会发现,除了"新权威主义"等个别思想流派尚能勉强具有理论分析的价值外,大多数形形色色的思潮仅仅是表明了某种"保守"的立场和态度,甚至只是表达了某种情绪,而决达不到"保守主义"要求的理论标准。尽管

---

① 参见刘军宁:《保守主义》,中国社会科学出版社1998年版,第109页。
② 甘阳:《反民主的自由主义还是民主的自由主义》,《二十一世纪》1997年2月号。

这些思潮都有一个共同的"态度"就是反对激进和革命，拥护渐进和改良。①这其中只有一个例外，那就是90年代对中国文化传统态度的转变导致了若干理论模式的出现，比如"新儒家"对儒学在东亚发展前景的重估，学术史复兴对传统价值理念的梳理等等。中国"后学"的出场也似乎只能接续着这个文化保守的思路来阐扬自己的主张。在此，我们尚可勉强把它们归入并非严格意义上的"文化保守主义"的阵容之内。

尽管如此，我们仍不无遗憾地认为，中国的保守思潮仍尚未达到"主义"所规定的境界，因为真正的"保守主义"不但是在某一个领域具有坚定的信念和出色的见解，而且最为重要的是它能够在各个领域都能形成首尾相接，相互呼应配合的完整方法论框架和信念体系，并有效地用之于解决问题。我想这亦是曼海姆区别"传统主义"与"保守主义"的另一基本尺度。曼海姆是这样表达其意思的："在这个建立在传统基础之上的直接经验开始消失的阶段，才通过反思揭示出历史的性质，同时主要精力则被用于提出一种能够以某种方式挽救老的对待世界和环境的基本态度的思想方法。通过对这种基本经验态度方法上的把握，保守主义创造了一种能通过新的途径解释事物的进程的全新的思想方式。"②曼海姆的意思是说，只有"传统主义"不固守原来的自然怀旧的状态，而呈现出一种自我反思的特征时，才有向一种不受地域限制，拥有自己的固有准则和方法论见解的思潮转变的可能。

---

① 甘阳也认为，90年代中国保守主义的方方面面，并非彼此完全协调，更非什么严密构成的理论，而毋宁更多是一种心照不宣的情绪，但也正因为如此，它们反而更能形成某种四面呼应，八方笼罩的文化氛围。参见《二十世纪中国政治·序》。
② ［德］卡尔·曼海姆：《保守主义》，第77页。

而中国的保守思潮虽然笼统地采取了对现代现象的批判态度，却显然仍仅仅是以复原中国传统的自然状态的怀旧情绪来面对诸多问题。90年代初，"学术史研究"与"国学热"的兴起背景针对的是80年代新启蒙运动的浮躁和对现代化方案不加反思的盲目认同，力图在传统中寻找资源。可是问题在于，无论是"国学"的复兴还是"新儒学"价值的重估，都基本上是在寻求自然本源的状态下进行的，而且大多走的均是相对单一的"心学"阐释一路，而真正使儒学在基层实现了庶民化，从而在"制度"与"文化"两方面达到了相互和谐配合的境界的"朱子学"却被冷漠地搁置在一边。而"朱子学"所实现的上下层制度与文化能够沟通对流的模式恰恰是有可能转化为新时期"制度建设"之基础的最佳资源。人类学家在90年代末强调一些基层组织如宗族等在协调社会运转方面仍能起到有效的作用，可惜他们的声音缺乏系统"保守主义"思想的配合。而"新儒学"在制度改革方面的立论基点又是以东亚"四小龙"的崛起为背景，可阐释的主题却落在了东亚如何能产生出不同于西方的"资本主义"，这个立足点使得"新儒学"旗号下的保守话语的面目不但模糊，而且其是否真正"保守"亦显得越发可疑。

另外一些有"保守"之名，实则不过是"传统主义"之变相表达的观点，如试用中国哲学的第五种思维补充西方哲学的四种思维偏向的尝试[①]；或是把"儒学"与"儒家"分开，提倡建立所谓"学统"的意义的探索，如台湾的"鹅湖派"的主张均时有出现。可岂不知这样做的结果恰是正好消解了儒学在制度建设中屡屡发

---

① 成中英：《二十一世纪：中西文化的融合与中国文化的世界化》，载《现代与传统》第八辑，岭南美术出版社1995年版，第40页。

挥作用的"知行合一"的传统。①又如对中国现代的重要思想流派"学衡派"的评价,按贴标签的做法,"学衡派"应归属于文化保守主义(或称文化守成主义)之列,但如有论者所云,学衡派因吸取了白璧德的新人文主义传统,这派与中国新文化运动早期的守旧派所奉持的以保存国粹对抗启蒙新潮的儒家"传统主义"趋向相近,而且均采取"文化整体主义"的表述方式以摆脱时人讥其"复古制"的指责,以探求传统文化中具有普遍、永恒性的人文价值,整合与孔孟之人本主义相合的柏拉图、亚里士多德之学说和罗马精神。②这一派的选择取向似乎有点与当代台湾"鹅湖派"倡导恢复儒学"学统"的主张相近,但似乎没有人意识到,正是其对政治践履过程的冷漠和疏离,使之无法真正反省传统与制度建设的关系,从而与西方的"保守主义"相去甚远,也日益偏离了明清后期儒学倡导的经世致用精神。

中国的"传统主义"一方面想走"生命哲学"的路子而拒绝表明自己明确的政治态度;另一方面又强调"学统"的意义而规避对现实社会的批判性解读,缺乏与现今政治意识形态的正面交锋,而选择了被动地与我们周围的理性化世界相对立的姿态,尤其是放弃了传统儒学对制度建设的参与式热情。怪不得一些史家批评熊十力、牟宗三的"新儒学"超越准宗教的一系思维理路架空了中国文化的制度根基,因在中国文化中抽取几个超越观念,而在现实层面,从制度到习俗,他们毋宁是反传统的,而且其激烈程度不在

---

① 参见郑家栋:《新儒家:一个走向消解的群体》,载《东方》1996年第2期,第45~49页。
② 孙尚扬:《在启蒙与学术之间——重估〈学衡〉》,《国故新知论——学衡派文化论著辑要·代序》,中国广播电视出版社1995年版。

"五四"主流派之下。①由此我认为，仅从"学术史"或"学统"上接通儒学的资源是不够的，必须使中国式的"传统主义"摆脱"文化决定论"设置的泥潭，真正建立起与当代"制度创新"之间的有机联系，激活儒学在践履层面的活力。而中国的"后现代"思潮应以此为基点，为中国真正的"保守主义"的出现做出贡献。

中国"后现代"思潮所能贡献的工作是，赋以"传统主义"以非常明确的政治意义和定位，建立自己的政治参与系统和方式。中国的"传统主义"在皇权崩塌后失去了政治制度的支持变成了"游魂"，在早期现代曾以"生命哲学"的形式苟延，近期又以建立"学统"为职，不过此两种状态均不符儒学政教合一的古训。为了回避仅从心学入手复古，而忽略采掘儒学传统政治制度资源的弊端，曾有学者力图从开掘今文经学的制度变革潜能入手，以为当今之用。如有人云：儒学有两大传统，一为心性儒学传统（即生命儒学传统），一为政治儒学传统（即制度儒学传统）。在儒学发展之中，此两大传统相辅相成，各尽其用，共同安立着中国人的生命存在，维系着中国社会的稳定和谐。但是宋明以降，心性儒学偏盛，政治儒学式微，其结果内圣有余外王不足，外王开不出而内圣终走向枯寂。其结果是国人在对现代新儒学的了解中只知儒家有心性儒学传统，而不知儒家有政治儒学传统。以致有人判定儒学只是为己之学，不应越过生命心性范围去考虑社会政治事务②。要克服这种偏见，就要大力提倡

---

① 余英时敏锐地指出，新儒家往往被定性为文化保守派或传统派，这种定性未必与实际相符。事实上，他们把中国文化（以儒家为中心）的理想和现实一分为二。参见余英时：《钱穆与中国文化》，上海远东出版社1994年版，第73~74页。
② 蒋庆：《再论政治儒学》，载王焱等编：《经济民主与经济自由》，三联书店1997年版，第306~308、309页。

所谓"政治理性",政治理性具有道德理性所不具备的现实性,这种现实性表现在解决社会政治问题时,必须在价值的观照下尊重经验事实,把社会政治看作一复杂多样而又生动自为的具体存在,从社会政治的实际要求出发来参照理念谨慎圆融地解决现实问题,而不是从纯粹思辨的、形上的、超越的、理想的、浪漫的政治观念和思想体系出发来无弹性地解决社会政治问题。[①]这种政治理性的实用性和拒绝在理想浪漫的状态下解决问题的现实精神,颇与"保守主义"的气质相吻合,但此法仅以公羊学的制度批判取代心性学的道德批判,并以此作为重建中国政治文化根基的资源,则显得太拘于经学的守道立场,在实际层面无法与当代政治哲学相接通。特别是此项主张基本上把政治儒学的建构过程看作是经学文本设计的一种延续,颇拘于对上层"道统"的辨析,所以做出了政治儒学在宋明即趋于式微的偏狭判断,而忽略了儒学在宋明转型过程中恰好实现了向基层社会的渗透,从而实现了打通上下层社会的制度化过程。

其实,按照西方"保守主义"所阐发的原意,尽管对自生自发的秩序中所孕育出来的传统权威的遵守和褒扬是"保守主义"的重要信条,但这种权威不是自上而下的政府政治的权威,而是家庭、社群、行会、教会等民间社会通过自身自治形成的权威。因此,如果只从经学角度吸取儒学在上层制度建构中遗留的资源,显然还不足以全面说明传统政治理性在制度建设方面已起和将要起到的作用。如是一来,宋明以后,"朱子学"在建构儒学在基层社会的具体实践体系,及在日用伦常方面对基层民众行为的塑造,亦应是政

---

① 蒋庆:《再论政治儒学》,载王焱等编:《经济民主与经济自由》,第306~308、309页。

治儒学所提倡的政治理性的组成部分，理应成为中国制度建设所应吸取的传统资源。"朱子学"以乡约、族规训导乡里，特别是通过"儒学地域化"的过程介入民间社会的思路被尘封已久，而与之相关的众多民间乡土的制度建设资源更是为中国的"传统主义"阐说方式弃绝于门外。而结合现代社会理论资源复活这支传统，特别是接续上层政治与地方社会的联系，加强其政治系统的可操作性，应是一条不应被忽视的变革途径。

中国的"后现代"论者由于一开始把注意力过度集中在如何辨析西方对中国形象的塑造上，力求由此说明中国现代社会的产生是现代资本主义全球框架塑造的结果，这很容易把自身的思考路径局限于一种外在的民族主义形式的对抗性姿态的表述上，而忽视了对真正中国传统在制度具体运作形式中所起作用的探查。比如近期思想界颇重视语言的翻译政治，通过对近代以来的跨语际实践过程的分析，来揭示近代中国人的思维和形象如何被西方所刻意建构的历史内蕴。但这种取向由于过度拘泥于从"跨文化"的对流角度审视问题，强调西方语言暴力对中国思想界的压迫关系和模塑功能，难免会忽视中国内部传统在社会文化变迁中所拥有的自主性意义，尽管这种自主性也许早已遭到了严重削弱。[①]我总以为，对"跨文化"过程的把握不能总是聚焦于对"跨"的边际程度的分析上，这倒并不是说这种分析不显重要，而是说这类审视必须进一步成功转化为一种对中国内存经验的把握时，才能更有说服力。如有论者所

---

① 最为典型的例子是刘禾在大陆思想界的流行。参见其著作《跨语际实战——文学，民族文化与被译介的现代性（中国，1900—1937）》（三联书店2002年版），及另外一本相关主题的著作《语际书写——现代思想史写作批判纲要》（上海三联书店1999年版）。

云,中国文化批判的主体性的建立,并不一定单以西方为它者,更有必要以本国的体制文化如官方文化、俗文化、国粹文化为它者,这样才可避免以主体单一面对文化多元的窘境,也可避开西方中心主义的陷阱。①

总之,中国的"后现代"思潮可区别乃至修正于各种"传统主义"的地方端在于,其立足于中国传统社会的批判性反思立场的持守。"新儒学"从表面上看似乎具有批判资本主义的功能,颇可和"后现代"的若干理念为伍,但其所以区别于真正的"保守主义",不仅在于其批判资本主义的方式恰恰是以对资本主义生产方式的认同为前提的,更在于其依赖"学统"重建的思维理路逃避了对中国政治与制度重建的反省,无法把传统资源有效融合到中国政治的运行体制中成为内化于其中的动力。"后现代"思潮不仅可以在批判现代资本主义全球化体制对中国社会的渗透方面有所作为,更应该在重建"传统"与现代政治制度的有效运行关系方面有所作为,以改变自己只"破"不"立"的旧形象。

三、多学科聚焦视点下的"后现代"修辞

从文学的"后现代"争辩到史学的"后现代"叙事

从上面的分析可知,中国文学界是借助"东方主义"叙事获得

---

① 参见赵毅衡:《"后学"与中国新保守主义》,《二十一世纪》1995年2月号。

"后现代"话语表述的优先权的。其论说焦点始终定位在如何区分西方对东方民族的"他者化"想象,以及中国思想界如何设计出可以替换此种想象的各式"民族主义想象"。所以文学界发生的各种所谓"后现代"论说,大都关注的是中国与西方在互动过程中的跨文化临界状态,基本上无法回答中国内部如何应对现代化的制度挑战这类问题。

中国史学界所涉及的"后现代"问题正好与此相反,其关注点并不聚焦于跨文化意义上的解读,而是把主要精力用来探讨中国历史所应呈现出的某种"前现代"状态。他们的基本判断可以表述为:现有的历史解释基本都受到现代因果关系叙事与线性进化史观的污染,使我们无法知晓历史在某一特定时间内的本真状态。"后现代"史观的任务就是要割断进化史观人为搭建的前后衔接的连续性解读策略,而是截取某一段历史场景,尽量设身处地般地在那特定的历史脉络中评估其可能造成的影响,如此一来,各种历史现象的出现变得只具有某种"阶段性"的意义,而并非扮演着衔接前后相续之历史链条的黏合角色。因此,历史界借用的更多是某种特定的"后现代方法",或者其"后现代"表征更多地体现在具体研究的叙述过程中,而不是像文学界那样体现在自我标榜出的所谓"后现代"是什么"主义"之类的争辩姿态中。

要凸现历史在某一特定时段的独立状况,就仍然无法回避对传统的重新理解这个问题。无论从什么角度进行考察,中国"后现代"思潮的形成均以对"传统"在当下生活中的位置的理解有关,同时也与如下问题是否能得到合理解答有关:即"传统"在中国社会生活形态发生剧烈变化的现实处境中到底应显示何种作用。20世纪80年代的历史观是现代化论支配下的独断论式解释,这个解释建立在以下的论断之上：中国实现现代化的程度必然与对传统清算的程度成正比关系。中国传统犹如过街老鼠，舆论界则犹如嗅觉灵敏的老猫，必欲除之而后快，这种如此简化处理传统与现代化之关系的"猫鼠游戏"在90年代初即遭遇尴尬，因为"传统"被现实变化所检验以后发现并非可轻易归于"鼠"类，于是"猫"的捕鼠动机自然立刻遭到了质疑。90年代改革实践有悖于上述独断论逻辑的现象表现在：中国现代化程度越高，某些"传统"复兴的速度就越快。比如某些乡村地区的宗族、祭祀制度的大面积复苏，就与现代化程度构成了正比关系。当然这种所谓"复兴"不是简单地向过去形态回归，而是与现实的政治控制策略和市场经济的发展存在着十分复杂微妙的纠葛关系。对这种纠葛关系的分析显然不是80年代粗糙简单的现代化命定论式的研究所能胜任的。于是，人类学方法的介入开始改变视传统（特别是乡村传统）为社会发展之障碍的旧有观念格局。

人类学介入历史研究最初有些自身发展与变革需求的考虑，其目的是改变以往只注意阐释共时现象而忽视时间流程对社会变化的影响的偏向，力求使立足于现实生活的田野调查增加历史感，但这种学科内部的自我调整至少在两个方面深刻影响了历史研究在90年代的转向：一是不囿回于思想或观念史的范围内奢谈"传统"的功能，而是把传统置于基层社会组织与日常生活的实际运作中加以考察，从而与"新儒学"和"第三世界批评"的文化分析理路区分了开来；二是在诠释何为"底层记忆"并与"民族记忆"做出区分的同时，更细致地梳理出了民众观念与政治意识形态之间复杂的张力关系，包括政治意识形态对底层观念的消抹、改造与钳制等多样复杂的状态，从而与文学界简单地借助民族主义话语取代历史与现实分析的姿态区别了开来。这两个方面都与广义上的"后现代"思潮有一定的关系。

话虽如此，如果从"阅读史"的角度分析，中国历史学界并没有顺利地轻易接受人类学的思路，比如对柯文当年流行一时的那本《在中国发现历史——中国中心观在美国的兴起》一书的解读就是实例。这本书的流行程度早已证明其确实影响了相当一批中国史家的研究状态，不过显然大多数人并没有读懂美国中国学内部范式转变的意义，也并不明晰这种转变到底应该与中国史界内部的方法论变革建立起怎样的关联性。柯文明显受到了人类学思维的影响，对美国中国学60年代即已兴起的"地方史"研究思路颇有感悟和洞察，这点恰恰可与中国学者形成共鸣。但中国学者却在无意中忽略了其中所流露出的反现代化论倾向。

柯文在此书的开头部分即已交代了其具有"后现代"特征的学术转向动机。他说："虽然有一些通行的求证规则使我们忠于史实，但是在所有的历史研究中都不可避免地引进大量主观成分。选择什么事实赋予这些事实以什么意义，在很大程度上取决于我们提出的是什么问题和我们进行研究的前提假设是什么，而这些问题与假设则又反映了在某一特定时期我们心中最关切的事物是什么。随着时代的演变人们关切的事物不同，反映这些关切的问题和前提假设也随之发生变化。"① 如果联想到柯文在90年代出版的关于义和团的著作中所表露出的相当纯粹的"后现代"立场，我们就不会惊

---

① ［美］柯文：《在中国发现历史——中国中心观在美国的兴起》，中华书局1989年版，第1页。

讶其对历史客观性所做出的怀疑判断了。①然而中国史家显然没有在这层上参透柯文的用意,如译者林同奇把柯文反对探求历史发展的规律与共性,按照个别历史事件丰富多彩的特性重建过去,反复驳斥历史发展的单向集聚观点的做法仅仅概括为渊源于实用主义,则显然是把问题简单化了。

更深入一层说,中国史家对柯文的误读尤其表现在以下的错位理解中:柯文清算的是以费正清为代表的冲击—回应模式所表达出的现代化论的霸权性质及帝国主义论的政治话语对中国历史真相的遮蔽。而中国学者的"阅读接受史"则恰恰是把"在中国发现历史"这样一个命题,借述为摆脱"革命史叙事"的束缚而转向论述现代化在中国历史中应如何取得其合理性的当然契机。其落脚点虽貌似是一种中国内部史学视角的自然转换,可这种所谓转换与美国中国学日益注重摆脱现代化观察模式,转而关注民众日常生活的学术关怀颇有不同,"向中国内部寻求历史真相"由此变成了中国学者从"革命史叙事"向"现代化叙事"转换过程中所需要的某种托词而已。

因为美国史界中有关中国历史叙事中的"帝国主义论"与"冲击—回应说"曾经共享着某些理论前提,即都承认西方外力的作用是决定性的,区别的界线只是划在了政治立场的分野上,所以按道理应该一起被清算,在柯文的视野里,这两种思路确实同样成了批评的对象。而中国学者的心态则要复杂得多,在这本书的中译本出版的1989年,中国正处于崇奉现代化理论最为狂热的时期,所以在

---

① 参见[美]柯文:《历史三调:作为事件、经历和神话的义和团》,江苏人民出版社2000年版。

中国学者的眼里，恰恰不能把"帝国主义论"与"冲击—回应说"统统一勺烩在"中国中心观"这口大锅里，而是应该区别对待，区别的结果是，中国学者不但不反对"冲击—回应说"的立论，而恰恰是借助柯文所提倡的"地方史"研究而强化了"冲击—回应说"在中国的合理位置。如此一来，悖论就出现了，80年代末90年代初持有现代化论的相当一部分中国史学家恰恰是受以反现代化论为核心论题的"中国中心观"思路的启发。

20世纪90年代国内曾经引进了一些可被明确定位为使用"后现代"方法研究中国历史的著作，如艾尔曼对清初常州今文经学派的研究，就明显区别于国内史界治学传统中所强调的所谓观念史"内在理路"的研究。艾尔曼强调中国历史的阶段性主题与线性历史观所规定的目的论式主题之间存在着紧张关系，所以在评价常州今文经学的作用时，就要把它放在一种当时政治社会的复杂脉络中去理解，而不应把它与具有现代变革意义的康有为今文经学硬扯上关系，刻意形成前后衔接，相互呼应的关联性解释。[1]如此明确阐发的"后现代"思路对中国史学方法的转变到底有多大影响尚难估计，不过其倡导的把"思想史"与"社会史"的研究相结合的取向无疑得到了越来越多学者的响应。

另一本在西方备受争议的作品《怀柔远人：马戛尔尼使华的中英礼仪冲突》也是对现代化叙事的直接挑战。因为在进化史观的逻辑推演下，清代的乾隆皇帝对作为大英使者的马戛尔尼的不敬，恰恰可以和中国现代化机遇的丧失画上等号，乾隆对"蛮夷"态度的

---

[1] ［美］艾尔曼：《经学、政治和宗族：中华帝国晚期常州今文学派研究》，江苏人民出版社1998年版。

居高临下，在中国近代史"政治正确"原则的观照下，变成了拒斥文明的野蛮姿态。作者则把乾隆与马戛尔尼各自表述的礼仪体系和观念视为并列的两大系统，这两个系统不是按当今"政治正确"的标准区分其高低，而是被置于"前现代"的历史场景下加以对待。在这种情况下，乾隆在礼仪方面表现出的矜持似乎反而被赋予了拒斥"帝国主义"的"正义"色彩。

这类具有"后现代"意味的历史解读具有以下特征：一是都力图把历史按时间框架安排的叙事置换为"空间"状态加以解释，以破除线性史观强调连续性的制约；二是"后现代"思潮的中心词"后"在对历史的重构过程中被置换成"前现代"的"前"，这样一来，所谓"后现代"的方法在对历史的重新表述中，其实就被界定为力图复原"前现代"历史的"真实"，尽管这种"真实"仍有可能是想象的。国内亦有个别著作属于贯彻这两个"置换"的尝试性作品。如杨念群关于"儒学地域化"概念的提出，就是想把中国思想史发展的线性解释置换成一种空间分布的状态重新加以解读①；同时，亦想通过挖掘区域性的历史传承资源，力图说明近代思想变化中的许多因素是建立在"传统"格局制约之内的表现，而不一定是西方塑造的结果。但"儒学地域化"概念贯彻"后现代"中的断裂原则显然不够彻底，即在历时解释框架下的思想资源被置

---

① 罗志田曾敏锐地指出："杨著首要的新意在于将后现代主义提倡最力的空间概念引入我们中国通常为时间概念所'控制'的史学领域。"参见罗志田：《乾嘉考据与90年代中国史学的主流》，载《20世纪的中国思想与学术掠影》，广东教育出版社2001年版，第227页。也有相反的意见如刘建军曾认为："杨念群对近代知识体系之横断面的研究，补充了梁启超'三阶段论'的不足，但这一横向的分解研究割裂了近现代知识图式转换的整体面貌。"参见刘建军：《中国现代政治的成长——一项对政治知识基础的研究》，天津人民出版社2003年版，第83页。

换于空间状态之中加以解读后，著者仍认为每个区域空间内部的思想传统（包括其源起与建制）仍有其连续性的脉络可以辨析。这种叙述上的犹疑显然与艾尔曼、何伟亚坚定的"后现代"立场有些差异。因为"儒学地域化"概念的构思灵感虽来源于20世纪80年代末对"传统"应成为现代化之动力的认知转向，却几乎是无法逃遁地受到了中国思想界现代化叙事风格的强力制约。

中国史界对"后现代"方法的"阅读史"虽略有滞后，不过经过近些年的努力，也已接近同步，比如杜赞奇20世纪90年代的新著《从民族国家拯救历史》（*Rescuing History from The Nation: Questioning Narra-tives of Modern China*）①即已译介到国内。杜赞奇在此书中试图证明，中国历史的阐释一直为线性进步的分析所笼罩，其叙述的普遍性不仅内化成了我们体验时间的主要方式，也是我们存在的主要方式。而中国史研究的中心叙述结构仍与欧洲模式或启蒙模式联系在一起，而揭示这个历史模式之压抑作用的更广泛，批评性更强的历史则仍付阙如。因此，对这种"被压抑性"叙事的发掘便成了此著的主要任务。

具体而言，杜赞奇对"民族国家"建构过程中所被赋予的正当性与意识形态色彩提出了挑战。在他看来，对"人民"的规训是民族国家建构的主题，在建立现代国家的过程中，对抽象的"国家"认同变成主流政治刻意营造的话语霸权，其基本的背景是启蒙进步观念所赋予的规定性，变成了一种自明的逻辑，这种逻辑的表述是"人民"必须放弃对传统社区的文化理念与价值的认同，放弃一种

---

① ［美］杜赞奇：《从民族国家拯救历史——民族主义话语与中国现代史研究》，社会科学文献出版社2003年版。

延绵已久的生活方式,而在观念上从属于一种对现代国家认同的心理,在生存上习惯于在一种国家规范的秩序中生活。杜赞奇试图说明,在现代国家意识塑造的过程中,有许多不自明的民族意识和经验构成的柔性的边界,成为刚性规定下的潜在的替代性的叙述结构。因此,他用所谓"复线的历史"补充"线性的历史",其目的是特别重视这些替代性的叙述结构,重视这些常常为主流话语所消灭或利用的叙述结构。

杜赞奇的"复线"叙述所表现出的姿态可以说填补了"线性叙事"的若干空隙,但却沿袭了这种叙事的脉络和神髓,然而我以为仅仅表露出破解这种叙事的反省姿态肯定是远远不够的,其背后难以解决的悖论处境在于,当杜氏想以"复线"来描述中国历史中的许多分叉现象的意义时,他无法说清楚这种分叉的标准是什么,如分成多少,如何分,谁来分等问题。或云这"复"如何"复",复线繁复有几何?这"线"的含义是与"线性史观"中"线"的含义相当,还是另有它线,如果此线非彼线,那么此线如何运作,如此线即是彼线,即使是不重要的多重线,岂不又跌回了"线性史观"规定的圈套?纠缠于"线"的"单"与"复",使得杜氏在其第一本有关华北农村研究的著作中建立起来的"空间"感觉大大萎缩,好像总是在费力奔波地填补线性史观遗留下的空白点。

"地方史"研究中的若干"后现代"面相

本文在前面已略有提示,"后现代"思潮在史学界的影响与"地方史"研究的兴起有较为密切的关系。目前中国的"地方史"研究基本上受两个思路所支配,一个是国家—社会互动关系的模式；二是对"文化"作为传统象征资源如何支配基层社会生活的探察。前一个思路比较接近"现代主义"的思考模式，后一个思路属于"后现代"思潮影响下的反映。国家—社会二元结构分析的导入源于对"市民社会"与"公共领域"等社会学理论的移植。这个理论被移用于中国历史研究的思考前提是：认定十九世纪以后中国某些城市已出现不同于传统的"社会组织"萌芽，成为发展现代化的有效场域空间，这些空间与政府官僚制度制约下的社会运行机制颇为不同。其着眼点仍在于力求发现和证明中国早已出现自有的类似"现代化"的因子，这类因子的出现并不依赖于西方的赐予。国家—社会的二元分立框架拓宽了政治史研究的内涵，尤其是促成中国史界摆脱了长期以来仅仅以上层官僚机制运作的研究取代对下层社会组织的观察这一传统的取向。不过对此框架的使用总是难以避免过度机械移用西方社会理论的质询，尽管很多移用此框架的研究一开始总是预先声明自己要进行"本土化"的尝试，但仍难免使用官方—民间、主体—附属这样简略的划分来勾勒中国现代社会的面貌，所以其论述框架基本是在现代化论的变通范围之内，这与人类学家对历史的关注点显然大有差异。①

中国一些人类学家恰恰是通过对基层传统运作机制的再发现，以挑战西方命题所规定的现代化道路的唯一性论述，其阐述理路并非要争夺现代化要素在中国历史中是否早已存在的历史优先权，而

---

① 例如中国学者直接移用国家—社会框架的著作最近几年屡见出版，如用之于研究中国近代商会的著作，朱英：《转型时期的社会与国家——以近代中国商会为主体的历史透视》，华中师范大学出版社1997年版；用之于研究宪政与地方自治的著作，马小泉：《国家与社会：清末地方自治与宪政改革》，河南大学出版社2001年版；用之于研究社会救济方面的著作，蔡勤禹：《国家、社会与弱势群体——民国时期的社会救济（1927—1949）》，天津人民出版社2003年版；等。

是要论证"传统"作为某种符号和象征的存在完全可以在现代化线索的命定式控驭之外对社会生活起着至关重要的支配作用。因此,"象征人类学"一度在中国研究中扮演着相当重要的导引角色。而中国大多数历史学家却恰恰把对"传统"的关注仅仅与中国社会实现现代化程度的关切联系起来,其区别仅仅在于当代中国史家虽然承认"传统"不应仅仅作为政治现象解释的附庸,但仍并没有把"传统"的作用与反思政治对它的支配过程区别开来加以独立对待,这正是中国史家较容易接受国家—社会模式的潜在思考背景。

"象征人类学"的思考进路与传统"地方史"研究的区别在于,传统的"地方史"研究往往脱胎于"现代化叙事",其研究指向是反对仅仅在宏观层面上解释现代化的进程,而并非要质疑现代化叙事的合理性。"地方史"的认知前提是认为中国幅员辽阔,历史情境复杂多样,仅仅在大叙事中解读其变化多端的整体状态是不够的,应该把它置于相对狭小的地方单元中加以把握。然而"地方史"的总体逻辑仍遵循现代化叙事下对民族国家即有权力支配关系的认同。而秉持"象征人类学"理念的一派解释,则希望从根本上质疑民族国家所采取的现代化策略,或者通过强调地方文化在历史与现实中的正面作用而颠覆现代化仿佛不育自明的正当性逻辑。所以其研究取向即使并非严格意义上的"后现代"范畴,至少也受到了"后现代"思潮的强烈影响。一些被认为属于"后现代"性质的作品也相当广泛地采用了类似的诠释方法,如杜赞奇在提出"文化的权力网络"(culture nexus of power)时,虽然在界定网络的含义时强调其内容是不断相互交错影响作用的等级组织和非正式相互关联网,诸如市场、宗族、宗教和水利控制的等级组织以及诸如庇护人与被庇护人与被庇护者、亲戚朋友间的相互关联,构成了施展权力和权威的基础。而在定义"文化网络"中的"文化"一词时则明显突出了其"象征"的含义,"文化"被指为扎根于这些组织中,为组织成员所认同的象征和规范。这些规范包括宗教信仰、内心爱憎、亲亲仇仇等,它们由文化网络中的制度与网结交织维系在一起。这些组织攀缘依附于各种象征价值(symbolic values),从而赋予文化网络以一定的权威,使它能够成为地方社会中领导权具有合法性的表现场所。①

令人感到有趣的是,一些有意运用"象征人类学"方法的史学著作被引入中国学界时,却往往会被误读为与国家—社会二元框架相仿的政治史研究路径,如对杜赞奇有关华北研究的"阅读史"即是如此。杜氏所关心的是中国地方社会中的"文化"因素如何塑造出了政治与社会组织的品格。但在杜氏的观点被国内社会史研究所大量引用时,除个别学者外,杜氏作品中的这一层含义却往往隐而不彰,其研究常被理解为一般社会学意义上的社会组织分析,从而变成了国家—社会二元框架的一种补充解释。②值得注意的是,"后现代"叙事对民族国家权力的批判性质疑被引入中国史学界之后,虽然离位居主流尚需时日,不过毕竟与久居主流的"现代化叙事"形成了截然二分的对立关系,有助于克服中国史界与政治意识形态长期无法区分的弊端,增强自身的反省与批判能力。但"后现代"叙事也往往容易忽略对基层"文化"传统进行过有力塑造的现代化过程作为支配性因素所造成的影响的分析(包括政治与社会的

---

① [美]杜赞奇:《文化、权力与国家——1900—1942年的华北农村》,江苏人民出版社1996年版,第4~5页。
② 有个别受人类学影响的中国历史学家如陈春生、刘志伟、郑振满、赵世瑜等比较注重对庙宇与宗教祭祀仪式等问题的研究,但与主流意义上的社会组织研究相比,它们在中国社会史研究领域仍相对处于较为边缘的位置。

诸多复杂因素的作用），因为刻意强调对现代化后果的抵抗意义，所以较容易过度强调了"文化"作为维系社会运行的稳定性作用；与此同时，却有可能仅仅把外部强加的现代化过程统统作为负面的因素轻率地予以处理。一个总的印象是，在一些"后现代"的史学作品中，对国家上层政治运作的描述往往是相当模糊的，处理得也相对草率。

与之相比，中国社会学界接受"后现代"思潮的影响却是在"口述史"研究中表现得最为明显。一些社会学家曾制订了庞大的研究计划，准备对中国50年代开始的土改运动进行广泛深入的口述采访，借以分析其与主流叙事不同的更深层的"异类"表现形态。在访谈过程中，他们十分注意区别普通民众对一些"历史记忆"的删除，与"国家记忆"对民众思维的塑造这两个不同的方面，重构了国家意识形态权力与民间社会的互动场景。"口述史"研究者注意到，在土改过程中"诉苦"与"权力实践"之间所达致的一种政治意识形态的规训关系是如何改造基层民众的日常生活态度与感觉，以为新社会秩序树立其合法性的。这似乎比"革命史叙事"仅仅从政治翻身为民众带来物质利益的角度所进行的教科书式书写更有说服力。①

另一方面，"口述史"着重处理的另一个主题是这种"权力"如何在民间"历史记忆"的细流中被慢慢消解，如此理解无疑受到了"后现代"思潮的影响，即强调传统中相对不可改变的部分如何持续抵抗着现代化的普遍有效性。从表面上看，这个研究进路颇类

---

① 参见刘新：《为了忘却的纪念：一个关键研究个案的批判性评论》，载《清华社会学评论》2002年卷，社会科学文献出版社2003年版，第308~342页。

似于"象征人类学"对"传统"的阐发态度,然而两者的差别在于:口述史更注意对"记忆政治"的观照,更多地渗入了对政治与民间日常生活互动关系的分析,"政治"成为相当独特的对记忆进行筛选与遗忘的干预因素。或者可换个角度比较,"记忆政治"更强调权力技术对民间文化的塑造,而"象征人类学"则比较倾向于恢复基层"文化的原生形态",以作为对抗现代性的一种策略。

在对民间记忆的考察中也存在不同的研究路向,一类研究更倾向于"政治事件"对民间记忆的塑造过程及其支配性影响。①另一类研究则更强调政治控制与历史记忆相互纠缠运作的复杂意义和关系。比如方慧容曾用很大篇幅来论证所谓"调查研究权力"在极力营造主流叙事的正当性的同时,处于"无事件境"状态的乡村记忆如何有效地抵抗和消解了这种叙事的灌输和影响。②尽管有认知形式上的差异,这两种研究路径在反思批判现代国家政治权力对中国社会的渗透过程方面,均有异曲同工之妙。

在考察"政治记忆"对民间意识的塑造过程中,"口述史"研究比较集中地使用了福柯关于"权力技术"对社会影响的分析方法,特别是把这种方法集中贯穿在了对土改过程中如何建立"诉苦"与"忆苦思甜"动员模式的解析上。"诉苦"被当成是中国革命中重塑普通民众国家观念的一种重要机制,这种机制的作用在于通过"诉苦"创造出种种技术以将农民日常生活中的苦难提取出

---

① 参见Jing, Jun, *The Temple of the Memories: History, Power, and Morality in a Chinese Village*, Stanford University Press, 1996.
② 参见方慧容:《"无事件境"与生活世界中的"真实"——西村农民土地改革时期社会生活的记忆》,载杨念群主编:《空间·记忆·社会转型——"新社会史"研究论文精选集》,上海人民出版社2001年版,第467~586页。

来,并通过阶级这个中介分类范畴与更宏大的"国家"话语建立起联系。这是个民众身份再造的过程,农村民众通过诉苦者在确认自己的阶级身份的同时,也找到了自己在国家中的位置。因此,从其个体角度来说,形成的则不是现代意义上的"公民",而是作为"阶级的一份子"和相对于国家的"人民"或"群众"。[①]在与上述口述史研究计划相类似的作品中,福柯有关权力技术的分析方法屡次得到了应用,如应星对水库移民的研究,不但强调了国家治理技术对民众行为的支配作用,而且通过大量的访谈记录,呈示出了民众的反抗力学与上层治理技术之间的交织张力关系,从而把日益被机械地加以使用的国家—社会二元互动框架放在了更为复杂的分析平台上予以审慎地评估。[②]这些研究并不否认在这些权力实践的支配下,农民内心世界开始转变与得到重塑,但此前民众对其社会世界的感知、分类与评价亦都融入了这一建构过程,只不过其取向更加强调国家权力在构建政治意识形态中的主导作用。我以为,社会学家所从事的"口述史"研究与人类学家强调传统在基层的象征控驭意义的取向正好可以相互印证补充。两者的关注点和对民众与国家关系的理解虽有歧义,却都共同指向了"现代性叙事"的逻辑并对之实施了颇为有效的颠覆,在广义上均可以划归"后现代"的反思范畴。

从以上的分析中我们可以得知,就中国目前的思想状况而言,我们很难在与现代性问题相对立的哲学层次上定位"后现代"思

[①] 郭于华、孙立平:《诉苦:一种农民国家观念形成的中介机制》,载杨念群等主编:《新史学:多学科对话的图景》,中国人民大学出版社2004年版。
[②] 应星:《大河移民上访的故事:从"讨个说法"到"摆平理顺"》,三联书店2001年版。

潮。在中国思想界，"后现代"主张首先意味着是一种重新确认自身位置的知识态度，这种态度由于获取了某种"民族主义"的时代包装，和标示出了要为民众代言的底层立场，在表面上似乎与20世纪80年代有关现代性的普遍主义表述有所区别。但这种姿态由于没有真正区分民众在传统中所扮演的角色和与现代民族国家所赋予的"民族身份"之间的差异性，又由于其对市场机制的渗透采取了欲拒还迎的暧昧态度，所以其所谓反思的有效性是十分令人生疑的，而且也使我们无法真正从"保守主义"的意义上建立起反省传统与批判现实社会之间的可靠联系。

与之相较，弥散于社会学、人类学和史学之间的对传统社会中民众记忆与日常生活进行复原式寻究的动向，却多少折射出了一些"后现代"理论的批判能量。尤其是这些研究所细腻揭示出的政治意识形态对民众认知体系的塑造过程，开启了既超越"革命史叙事"又超越"现代化叙事"的历史解释新框架的可能，尽管"后现代"思潮所具有的某些批判意识目前仍相当零散地分布于各种有关中国的具体研究模式之内，而无法以轮廓清晰的形态呈现出来。但我以为，正是应通过具体研究中批判意识的点滴积累，才有可能最终蔚为强大反思能量的理论大观。

儒学作为传统中国"意识形态"合法性的历史及其终结

一、"意识形态"理论对中国历史研究的规范作用

"意识形态"理论种种

在选定了"意识形态"研究这个话题以后,我就已经知道,在这里奢谈何为"意识形态"简直无异于在从事一项冒险行动,就如20世纪中国思想界似乎人人喜谈那时髦的"文化"概念一般。"文化"讨论犹如一件漂亮俏丽的时装,人人见之都想穿戴包装一番,以至于很快就不可遏止地风靡起来,直到最后有一天时尚的"文化"终于被谈得面目可憎、令人厌倦时,人们又纷纷弃之于地而另赶新的理论时髦。十九世纪中叶,当"文化"成为学界的流行术语之后,就开始了其驳杂纷呈的解释历程,陆续出现的上百个定

义似乎使其面孔更加显得混沌不清，让人无所适从。①与"文化"解释的时髦和零乱相比，"意识形态"的情况似乎好那么一点，至少在表面印象上它更像一个规范专业的哲学术语，不过深究下去，其字面里同样充斥着各种语义相反的种种解说，让你目不暇接地难以选择。"意识形态"的含义是如此地暧昧难辨，经常弥散纠葛于文学、宗教、政治等复杂的概念网络之中，却又很难明确自己的归属，就这样如此诱人般地逼迫着历代理论冒险家们疲惫不堪地拼命追逐。

例如一位名叫特里·伊格尔顿（Terry Eagleton）的学者就曾专门编了本名为《意识形态》的著作，书中搜罗了十几种各不相同的意识形态定义，它们之间似乎都有关联，但又不乏否定和对立。从马克思、恩格斯最早将意识形态视为"虚假的意识"，强调意识形态和科学的对立关系，到皮埃尔·马歇雷（Pierre Macherey）干脆把"意识形态"看作如"无形的、散漫的"迷雾般的悲观笔调可谓应有尽有。这些定义给人的印象是，"意识形态"领域就像布满奇思异想的雷区，每个踏入雷区的人都要小心翼翼，以免触雷伤身。又如布满毒花香草的园圃，步入其中要细心辨别，以免误食毒身。②

既然如此，那么我为什么还要贸然闯入这思想险区呢？闯入之后又如何在如此歧义纷呈的诸多定义中确立自己的解释目标呢？为了不使自己的面目马上变得可憎，我需要对此做出妥当的解释。我的思考目标是，经过慎重反思以后，我们是否可以在"意识形态"

---

① ［法］维克多·埃尔：《文化概念》，康新文等译，上海人民出版社1988年版。
② Terry Eagleton, *Ideology: an introduction*, Verso Books Press, 1991, pp. 1~2.

理论与中国历史研究之间建立起一种相互沟通的诠释关系，以便把"意识形态"研究建立在较为具体的层面之上，从而避免因空谈而引起的歧义。以往的中国史学研究多少也注意到了"意识形态"与中国历史演变之间的联系，特别是中国思想史界确实有人受到马克思主义理论的影响，试图把某种思想体系简单地看作是统治阶级"意识形态"的表述形式，但这些看法大多太拘泥于对研究对象进行"阶级意识"的比附，而没有仔细分析某种思想在与制度相结合时是如何历史地去获取其合法性和正当性的，特别是某种思想成为一种"意识形态"以后，是如何通过日常生活的途径在普通民众中赢得其合理的支持的。

如果进一步展开申说的话，马克思主义唯物史观的引入初步在中国史学界建立起了"思想"与"制度"特别是经济制度之间的关联性，中国历史由此被纳入内外互动的诠释框架中而拥有了世界史的视野，但在马克思的"意识形态"理论体系中，"意识形态"始终是作为负面形象出现的，是一种"虚假的意识"，只有经过科学的检验和洗礼才能向正确的思想意识转化。这种思路的引入曾大大影响了中国史学研究的基本品格，并成为奠定整个中国史学界"革命史叙事"和"现代化叙事"两大阐释传统的重要基石。粗略地说，这种基本品格预设了中国历史中具有意识形态功能的所有上层建筑部分基本都起着负面作用，是阻碍历史前进的非进步非科学的产物。这种处理"意识形态"与中国历史进程关系的方式无力回答以下问题：作为"意识形态"系统的上层建筑是何以赢得了其在中国社会中贯通上下层观念的历史合法性的？这种历史合法性又何以在相当长的时间内得以延续？既然"意识形态"在中国历史上均起的是负面作用，那么普通民众又何以会自然地予以接受？"阶级斗争"的叙事逻辑和农民起义的历史叙述似乎为民众的反抗意识区别于官方意识形态做出了合理的说明，但各种基于农民理念的反抗意识何以在农民坐上皇位后又蜕变为与官方"意识形态"合谋的思想体系这个问题，仍难有合理又合情的解释。

很明显，中国历史研究所依赖的"意识形态"理论是西方18世纪启蒙运动的产物，在这一时期中，启蒙学者希望通过弘扬理性的作用来反对宗教，宗教被视为与科学理性相对立的"错误意识"。"意识形态"包括了宗教这种意识形态，包括了一系列价值或信仰等等，与之相对的是真理，或者说是对现实的科学的认识。马克思也在这个基础上辨别"错误意识"和"真理"之间的区别。① 曼海姆在其经典名作《意识形态与乌托邦》中同样承袭了把"意识形态"视为错误观念之体现的思想。比如他把过时和不适当的规范、思维模式和理论视为"意识形态"，认为其作用是掩盖而不是揭示行为的实际含义。② 更有人把"意识形态"比喻为是一条污浊的河流。③

后起的西方马克思主义流派对"意识形态"的解读则具有了不同的路向和格调，如哈贝马斯提出的所谓"合法性"（legitimation）问题就试图超越对"意识形态"进行"错误"与"真理"之间的硬性分析架构。他想问的一个问题是：既然宗教或某些价值和信仰是"错误意识"，那么为什么还有那么多人去自觉

---

① 参见［美］詹明信：《后现代主义与文化理论——弗·杰姆逊教授演讲录》，陕西师范大学出版社1987年版，第26页。
② ［德］卡尔·曼海姆：《意识形态与乌托邦》，黎鸣等译，商务印书馆2000年版，第97页。
③ ［美］克利福德·格尔兹：《文化的解释》，纳日碧力戈等译，上海人民出版社1999年版。

地予以接受呢？哈贝马斯的解释是，在组织与安排社会秩序的时候，国家虽总是垄断暴力，比如拥有武器和法律制裁的机器，但一般的社会机构和组织发挥功能并不仅仅是依靠武力制裁。也就是说，人们认同于某种社会制度，按照其规定的规则行事，尽管违反规则会被加诸暴力，但人们遵循规则行事显然并非纯粹由于惧怕暴力，而恰恰相反，是因为他们相信这种制度是合法的，相信某种社会制度的存在总有其合理原因。因此，一个社会中民众被规训、说服认同和赞赏某种制度具有合理合法性，这个极为复杂的"合法化"过程似乎总是某种占统治地位的意识形态来加以完成的。①显然，这种"合法化"理论与葛兰西的"政治霸权"（political hegemony）概念一样，仍比较看重的是占统治地位的意识形态作用，虽然这个理论仍没有涉及"意识形态"如何泛化传播为一种民众的普遍意识等问题，但毕竟没有简单地把"意识形态"与所谓"虚假意识"简单地等同起来，从而与正统马克思主义的论述区别了开来。

与传统的在"错误意识—科学真理"的对峙状态中定位"意识形态"和所谓"合法化"的理论均有所不同，阿尔都塞有关"意识形态"的阐释根本不承认"意识形态"有所谓"正确"与"错误"之分，他认为"意识形态"是个体与他人的现实存在条件之间的想象性关系之再现。这种"再现"不是头脑中的思想信仰的表现形式，而更像是一种鲜活的"文化实践"。"意识形态"并不是观念的或精神的，它是一系列社会实践、表象和仪

---

① 《后现代主义与文化理论——弗雷德里克·杰姆逊教授演讲录》，陕西师范大学出版社1987年版，第50页。

式。①从而把"意识形态"阐释的触角延伸进了日常生活状态之中,也影响到了当代各种学科对"意识形态"的具体考察方式。詹明信的评论就相当中肯,他说:"当代的观点认为最好的考察意识形态的方法也许不是把它当作一套价值观或思想,也许它是一种再现形式,这样,它便和文化有关;也许它是行为实践,这样它便和人类学、社会学有关。"②

阿尔都塞还特别提到了"意识形态"的"无意识性",即人们在体验自己与世界的关系时,并非时时感觉到结构的重压,而是不自觉地接受某种文化实践的支配,这一论点在分析中国历史的下层结构时就会显得非常重要。

在谈到"文化"与"意识形态"的关系时,人类学家吉尔茨的说法显得比较"中性",他说"意识形态"的功能就是通过提供权威性并有意义的概念,通过提供有说服力并可实在把握的形象,使某种自动的政治成为可能。③吉尔茨同样反对在定位"意识形态"时把文化传统与科学理性对立起来,反对把科学作为诊断文化的尺度,而"意识形态"专门扮演为文化做辩护辩解的角色,两者处于不可调和的冲突状态。质疑社会科学发现必然会削弱"意识形态"所要防护和提倡的信仰和价值的正当性的假设。④

---

① 周慧:《阿尔都塞的意识形态观》,《开放时代》2001年8月号,第51页。关于阿尔都塞"意识形态"理论的详细研究,可以参看孟登迎:《意识形态与主体建构——阿尔都塞意识形态论》,中国社会科学出版社2002年版;张一兵:《问题式、症候阅读与意识形态——关于阿尔都塞的一种文本学解读》,中央编译出版社2003年版。
② [美]詹明信:《后现代主义与文化理论——弗·杰姆逊教授讲演录》,第27页。
③ [美]克利福德·格尔兹:《文化的解释》,第246页。
④ 同上书,第258~259页。

有趣的是，吉尔茨所批判的诸多假设恰恰成为当代中国传统史学研究的规范性思路。

归纳而言，一般的学者都认为"意识形态"具有社会整合作用和歪曲掩饰事实两种相反的功能。社会整合功能趋向于认定一些思想观念由民众所接受一定有其正当性的理由，同时比较强调"再现"生活的作用，而不必深究其正面还是负面的影响；与之相对立，强调其歪曲与掩饰的功能则更符合于启蒙理性的规定，这样就会把"意识形态"与科学认知观念对立起来而成了不断被批判的"谬误"对象。①

两种针对"意识形态"理论的极端态度及其批判

上面所述种种"意识形态"理论如果被对应于中国历史的具体研究中时，就呈现出了两种截然相反的对立观点。中国历史研究中的唯物史观学派解释历史进程的基本框架比较习惯于直接从马克思传统的"意识形态"定义中获取灵感。当然，中国史学家不会直接笼统地把"意识形态"抽象成与科学观念对立的产物，而是仍较迂回地注重其在不同历史阶段中的具体表现形态。比如著名的马克思主义史学家翦伯赞在《历史哲学教程》中就说过："意识形态是被定于当时社会经济生活的关系，这是一件不可争论的事。所以在某一定的社会经济的关系下，便会产生某一定的意识形态。"②

---

① 还有一种比较中性的意见，即认为"意识形态"是对人和社会及人和社会有关的宇宙的、认知的与道德的信念的通盘形态，它与"看法""教义"不同。参见林毓生：《意识形态的定义》，载《经济民主与经济自由》，三联书店1997年版，第345~346页。
② 翦伯赞：《历史哲学教程》，河北教育出版社2000年版，第152页。

同时他又说:"当我们分析某一定之历史时代的意识形态时,我们又必须注意在这同一历史时代中之不同的意识形态,意识形态的表现,不仅是历史的,而且是阶级的。"① 寻究"意识形态"所表现出的阶级性这一论断一旦被确立,就预示着历史学家身份的变化,他们必须具有鲜明的"党性"原则,因为"历史学是具有阶级性的科学。任何阶级的历史学家都会自觉或不自觉地站在自己的阶级立场,用他们自己的阶级观点来分析历史问题,这是一个历史学家的阶级性或党性在历史学上的表现。"② 这段话已经预设出了传统"意识形态"与科学观念之间的对立关系。再看下面一段话:"公开地站在无产阶级的立场,用无产阶级的观点来对待任何历史问题,这是对于一个马克思主义历史学家的基本要求。"③ 其中的意思本身就已说明,这种认知历史的方法已形成了一种持久稳固的"意识形态"原则,不过从其与传统"意识形态"相对立的状态而言,却颇符合于马克思原初对"意识形态"的定义和批判。

马克思在《德意志意识形态》中就明确认为,每一个时代统治阶级的思想不仅掌握着物质生产手段同时也控制着精神生产的手段,统治阶级有能力把统治思想转化成普遍性的形态,表现为唯一合理的、普遍有效的思想,这种有效的思想就是"意识形态"。正因为统治思想实际上只反映了某一阶级的利益,所以不可能真正反映现实而要歪曲现实,是一种"虚假的意识"。只有无产阶级担负着消灭一切阶级的"历史的选民"的职责,才能真正代表全人类的共同利益,所以只有无产阶级或拥有了无产阶级世界观的人,才能

---

① 翦伯赞:《历史哲学教程》,第152页。
② 同上书,第384页。
③ 同上

真正反映现实。①"意识形态"的正误与否不但在于它反映现实的方式,关键更在于只有"无产阶级"与"非无产阶级"的区分才能使"意识形态"显出褒贬的征兆,而"无产阶级"意识形态似乎永远是真实世界的反映。

这种论证方式一旦渗透到中国历史研究中就具有了"意识形态"话语霸权的支配色彩。比如翦伯赞虽然在无产阶级党性原则下也谈"历史主义"问题,激烈批判机械运用阶级立场和党性原则而把中国古代史说成漆黑一团,说成是一堆垃圾,说成是罪恶堆积②,或用现代无产阶级先锋队的标准去要求古人。③但总的来说,中国马克思主义史学基本形成了一个大家都耳熟能详的所谓"生产力—生产关系"的互动公式。在这个公式中,历史上的"意识形态"基本可与统治阶级的"阶级身份"画上等号,其反映现实的"合理"与"谬误"的程度完全看能否与当时的生产力水平相适应,这种适应过程又以朝代为基本时序框架而形成一个个周期。一般而言,王朝初兴,统治阶级比较能适应生产力发展的要求,所以其"意识形态"建构程序的合理性较高,越到后来统治阶级支配下的生产关系就越易于与生产力的要求发生冲突,其"意识形态"表现就会越来越趋向于"谬误"。

这一互动公式的弊端是明显的,"意识形态"仿佛完全被动依附于经济发展的历史指标,我们从中根本无法认清各种"意识形态"的复杂样式在中国历史上是如何形成并独立运作的。以统治阶

---

① 张汝伦:《意识形态和学术思想论——兼与余英时先生商榷》,载《中国社会科学季刊》春季卷,1994年5月,第172页。
② 翦伯赞:《历史哲学教程》,第387页。
③ 同上书,第390页。

级为主导类型的"意识形态"分析，几乎完全摒弃了其他不同类型的历史群体分享其资源并参与建构"意识形态"的可能性，也无法解释同一阶级为什么可以有不同的甚至相互冲突的思想乃至意识形态。"意识形态"对社会的控制变成了统治阶级单一指令达致的结果，由此却自动取缔了其在社会生活中所可能呈现出的复杂多样性的分析。

最为重要的是，这套"意识形态"解说本身所具有的霸权色彩根本无法说明，除了暴力高压的钳制因素以外，一般普通民众为什么会认为这种"意识形态"控驭是合理的而自觉加以接受？这套标准的中国式唯物史观框架同样解决不了以下问题：在以上的历史叙述中，"农民阶级"似乎是唯一能起到对抗统治阶级作用的群体，他们既持有对抗立场却又不是先进生产力的代表，而且还屡屡在反抗统治阶级"意识形态"以后重新被收编进入下一个王朝循环，似乎一直在等待扮演圣人角色的"无产阶级"来拯救，那么这种屡仆屡起的"反抗—收编"的循环故事，到底在多大程度上与认同统治阶级"意识形态"控制的民众生活常态有所区别，是大可值得怀疑的。既然如此，我们何不把主要精力集中于对民众生活常态的研究分析上呢？

受马克思意识形态理论制约的中国历史研究由于不承认思想意识本身具有相对独立于某个阶级的可能性，因而无法解释思想超越时代和身份的价值和意义。20世纪80年代一些中国史学研究者已意识到了应对"意识形态"与"学术思想"作出区别，以确认"学术思想"的独立品格和悠远影响的恒定性。如余英时就认为思想虽与"意识形态"有千丝万缕的联系，但强调二者有各自相对独立的领域，特别强调思想作为传统的延绵不断性。至少相对于文化系统而言,由思想构成的学统"都涵有某些经得起时间考验的真理和价值。所以思想虽然随时代而变,并且在一定的限度之内反映时代,但同时又超越时代,不是时代所能完全限定的。而且从长远的历史观点说,它超越时代的意义甚至比它反映时代的意义更为重要,更为基本……"①这显然与唯物史观强调"意识形态"现实代表性的思路截然对立。如翦伯赞所论:"史的观念论者,总想把社会上层建筑之意识形态,升华为一种超现实的、孤立的东西,使之从历史最根本的发展过程中浮离出去,脱离社会生活的斗争,并企图由此证实意识形态的本身之独立存在性与绝对的永恒不变性。"②翦伯赞虽然谈的是"意识形态"的不可孤立性,与余英时关注的问题域不尽相同,却也间接否认了思想学术独立于"意识形态"控制的可能性。

双方的对立之处还在于,余英时也不能接受把"意识形态"的实践者"士"归入一种"社会属性决定论"的解释框架,反对以决定论来抹杀"士"身份的超越性。他的问题是:"事实上,如果'士'或'知识分子'完全不能超越他的社会属性,那么,不但中国史上不应出现那许多为民请命的士大夫,近代西方也不可能产生为无产阶级代言的马克思了"。③这种看法无疑对摆脱已具政治"意识形态"思维定式的庸俗马克思主义历史观具有相当重要的反拨作用。一时间,强调从中国学术思想内部进行"内在理路"研究的思潮一度风靡中国思想史界,成为替代阶级分析框架的主流研究取向,的确是有其时事因素在起作用的。

---

① 余英时:《意识形态与学术思想》,载《中国传统思想的现代诠释》,台湾联经出版事业有限公司1987年版,第58~59页。
② 翦伯赞:《历史哲学教程》,第148页。
③ 余英时:《士与中国文化·自序》,上海人民出版社1987年版,第11页。

不过在我看来，仅仅依靠社会与阶级属性来定位"意识形态"，或仅仅依赖于把"学术思想"与"意识形态"强行剥离开来做出二分的辨析，都根本不足以在更高的起点上诠释清楚"意识形态"与中国历史研究的复杂关系。因为这两种极端对立的诠释方式都是假设了"意识形态"与正确或错误的思想状况有关，而且都预设了某一类"思想意识"的不可超越的优先合理性，这种优先合理性可以不受污染地存在于各种权力网络制约之外。前者是"无产阶级意识"，后者是弥漫于历史演程中的传统学术思想。

本文认为，如果要合理地把"意识形态"理论有效运用于中国历史研究，不如把"意识形态"看作是一种复杂的上层"象征建构"与底层"文化实践"巧妙配合的结果。在我看来，一种意识形态仅具备了某种代表统治阶级思想的上层象征建构是远远不够的，因为它不足以成为控制社会整体的运行法则。例如，儒家思想在两汉时期就在上层的象征意义确立了其正统思想的地位，但由于缺少转化成底层日常生活指南的渠道，所以直到南宋以前仍不能成为控制广大乡村地区的绝对规条。与之相反，只有到了南宋以后，儒家思想才通过科举教育网络和乡约宗族教化系统的文化实践，完成了儒家"意识形态"在底层的建构过程。与之相应的是，底层的文化实践也促成了上层"象征建构"不断调整其价值体系和信仰内容，最终构成了上下贯通相互渗透的动态体系。如果再做一点牵强的比附的话，我对"意识形态"与中国史学研究关系的态度比较接近于阿尔都塞的观点，我以为只有如此，才能避免把"意识形态"仅仅理解为"谬误意识"，或以通过净化思想躲避谬误的方式完全把错综纷繁的历史样态过分理想化，或附着于某种身份论的狭隘意识，把"意识形态"理论的批判锋芒转换成了攻伐阶级异己的政治话语。

二、"意识形态"的构造过程
——从上层"象征建构"到底层"文化实践"

儒家的"象征建构"与两汉"政治神话"的制作

儒学在先秦不过是诸子学中的一支,所谓"礼失求诸野",儒家自从失去在高堂敞庙制礼作乐的机会后,一直是以相当朴素简约的形式在乡间推行礼制教化。因此,儒学要想真正成为一种政治"意识形态",首先面临的一个最大问题是,如何脱胎换骨地改变自己作为普通民间教师的世俗形象和身份,以重新获得王权的信任而成为其中政治决策的设计者。比如孔子在先秦时期的社会地位不过是作为诸子学派之一的儒家学派的创始人,儒学要想进入王权的视野而得其青睐,就必须要由一种纯粹学派的面孔向"国家宗教"的形象过渡。如此一来,孔子作为民间教师的身份自然就显得不合时宜,需要完成由学派创始人向宗教教主身份的转变。

两汉时期由儒生和方士合作制造的大量纬书,即是以孔子神话化为特征开始了儒家在上层政治的"象征建构"过程。①孔子在

---

① 参见顾颉刚:《秦汉的方士与儒生》,上海古籍出版社1998年版,第104~123页。顾颉刚解说"谶"与"纬"的区别时说:谶纬的著作,他们说是孔子编成了"六经"之后,深恐经文深奥,将来的人不能洞悉他的意思,所以别立纬和谶,讲说得通俗一点;又说有许多是黄帝、文王等九个圣人传下来的。谶,是预言。纬,是对经而立的:经是直的丝,纬是横的丝,所以纬是解经的书,是演经义的书,自"六经"以及《孝经》都有纬。这两种在名称上好像不同,其实内容并没有什么大分别。实在说来,不过谶是先起之名,纬是后起的罢了。参见同书,第109页。在我看来,说经文深奥明显是借口,想以此作为制造神话的缘由。其他比较详细的讨论可以参见周予同:《纬书与经今古文学》及《纬谶中的孔圣和他的门徒》两文,载朱维铮编:《周予同经学史论著选集》,上海人民出版社1983。

汉代纬书中不但形象怪异，而且完全超越了民间教师的角色而演变成了为汉代刘姓帝王制仪改制的天命承担者。所谓"立丘制命帝卯行""丘为制法之主，黑绿不代苍黄"（卯是所谓"卯金刀"，即刘字）等充满玄妙奇诡气息的预言，都是为神话型孔子出场做铺垫的。甚至孔子制法已不限于刘汉一代帝王，而是为天下制法，所谓"丘为木铎，制天下法"①。汉代儒生甚至把孔子包装成了一个超级预言家，能预知汉朝有三百年的寿命，所以才倾力为汉帝制作《春秋》大法。

孔子为汉制法源于儒生们制造的两个核心故事，即"西狩获麟"与"端门受命"。在第一个故事中，"麟"这种想象出的异兽被当时的大儒董仲舒视为孔子作新王的受命之符。故事出自《春秋·哀公十四年》，《左传》《公羊传》里都有详细发挥，只不过故事版本较多，《公羊传》里说孔子见麟后并不高兴，反而感到惶然悲伤，直说为什么见到如此奇异的事情，又说见此异兽，突然觉得"吾道穷矣！"唱起了"麟兮麟兮吾心忧"的诗句。可到了一部叫《孝经纬》的纬书中，孔子见麟后却态度大变，欣欣然地说出了"天下已有主也，为赤刘，陈项为辅"的预言，而且马上当场得到了验证，因为麟的嘴里徐徐吐出了三卷文书，而且尺寸居然被说得那么精确，什么图宽三寸，长八寸，每卷上有二十四字。说的都是"赤刘当起"，刘姓坐天下的意思。②

孔子获麟受命之后的第二个伪造出的故事更像一条预言性的谶言，说是孔子有一天站在鲁国端门观望时，天上忽然飘下一卷血

---

① 《春秋纬·演孔图》。
② 冷德熙：《超越神话——纬书政治神话研究》，东方出版社1996年版，第184页。

书,上面写着数句三字为一组的预言:"趋作法,孔圣没,周姬亡,慧东出,秦政起,胡破术,书纪散,孔不绝。"大意是讲孔子作法后身亡,周姓天下大乱,秦政虽焚书坑儒,但孔子兴亡周,继绝世的愿望终于通过为后圣赤刘制法而得以实现。这则故事的结尾是当孔子的弟子子夏跑去观看时,血书化作白书,上写《演孔图》三个字。这段预言从历史的衰亡兴败中如此明显地为汉刘攫取帝王的合法性张目,汉初儒生故意以孔圣之名制作"政治神话"的意图昭然若揭。①

纬书"政治神话"的制作还有一个焦点是强调孔子作为制法之王即是"素王",所谓"素"就是"空",那就是"空王"的意思,"素王"就是有道德而无王位,因为他既无行爵禄之赏,斧钺之诛的权力,而是教化之主和王者之师的意思。儒家突出这点非常重要,奉孔子为有德而无位的"素王"是有微妙考虑的,这样设计自己的位置,即使儒家有了"正统"的名分,也不会使汉帝担心这帮儒生有窥视王位的企图。因儒生既能为帝王统治的合法性寻找预言的证据,又能以教化的姿态播行道德的种子,当然这两种功能中第一种功能是主导性的。我在《儒学地域化的近代形态》一书中曾区分"王者之儒"与"教化之儒"两种身份,就是要刻意说明至少两汉时期儒者的双重角色的功能发挥是不均衡的,他们更多地会把精力投入对帝王正统性的象征性符号资源的建构上,其"教化之儒"的一面在相当长时间内被压抑了在这个主导功能之下。在南宋

---

① 冷德熙:《超越神话——纬书政治神话研究》,东方出版社1996年版,第185页。

以后，这一面才得以有凸现张扬出来的机会。①

我们再看看汉朝帝王当时对儒学的态度，汉武帝开始设五经博士，所立五经皆属今文经学的范畴。如《公羊春秋》《穀梁春秋》及梁丘《易》，大小夏侯《尚书》，皆属今文经学，而今文学中又犹重《公羊春秋》，汉哀帝时，刘歆想见缝插针立《左传》等古文经为王朝学统而未能遂愿，这是什么道理呢？看看《公羊春秋》中包含的微言大义就知道了。后人诠解《公羊春秋》中的"微言大义"，认为至少有两层意思：一层意思是"尊天王""大一统"之义，其中包括"正名分""讥世卿""攘夷狄""重礼制"等要义；第二层意思是改制或"更化"之义，即所谓"新王必改制说"，如改正朔、易服色、存三统等等。②内容虽显庞杂，但两层意思不外乎均是围绕着兴建汉代王权的合理性这个基本轴心加以设计，这样既符合于汉初王者在正名分的场景下实施一统天下的欲望，同时又把改制规划到"历史主义"的轨道中予以合理化的解释。其中最匠心独运的地方在于把"改制"的发明权归诸孔子，这样通过孔子这个象征符号把汉代乃至以后朝代改制的合理性统统纳入儒家理论体系之内，初步完成了儒家意识形态的"象征性建构"。

不过以上的论证并不能说明儒家各个层面的思想已主导了汉朝的意识形态，情况可能恰恰相反，儒家作为"改制"顾问的面目出现，他们以过多的精力投入上层王权的合理化设计，必然使其民间的教化功能趋于萎缩。春秋儒者虽也讲"礼制""王道"，但重点

---

① 参见杨念群：《儒学地域化的近代形态——三大知识群体互动的比较研究》，三联书店1997年版。
② 冷德熙：《超越神话——纬书政治神话研究》，第178页。

仍在于行教化之职，虽有入仕之心，却无入仕之门，变成了失之于野的古典礼制碎片的收容者。汉代儒者则功利心陡增，争当"帝王师"的王者之儒气象占了上风。

我与以往儒学研究者的考察取向有一个分别，历史研究者一般都认为，汉武帝独尊儒术后，仿佛儒家作为教化之师与王者顾问的双重角色均可高枕无忧地全部予以实现，其实情况绝非如此简单。汉代儒者不但极力压抑和忽略"教化"之职，而且极力使已达相当世俗化程度的人文儒学反其道而行之地向宗教预言方向发展，孔子不仅成了为汉朝制法的宗教教主，而且成了预言天谴灾异的超级巫师。其始作俑者董仲舒号称汉代公羊大家，却大违《公羊传》的本意，《公羊传》中罕言灾异谴告，而董仲舒倡公羊学却以"天人感应"为核心论题，而且一直举着孔子这面大招牌。他在《天人三策》中说，孔子作《春秋》，往往与天地之间发生的灾害能直接相互呼应，所谓"书邦家之过，兼灾异之变，以此见人之所为，其善恶之极，乃与天地流通而往来相应，此亦言天之一端也"①。孔子由此在褒贬之间全面掌控了灾异与人事之间的应对关系。

但"天谴论"往往与王者实施的一个一个具体的政治行为相联系以便建立起对应关系，这与前后儒者的思考进路均有不同，如周代的"天谴论"往往取决于王者的德性，只要帝王修德即可平息天谴。春秋战国时期诸侯争霸，对"德性"的拥有变得功利化和普遍化了，只要祭拜神仙即可获得佑护。而到了北宋时，儒家的"天人相关"在于强调相对于"天"的为政者，特别是皇帝的政治责任的无限性和主体内省性。它较之恐惧天谴，更恐惧未尽人事。特别是通过主体内省

---

① 冷德熙：《超越神话——纬书政治神话研究》，第225页。

的程序波及四方，以道德化的方式解决问题，这与汉初的以天谴对应政治行为的思路应是大不相同的。①董仲舒虽也偶尔言及道德教化，但天谴基本上均对应于具体的政治事件，而对基本政治事件中问题解决的措施得当与否，就成为是否成功地回应天谴的一个最重要标准。这与宋代以后，强调天谴发生的原因乃出自于帝王主体道德内省程度不够和推行教化不力等对应关系自然有相当大的差异。由此可以窥见，汉初儒者"意识形态"设计的一个基本格局是致力于论证王权统治规则的合法性，并围绕此形成"预言论""天谴论"与政治事件之间的合理对应关系，这一路向也决定了儒家"意识形态"的建构十分注意对孔子作为象征符号的营造并赋予其特殊的意义。

行政"道德化"与"礼治社会"重建之间的紧张及其克服

在探讨历史上中华帝国形成和没落的诸多构想中，我们的判断和视野常常被遮蔽于以下的定见迷雾之中，即我们常常会以经济变化的"增长"与"发展"为标准衡量政治的变化，认为前者是"自然的"，而政治的延续性，比如中国政治形态的长期延续性却被认为是"不自然"的，是停滞的根源，似乎只有经历经济增长与飞跃才是合理的。②

有的学者已经注意到，中国国家的形成与西方的最大差异表现在其数千年来一直在不断应对和处理的一个核心问题是：如何解决

---

① 参见［日］沟口雄三：《中国的思想》，赵士林译，中国社会科学出版社1995年版，第13页。
② ［美］王国斌：《转变的中国——历史变迁与欧洲经验的局限》，江苏人民出版社1998年版，第90页。

日益增长的人口与疆域扩大情况下合理配置资源以加强社会控制的问题,每一个帝王都面对如何用最精密计算的代价最佳解决好维持帝国秩序而不是拓展帝国版图的问题。帝国的政治实践相应孕育出帝国的政治哲学,而最初帝国的政治实践是基于疆域相对狭小的局面下设计自己的控制策略的。秦朝和汉初的帝国构造采用了政治实用主义的原则,这套官僚制体系基本排斥了殷周以来依赖氏族血缘原理建构起来的伦理主义式的网络协同互助原则,而是靠运用法家式的严刑峻法及自上而下直接渗透至底层的"吏治"程序,实施所谓的个别人身支配方式对民行使权力。有学者称之为"法家式的单子论"①。"法家式单子论"作为某种政治哲学在具体实践中得以履行的基本前提条件,应该是相对狭小的疆域和相对稀疏的人口。这两个条件使官僚机构能足够把吏治的触角伸及控制疆域的各个角落,并足以控制稀疏人群的行为和生存状态。也就是说,帝国统治方略的成败必须更多地考虑到"制度成本"的高低,这一点我们在下一节还要重点讨论。

秦汉官僚制的运作特点是功利主义式的,即只注重通晓文法、事务的法家官僚,判断官僚是以其对君主行政效率的运转有多大贡献为准,而不在乎官僚自身内在的人格道德的评判指数如何,在官僚选拔的"贤"与"能"的要素标准中也比较倾向于"能"。自汉武帝独尊儒术,董仲舒献策由郡国每年推举贤人作为官僚候补,开始稀释重"能"的倾向,而乡举里选制的实施也使官府在选拔官吏开始注重民间舆论中的"道德"评判意义,就

---

① [日]谷川道雄:《中国中世社会与共同体》,中华书局2002年版,第67页。

登用标准而论，能否举为孝廉，也须考虑其在乡里的道德行为，而不是单纯地看其行政能力如何，这样就把乡村的自律世界的运行规则有限地吸纳进了官僚的政治体制之中，所谓"儒表法里"的模式即由此缓慢地蕴生而成。

当然，要想使"道德主义"的精髓演变成为整个官僚体制内部行政运作的动力与灵魂，并非一朝一夕之功所能达致。儒家的道德实践要与帝国统治的政治哲学实现成功的对接而成为互补的常态，也非一蹴而就，尤其是"道德主义"真正演化为帝国"意识形态"的核心要素更是经历了漫长的组合过程。"道德主义"实践的根基在于对"礼制"的重建以及教化播散的程度。周代与殷朝之不同在于其作为宗族首领，控制社会的方式是通过礼制秩序的伦理主义精神对不同的宗族世系加以控制。春秋战国时期礼崩乐坏，"礼制"已缺乏对上下层政治与社会关系的整合能力，秦汉时期更以破毁宗族网络建立单子论法治治理系统而著称于世。但秦汉帝国的统治并未与殷周社会的统治策略完全脱节，尤其是民间底层社会，表面上看帝国的行政体制是完全官僚化了，但由于基层仍存在着"自治"的要素，所谓"自律的世界"是以三族制家族为基本单位被继承的，作为其自身并不具有政治上的自立性，然而它要成为与官僚体制相配合的组成部分，就必须想办法与之相衔接。①衔接的方式在

---

① 谷川率先提出了中国社会存在"政治的世界"与"自律的世界"两种运转机制的问题。他的归纳是：简而言之，以里为基层单位的自治体制，由乡一直延伸至县的阶段，根据这种宗族关系、乡党关系，这样就形成了各个家族之间相互结合的日常关系的空间范围。然而，这种情况充其量只限于县以下的范围，在现实中这种自治世界是以乡为界线的（郡、国虽亦有三老的设置，毋宁视其为拟制的产物），而超出这一界限以上的县、郡、中央，则是所谓政治的世界。参见［日］谷川道雄：《中国中世社会与共同体》，第69~72页。

于官僚系统的具体操作者"士"含义的变化。

"士"的变化在于一方面他必须改变殷周时代仅仅是宗族血缘关系的传统践履者的身份,以符合官僚体制赋予的行政技术要求;另一方面,他仍是家族道德的实践者,只不过这一实践的全部意义又仅仅在于如何进行政治操作。所谓"为政以德"即是这个意思,即这里有着道德与行政自身完全一致的预设理念。①以上的分析仍有"理想图式"的嫌疑。"道德主义"在上层成为统治者的共识,在基层成为一种"文化实践"仍是经过了艰难的磨合阶段。"士"的很大精力都集中放在君王合法性的上层论证程序上,即使偶及"教化"也是作为"吏治"行为的补充,根本形不成行政实践过程中的主导原则。

又如汉代对"礼制"的态度,汉代虽重拾春秋礼仪,以礼乐的大传统来化民成俗,讲究"为政之要,辨正风俗"②,但明显仍处在"观风采谣"的阶段。③民间的礼乐教化与汉代朝廷以儒术缘饰吏治的策略本有区别,二者最终合流的程度实际标志着以儒学为主体的帝国"意识形态"的形成。所以武帝独尊儒术之后,我们仍不能轻率断定汉朝已变成了一个"儒教国家"(confucian state)④。我自己的看法是,要真正实现所谓"儒教国家"的建构,就必须使行政"道德化"与基层"礼治社会"体制的运行达到精密配合的程度,而汉武帝时期只是仅仅部分实现了行政的"道德化"。

如此看来,儒教对汉代帝国体制的影响仍是相当表面的。汉武

---

① 参见[日]谷川道雄:《中国中世社会与共同体》,第71页。
② 《风俗通议·序》。
③ 余英时:《士与中国文化》,第135页。
④ 同上书,第143页。

帝时有些称为循吏的地方官僚仍袭用黄老无为之术，宣帝以后则大量涌现以儒术传播为己任的循吏阶层，他们兼具"吏"与"师"的双重身份。但"教化型循吏"的数量到底有多少，是否在"酷吏型官吏"占主导位置的情况下在多大程度上能够成功推行礼乐教化，仍有相当大的疑问。即使循吏教化在相当大的范围中能波及民间生活，也会因为基层社会尚没有自觉地从自主性的角度寻找到建立"礼制秩序"的制度支点，所以单靠循吏自上而下推行"教化"，仍是一种暂时的历史现象，离真正的行政道德化的制度建构仍相去甚远。

有学者特别强调汉代循吏颁布"条教"在广施教化中的意义，可是在我看来其证明效果可能恰恰相反，因大量循吏施政的例子均表明，循吏推行"教化"只不过是推行"吏治"的一翼，这种互为两翼的做法其实仍是属于官僚体制内部运作的一种旧模式，并没有从根本上改变中国社会运行的结构。这反过来证明汉代地方社会并没有实现真正独立的自治状态，此自主状态成立的关键是"道德主义"的伦理原则必须成为支配社会生活的主导模式，以有别于官僚行政的律法技术原则。

问题也由此浮出了表面，即汉代社会在初步建立了上层儒教的象征秩序以后，其与秦朝管理体制的一个最大区别，即在于如何在新的意义上重构基层的"礼治社会"。汉代早期官僚体制建立以后的一个重要特点就是促成了"法治"与"礼治"的分化和各行其职，而"法治"的职能则远远覆盖礼治的作用，甚至大有取而代之的迹象。在此之前，"礼治秩序"在维系先秦社会方面却起着相当决定性的作用。阎步克曾通过"学士"与"文吏"的分与合来估衡"礼"与"法"在制度化过程中的消长结果。在秦汉以前，"礼"

呈现出了无所不包性或功能混溶性，它的节文渗透于各个社会活动领域，融合起来又结聚为一个整体，这与"法"主要是作为政治领域的规范而发生作用，颇为不同。"法"是一种更为分化的政治文化形态。①"礼"要起到类似于"法"的作用，就需要利用"尊尊、亲亲、贤贤"的"俗"规，整合成一种"道德之器械"，所以"礼"又是在分化程度方面居于"俗""法"之间的一种政治文化形态。②

"礼"的原初形态关涉"事神人之事"的祭祀行为，但从"乡俗"的角度观察，依然决定它最终所具有的人间品格和现世功能。《礼记》中已明确殷周鼎革后的区别即在于殷人尊神事鬼，而周人尊礼远神，周人的天道观一方面是受命于天，另一方面又讲"天命靡常"，而倡出"敬德保民"之说。"礼"的民间性的浓郁发抒全在一个"道"字的运用。这点当年郭沫若即已看出"德"字不仅包括主观方面的修养，同时也包括客观方面的规模。"礼"是由"德"的客观方面的节文所蜕化而来，是古代有德者的一切正当行为的汇集。③

就我的理解而言，"德"不仅成为"礼"治秩序的核心理念，而且也是治理社会的行为依据，使之成为"道德之器械"，而没有发展成超越性的纯粹宗教。"礼治"作为原始的控制社会的形式是靠"尊、亲、贤"不分的整合状态发挥作用的，随着春秋时期的礼崩乐坏与春秋官僚体系的建立，"礼治"被迫在分化的过程中丧失了其全面整合社会的能力，而不得不让位于行政技术含量更高的

---

① 阎步克：《士大夫政治演生史稿》，北京大学出版社1998年版，第81页。
② 同上书，第86页。
③ 郭沫若：《先秦天道观之进展》，载《青铜时代》，人民出版社1954年版。

"吏治"秩序。最为明显的迹象是，"礼"虽仍在基层社会残留着维系秩序的责任，但上层的官僚体制却已完全转变成了精于计算、讲究行政规范和效率的法理形态。如何协调这两种不同的治理社会的形态，使两种治理模式之间建立起合理的沟通管道，同时如何解决上层日益以"吏治"为主导的官僚化原则与基层残存"礼治"秩序之间发生的日益脱节的危机，就自然成为汉代以后中华帝国统治的核心焦虑之所在。

自武帝独尊儒术以来，儒家的中心理念"礼"逐渐被政治化了，被吸纳进官僚治世的轨辙之中，这样做的结果是使行政程序"道德化"了，并且这种"道德化"经过儒生"政治神话"的制作具有了系统的象征意义。但这只触及了"礼"作为原始功能的某一个方面，因为真正的"礼治"秩序还应该建立在与行政秩序相对立的世俗人伦的网络关系之中，成为民间乡村共同体的主导形态。也就是说，行政"道德化"与乡村"礼治"秩序的建立是两个截然不同的治理状态，必须严格加以区别。当然，严格区分并不意味着在历史的实际操作中其长期分离的状态也是合理的。汉以后的帝国统治证明，只有真正实现了两者之间的协调贯通，才能维系社会的稳定，也即是日本学者所概括的"政治的世界"与"自律的世界"如何相沟通的问题。

儒家思想被确立为帝国"意识形态"的主要来源之后，"礼"旋即成为贯穿于官僚行政规则与民间社会仪轨的重要联络中介，只是长期以来，中国历史学家常常混淆受"礼治"观念影响的"行政道德化"与乡村自主性礼治秩序之间的区别。实际上在汉代以后相当长的一段时间内，尽管在基层聚落形态与长老统治的形式中，"亲亲""孝悌"及仁、义、忠、和等等依然是基本的人际规范，但基层礼治秩序显然只能以"隐性"的方式存在。这与行政官僚体制的"道德化"现象如循吏推行"教化"根本不是一回事。关于汉代行政"道德化"现象，有不少学者已做过研究，如阎步克曾想通过"文吏"与"儒生"的分化整合说部分解决这个问题，但阎步克的"分合论"只适度解决了汉初"政治的世界"如何使行政"道德化"的问题，而没有处理"自律的世界"如何在官僚体制的拓展下重新实现"礼治化"的问题。

这里面有一个很重要的问题是，儒家"意识形态"的最终成型不仅取决于汉以后帝国官僚体系行政的"道德化"程度，而且也取决于基层社会相对自主化的"礼治"秩序形成的程度。从某种意义上说，可能还会更加取决于两种治理状态之间的兼容程度，因为在讲究治理效率的行政体制内推行的道德化原则与基层社会自主性状态的自然调适原则之间本身就存在着紧张关系，而且汉以后帝国在相当一段时间内确实是以行政"道德化"的治理作为"法治"机器的一部分加以对待的，它必然会压抑基层社会"礼治"秩序的自然展开。

问题部分得到解决是"科举制"把儒生与文吏的社会流动通过制度化的形式在上层官僚体系与下层共同体之间衔接了起来，而且其效果是不仅在官僚制度中确立了儒生的地位，而且在乡村共同体中同样赋予其合法性的身份，这样就造成了"官僚就是士大夫在官位时的称呼，绅士是士大夫的社会身份"的局面。[①]这种上下相维又相异的结构就是有别于"吏法秩序"的"礼治秩序"，但这种礼治秩序与早期的"礼治"的状态已有相当的不同。

---

① 吴晗等著：《皇权与绅权》，天津人民出版社1988年版，第66页。

帝国气质的"内向化"与儒学底层"文化实践"的展开

前文已经说过，要想使一个庞大的帝国统治在配置各种资源时达到最佳的合理状态，必须要处理好官僚行政"道德化"与基层社会相对自主的"礼治"状态之间的微妙关系。不过要做到这一点其实非常不容易。汉武帝虽然接受了儒家思想，想通过它来改造"法治社会"生冷僵硬的面孔，但他的思想仍是依靠官僚系统强制推行"道德教化"，而没有考虑给地方社会带来多少道德礼治自主的生长点。这样一来，儒家只是通过象征性改造的途径发挥作用，这好比是给官僚制度粉刷了一层光亮的鲜漆，而内核仍是严刑峻法经营社会的思路，所谓"儒表法里"即是这个意思。这种情况在宋代以后发生了很大变化。宋代被认为是中国历史发生重要转折的时代，例如有的经济史学者认为宋代发生了一场"经济革命"[①]，也曾有学者则从"帝国气质"转变的角度观察宋代，他区分了北宋与南宋为两个阶段，并认为宋代的帝国气质逐渐由北宋的"外向"转向南宋的"内向"（Turning Inward），北宋的文化多姿多彩呈现出乐观积极的品貌，与之相比，南宋的精英文化将注意力转向巩固自身地位和在整个社会中扩展其影响。就像一个人的气质一样变得前所未有地容易怀旧和内省，态度温和，语气审慎，有时甚至是忧郁悲观。一句话，北宋的特征

---

① 如葛金芳就认为宋代就开始了原始工业化的启动过程。参见葛金芳：《中国前近代社会中原始工业化进程的反复启动及其一再夭折——兼论中国传统社会的制度性缺陷》，载武汉大学中国3~9世纪研究所编：《中国前近代史理论国际学术研讨会论文集》，湖北人民出版社1997年版，第652~674页。

是外向的，而南宋却在本质上趋向于内敛。①

以气质来划分南北宋的差异无疑是个相当有趣的视角，不过有些讨论的结论或可商榷。如帝国"气质论"的倡导者刘子健就认为南宋帝国内敛柔弱的性格阻碍了其开拓创新活力的发挥，使后来的朝代蒙上了因循守旧的尘土，直至近代为西方所击败。这仍是前述以西方的"发展观"来衡量中国历史变化的典型例子。

按"气质论"观察帝国运作的表现，确能发现一些与前代迥然不同的现象，比如北宋至南宋的过渡时期，中国的广大疆域内星罗棋布地出现了许多民间儒家流派，它们均具有明显的地域特征，我称之为"儒学地域化"现象，这是以往朝代所没有的。②这些民间儒学流派致力于经典的简化，如编撰《四书》而为科举制度的教材，大批撰述修身和教育的论著，从文人的精神修炼一直到底层的蒙养读本，与各种族规家训等人生指南，纷然并呈。士绅阶层中弥漫着自律和修身的拘谨风格。这种风格确与两汉儒生装神弄鬼、以谶纬怪异的"政治神话"粉饰王权合法性的思路大有差别，特别是这种风格还影响了帝王主政时的气质和教育普及的策略。

包弼德（Peter K. Bol）也发现，到了宋朝晚期，思想家们已经转而相信心（mind）的能力，借此可以对内蕴于自我与事物之中的道德品质获取正确的观念，而人们普遍接受的文化传统则已失去了它的权威性。初唐时期人们相信，文化传统能为大一统的秩序提供必要的典范；宋代晚期人们则相信，真正的价值观是内在的理

---

① ［美］刘子健：《中国转向内在——两宋之际的文化内向》，江苏人民出版社2002年版，第7页。
② 杨念群：《儒学地域化的近代形态——三大知识群体互动的比较研究》，三联书店1997年版。

（Principles）。在这两者之间出现了一个思想多样化的特殊阶段。[1] 前文曾经说过，两汉时期，董仲舒等大儒曾制作出"天谴论"制约王权权力的滥用，董子虽偶言帝王内心的内省与自律的程度对于防止天谴的发生有相当重要的作用，但每则"天谴"讯息的提示仍往往与某些具体的政治事件和帝王作为相联系，好像只要处理好了某种具体政务，天谴的危险就可自然化解，而不需通过复杂的内省和自律程序达致。董子的角色还是小心翼翼地以谶纬说君王。

南宋以后的关键变化是民间形态的儒学开始以帝王为"教化"对象，这样做的结果是使帝王把精力从应对"天谴"的角度处理具体政事，转向通过自我内省的方式关注人事。民间儒者"教化"帝王的明显迹象是在宫中引入了不少具有当时尚属儒家民间流派的传习者，如赵鼎为南宋皇帝推荐的老师就包括程朱学派的朱震和范冲。明代的相关史料更证明，帝王的经筵日讲官张元桢就增讲了《太极图》《通书》《西铭》等宋儒的著作。具体的政事可以通过律令法治的角度加以解决，处理人事则讲究内心自觉后行为的自我约束和修正，这种"教化"程序又通过官学（科举）与民间（宗族）两类渠道获得了核心的位置。

总结起来而言，南宋帝国气质的变化源于"政教"关系的调整，传统中国并不存在"意识形态"这个现代语汇，与之最接近的一种表述是"政教"，包含"治理与教育"的意思，与西方意义上"政治"与"宗教"争权夺势的"政教"关系明显不同。"政"的含义不仅包括政府的行政，还包括调整思想、规范行为的内容，其

---

[1] 包弼德：《斯文：唐宋思想的转型》，刘宁译，江苏人民出版社2001年版，第3页。

对象上自帝王下自民众。"教"的含义也不单指教书育人,其含义是灌输一种关于社会秩序的道德标准,宋以后的儒家更是设想通过对个人、社会和统治者进行管理教化,使之转而向善。①

我个人以为,宋以后中国政治与文化实践的核心点即在于如何在出让基层控制权力与经济经营权的同时,通过建构完善的"政教"意识形态体系,来更加有效地沟通上层和下层,从而以"软性"的统治策略取代过于刚硬缺乏灵活的传统官僚法治体系对地方社会控制的不力局面。

"政教"关系的重组作为一种意识形态的整合形式在帝国后期起着核心作用的原因,即在于它能不断调控和维系因疆域扩大而形成的国家与社会之间日益脱节的联系。而这种联系显然靠旧有官僚体制的运转已经无法维持下去了。所以"政教关系"的重组这种意识形态的结构方式,成为中国与西方"国家形成"的历史分野。在欧洲,国家形成的意识形态指的是力图限制精英在国家形成中的参与程度,是一种功利性极强的实践哲学,而中国的传统的"政教"关系的理想逻辑是想通过道德意识的训练和实施的程度划分和调控社会分层,如按标准来确认帝王、上层官僚还是地方士绅。在这种构思下,对"道德伦理主义"的普遍接受使中华帝国不可能在空间意义上形成上下决然对立的冲突状态,如西方式的"公共领域"和"市民社会"式的社会划分原则,也不容易在社会控制的状态下形成泾渭分明的"阶级"分层。所以钱穆曾说,西方社会有阶级,无流品,中国社会则有流品无阶级,这是中西社会的一大区别。譬如教书人是一种行业,衙门里办公文做师爷的也是一种行业,但行业

---

① [美]刘子健:《中国转向内在——两宋之际的文化内向》,第34页。

与行业之间却是显分清浊高下，这便是流品观念在作祟。①流品高下虽与制度建构形成的地位等差有关，但更多的是渗透到日常生活中变成一种"道德"品评的依据，变成了一种无意识的感觉结构。这里面的微妙之处恰恰可以从宋代"政教"关系发生变化的角度加以解释，而不能用泾渭分明、过于简约的"阶级"概念予以概括。

从社会结构变迁之角度立论，南宋以后帝国气质转向内敛，统治风格趋于敏感细腻，特别是帝国"意识形态"采取道德训练以调控分层社会模式，无疑经历了一个漫长的过程，其中重要的一个转折点是北宋的"制度决定论"与南宋"道德决定论"之间出现严重分歧，并通过复杂的政治斗争促成后者占据上风。北宋王安石变法的起因如果仅仅从其变革思路的角度切入而观，就可发现他沿袭的仍是汉初官僚体制强调帝国全面实施自上而下的法治控制的一贯思维，仍过度迷信帝国有能力通过全面的制度安排控制地方社会中经济、政治、文化的方方面面，如有学者说他是"以申商刑名之术，文之以六经"的做法，又如"加小罪以大刑"作为"一天下之俗"的办法，完全是两汉以吏施法策略的延伸。②在保甲法的改革上也基本采取了非常实用的办法，延用的是商鞅"什伍相维，邻里相属"的体制，并没有把道德教化的因素考虑在内。

又比如在"吏役"如何使用的问题上，王安石已模糊地意识到，宋代中国地域广大，各地的情况千差万别，难以强求一律，在吏役的使用上必须寻求变通之法。但在具体的改革程序中，王安石

---

① 钱穆：《中国历代政治得失》，三联书店2001年版，第143页。
② 邓广铭：《王安石——中国十一世纪的改革家》，人民出版社1975年版，第23页。

却仍坚持以帝国自上而下进行行政管理控制的旧思路推广一些变革方案,王安石坚持取消摊派性吏役,用地方政府的吏胥和人力取而代之。这比传统主张依靠摊派、挑选富裕上层家庭来承担的办法要合理得多。但王安石的头脑中显然没有为地方社会的自主性管理预留出多少空间,也没有考虑如何在自上而下的行政管理的体制之外,是否有可能调动其他资源去与之相配合。所以程颐弟子杨时就认为王安石只是以政刑治天下,道之以德,齐之以礼之事全无。①

与王安石固守传统"制度变革"的思路明显不同,秉承北宋保守主义原则的南宋儒者朱熹采取的办法是先尝试建立起一种自上而下以道德训练为中心的意识形态框架,并以之定位制度的建构过程,同时注意为地方社会的管理预留出区别于官僚行政自主性运转空间,从而建立一个具有自我道德完善能力的社会。这个思路的具体贯彻极大地影响了南宋以后中华帝国气质的形成和塑造。

具体而言,朱熹解决北宋"制度决定论"生冷刚硬之面貌的办法是,先用正心诚意的教化内省方法使帝王本身的气质发生变化,成为一种道德化身,然后再弥散出去演化为区别于传统行政官僚管理原则的合法依据。最重要的是朱熹寻找到了一条独特的路径:这条路径可以使上层处于形而上位置的"意识形态"原则顺利地运用世俗化的手段转化成基层的具体行为规条,最终使儒家具有了形而上(天理天道),与形而下(世俗之器)的双面性格,最终重新串接起了帝国上下层的治理关系。在上层儒学用"天理"的形而上效力来规范帝王与官僚的行为,在民间社会则通过宗族乡约等基层组织使"天理"转换成了具体的行动准则。修身、齐家、治国、平天

---

① 邓广铭:《王安石——中国十一世纪的改革家》,第75页。

下——贯之的逻辑性使中央到地方的制度行为中每一个层面都渗透弥漫着浓厚的"道德主义"的气息，从而在最广大最有深度的范围内影响到了官吏行为、教育体制与乡村城市的治理行为。

就拿基层道德实践的载体宗族的形成来说，朱熹的设计就有举足轻重的作用。宗族成立的核心规则是"敬宗收族"，"敬宗收族"虽并非是从朱熹开始，但朱熹却是把宗族制加以改造后以适应民间社会习俗的关键性人物，早期的宗法制中立庙祭礼的行为是等级与特权的象征，先秦君主与各级官吏都有等级森严的庙制，普通民众不得立庙祭祖。

秦汉以后，世卿世禄的制度虽被废除，但宗法制度中贵贱与嫡庶之别却未改变。北宋以来，儒家宗师程颐率先提议取消祭礼的贵贱之别，放松民间祭祖代数的限制，南宋的朱熹则更进一步明确可在居室内设祠堂祭祖，可以奉祀自高祖以下的四代神主，实际上把四代以下的"小宗"之祭合法性地推广于民间，虽然为合官方礼制，朱熹仍不主张在居室中奉祀四代以上的祖先，但却松口说可以用墓祭的方式折中进行。民间社会中的民众不但可以在居家中祭四代以内的祖先，以奉"小宗"之祭礼，而且可以通过"墓祭"奉"大宗"之礼。①

有了朱熹的说法做根据，以后基层社会就各显神通地对他的想法进行改造，比如跑到居室外设立"专祠"祭祖，祭祀的范围也日益突破了四世之制，有祭至十几代以上者，这是个了不起的变化。正如郑振满评论的："一旦祠堂祭及四代以上的祖先，也就开始从

---

① 郑振满：《明清福建家族组织与社会变迁》，湖南教育出版社1992年版，第229页。

小宗之祭演变为大宗之祭，从而使宗族的发展得以持久和稳定，宗族的规模也就日益扩大了。更为重要的是，在居室之外设立祭祖的'专祠'，自然也就突破了'庶人祭于寝'的禁令，从而使贵贱之间在祭祖方式上的差别趋于消失。"①

有的学者甚至认为，至少在华南地区发展起来的所谓"宗族"，并不是中国历史上从来就有的制度，也不是所有中国人的社会共有的制度，这种"宗族"，不是一般人类学家所谓的"血缘群体"、宗族的意识形态，也不是一般意义上的祖先及血脉的观念。明清华南宗族的发展，是明代以后国家政治变化和经济发展的一种表现，是国家礼仪改变并向地方社会渗透过程在时间和空间上的扩展。这个趋向显示在国家与地方认同上整体关系的改变。②因此，我们应该更加注意宋代以后国家礼仪的变化作为一种意识形态对宗族构造所起的作用。

宗族在民间有了合理性发展的契机使中国社会结构发生了根本性的变化。新儒家的许多理念通过宗族敬宗收族的程序得以扩散和传播，非常普遍地在基层社会中转化成了一种与上层"象征建构"相衔接的底层"意识形态"要素，南宋以前的儒学在教化实施中总具有临时性地装饰吏治门面的特点，如两汉儒学基本上是一种修饰王权合法性的技术型政治哲学，并不具备后来的普遍性支配作用。今文经学专为霸王道杂之的统治术当高参，使"霸道"表面上更具

---

① 郑振满：《明清福建家族组织与社会变迁》，第229页。
② 参见［英］科大卫、刘志伟：《宗族与地方社会的国家认同——明清华南地区宗族发展的意识形态基础》，载《历史研究》2000年3月号，第3页。这篇文章比较强调宗族的礼仪改革作为一种意识形态是如何塑造了地方社会的宗族形象的，也就是说，宗族不仅是一种独特的社会经济关系，更是一种后起的意识形态。我个人比较赞同这个分析视角。

有"王道"的面孔和气象，再加上谶纬政治神话时常掺杂其间，先秦儒学倡导教化的一面早已湮没寡闻。所以宋儒才敢说孟子以后"教化之儒"根本就没有真正的传人，全成了官吏掩饰法治严厉的幌子，"道统"当然也随之中断，教化之道遂无法持续传承。

本文以为，儒学"教化"传承与弥散的程度绝非思想史意义上的学术流派纷争所能决定，以往的阐释多拘泥于从"汉宋之争"的内部理路转换进行辨析，而不是把它视为一种崭新的"制度安排"。正如曼海姆所论：要分析意识形态的表现形式就必须做到使思想的社会学历史去关注实际的社会思想，而不是仅关注僵化的学术传统内被详细阐述的自我永恒的，在推测上自我约束的思想系统。①

我的看法是，儒学是否能成为一种非常有效的治理社会的"意识形态"，首先取决于它在什么样的制度安排下得以推行其"教化"程序的，问题的关键并不在于汉宋儒学内部观念的转换，而在于基层社会在宋代以后在多大程度上为"教化"设置了可以广泛传播的空间。宋明以后的历史证明，持续推行"教化"是有条件的，不仅需要运用亲属的伦常关系去组合社群，而且乡土社会中不论政治、经济、宗教功能都能一体化地运用某种组织来担负。历史证明，只有"宗族"才能起到这个作用，同时为了使地方社会达到相当自主的程度。"宗族"需要不断扩大和延绵。这几个要素在祭祖延宗仍过于等级分明的特权社会中是不可能发挥作用的。而朱熹所倡导的寝祭与墓祭之别为民间四代以上的祭祖打开缺口以后，宗族才全面承担起了越层治理和教化的责任。儒学才有可能在不断的代

---

① ［德］卡尔·曼海姆：《意识形态与乌托邦》，第74页。

际教化中以严密的细胞组织的形式稳固地占领基层社会,成为其不可动摇的主导意识形态。

三、"制度成本"与儒家"意识形态"的形成过程
———一个新的视角

"交易成本"下的"吏治"与基层教化

以往学界对"意识形态"的理解,往往局限于视其某种控制社会的政治思想形态,"儒学"的实质似乎亦为如此。于是,人们常常把过多的精力花在探究儒学作为一种思想形态如何为统治者所青睐而成为论证其"合法性"的资源这个方面,他们没有意识到,"意识形态"不仅具有论证王权"合法性"的政治哲学的一面,而且也有如何界定诠释道德体系的运作规则以减少统治成本之作用。

更具体地说,"意识形态"理论中还有一个制度经济学的解释,在制度经济学家的眼中,所谓"意识形态"是减少提供其他制度安排的服务费用的最重要的制度安排。① "意识形态"可以被定义为关于世界的一套信念,不过这套信念不是空洞的想象玄学,而是倾向于从道德上判定劳动分工、收入分配和社会现行制度结构。其中一个重要特点是:意识、形态是个人与其环境达成协议的一种节

---

① 林毅夫:"关于制度变迁的经济学理论:诱致性变迁与强制性变迁",载〔美〕R·H·科斯等著:《财产权利与制度变迁——产权学派与新制度学派译文集》,上海三联书店1994年版,第379页。

约费用的工具，它以"世界观"的形式出现从而使决策过程简化。①

一般来说，统治者想做的一切，都是在他看来足以使他自己效用最大化的事情。然而，统治者至少要维持一套规则来减少统治国家的交易费用。②也就是说，"意识形态"的作用就是在王权追求效用最大化的同时，尽量使之用最小的成本获得最大的利益。要达此目标需要分别满足两个条件：即民众对统治权威的合法性和现行制度安排的公平性有较强的确信。历史证明，儒家"意识形态"在形成之初并非立刻满足了这两项条件，其主要原因是，两汉时期儒家虽然在上层完成了论证王权合法性的"象征建构"，却没有在实际社会控制方面靠"教化"而不是"吏治"手段降低制度安排的交易费用。

秦朝汉初"吏治"的独尊和无限制的膨胀和强化，其实是以牺牲原生态共同体的聚合为代价的。先秦儒家的道德理念源于原生态的血缘、姻亲、朋友、邻里等关系网络，这些网络的不够分化恰恰构成村落邑里共同体生活的稳定和谐状态。儒家道德原则的贯彻依赖的是乡俗遗规制约下的仁爱孝悌忠信，父老的教化权力与责任，社区成员的互动惠顾。也就是说，社区生活的稳定更多地依靠人们内心对某些规则的自觉遵守，而这种"自觉遵守"与道德规则的自动调节可以节省制度管理投入的费用。尽管这种初始的"道德规则"还不能算是"意识形态"，因为按制度经济学的解释，"意识形态"与道德的区别在于，它既包含理解世界的一种综合方法，又按费用信息使行为节省。不过这种原始的"道德"理念却是以后

---

① ［美］道格拉斯·C.诺思语，同上书，第379页。
② ［美］R·H.科斯等著：《财产权利与制度变迁——产权学派与新制度学派译文集》，第396页。

儒家"意识形态"构成的主要资源。而秦政实施的法家原则依赖的是充分从乡俗民规中分化出来的官僚制原则，其行事并非基于考虑维系原始道德人伦关系的和谐，而是强调以自上而下高成本的吏治投入强化帝国的凝聚度。商鞅变法甚至"令民为什伍而相牧司连坐""有奸必告之"①乡党邻里的互助互惠网络，遂一变而为互相监控检举和连坐的关系。

秦汉官僚制的制度设计的一个基本运行框架是皇权必须亲力亲为地遴选各级官吏，使整个官制体系仿佛是王者个人臂膀的准确延伸，能上下相维地支配着所有统治区域的每个角落。比如光武帝时内外群官就多由其亲自选举，加以法理考察，如果真按史籍上所载汉代十里设一亭，其职责是执盗、理词讼的话，那么可以看出它是作为县以下地方基层行政组织而存在的。因为大多数亭直隶于县，直接受县令长的控制，亭长一般由县令选用升迁。②汉代的其他乡官还有有秩、游徼、啬夫、亭长等，他们均属郡县派来的乡官，乡官的选任在很大程度上受制于郡县官。③属于官僚制的最基层单位，这与后代有很大区别，因其是官僚制最低一级，意味着自上而下的控制是一体化全能运作的过程。

两汉设有"辟士四科"（即茂才、尤异、孝廉、廉吏），但"四科"的察举多了一道门槛，即必须在基层"便习吏事"，合格才能举至中央。也就是说通过乡举里选的基层程序选拔到州郡一级的孝廉、茂才们还要经过吏事治理的锻炼，才能升擢，这锻炼的时间甚至长达十年。宋人曾归纳出举四科前要从事的工作包括"曹

---

① 《史记·商韩列传》。
② 赵秀玲：《中国乡里制度》，社会科学文献出版社1998年版，第13页。
③ 同上书，第75页。

掾、书吏、驭吏、亭长、门干、街卒、游徼、啬夫"①等等都是州郡以下的吏职。这些吏职可以直接面对最底层社区的事务，在"才试于事"中形成竞争局面。因察举以"吏治"政绩为先，实际上是鼓励"四科"候选人以法制手段控制民间，而非以"礼制"为先教化乡里，靠儒教的自治状态维持社会稳定。如此一来，皇权靠这种"察举"使吏事变成了协调基层社会运作的主导特征，而且由此模糊了"礼制"协调基层社会与上层官僚制度的界线，甚至在基层取代"三老"教化所形成的固有秩序原则。这类办法必然导致投入治理成本过高，其表现是吏治变成了主流治理方式，很容易使邻里之间缺乏信任感，猜忌丛生必然导致心态不稳，离间了邻里淳朴和谐的感情，察举之前的吏治任事虽属"锻炼阶段"，但其效果是仍把官僚之网编织到了基层，撼动了原有的礼治秩序，更取代了许多基层教化角色的功能。

传统的"礼治社会"崇尚的是"无讼"。可"吏治"的极端强化很容易"兴讼"而非"无讼"。如《潜夫论》中就有一段详细描述"兴讼"之后所造成的可怕场景，其中说三府之下，至于县道乡亭如果出现民废农桑从事诉讼的情况，"得以官事应对吏者，一人之日废，日废十万人。又复下计之，一人有事，二人护饷，是为日三十万人离其业也。以中农率之，则是岁二百万日受其讥也"②。高度繁密的成文法律一直渗透进基层，不但使"吏"无法全面掌握，反而使民众的"诉讼"变成了一种本能反应和行为，因为它堵

---

① 参见阎步克：《察举制度变迁史稿》，辽宁大学出版社1991年版，第13~20、45~60页。
② 转引自阎步克：《士大夫政治演生史稿》，北京大学出版社1998年版，第327页。

塞了其他管理方式如礼治"教化"的渠道,瓦解了乡俗约定下的人际关系网络。也就是说,"制度成本"的付出不仅在于使官僚制度行政方面的职能强制延伸至下层,而使吏治的功能负担成倍增长而不堪重负,而且还蚕食了道德礼仪教化在基层的原有地盘,使本身可以发挥自主作用的礼治秩序趋于萎缩。

按照诺斯的解释,政治和经济组织的发明是为了利用专业化(包括暴力行为的比较利益)带来的交易收益而使资本财富最大化。这两种组织都必须:(1)用法规和章程来建立一组对行为的约束;(2)设计出一套程序,以便对违反法规、章程进行检查和遵循法规、章程;(3)辅之以一组道德伦理行为规范以减少实施费用。①

问题在于,中华帝国在投入统治成本时必须做出判断,即主要是想依靠前两条所规定的法规章程实施统治,还是想依靠最后一条所揭示的道德伦理控制以减少实施费用更为合算。前两条是法家的策略,后一条最初只是儒家装点门面的饰物。可是随着帝国吏治秩序的捉襟见肘,必须更多地依赖第三条规则来压缩控制成本,以至于原来的缘饰因素,有可能上升为社会控制的主流选择,儒学的命运即可作如是观。

两汉时期的吏治得以顺利实施颇得益于汉武帝采取的"儒表法里"策略,儒家虽具有正统"意识形态"之名,却在实际治理国家的过程中基本不发挥作用而让位于技术官僚。儒家在相当长的一段时间内只是为皇权统治提供象征性的价值合法性论证。儒生参政之

---

① [美]道格拉斯·C.诺思:《经济史上的结构和变革》,商务印书馆1992年版,第18~19页。

初,是以通古今,备顾问,传授经术和制礼作乐之事显示自己的存在。由于朝廷总以薄书、狱讼、兵食为急务,三代礼乐只是时出而用之于郊庙祭祀,而且身居朝廷中的缙绅士大夫都不能完全熟习,朝外在野之人更是难窥其奥了。朝廷"庙堂之礼"与基层"教化之礼"至此已严重脱节。

其实,后来的统治者已慢慢意识到,儒家作为一种"意识形态"的功能不但可以起到粉饰吏治、为皇权合法性做象征意义上的解释,以及司掌庙堂礼仪的作用,而且在基层社会中,儒家传统因素如亲缘邻里关系的合理运作亦应予重视,而不应以官僚吏治强行取代其功用。觉悟到这点却经历了一个漫长的过程,因为这不仅是如阎步克所说的在简选官吏方面融合"文吏"与"儒生"以改变官僚体制过于理性技术化之色彩的问题,而且是如何为原有的基层"礼治"秩序出让足够空间的问题。

一般来讲,秦以后的帝国官僚制有进一步"分化"的迹象,它更加强调统治技术,而基层社会家庭伦理与职业社会道德之间仍保持着混沌的状态而拒绝"分化"。以官僚制的"分化"原理强行取代基层社会结构的"不分化"原理,显然要付出很高的成本,最好的办法是使"分化"与"不分化"各守其道,然后用"法治"与"礼治"的原则分而治之。当然"法治"与"礼治"之分只是粗糙的划分,两者在漫长的历史演化过程中其实一直都处在相互渗透的过程之中。

"礼治"的基层原则当然不出儒家的忠孝节义范围,可一旦运用于官僚系统与地方社会之中时侧重点却有所不同,官僚系统的技术化操作基本仍是以兵刑钱谷为考课标准,而在基层社会,以教化为先的礼俗因素却逐渐凸现了出来,形成了"无讼"的社会习尚。科举制正应合了这种两分两合的状态,通过科举制一方面可以上达官僚阶层,同时低级功名者又分流到下层,起到乡绅的作用,上则以兵刑钱谷为重,下则以教化为先。但在总体原则上,官僚制中的法治原则要受礼俗原则的支配,所以艾森斯塔德提出中华帝国的"文化取向"制约着其军事扩张的企图和范围,以区别于以"政治—经济"为目的的西方国家的说法是有道理的。[①]

现在可能谁都知道用"道德"替代"折狱"可以节省制度成本的道理,理想的礼治秩序是每个人都自动地守规矩,不必有外在的监督。费孝通曾经用足球赛做比喻,大意是说,比赛足球时只要裁判吹了哨,判定谁犯规,谁就应受罚,最理想的球赛是裁判员形同虚设,因为每个参赛球员都事先熟悉规则,并自觉在心中不逾矩地加以遵守。[②]这样就使裁判督导的成本大大下降,至少他不用跑来跑去浪费热量地仔细监督,投入的精力要少得多。如果把这种境况推广到整个制度安排,就节约了相当一部分雇用制度"裁判"的成本。这相当于把原来的"礼"缘饰"法"颠倒过来,变成了"法"缘饰"礼",甚至保甲中的"连坐法"的依据都是靠人心自觉在"礼"的督导下的自守,这是宋代以后基层社会的最大变化,但其代价是必须经过长期潜移默化的"教化"程序。

礼俗教化原则与技术型"法治"原则的区别还在于对个人角色的重新界定上。"吏治"的设计构想是个人社会角色基本建立在互相猜忌与防范的基础上,而且靠律令权力监控,长期的争讼使田园荒芜,民疲于命,而若按"礼俗"重新设置个人角色,则效果就

---

① [以色列] S.N.艾森斯塔得:《帝国的政治体系》,阎步克译,贵州人民出版社1992年版,第233~242页。
② 费孝通:《乡土中国》,北京大学出版社1998年版,第55页。

会完全不同。有学者认为，在古代中国，合法性并没有形而上的来源，其政治制度是建立于把受阶层体制安排的角色之间的和谐视为当然的假设上。个人意志仅能在个人明确界定之角色责任上得到其正当性，这种自然主义式的统治概念，紧密地将其权力凝聚在个人角色义务上。在中国的社会网络中，权力的正当性是借由其"角色"的责任获得，如此权力与服从在本质上不是个人的，也不是针对个人的，而是带有"位置"性的，它们是立基于特定的角色上，植根于对这些角色固有的礼仪之信仰上。①这个"位置"的塑造和确定显然是儒家关系准则运作的结果。

权力的正当性一旦被伦理角色的责任所限制，就不是个人的法律行为所能担当。而西方强调人的个体而非"角色"（如救赎、自由、理性、契约）个人成为政治与法律实践的对象。个体的人恰恰是以反抗的角色意识而寻求解放的道路的。西方把人的意义以及人与人之间的关系系统化，中国是把角色的意义以及角色之间的关系系统化。②这个思路给我们的启发是，宋以后的儒生即是在"吏治"的框架下塞入了伦理内容而进行了个人角色的定位，从而成功地把儒家的伦理从庙堂之上重新拉回到了民间并予以实体化了。即使是出于法治意义上的互相监控如形式上的保甲连坐法，在宋明也被赋予了人伦敦睦的内容，如王阳明创十家牌法，其中就主要讲"每日各家照牌互相劝谕，务令讲信修睦，息讼罢争，日渐开导，如此则小民益知争斗之非，而词讼亦可简矣"③。

---

① ［美］韩格里（Gary G. Hamilton）：《父权制、世袭制与孝道：中国与西欧的比较》，载《中国社会与经济》，台湾联经出版事业公司1980年版，第85页。
② 同上书，第82页。
③ 《阳明全书》卷十七，"中谕十家牌法"。

如果纯粹从"制度史"的角度观察中国社会结构,很容易轻率地得出一些武断的结论,如中国王朝愈益趋向于"专制"。中国基层社会的自治状态愈益丧失,其总的演变格局是上层王权对基层的控制愈益严重,如赵秀玲就认为隋唐是乡里制度演变的转折点。就是说,中国乡里制度由"乡官制"向"职役制"转变,其实际发生时期应是隋唐。其结果是乡里组织领袖的职责渐轻,其权限也渐小。汉唐时乡里组织领袖的职责是负责整个乡里事务,征收赋税,听讼案件,维护治安及教化百姓等,几乎无所不包,属于官僚阶层中最底层的官员即"乡官"。如果再把时间往前延伸到汉代,其官僚制度更是一直渗透到基层,如果真按史籍上所载,汉代十里设一亭,其职责是执盗贼,理辞讼的话,那么可以看出它是作为县以下地方基层行政组织而存在的,因为大多数亭直隶于县,直接受县令(长)的控制,亭长一般由县令选用升迁。①汉代的其他地方官员还有有秩、游徼、啬夫、亭长等,他们均属郡县派来的乡官。乡官的选任,在很大程度上受制于郡县官②,属于官僚制的最基层单位。这与后代制度的最大区别是"制度成本"投入过高,因其是官僚制最低一级,意味着自上而下的控制是一体化全能运作。所以,问题并不在于地方制度是否从"乡官制"向"职役制"的转变,而是官僚制所拥有的"制度成本"在多大程度上能支撑帝国的运作。"乡官制"转为"职役制"首先意味着中国社会的结构已不是一种早期纯粹官僚制的说法所能完全概括,从表面上看"职役制"使地方控制的功能更加复杂和严

---

① 赵秀玲:《中国乡里制度》,第22页。
② 同上书,第75页。

密。实际上，它的核心控制理念已使行政功能向"道德化"的方向转变。宗族、乡约与士绅在基层社会中所充分发挥的载体作用充分印证了这一点。

明初更设"老人制"，平乡里争讼，以防越讼。史称"若不由里老处分而径诉州县者，即谓之越讼。"①吕坤乡甲约的设置固然符合加强控制的一面，但其内容仍是从忠孝节义的道德评判角度出发进行惩戒，这与纯粹技术型的法理统治早已大为不同，如吕坤的乡甲约规定各州县的竖牌就是针对不养父母等情况而书"不孝某人""不教不义"等等。因为"乡甲约"用"骨肉无恩，尊长无礼，夫妻无情，父子生分"牌书称之"不孝不义"以治罪，是"道德"替代"法律"的伦理政治。由乡里组织，以"道德"调解显然可以降低"制度成本"的要求，把诉至县一级的讼案减至最低程度，从而降低诉讼成本。如他自己也说："寓教养于乡约保甲之中，则词讼自息，差粮自完，簿书不期，省而自省矣。"②

宋代陕西蓝田"吕氏乡约"的创办就是以教化弥补乡里制和保甲制重征赋税和社会治安而带来的缺憾。当然有学者认为，吕氏乡约最初不为官方所控制的民间自治精神后来遭到了扭曲。如明代乡约与保甲相合后，从表面上看确实是削弱了其"自治精神"，不过我更觉得，乡甲制的合并倒是有可能真正把儒家的教化原则和策略给制度化了，因为原来的"乡约"虽有"自治"之名，但因其总是不定期举行，无法形成与官僚体系相互配合的格局。更重要

---

① 赵秀玲：《中国乡里制度》，第42页。关于明代的"老人制"，可以参阅［日］伊藤正彦：《明代里老人制的再认识——围绕村落自治论、地主权力论的周边》，载《中国前近代史理论国际学术研讨会论文集》，湖北人民出版社1997年版。

② 吕坤：《实政录》卷五，《乡甲约》。

的是，在基层社会，保甲制仍不同程度地受到乡约正的控制。如吕坤的"乡甲约"就规定：以百家为单位设约正一人，约副一人，选公道正直者充之，以统一约之人。约讲一人，约史一人，选善书能劝者充之，以办一约之事。十家内选九家所推者一人为甲长。这里面明显规定，乡约正的职责范围不但比甲长要大得多（百户），而且在制度上可制约甲长的行为，如吕坤又说："甲长不服人，许九家同禀于约正副，如果不称，九家另举一人更之，不许轮流攀当，约正副不服人，许九十八家同禀于官，如果不称，众人另举一人更之。"[①]明代隆庆时载：各地佃户编立甲长后，人丁不但受甲长约束，每月朔，各甲长清晨还要赴约所汇报地方治安情况。如本甲有事，甲长隐情不报，如查出是受财卖法，一体连坐。[②]可见乡约正对甲长有很大的控制权。

一般有一种看法，即认为中国民间教化的自治按朝代的延续呈递减的态势。汉代的"三老"掌地方事：务时民间最为自由，教化渠道最为通畅，也最受尊重，而宋以后，"教化"系统与保甲制度相合，反而因为加强控制而受到弱化。还有一种观点认为，汉三老、明老人和宋代明清乡约间有承接性和连续性。正是随着朝代更替，乡三老的地位作用日减，为克服乡里组织领袖和乡里社会的无序状态，乡约才应运而生。[③]而我认为可能情况恰恰相反，汉时尚无证据，儒家的原则已牢固成为基层社会的主导价值，基本上靠循吏和三老推广显然是不够的。而宋明以后的乡约与宗族乡绅的联体

---

① 吕坤：《实政录》卷五，《乡甲约》。
② 《文堂乡约家法》，隆庆六年刻本，转自赵秀玲：《中国乡里制度》，第160页。
③ 赵秀玲：《中国乡里制度》，第160页。

互动,才真正使儒家思想通过制度化的形式固定下来,如乡正的起用基本从村长、族长中选拔而出,这样就把地方宗族和保甲职役的功能有机地结合了起来,特别是族长充任乡约正的情况可以真正实现儒学的世俗化目标。

以往的研究也存在一些误解,例如有人认为,地方自主权大即是自治能力强,如汉代亭长职责较多,包括课农桑、兴教化、严赏罚,甚至制律令,对一亭负有全责,但这种自主权是在官僚制最低一级官吏规约下的自主权,"亭"属于官僚制的最低级。其对基层权力的大包大揽恰恰会妨害民间自治权的拓展,自主权越大说明其行政职能向民间延伸得越深。

乡里制度与宗族职能的同构亦是儒家原则被基层制度化的一个最佳证据。乡里制度按宗族方式组织起来有利于减少制度统治的成本,因为乡里制度既然已不成为官僚制度控制的最末端单位,其自我运作的成本必然要由民间来承担,而宗族承担部分职能,特别是其内部家法教化处理的"息讼"功能,大大降低了官僚制运作的成本投入。如发生纠纷时,纠纷各方的宗族即可在宗内调息矛盾,先不得告到官府和公门,不行还可告到乡约,有时乡约正即是由宗族长兼任,这种双重制约以息讼的方式大大减轻了官府的行政压力,减少了行政成本。汉以来的"教化"由三老督导,但三老的职能常与官吏如"亭"的职责混淆不清,虽专掌教化,但仍少制度化的设计加以定位。由宗族来承担"教化"职能,往往可与乡约互为犄角,如徽州地区很多宗族就建立了宗族性乡约,乡约规条与族规家法合二为一,乡里组织与宗族领袖的身份又常重叠,就使得"教化"与儒家伦理灌输的制度化程度日益提高。

儒家"意识形态"化在底层得以推行是通过宗族意识的规范

化得以实现的,如族规中把传统乡约的内容和圣谕六讲的宣教纳入其中,经反复灌输成为族人行为的准则,这种做法显然也比三老专门不定期地举行教化或乡饮酒礼的隆重仪式要有效得多,而且成本投入也少得多。清代官僚制度甚至有意下放一些司法权力给宗族组织,官僚机构甚至因人手不够通常不想去干涉宗族的事务,宗族组织有时成了最低一级的司法机构,罚款、笞杖、剥夺族规中的规定权力,逐出族门等惩罚都对族人很有威慑力。但很显然,宗族组织仍是以"教化为先"的手段控制地方社会,使之弥散着一种儒教的气息。

谁更能节省"信息成本"——教化功能还是"连带责任"

经济学家在观察古代中国社会时特别注意到了"信息成本"和"连带责任"的关系问题。他们认为,类似连坐保甲之类的"连带责任"制度并非中国所独有,但中国可能是有史以来连带责任实施范围最广,时间最长,制裁最严厉,对这一工具依赖性最强的国家。他们也注意到了倡导家族主义集体性责任和伦理秩序而不是个体性责任权利的儒家思想,同样主张和鼓吹"连带责任"在社会控制中的作用。①所谓"信息成本"是决定法律制度有效性的主要因素,法律制度应该随信息成本的变化而变化。②而"连带责任"的实施一直被视为是减少"信息成本"的重要制度之一。

不过在我看来,经济学家对中国社会结构的分析需要进行两点

---

① 张维迎:《信息、激励与连带责任——对中国古代连坐、保甲制度的法和经济学解释》,载《信息、责任与法律》,三联书店2003年版,第185页。
② 同上。

修正：一是应严格区分不同时期"连坐保甲制度"的不同类型及其作用；二是不应过度注意以地域关系为纽带的公共权力组织如保甲制度的外在制约形式和计算效益，以及以家族、血缘关系为纽带的集体性惩罚效果，而没有充分注意到儒家"意识形态"的形成如何在节省"信息成本"的意义上确立其自身合法性，而这种合法性的获得又如何影响了"连带责任"含义的变化。

先看第一点，早期由管子、商鞅一直到王安石所提倡的连坐保甲制度基本上属于一种官僚体制自上而下的控制类型，这种类型的特点是无论任何形式的群体相互监控，都是帝国政治行为的一个组成部分，都是帝国行政触角向基层社会延伸的一个结果。这种政治行为延伸的结果与所谓"信息成本"之间的关系表现在：设计"连带责任"的框架时必须考虑两个条件，即行为的可观测性（observability）和可验证性（verifiability）。这两个条件意味着法律的信息成本。"可观测性"意味着其他人可以观测到主体的行为或后果。"可验证性"则是指行为可以在执行法律的政府面前客观地加以证实。有些行为能被当事人观察到，但很难在政府面前得到证实。但如果不能加以证实，就不具有法律上的可执行性，也达不到激励的效果。①这两项条件决定信息成本的要素在中国古代历史的各个不同发展阶段显然是有变化的，其变化幅度往往取决于帝国空间统治范围的扩大所造成的监控成本投入的变化。

一般来说，时间和距离是影响可观测性的重要因素，相处的时间越长，显然行为的可观测性越高（不一定是可验证性），距离越

---

① 张维迎：《信息、激励与连带责任——对中国古代连坐、保甲制度的法和经济学解释》，载《信息、责任与法律》，第197页。

近，行为的可观测性越高。时间和距离与行为的可观测性是成正比的。[①]由此判断而观，帝国空间统治的伸缩对"信息成本"的高低应有相当大的影响。两汉的统治范围虽已达岭南，但较为有效的统治区域仍集中在黄河中下游流域，尤其是帝国"政治轴心"与"文化轴心"基本叠合于北方，这就使"吏治"的资源比较容易一以贯之地加以配置。帝国可以靠直接委派官吏至最底层进行管理。这些官吏可以在一个相对狭小的区域内完成信息成本的要求，即近距离实现行为的高度可观测性。至于是否具有"可验证性"，尚可根据严刑峻法的实施加以控制。

随着以后帝国统治疆域面积的扩大，特别是"文化轴心"与"政治轴心"分离以后，如果要维系自上而下的官僚体制，制度成本的投入也会相应增加，比如机构设置的繁复和"吏治"人数的增加都会影响行政效率。两汉基层吏治基本上是靠经过选送中央前的察举"四科"吏员来加以实施的，随着地域统治的扩大，这些"四科"吏员的诠选必然供不应求，其底数无法应付对广大地区进行监控的要求，而且这种诠选常常需皇帝直接过问，长此下去势必难以维持。尽管更多的监督人员的派遣可以提高行为的可观测性，帝国后期如明代依赖东厂特务即是一例，如"连带责任"这样特定的制度安排同属于官僚行政的组成部分，要求行为人之间相互监视，和官员尽可能地渗透参与，如对口供的依赖也可以视为一种提高可观测性的制度安排。[②]帝国统治空间扩大之后，单靠向基层不断直接派遣官吏显然已不切实际，而传统的连

---

① 张维迎：《信息、激励与连带责任——对中国古代连坐、保甲制度的法和经济学解释》，载《信息、责任与法律》，第197页。

② 同上。

带责任系统如各种保甲实验，在宋代以前只是官僚制度的一个组成部分，并没有分流给基层的自主性礼治组织，这种管理设计在统治空间扩大的情况下是和官僚制度相矛盾的，因为官吏人手的奇缺使他们仅仅在满足信息成本的"可观测性"方面就陷于疲于奔命的境地，更无法在可验证性方面保证质量。统治空间越大，可观测性和可验证性的信息成本就越高。

获得、传递信息能力低下，是传统社会的根本特点之一，尽管秦始皇统一文字、度量衡，秦帝国以及后来的历朝历代帝王都努力构建水陆交通网、驿站邮传等制度，降低了信息的传递成本。但由于其官僚体制控制社会的直接性导致空间的扩大后仍使信息成本被迫增加，以至于必须调整其"激励机制"，原来最强有力的激励方式如连坐保甲等就需要调整。解决信息成本增加的办法是不断增加监控官员的数量来完成监督和动员。

我们注意到从西汉到唐代，官员占总人口数的比例一直在不断增加，从西汉的0.22%，东汉的0.27%，到唐的0.7%，官员总数都在十几万人上下，说明一直贯彻着这个原则。但令人惊讶的是，宋以后的官员锐减到3万人，占人口比重只有0.09%，这是个非常大的变化。清代的《大清会典》中，更是只罗列了2万名公职人员。当时清代的人口数一般按4.5亿计算，这意味着每两万多人中才有一个官员。即使我们将官僚制底层人员也计算进去，官员的总数仍相当有限。据估计底层官员的总数约为150万人，这其中包括差役、胥吏、师爷、仆役等人都在内。将此数目加入2万名官员一并计算，每1万人中仍然只有三名政府的公职人员。如果对比一下欧洲国家，法国在1665年时，人口总数为2000万，而国家官员有4.6万人，这意味着每500人中就有一个官员。法国大革命前夕，法国人口总数是4000万人，而官员（包括小城书记及城门守卫在内）有30万人，这意味着每1000人中，有7.5人是领受政府薪水的雇员。从十九世纪开始，国家雇员的比例更是迅速增加，因此到了20世纪之交，欧洲国家在每1000人中，有20~30名政府雇员。①中国政府控制社会的人手不够，必然会靠其他方式弥补，其中大量借助"士绅阶层"的力量是其维持社会正常运转的主要思路。据张仲礼的分析，十九世纪前半期，士绅的总数大约是110万，其中只有12万即11%左右属于上层绅士。也就是说，中国社会的运转基本上是靠下层士绅的作用得以实现的。②

官员数字与人口比例之间的变化当然可以从连带责任的健全减轻了官僚体制的负担这点上加以解释，但我觉得这个解释是不够的，因为宋以后的一个最大变化是连带责任制度已不是一个较纯粹的"法治"制度，而是加入了儒家思想的成分，使原来作为吏治补充的连坐保甲披上了一层温情的面纱。如果不从儒家思想如何渗透到基层而成为一种"意识形态"的角度进行分析，就无法把握中国历史发展的特质。按照制度经济学的说法，如果行为实施是不可观测和不可验证的，那么法律是无能为力的，而只能依赖于社会规范。③如果比照于中国史研究，"法律"即是官僚制下的行政运作，而"社会规范"不妨被看作是儒家"意识形态"在基层实施的结果。

中国在宋代以后面临着一个严重的问题是，如何克服统治区

---

① 参见［美］韩格理（Gary G. Hamilton）：《天高皇帝远：中国的国家结构及其合法性》，载其著：《中国社会与经济》，第120页。
② 张仲礼：《中国绅士——关于其在十九世纪中国社会中作用的研究》，上海社会科学院出版社1991年版，第123页。
③ 张仲礼：《中国绅士——关于其在十九世纪中国社会中作用的研究》，第198页。

域的扩大而带来的"信息成本"的提高。要想从根本上解决这个问题，显然不可能仅仅在官僚制度上动动手术就可加以解决，而必须寻求和发掘官僚体制之外的治理资源与之相配合。这种"治理资源"很显然并非是传统的"连带责任"一语所能概括，而是儒家"意识形态"发生微妙作用的结果，这里我们不妨再引用一段经济学家有关"信息成本"的分析："在一个社会中，如果一个人的行为能被一部分人群以相对低的信息成本观察到，而其他人群观察该行为的成本较高，那么，让信息成本较低的人群行使监督的权力就可以大大地节约监督成本。如果制度规定具有信息优势的人群同时必须对被监督对象的行为承担连带责任（风险），这部分人群也就获得了监督他人的激励和名义（权利）。"[1]如果把这段话用于分析古代中国社会，我们就会发现，信息成本较低的人群发挥作用，并不完全取决于保甲制度的严密与强悍，因为保甲连坐系统很早就已存在。宋以后基层统治信息成本的降低，很大程度上是儒家"意识形态"支配下人伦关系网络重新发挥功能的结果。当然，儒家"意识形态"在基层要真正达到"制度化"的礼治目标，就必须依托宗族等有形组织才能实现。

家族作为儒家"意识形态"的载体，其特征是家族内部成员之间，共同生活显然更容易得到信息，无论是时间还是距离都有利于信息的获得和流通。而家族之间的身份关系则非常容易界定亲疏关系，"礼"在其中所起的作用可以自觉调节观测对象的距离与远

---

[1] 张仲礼：《中国绅士——关于其在十九世纪中国社会中作用的研究》，第205页。

近。①政府通过家族分配义务，既可节约信息搜集成本和监督成本，而族长等地方领袖兼具里甲长等现象的出现，又降低了政府与民众的谈判、指挥和协调的成本。如此看来，所谓"小政府，大帝国"的控制策略显然不是靠古已有之的连带责任制约来加以实现的，而是主要依靠儒家"意识形态"在基层的最终合法化才得以实现的。

在这点上我和经济学家的观点不一样，经济学家认为中华帝国能够在两千年里在如此广阔的疆域上维持统一，而此帝国的信息与技术又是如此落后，那么维持此帝国的关键依赖儒家思想是远远不够的，正是人与人之间大规模实施的连带责任，保甲制度连同官僚体制，君权与相权的互相制约等治理机制维持着帝国的一统。人与人之间的连带责任的大规模推行，在地方一级克服了信息不对称和技术、交通落后等制约因素，起到了维持政权的重要作用。②

而我恰恰以为，以上作用的实现包括连带责任的作用都是基于儒家实现了"意识形态"化之后，有效地渗透进基层制度内，使连带责任具有了一种"软性"控制的魅力，这种软性的文化控制手段的出现，才是区别于官僚体制运行机制的关键之所在。

也就是说，"人与人之间的连带责任"的低成本化恰恰是通过礼仪教化过程的合法化才得以实现的，而不是通过单纯的法律激励。儒家的"意识形态"化使低流动性人口下的社会规范具有了一种信用和值得信任的色彩，而淡化了它本身具有的强迫性质。

---

① 张仲礼：《中国绅士——关于其在十九世纪中国社会中作用的研究》，第231页。
② 张仲礼：《中国绅士——关于其在十九世纪中国社会中作用的研究》，第243页。

四、儒家意识形态的"象征建构"与"文化实践"之间的脱节及其后果

近代民族主义话语的破坏性

如果我们调换一个角度,把新旧民族主义话语分析纳入我们的研究视野,我们即可发现,儒家"意识形态"的形成渊源于中国人头脑中的传统"民族主义"对族类的自我确立和文化的自我确立,而儒家"意识形态"的崩溃也导源于近代"民族主义"对"国民意识"与现代国家地位的确认和捍卫。新旧"民族主义"的交替作用催生了近代中国疾风骤雨的思想风暴,同时也宣告了儒家"意识形态"历史使命的终结。因此,如果说近代西方"民族主义"的强力渗透颠覆了儒家通过"意识形态"在中国政治与社会结构中的核心位置,那么就须首先了解在中国历史舞台上频繁出演的漫长戏剧中,传统的"民族主义"在何种意义上成为衬托出儒家意识形态鲜明风格的背景底色。

传统中国的"民族主义"(如果能称为"主义"的话)包含了"族类"与"文化"的双重自我确立这两层含义。"族类"的自我确立就是所谓"诸夏"与"夷狄"的身份之辨,即从"种族"意义上确立汉族与其他民族作为中心与边缘的区域分布关系;"文化"的自我确立则是指"礼制"秩序的播衍如何成为塑造帝国气质的一种动态的因子。不过把"族类"和"文化"两种特质合而观之,族类的观念并不及文化观念深入人心。中国古代的儒家学者虽然随时

注意种界的差等，却一向更强调"教化"训导对消弭种界差等的作用。有一种观念在此显得很重要，那就是由文化而泯除种界的分别，是先秦以来政治理想发展出来的悠远传统。代表王道的帝国中心对四裔的支配关系，很早就确立了依靠文化同化而非军事征服的长久策略；帝国对所谓夷狄居留之地不设重兵置总督，而只是在象征意义上奉行中国的一册正朔就可以被接纳。文化的邦土和符号体认取代了领土的实际控制，这与近代国家用实际疆界的划分整合民族的途径恰好相反。①

儒家"意识形态"在近代崩溃的开始首先源自于中国知识人已无法通过事实来确信仍能用古老的"文化"认同的方法整合西方这伙新"蛮夷"；文化的同化功能不但无法在西人身上重新得到验证，反而不断通过遭受军事打击的事实反复验证着中国传统"民族主义"观念在近代社会中的沦落和无效。如此强烈的视觉和意识上的反差，逼使中国知识人不得不重新调整"族类"与"文化"认同之间形成的固有组合关系，并通过对新一轮西方"民族主义"的拥抱来抹平文化自尊所受到的剧烈伤害。怪不得有人说，对近代"民族主义"的鼓吹是中国人自尊心受挫后进行自我保护的一种反应和调适。伯林对此看得很透彻，他说，区别于强调某个民族的归属的民族意识，"民族主义"的发生最初也许是针对一个社会的传统价值受到的居高临下的或蔑视的态度做出的反应，是最有社会意识的成员的自尊受到伤害和屈辱感的结果，这种感情理所当然地会引起

---

① 王尔敏：《清季学会与近代民族主义的形成》，载《中国近代思想史论》，社会科学文献出版社2003年版，第195页。

愤怒和自我肯定。①

这种自尊和敏感通过近代中国知识人对各种西方思想的抉择以不同的形式表现出来。比如，中国知识人在经受了西方入侵的各种凌辱的反复刺激后，才开始把"帝国"与"主权"的概念联系起来加以观察。西方主权（sovereignty）观念的产生与现代民族—国家的建立密切相关，而要让属于传统帝国范畴的清朝知识人接受其中的新意义，首先源于他们对海关市权、关税自主以及独立的关税壁垒政策这些国际关系法则重要性的直观认知。如王韬对"额外权利"的认识，郑观应对海关权利的认识都是鲜明的例子，到了晚清康有为成立"保国会"，其中"国"字的含义已相当于西方的"nation-state"。有学者对《保国会章程》中的若干概念与西方的相应概念——对应做了分疏：如"国地"（在今日沿用为国土）一词，同于西方的territory，"国权"（在今日沿用为主权）一词，同于西方的sovereignty，"国民"一词同于西方的people，这些概念的相互对应足以表明晚清"民族主义"概念已趋向于完整接受西方的含义。②

我们再看看张之洞在《劝学篇》里的说法："保国、保教、保种合为一心，是谓同心。保种必先保教，保教必先保国。……故国不威则教不循，国不盛则种不尊。"这里需要特别注意的是张之洞对"保国、保种、保教"的排列次序。也就是说从近代观念来说，

---

① ［英］以赛亚·伯林：《反潮流：观念史论文集》，冯克利译，译林出版社2002年版，第412页。关于中国人受到西方侵略的强刺激之后所发生的"种族"观念的变化，可参看［英］冯客：《近代中国之种族观念》第二章，江苏人民出版社1999年版。

② 王尔敏：《中国近代思想史论》，社会科学文献出版社2003年版，第192页。

它包含着族类、文化、主权三个基本要素,但"保国"被排在第一位确是一个引人注意的转向,因按传统的次序应是:"保教,保种,保国",因为"国"在传统的意念里是畛域与疆界的代称,相对于"文化"的"教"来说是次要的范畴,因"文化"的深邃内涵可以同化一切,甚至可以弥合跨疆域带来的距离感,而进入近代以来这种"文化"的作用似乎在迅速消失。①

晚清知识人为消除自卑心理重振民族自尊被迫跌入了一种内心紧张的思维怪圈,一方面他们在传统文化认同秩序的崩解时又认可这种崩解,这样似乎有利于中国步入现代民族国家之林;另一方面他们恰恰又是以西方的"进化论"中的"竞争"观念去寻求新的自立契机,这样做的结果很有可能不过是印证了现代西方国际霸权秩序的有效普遍性而已,与真正克服文化自卑情结基本是毫无助益,只能陷入更深刻的痛苦状态。近代中国知识人接受西方"进化论"的历史就证实了此论断作为一种现代西方的"意识形态"所产生的强大威慑力。"社会进化论"进入中国知识圈的最大特征是重新定位了中国人的民族身份认同和重塑了"国家"的观念。晚清中国知识人对"民族"的理解总有"文化"涵盖"种族"的传统理念做支撑,即使领土被"蛮夷"所全部占有,文化仍能涵化其野性于无形,而西方的全面进入却使这个老公式在应用时全面失灵。

"社会进化论"全面输入所造成的刺激在于树立了国家主权和

---

① 王尔敏的另一思想也值得注意,即在研究中国历史时,应区分"行政"与"文化"概念的不一致性,而不应以行政史的眼光来估测中国历史区域的变迁。他在考证"中国"一词的来源时说:"中国"一词,显然以诸夏领域为范围,共宗周王为中心之代表。当时人共喻的意义,自然相当普遍。可知中国在行政上虽然尚不是一统局面,而却早已形成了文化的一统观念,这是研究中国史的人所应当特别注意的。王尔敏:《中国近代思想史论》,社会科学文献出版社2003版,第195页。

实体的认同观念，以对立于"文化普遍主义"的传统思维框架。这两种思维形成的张力关系是导致儒家"意识形态"瓦解的重要思想原因。因为"进化论"并不承认"文化"有一种持久的包容性，而是仅认为"文化"在历史上的某一阶段会发生作用。而在近代列强角逐的情境下，"文化"也只有在民族—国家相互竞争的格局中才能检验出其真正的有效性。同样也只能在与世界历史发展的关联性角度才能加以认识。这样就自动消解了"文化主义"的价值和历史预设。

在"进化论"者们看来，中国传统政教合一制度的安排由于太过于自足封闭而不具备现代社会要求的变异气质。中国知识分子身份认同的转变恰以此为切入点，进而引发了"政教合一"制度的变革。无数研究已经证明，儒家意识形态的崩溃是以"政教合一"中"教"的变化开始的，所谓"教"的现代核心理念就是通过培养国民意识而脱离原有的文化秩序，这种意识培养到一定程度就会瓦解对清王朝的忠诚，因为在近代中国知识人看来，清朝已不具备成为现代—民族国家的资格。相反，按照《大英百科全书》对"民族主义"（nationalism）的定义：所谓"民族主义"就是个人觉得每一个人对于民族国家（thenation-state）应尽最高的世俗忠诚的一种心态。[①]由此看来，中国知识界通过对现代国家的忠诚而背叛儒家的"意识形态"也就成为顺理成章的事情了。

列文森在区别"文化主义"与"国家主义"两个概念的时候，提出"竞争"概念的产生是一个非常重要的过渡中介。"竞争"的

---

① 参见傅伟勋：《文化的民族主义与政治的民族主义——以日本的民族主义为例》，载刘青峰编：《民族主义与中国现代化》，香港中文大学出版社1994年版，第65页。

观念是国家主义的本质，而中国的"文化主义"者是没有竞争观念的。①当世界仅仅存在着"中国人"和"蛮夷人"两种人时，"蛮夷人"又常常被同化进中国圈时，是不可能产生什么"爱国主义"的，所以梁启超认为国人的"世界主义"是爱国心和民族意识久不发达的最大障碍。只有在承认作为一个国家而不是作为一个世界时，历史不是单一世界的文化包容史，而是众多自治国家相互冲突的历史时，民族主义和爱国心才会出现。所以达尔文的社会进化论的引入使中国士人不得不首先接受其规定国家是竞争的最高单位。这样一来，不仅国家主义以此挤走了文化主义，而且国家本身也以此为行动目的而挤走了文化。②

"脱域"与中国基层社会自主状态的终结

中国近代社会变革是在相当广大的空间中渐续展开的，由于变革波及的深广程度为历代所未有，变革设计者主要面临的问题是如何协调上下层不同步变化所造成的节奏失调。因为中国知识人对上层制度变革的设计往往是以牺牲下层悠长深远的传统地方利益为代价的。近代中国上层体制的变革往往是通过强度日益加大地摄取地方资源和改变民间制度的自主性状态才得以实现的。这个过程比较接近于吉登斯所说的"脱域"（disembedding）状态。所谓"脱域"是指社会关系从彼此互动的地域性关联中，从通过对不确定的

---

① ［美］约瑟夫·阿·列文森：《梁启超与中国近代思想》，刘伟等译，四川人民出版社1986年版，第148页。
② 同上书，第155页。

时间的无限穿越而被重构的关联中"脱离出来"①。

比如科举制原来的最大功绩是使上下层知识人的流动成为可能和合法，但近代学堂学制的改革内容基本上失去了与地方社会一些既有社会伦理与文化传承的关联性。由新式系统训练出的专家所具有的知识结构既无法服务于基层社会文化系统的建构，也不能在"熟人社会"中与民众熟知的常识性观念相衔接，而且专家系统越来越频繁地改造着现代中国人的生存环境，编织着他们生活于其中的物质与社会环境的宏括范围。中国近代越来越多的人不是依赖于熟悉的环境中提供的常识性知识评价和估测自己或他人的行为，因为在这种环境中他们恰恰是通过参与这些过程而获得其判别尺度的。近代以来，中国人对专家系统的信任既不依赖于完全参与这些过程，也不依赖于精通那些专家所具有的知识，他们拥有知识的能力与参与过程相脱节成为中国近代社会的一大特征。②科举制的上下层流动使"官僚"与"士绅"之间的纽带关系十分密切，官员退下来即可参与地方社会的文化实践，升上去又是官僚系统的统治支柱，现代教育制度则使这种双重身份淡化了许多。例如不少在学堂中受教育的地方人士，往往受到新型西方科学教育内容的感召而大批涌向城市，成为城市现代专家管理系统的中坚力量，而再也无法与乡村传统控制系统相衔接。

尽管如此，近代变革并不意味着已从根本上摧毁了下层组织形式，宗族与各种社会伦理组织和形态及宗教信仰的持续延绵，都说

---

① ［英］安东尼·吉登斯：《现代性的后果》，译林出版社2000年版，第18页。
② 同上书，第25页。

明上下不同步构造出了近代中国的"两个世界"。①换言之,"脱域"的过程虽然一直在进行,但"脱域"的真正实现却非一日之功所能达致。儒家意识形态化的过程其实包括"象征建构"与"文化实践"两个组成部分。"象征建构"一直是儒家上层意识形态构造的核心内容,从《周礼》强调"礼"作为等级秩序安排社会生活时起,直到两汉时期以"政治神话"构建帝王合法性基础,再到宋明时期对"理"的系统哲学的打造,无一不是围绕儒家"象征秩序"的营造而展开的,这个过程对于儒家形成"意识形态"(包括奠定其政治哲学的基础),肯定是一个重要的阶段,但却不是最为关键的阶段。因为在唐宋以前,儒家"意识形态"一直没有解决好如何使自身转化为底层"文化实践"的问题。儒家自从汉武帝罢黜百家之后,在理论上已逐步形成了"意识形态"的支配力量,但实际上在相当长一段时间里与民众的日常生活并无太紧密的关系,至少没有成为支配民间民众生活的制度性要素。直到南宋以后,帝国统治者才找到了一个把儒家的政治哲学予以形而下灌输的渠道,即"理"的形而上原则与乡土社会中的宗族教化实践两者进行"和而不同"的贯通策略。所以南宋以后的最重要后果是,儒家意识形态终于实现了"象征建构"与"文化实践"的整合,这种整合不但使中华帝国长期以来具有了统治合法性,而且最大限度地节省了制度成本。"制度成本"的节省实际是维系帝国统治长期延续的一个最

---

① 参见杨兴梅:《观念与社会:女子小脚的美丑与近代中国的两个世界》,载《近代史研究》2000年第4期,第55页。罗志田在《新旧之间:近代中国的多个世界及"失语"群体》一文(载刘志琴主编:《近代中国社会生活与观念变迁》,中国社会科学出版社2001年版)中也论及:近代中国各地社会变化速度及思想和心态发展的不同步造成了从价值观念到生存竞争方式都差异日显的两个"世界"。

基本原因。

近代社会变革，尤其是辛亥革命带来的直接后果造成了所谓"普遍王权"的瓦解，导致了儒家"象征系统"与"制度秩序"的相互脱节。但就我的观察而言，"象征秩序"只是在上层官僚制度层面引起了剧烈震动，这种震动所波及的对象也局限于知识分子群体和官僚阶层，促成他们重新思考如何用新的象征系统替换旧有儒家意识形态的"象征秩序"这个组成部分。比较激进的知识群体把注意力放在如何在上层制度中重建类似西方民主制意义上的新的"象征系统"，如康有为用"通三统，张三世"说，把儒家原则纳入"进化论"框架，但大多数没有触及如何看待儒家"意识形态"中底层"文化实践"这一部分的问题。其实，"普遍王权"的崩解拆散了儒家"象征系统"与"文化实践"的合法关联性，至少从理论上说二者联系已不具备不言自明的特性，但这只说明"普遍王权"作为一种整体系统的分解，特别是作为统治合法性的"王权"与上层"礼治秩序"的瓦解，却并不意味着下层"文化实践"就已丧失根基而消失。儒家"意识形态"在南宋以后的最大贡献，就是建立起了"象征秩序"与"文化实践"之间和而不同的关联功能，两者既有关联又有区别。其关联性使两者建立起了一种互通的可以进行互换的原则，也可以简化为一种非常朴素的乡村道德实践原则，既可以成为皇帝经筵会讲的内容，又可以成为匹夫匹妇遵循的日常伦理规条。

"互换原则"能够最终成型的一个重要效果是："象征建构"与"文化实践"之间的关系因为是一种"和而不同"的微妙维系状况，所以当进入近代时，"象征建构"尽管面临着崩解的情况，却并不意味着"文化实践"在乡间的制度支持就会在同步的状态下迅速瓦解。

换个说法，辛亥革命乃至民国初年的现代化建设实践只是在相当表层上瓦解了儒家在上层的"象征建构"，这种"象征建构"往往与王权的上层政治运作相联系，从而击毁了儒家"意识形态"的"互换原则"，但却并没有从根基上触动儒家在乡间的具体"文化实践"，其原因即是在于南宋以后儒家"意识形态"互换原则的确立，一方面建立起了上层象征系统与下层文化社会管理模式之间的有效关联，同时也为儒家意识形态以一种相当社会化的方式在基层进行自主的运作提供了可能性。甚至这种民间状态下的"自主性"可以较少受到"象征建构"崩溃的影响而独立生存，并且在相当长时间里仍持续支配着中国民众的生活方式。所以要真正摧毁和替换儒家"意识形态"在中国历史上的支配地位，就必须在"文化实践"层面而不是仅仅在"象征建构"层面取而代之。

如前所述，儒家"象征建构"的倒塌源于近代中国知识分子对现代"民族主义"思潮推波助澜式地宣传和其主导精神对官僚体制改革方案的冲击。我们可以从张之洞"中体西用"的框架里清晰地看到，儒家"意识形态"在"象征建构"方面的捉襟见肘已暴露无遗，张之洞试图把"器""道"相分，承认西方的"器"高于中国的"器"，但中国之"道"远高于西方却又无法产生与之相匹敌之"器"的暗示，已经使自己没有了退路。因为正是西方的"物质主义"才改变了原有中国几千年恃以维持一统的"文化秩序"。

"进化论"的进入实际上是在中国知识分子的头脑中越来越牢固地树立了"野蛮竞争"的原则，所以才有杨度在《金铁主义说》中把"文明"与"野蛮"等而视之的极端表述："则今日有文明国而无文明世界，今世各国对于内则皆文明，对于外则皆野蛮，对于内惟理是言，对于外惟力是视。"①"由此而知中国立国之道，苟不能为经济国，则必劣败于经济战争之中，而卒底于亡；苟不能为军事国，则亦必劣于经济战争之中，而亦卒底于亡。且必兼备二者而为经济战争国。"②可见当时弥漫在中国知识分子之间的"竞争意识"远大于对"道"的持守和保留，而且"竞争"能力的强弱变成了"立国"判断的标准，这是从来未有过的现象。自宋代以来，中国从未以军事经济力量耀人于前，而是均主张以"文化"的优势化解"野蛮人"的军事优势，即所谓帝国"内向气质"的形成。中国人在文化意识上的不自信却是从19世纪末才开始的。文化的自卑由于经济军事的屡屡受挫而凸现出来，这导致了一种根本性的思想转向，知识界开始以现代概念的实力原则取代持守几千年的"文化"原则。关键的问题在于，一旦这种转向变成了官僚机构许多官吏的共识，并成为官僚运作的具体指导原则时，儒家"意识形态"中的"象征建构"部分就面临着被瓦解的危险。比如南宋以来逐渐形成的中华帝国趋于内敛的气质就为竞争气氛笼罩下的金铁主义式的强霸思维所取代。

更为关键的是，这种思维的转变也最终改变了整个帝国建构的格局，原来的帝国由于有儒家"意识形态"在"象征建构"与"文化实践"两个系统的整合中维系着运转，是注重建立"和谐""无讼"的清平世界。在这个清平世界中，由儒家"意识形态"中的"理"形而上地维系着下层形而下的世俗行为，这种贯穿一系的控制风格是不需要由上而下进行社会动员的，地方组织如宗族等足以

---

① 杨度：《金铁主义说》，《杨度集》，湖南人民出版社1986年版，第218页。
② 同上书，第222页。

在基层自治的状态下处理相关的任何事情。

"进化论"竞争观念的引入是以民族—国家的形态重新定位儒家"意识形态"基本原则的有效性,其最基本的一条原则是:儒家意识形态在"象征建构"与"文化实践"之间所建立起的传统意义上的关联性只适合于"内敛式"帝国的运转,而不适合于现代民族—国家所要求下的社会资源的再分配。这样的设想使以后付诸实施的所有近代型的制度变革,均围绕着如何更加集中地积累和抽取各类财富以利于民族—国家的建设和国际竞争的需要。比如科举制原先的作用之一即是充当沟通儒家意识形态"象征建构"与"文化实践"之间的渠道,经过科举制的筛选,一部分知识精英既可出将入相地以官僚身份维系帝国的"象征建构",又可以低级士绅的身份从事基层的"文化实践"。

而近代制度变革的一条基本思路就是,以儒学上层意识形态为主要内容的帝国"象征建构"带有过多的文化内敛的气质,不适合于残酷竞争的要求,在辛亥革命摧毁了这一系统之后,近代知识分子亦认为传统基层的"文化实践"同样应服从于国家现代化需要对资源的攫取,而不应维持传统的自治状态,近代以来各种有关"联邦"方案的提出不过是现代民主制在形式上的尝试,与传统的自治设想完全背道而驰。①

最重要的一点是,专门为培养儒家"意识形态"实践人才的教育系统也有一个根本的转向,即从培养文化内敛式的人才向培养外向竞争型人才的方向转变。列文森在评价儒教教育系统时,曾经认

---

① 清末"新政"在基层推行时遭到了出人意料的抵抗。有关这方面的情况,可参阅黄东兰:《清末地方自治制度的推行与地方社会的反应——川沙"自治风潮"的个案研究》,载《开放时代》2002年第3期。

为中国官吏的培养目标是一群非专业的"业余爱好者",古代传统沉淀所认可的艺术风格和教化知识所表现出的人文韵致远远比专业化的实用技能训练要显得重要,从而成了表达思想的工具和获得社会权力的关键。明代更是出现了一种"非职业化的风格",其文化养成的是对非职业化的崇拜,取得官位的阶梯主要是人文修养而非行政效率,官员所拥有的儒教"意识形态"的人文根基就具有了某种审美独立性。列文森的概括是:"如果官员的知识结构具有职业性、技术性和有用性的特点,那么,这种知识仅仅是一种谋职的手段,而不具有使官员获得尊荣的内在功能。但是当官职被用来象征高的文化、知识和文明的终极价值时,做官就明显地要优越于其他社会角色,其他任何一种成就(如商业的、军事的、技术的或其他成就),只要被认为是靠某种专业知识而获得的,其荣誉就不能与获得官职的荣誉相比。"[①]这正是中华帝国形成内敛型气质的一个重要原因。近代的"脱域"现象恰恰是以专业化技术化的教育手段使近代知识分子不但脱离了以文化审美为特征的知识生活,而且也使其依托上下相贯的文化脉络的传统发生了断裂。

"全能主义"与儒家底层"文化实践"的瓦解

在某些人看来,辛亥革命推翻清朝统治更像是一个象征性的符号事件,因为他们认为社会——政治和文化——道德两个秩序的一体关联性是维系传统王朝统治合法性的最重要制度基础,而作为文化系

---

① [美]约瑟夫·阿·列文森:《儒教中国及其现代命运》,郑大华等译,中国社会科学出版社2000年版,第14页。

统与政治系统的普遍王权（universal kingship）的瓦解导致了这种关联性的解体。① 如此的描述大体应是不错的，不过我和这类论点的分歧在于，它比较强调的是普遍王权崩溃而产生的社会—政治秩序解体与文化—道德秩序的破坏的同步性。而我则认为，运用"普遍王权"的概念分析末代王朝的终结似乎过于注重儒家意识形态的有机式宇宙论对上层政治哲学的整合作用，而没有注意到中国传统"意识形态"的特点不仅在于为官僚行政体制的运转提供合法依据，而且也为基层社会的自主性治理提供合理性论证。不仅如此，儒家"意识形态"还起着沟通衔接这两种机制的作用。正因为地方社会的道德治理秩序具有一定的自主能力，所以儒家"意识形态"在整合上下层思想资源时本身即存在着差异性，所以一旦社会发生变化，儒家"意识形态"的解体在上下层是不可能同步进行的。"普遍王权"的崩溃，并不代表"意识形态"在中国基层社会就已完全失去了作用，而是有可能在王权上层体制解体后，仍发生着滞后性的影响，而且有可能在以后的历史阶段中实现复苏和再造。换言之，我们应把这种现象视为"意识形态"系统中的"象征建构"与"文化实践"之间变化的不同步性。

晚清至民国初年的历史同样表明，在"象征建构"刹那间崩溃之后，"文化实践"在相当长一段时间内仍持续性地发挥着作用。这方面的例子很多，比如在晚清修订新刑律时，就出现了所谓"理法之争"，在这场争论中一直存在着"家族主义"与"国家主义"两派的争论，礼教派认为法律产生于政体，政体产生于礼教，礼教

---

① 林毓生：《中国意识的危机——"五四"时期激烈的反传统主义》，贵州人民出版社1988年版，第17~25页。

产生于风俗，风俗产生于生计。然而风俗是"法律之网"，制订法律不依据风俗就会凿枘不合。中国自古为农桑国家，所以政治从属于家法。①而持"国家主义"一派观点的人则认为，"家族主义"律法框架下的民众并无国民意识，国家通过法律保护家长特权，严格家族等级，以血缘网络控制家庭成员的言行，使家庭成员忠于家族，家族效忠朝廷，家庭成员与国家不直接发生关系。②

"国家主义"的改革方案是，使民众脱离家族制度下的"人"的角色，而自觉树立"国民"的意识。杨度在《论国家主义与家族主义之区别》一文中说得很清楚：中国家长可以自行其立法权以拟具条文，又可于神堂祖祠之地自行其司法权以处分弟子，国家皆不问之，此其权利也。而西方各国采取的策略是："与其分一国之人而为无数家以竞于内，不如合一国之人而为一家以竞于外。"按照君主立宪国的办法："则国君如家长，而全国之民，人人皆为其家人而直接管理之，必不许间接之家长以代行其立法、司法之权也。于是上下一心以谋对外。"③杨度的心思是想让现代国家剥夺家族在地方上拥有的法律和礼俗权威，代之以一体化的对外结构。其根本点是落在了对外与人竞争这个大前提下，这确是儒教"意识形态"中的"象征建构"这部分被摧毁后，进一步想破毁其"文化实践"根基的另一个重要步骤，如果这个设想能转化为具体行为，那么也就完成了吉登斯所说的"脱域"过程。不过在近代相当长的一段时间里，中国基层社会仍是"家族主义"的礼俗统治占有优势，

---

① 张仁善：《礼·法·社会——清代法律转型与社会变迁》，天津古籍出版社2001年版，第246页。
② 同上书，第250页。
③ 杨度：《杨度集》，第531页。

"国家主义"式的律法原则很难以实际操作的形式付诸实践。这意味着在帝国意识形态的"象征建构"崩溃后的一段时间内,儒家意识形态支配下的"文化实践"仍远比"国家主义"意识形态深入人心。而对"文化实践"的致命打击,是在中国现代实现了"全能主义"统治模式之后才发生的现象。

政治学家邹谠曾为解释中国现代社会结构的变迁开列出了一个公式:全面危机—社会革命—全能政治。按邹谠的说法,中国近代的全面危机自古未有,所以必须经过"社会革命"的方式予以解决,而"社会革命"必须通过"全能主义"(totalism)政治才能达致,即必须最广泛地使新型政治力量成为可以随时无限制地侵入和控制社会每一个阶层和每一个领域的指导思想。这与"极权主义"(totalitarianism)有别,是一种应付全面危机的对策,而不是具体的机构与组织。[①]这个基本思路颇具新意,但需细化。按如前所说,"社会危机"的发生在于儒家意识形态"象征建构"与"文化实践"之间的组合关系难以应对现代西方的挑战,最主要的是其"文化普遍主义"的气质和思维导向难以解决以下问题:即如何在与西方的竞争中维持"富强"而非"文化"的地位。所以,知识分子发动的各种运动率先以摧毁具有文化包容性特征的儒家意识形态为目标,"象征建构"的率先倒塌即是这场上层运动所造成的结果。然而长期以来,儒家的基层"文化实践"并未被彻底摧毁,虽然与"象征建构"相互置换的功能已经丧失,但"文化实践"却以相当自主的形态仍在基层起着决定作用。20世纪初叶所进行的多次

---

① 邹谠:《20世纪中国政治——从宏观历史与微观行动角度看》,牛津大学出版社1994年版,第3页。

改革实验无法实现从根本上以"国家意识形态"置换儒家传统残留的"文化实践"行为的目的。这使现代中国的政府意识到必须通过周期性的"社会动员"手段，大规模无限制地控制和整合地方社会的文化资源，才能使整个的社会系统符合"国家主义"设定的目标原则。我认为这不仅仅是一种应付危机的对策，而且也是具体机构与组织的变迁轨迹，比如以"单位制"替代"宗族制"。

这样的一种行为倾向使得整个近代的大多数改革都有要全力剔除原有帝国文化内敛气质的暴力性。在20世纪初年，当"全能主义"处于绝对地位之前，许多地方自治和宪政改革的方案表面上是"分权式"的构想，实际上却表现出了一种强烈的整合一统的意向，致使所有的地方自治方案都带有浓重的现代"国家主义"特性。费孝通在20世纪40年代就提出中国传统政治的"双轨制"问题。中国传统政治是分为中央集权和地方自治两层，特别是自下而上轨道在地方政治实践中具有更加特别的重要性。其条件是自治团体绝不能成为行政机构里的一级，否则自下而上的轨道就被淤塞了。①费孝通举了中国传统政治的两个特征：一是"无为政治"，一是"双轨制"，"无为政治"表现在政治表层的"无为"其实恰恰体现出了"文化"的有为。中国历代政府是通过儒家意识形态的潜在文化实践在基层去制约和调控政治行为和行政效率的，"无为主义"则更大程度上是一种帝国内向型文化气质的表现。这两点在实际统治行为中是相互联系的，儒家意识形态的损毁必然殃及"无为主义"状态的存在，也最终必然殃及"双轨制"的控制格局。当然，这种变化是不同步的，但有一点可以

---

① 费孝通：《乡土重建》，载《费孝通文集》第四卷，群言出版社1999年版，第339页。

肯定，儒家意识形态的"象征建构"的损毁，为"双轨制"向"单轨制"转换获得了前提。

费孝通具体指责的是在现代国家建设中政府需要动用更多的资源去为现代化的目标服务，由于这样做需要很高的成本，所以必须更加重对地方社会的盘剥才能达此目标。这必然出现一个要求，就是国家更多地企图把触角向下延伸，而不顾及"双轨制"的传统状态和建构的基本理念。[①]其中现代保甲制度的推行对乡村社会的破坏性是一个关键的因素。保甲制度在中国至少有上千年的历史，不过在实施的过程中前后有很大的变化，南宋以后的最大转折就是原来冷冰冰的法治控制原则被巧妙地赋予了一种人性的文化气质。在此之后，保甲不是一个简单的人与人之间相互制约的机械设计，而是把人情面子及心理内在的一种互助守望的需求结合了起来，所谓"乡甲约"的贡献，就是把纯粹基于道德教化的宣讲程序与原来毫不讲究人情冷暖的保甲监控相结合而形成的一种微妙的统治格局。在营造这种结构的过程中，不仅儒家意识形态在乡村的具体文化实践是重要的一个环节，而且儒家的"象征建构"也很重要，它往往与"文化实践"相配合，制约着帝国势力向基层进行直接渗透。在这里，"象征建构"变成了"文化实践"的一种统治气质上的保证。

与之相反，现代保甲制度的强制推行则完全是国家现代化过程精于计算的一个结果，社会控制完全依赖于所谓现代化效率的标准加以投入，形成一体化的布局，自上而下的政治轨道筑到每家的门口，而原来自上而下的单轨只筑到县衙门就停止了，这种默契在

---

① 费孝通：《费孝通文集》，第337~342页。

近代遭到破坏以后，乡村自治单位的完整性也就不存在了。"双轨制"变成"单轨制"的一个最重要后果是，中央与地方在公务与民间的职责分割上纠缠不清，难以清晰地定位和划分，比如在现代保甲制中的"保长"一角原来可能更多代表民间士绅管理地方社会，改革后则极易变成国家行政机构在地方的代表而担负着催税征粮等摊派性工作，逼紧了还会引起地方社会民众的反弹。

不过，在民国初年，虽然儒家意识形态的"象征建构"部分已经倒塌，但"文化实践"仍在基层以富有活力的姿态对抗着国家的渗透。这是因为中国作为现代国家一直处于分裂而非一统的状态，其对现代化的社会动员能力及对基层社会的穿透力仍是有限的。新中国成立以后情况则发生了很大变化，国家的社会动员能力明显增强而进入了"全能主义政治"时期，其中最为重要的变化是，残存的基于儒家意识形态"文化实践"部分的地方自治组织被彻底摧毁，由人民公社这一国家在乡村的最低一级行政单位所取代，这已是不用赘述的常识。整个乡村生活的"政治化"几乎没有为儒家的基层组织留下什么余地，当然这是一个非常复杂的规训过程。[1]尽管我在另一篇文章中曾说明，在政治社会动员的外貌下可能仍会残留着基于乡土人际关系网络制约的行为模式，如"文化大革命"时期的赤脚医生制度，但总体上乡村社会已不存在任何双轨制的自治组织和行为空间了。[2]

---

[1] 参见郭于华、孙立平：《诉苦：一种农民国家观念形成的中介机制》，载杨念群等主编：《新史学：多学科对话的图景》，中国人民大学出版社2004年版。

[2] 杨念群：《防疫行为与空间政治》，《读书》2003年第7期。

中层理论与新社会史观的兴起①

叙事的变迁——政治与社会

肖：你在最近的编著里，具有总体性特点的新提法有两个：一个是《空间·记忆·社会转型——"新社会史"研究论文精选集》的"新社会史"；一个是《中层理论》中的"中层理论"。从书中内容来看，这两个提法密切相关。这两者在提出时间上哪一个在前，哪一个在后？它们之间有没有演变的关系？

杨：中层理论可以算是建构"新社会史"的一个要素。为什么要提出"中层"这个概念？目前革命史观和现代化史观大体支配了国内史学界的基本走向。这两者都对社会进行线性的认知。它们之间有一个改变：革命史观可谓政治史叙事的一种，而转化成现代化史观之后，政治史叙事显然无法解释现代化史观赖以产生的社会转

---

① 本文是与《中华读书报》记者肖自强的对话。

型。社会整体发生变化，所谓的集权系统的控制模式开始松弛，随之而来的是解释模式的转换。从现代化角度来看，所谓的政治体制改革和文化讨论，实际上是如何使社会跟国家重新建构起或梳理出一个它们互相之间能够对话和妥协的关系。在这种背景下，传统的政治史叙事，只能用于论证国家政权合法性这一相当单一的维度，肯定是不够的。在这种情况下，80年代以后兴起的社会史研究和文化史研究，就是面临这个问题而实行的一种转换，但在那时我们几乎不知道如何在社会和文化的层面建构一种政治的合理的、对话的，或者说互相之间有区分的关系。我们看到的所谓的社会史研究和文化史研究以及由此展开的阐述和表达，跟革命史观有剪不断理还乱的关系。它实际上是一个狗尾续貂的政治史研究，其实质是把原来的政治史叙事的边界和范围扩大，并没有解决如何摆脱这种政治史叙事的问题。因此，现在最大的挑战就是如何建立起一个把社会史叙事和文化史叙事看作是与政治史叙事相区别的框架。

20世纪30年代的社会史论战，开始确定现代革命史观的基本框架。那时共产党只是各种党派中的一支，当时的社会史论战是以叛逆国民党政权的姿态出现的。中国共产党执政地位一确立，就把社会史叙事直接转向政治史叙事。先前的社会史论战扮演的是"挑战"角色，而这次转换就是要把社会史叙事的内涵及其具体的基本逻辑抽空。这样一来，历史学研究就变成论证现有政权合法性的工具，史学原有的"挑战"和"自我反思"的功能被压缩，被阉割。到了50年代，革命史观这种宏大阐述必然走入政治史叙事单一的渠道。

我在《中层理论》第四章"从'士绅支配'到'地方自治'：基层社会研究的范式转变"探讨了《皇权与神权》这本书。20世纪

40年代，一些历史学家和社会学家尝试进行合作，费孝通和吴晗共同组织一个研讨班，合作讲授"社会结构"课程，讨论的成果结集为《皇权与神权》。他们两人在衡定士绅身份与功能等问题时视角存在明显的分歧，这种分歧决定了后来历史学跟社会学的分道扬镳。费孝通认为传统社会分成上下两个层次：下层社会处于自治状态，有一套自治规则，上层跟下层实际是一种无为而治的关系。下层对上层的呼应，是以自治的方式，而对上层统治的渗透是采取应对和妥协的对话方式。费孝通这篇文章在当时引起很大的争议。但是，中国现代化过程非常急剧，上层国家权力拼命往农村基层渗透，把一个自然的社会状态改造成一个人为的行政状态，自然村变成行政村。费孝通认为，在这个转换过程中，如果不给基层社会留够自治空间，延续上述传统，上层对下层的根本改造很有可能会使下层被迫担负起太多的责任。下层社会担负起行政的责任，这会引起基层自治社会的崩溃。他的论点的提出是当时现代化发展的一个不和谐的声音。但费孝通还是坚持这个主张，即如何在国家和社会（当然"国家"和"社会"是后来赋予的概念，而当时的主要表述形式是"上层"与"下层"）之间衔接并建立起一种合理的对话关系。这套东西，后来被美国的中国学接过去，张仲礼和肖邦齐走的就是这条路线。

吴晗提出另一个重大命题，我觉得这是政治史叙事或者说革命史观最大的衔接点。吴晗认为我们判断上、下层的关系，包括对士绅角色的鉴定、身份的鉴定，应该是以他对土地和财产的占有作为评价的唯一标准。也就是皇帝和士绅之间是铁板一块的，并不具备费孝通所说的自治系统，因为他们同样占有土地。皇帝既是最大的国有土地所有者，也是最大的私人土地的占有者。士绅也占有土地，但没有皇帝或国家占有的数量大。他们之间占有土地的性质是一样的。所以应该把国家看作一个整体，而不是一个上下有区分的分治状态。这个理论受马克思的影响比较大。这套东西一直延续到50年代以后，成为我们后来从社会史直接转入政治史的一个最主要的衔接点。

肖：20世纪80年代的文化史观和社会史观，很大程度上隶属于现代化史观。但你认为它们在根本上还是没有摆脱原来的政治史叙事框架。"新社会史观"把革命史观和现有的现代化史观都看作反思对象，甚至是摆脱对象。

杨：吴晗的意义就在于，我们以后看待历史，在一个总体的、国家的、权力的支配范围之下就足够了，而把"社会"这个层次隐去。这实际上是社会史向政治史的直接转化。但是，为什么到了80年代，我觉得现代化叙事还是革命史的延续呢？现代化叙事实际上还是把现代化整个的承担者，看作是一个国家行为，认为这跟"社会"本身的行为没有关系。

费孝通的思想，被美国中国学的一些学者继承。比如说张仲礼到美国，认为士绅是一个中间阶层，下可以衔接群众，上可以联结政府，政府一般不会渗透到县以下。肖邦齐也同样采取这个策略。他们认为国家政权向下层延伸，破坏了下层社会基本的自治结构。在国家控制作用与地方社会对它的回应之间应该给地方社会原有的、被遮蔽的社会史资源以应有的地位和价值。现在这个思路通过美国中国学的中译又绕回中国，我们也由此开辟新的学术路子，即对自治传统的反思和再诠释有所加强。然而我们能不能把"社会"这个因素真正纳入"自治"这个框架里面去？换言之，我们如何进入中层？这就是我提出"新社会史观"和"中层理论"的一个比较大的理论背景。

肖：现代化史观和革命史观之所以被你看作是根本一致的，是因为它们只见"国家"，不见"社会"，把"国家""社会"合而为一。"国家"把"社会"的自治功能或者说自组织功能破坏。这一倾向又和中国史学传统比较一致。中国传统社会有自治的社会结构，但是中国古代史学传统没有把它考虑在内。

杨：上层政府干预下层社会可能恰恰是一个现代性问题。现在没有人在这方面提出真正的解释。如果从中国古代史来看，上层对下层还是有所顾忌的，比如说朱熹的理论。朱熹跟以往和后来的哲学都不太一样。朱熹建构哲学理论，有一个非常模糊的"道"。这个"道"可以形而上到一个模糊的、不可言说的层次，也可以形而下到一种实际的、可操作的技术化规则。在一个很偏远的乡村社会，一个普通村民知道如何遵守宗族法规和乡约规则。这套规则是在朱熹之后逐渐渗透到基层社会中去的。我觉得，朱熹这一套作为道的形而上的东西被国家行为所利用，成为上层社会进行统治的或者说运转的东西。比如科举考试是以四书集注为主，它代表了朱熹的基本教诲，但是它在下层社会中也有一套非常具体的、可操作的规则。大家遵守这套规则，就自然形成一套跟国家行为不太一致同时又在某种意义上可以相互衔接、进行对话的一套自组织原则。后人当然可以把朱熹的思想看作一个哲学系统，但我更把它看作是一种历史观念。这个观念，可以说就是中国历史观的一种资源。但进入中国当代，朱熹的这套组织原则或者说这种历史观念被破坏掉，人们把原来由"自组织"跟上层沟通的规则简化为一套上层统治下层的政治史的叙事传统。不仅如此，这套政治史的叙事传统还仅仅被简化为论证新政权合法性的基本根据。

肖：根据刚才所谈，我觉得新社会史至少有两个方面：一个与中国社会的自治传统有关。我们知道，这个"治"是一个很复杂的概念。有行政行为的"治"，也有思想道德上的"治"、法律上的"治"等。我们谈的主要是行政行为的"治"。现在有人谈到古代县官不下乡，就是指行政行为不能干涉乡村社会。在中国古代，在思想道德上，上下可能比较一致，但是在行政管理这一点上，上层绝对不能直接参与下层。我觉得这些不同意义的"治"要分开。下级和上级是行政意义上的上下级关系。因此必须先把所要讨论的"治"界定下来。

一个是"新社会史观"面临两个任务。一个任务就是揭示近几十年或者近一百年来国家是如何把社会自组织能力破坏掉的。有人认为共产党的意义之一就是把行政权力渗透到中国每个角落。我认为，这种做法，只有中国具有，其他国家无法找到。我们中国不仅仅是行政上下级关系达到每个角落，还有党委这个系统的上下级关系达到每个角落。所以我们首先要把这种现代化过程限定为"中国式的现代化"，"新社会史"要把这个过程揭示出来。还有一个任务就是揭示过去的不受破坏的乡村社会的自治结构。这样一来，它就等于说"新社会史"认同了一种价值观，即"国家""社会"要有一定的分离，"社会"要具有相当的自组织能力，或者说自主性和自治传统。所以新社会史在很大程度上就是要梳清这些历史，要把中国社会原来存在的自治结构看作一个被压缩和被破坏的过程，然后我们才好把握这个东西。

杨："国家"跟"社会"的这种对峙关系，或者说强调社会的自组织功能，这实际上是一种非常西方化的提法。我觉得"新社会史"应该避免把"国家"跟"社会"的边界做过多地清楚的区分。

比如现在很多人受哈贝马斯的影响,把"公共领域"和"市民社会"等概念移植到中国,诠释中国社会的基本转型。其最大的问题就在于"公共领域"在西方实际上已经十分清晰地被界定为一个场域:通过咖啡馆、报纸、集会、社团等,形成一个非常清晰的所谓的"市民阶层"或者说"中产阶级"。把它挪到中国作为边界清晰的所谓的市民概念存在,是很成问题的。

理论的横移——社会学与历史学

肖:"新社会叙事"里的"中层"概念,其理论源头来自社会学。社会学的东西应用于历史学,肯定牵涉到一系列的设定,也就是说要使它真正成为一个历史学概念,而不再是一个社会学概念。

杨:目前我所达到的层次其实到不了"新社会史观"。在我这里还主要是一个方法论,是一个应用和加以转换的问题,或者说如何向历史学界迁移的问题。我有一个基本判断:历史学里没有自足的方法论。任何历史观,包括现代历史观理论的建立,其实都是在社会学方法论的意义上建立的。现代化首先是一个社会理论。马克思也是社会学家。我觉得社会学的表达方式有很大的问题,就是单一维度的特色过于浓厚。怎样把它置于一个更具体的层次上表达?其实不必要掩饰,历史学就是在做社会学的描述。(肖:长时段的社会学研究)长时段的社会学研究可能会把它给共识化,而且我们要重新把共识化的空间和范围作一个界定,其实我们现在没有资格谈历史观问题或者社会史观,社会史观远远不是我们这一代人所能重新建构起来的。要讲颠覆或者彻底解构再建构那是非常难的。任何人现在就想做出尝试，必然以失败告终。汪晖等人都在这方面作出努力，但给人的感觉往往是力有不逮。汪晖基本的命题还是解构现代化叙事的东西，他没有建立起什么。如果在更大的意义上讲，顶多是世界体系的一个翻版，没有建构一个叙事框架。

我比较注意一些概念，比如黄宗智提出的"过密化"，从经济史的角度描述江南地区劳动力和生产量之间的关系。把"过密化"这个概念上升到诠释中国整个经济发展的一个趋势而成为一个可操作的，可反复验证的东西。它虽然是一个地区性概念，但是他的解释是趋势性的，这种解释作为对具体现象的一种描述具有可操作性。比如杜赞奇把"过密化"转化为"内卷化"，用来描述华北农村基层政权在转化过程中发生的一种过渡性现象。我提出中层理论，是为了呼唤不断出现一些这样的概念，这些概念是对某种集团性或者地区性事物的描述，而且这种可操作性概念具有一种"一般性"。在不同的现象、维度里面，既可能是经济史现象，也可能是社会史现象，也可能是文化史现象。可能是一个地区的，一个社团的，也可能是一个人群的。总之是某种集束类型的现象。很多这种概念集中起来，就形成一系列总体性的抽象的框架式的概念。而且，我觉得中层理论最值得推崇的地方就是它对现代性宏大叙事单一维度的颠覆。因此，它首先是一个如何呈现的问题。呈现导致概念的丰富性，而且通过呈现，能自觉地制约概念使用的范围。

肖：经济学界比较强调"模式"。某一个地区的现象，或者是某一部分的经验能够成为一个模式，一个不算特殊的概念。如何把中层理论讲清楚，可能牵涉到很多西方的模式理论。还有就是像张光直，提出一个解释中国历史的模式。在一种模式里，首先假设一些条件，然后分析这些条件的关系及其可能产生结果和在不同环境中的反应。

中层理论一旦被赋予独立性，就不再是社会分层理论的中层。社会分层理论中的中层没有独立性，它隶属于社会分层。但是如何使它建立起自身的独立性，使它能够相互解释，不求助于其他的层次，而且有一些非常具体的研究对它加以支撑？

杨：其实我刚才所谈的费孝通跟吴晗的区别，下学期我将专门写篇文章。二三十年代做的很多工作，被五六十年代中国主流史学所遮蔽，但是它在美国转一圈，被赋予新的含义，再流回来，成为本国流行的一个东西。这个转换过程，有很多很有意思的东西。

肖：我建议把中层理论纳入政治哲学里面讨论。比如政治哲学提出要把大的社会中层形成一个主权单位，而这需要一系列社会历史经验做支撑。比如说它成为中国大主权里的一个主权单位，它为什么能够成为一个主权单位？它在何种意义上成为一个主权单位？这种意义上的主权单位的运作是怎样的以及如何保障这种运作？等等，都需要完整的研究和分析。这本身就是社会史研究任务之一。主权单位内的相互联系构成一个选择主体。它能够自足，它有学习的功能，有根据自己的需要选择的功能，它也能改善自己。享有主权的主体的变化，才可能构成历史事实的真正发展。这样，新社会史观的研究，中层理论的研究，就打通了。

杨：我觉得中层理论在社会学里面基本有了界定。关键的是它在历史学界里如何运用的问题，即运用的范围、边界和它本身的内涵及怎样操作的问题。因为它毕竟是一个社会学概念，必须要把它界定清楚。跟空间的关系，跟时间的关系，跟现有的社会理论的关系，跟现有的历史的宏观理论的关系，跟基层的对历史材料选择的关系，跟史料处理的关系，这些我觉得就可以树立成几大关系。然后再界定以前做了什么,目前要做什么,以及将来要做什么,以及它和其他学科之间怎样进行纵向横向的对话、沟通,怎样互相利用各自的共同资源,然后才能真正定位我们到底在什么样的层次上来谈。由此就超越了社会学对中层理论的定位,问题也就转换成一个操作过程。

历史呈现与划分对象

肖:福柯近几年在中国特热,但是很多人不太考虑福柯的研究过程,喜欢阅读和运用他的结论。

杨:我比较关注文学界的福柯。他们把福柯的后现代变成一个解构的东西,但并没有对中国的现实和历史发生真实性的切入。其实你应该看《空间·记忆·社会转型——"新社会史"研究论文精选集》里我那篇关于"医疗制度"的文章,它揭示了一个制度是怎样变成一个渗透到普通生活中的东西的。这是非常典型的福柯式的东西。它通过西方医疗制度在民国初年对北京社区空间转换的影响转化为一个中国问题:西方医疗制度依靠"现代"和"科学"这种观念性媒介,把传统的生死控制和空间仪式打消掉。

肖:但是你过分纠缠于"中西之间",使得它成为一个无可救药的框架。这样一来,所有的揭示只是在强化现代化史观——现代化在中国的有效性:它把传统的东西都打消了。(杨:现代化的有效性可以从正面和负面评价,但不能不承认它基本的有效性)我反对提"现代性内外"。在一次学术活动上,某青年学者介绍西方的"生态批评"。一位学者当即发言,说:我们首先要弄清楚这个生态主义是属于"现代性以内"还是"现代性以外"。我当时就想,他们都是学者,所以发言总是基于自己的学术背景;我不是学者,只能基于问题本身思考。我认为,我们应该首先看生态观念和生态批评的基本构成及其基本的价值追求,而这个问题和现代性属性没有直接关系和必然关系。我觉得新社会史研究在这方面应该确立典范。

杨:你已经提出问题,即"新社会史"最初的一个任务,是要把这些东西区分开来:历史事物和历史现象本身做了些什么,又被政治史叙事赋予了什么。这需要把这种东西呈现出来。我觉得应该先把这些东西——以往革命史观和现代化史观赋予历史现象的一切痕迹,包括身份、尺度以及在历史链条中的位置等——解构掉。也就是说"中层理论"是在呈现或者重建一些属于地方秩序但已经被宏大叙事遮蔽的消失的东西。历史学的任务不能说"复原",只能说是呈现和呈现到什么程度。(肖:"被遮蔽"是一种共时性,也就是说与"揭蔽者"共时)我们现在还没有过渡到中层理论具体的讨论中去。但是一个基本的态度,跟以往的研究不同,就是呈现。它呈现的是某批人的基本的生活状态。现代化史观跟革命史观有时有意去遮蔽一些东西。比如农民的生活仅仅被复原为或者说重建为农民起义的一个过程,通过反抗压迫的二元对立关系建立起农民生活的基本问题。其最大的问题就是遮蔽了农民在日常生活中如何处理他个人跟周边事物的基本关系。因此我们必须先做一个基本的呈现,呈现出来之后我们才能考虑到其他基本的生活场景和脉络,以及考虑其如何跟其他的人群和空间发生关系。

肖:在《杨念群自选集》里,"自序"和前两编标题中都带有"边缘"二字,如"边缘话语""边缘史论""边缘史析":方法是边缘的，研究对象是边缘的，言述是边缘的，得出的结论即便不是边缘的，也在向"边缘"靠近。

杨：可能有点这个意思吧。实际上我所关注的问题并不是边缘化的"问题"。为什么我觉得史学远远滞后于对现实的关注？我们提到的这些所谓的"边缘"状态，可能恰恰是中国人，包括中国现在大多数人，特别是大众的基本的生活状态。现在很多情况也是这样，比如新闻报道，它们关注上层社会，如所谓的暴发户、白领阶层，然而这些人可能仅仅反映了普通老百姓的冰山中很小的一角。我们的视线可能远远没有扩大到一个所谓广义上的行为主体中去，我觉得这需要一个很大的转换。还有就是中心和边缘的关系、边缘化问题和中心化问题。

肖：换句话说，你要把很多处于死角的问题和史料拿来，把它揭示和呈现出来，同时拿来与大家一起讨论，以此为基础，对"共同主题"进行反省、检验、补充。这样就不会停留在边缘境地，换言之以"边缘"审视"中心"，以"边缘问题"讨论"共同主题"。

杨：但是我觉得这恰恰是目前历史学变得更加多元、更加丰满的一个原因。我想它也是很重要的一个取向吧。

肖：我很注意具有相关性的个案材料。相关性就是自身能够互证互释。我曾经思考一个问题，在国家图书馆看某学科资料，但是找了一个多月也没有找到一个典型的具有相关能力的个案。搞研究，对事实的描述能力太重要。用你的话说就是对历史进行呈现。一个"事实"连关联的要素都不齐全，谈何价值？任何材料只要被拆开就不反映任何观点。一句话、一件事，孤立出来，就没有任何意义。这是逻辑常识。

杨：我觉得其实这是新社会史第一个要做的。人们现在对历史有个误解，认为做历史研究就是要恢复历史真相，追求客观，因此只要在一定程度上下死功夫就行。然而其实我们只有在建立起对历史的基本认知框架之后，才能在选择材料上有可能更加细致。比如福柯就做得非常细，把一个监狱或者一个医院整个地复原出来。而中国现有的传统史学按原来客观主义的标准去要求，常常恰恰忽略了历史中我们认为是最重要的东西。比如有一本书，因为篇幅的限制，删去十几万字。这十几万字，在"新社会史"看来，恰恰是最重要的东西，这些东西主要是关于吃喝拉撒睡的。但他们认为最重要的东西是跟义和团戊戌变法相关的资料。对历史真相或历史求真来说，仅仅把它理解为求真，实际上是糟蹋历史学。陈寅恪之所以脱颖而出，恰恰是因为他根本不是求真。他只是从自己的一个角度重新解读历史，比如对中世纪家族的大转折（从发生、衰落流入世俗底层社会的一种转换）的研究。这里面包含他对历史特别强烈的主观观照。所以他的同辈，像陈垣等，考据功夫很好，但在历史观念和历史大气象的架构分析上，远远不如陈寅恪。

肖：其实"客观主义"具有双重性：一方面是作为批判或者自我辩护的武器。后来者对前行者的批判往往是以客观主义作为武器，即使强调阐释的"新社会史"最终还得以原来的历史叙事和历史观念不够客观来进行批判和论证自身的合法性。而任何自认为具有完备的合理性和合法性的理论都认为自己是最客观的。另一方面是作为无限制追求真理的召唤，这种召唤首先预设了"客观"的存在和主体把握的不完全性，换言之在真理的客观性与主体的把握能力之间留下永恒的期待弥补的裂缝，呼唤人们永远地走在接近真理的路上。"客观"的预设使得追求真理有了永恒的意义和动力。

杨：客观真实往往跟你的主观能力所能达到的、所能涉及的范围有很深的关系。主观上对事物的认识在一个什么样的层次，或者在一个什么样的范围里，达到什么样的程度，所有历史材料的真实性实际都是为这个服务的。我觉得现在主流史学家一个最大的问题就是，事实真相的尺度只有政治化标准，或者说政治化任务，比如说"为国家现代化的建设服务"，而这实际上没有必然关系。

肖：但有一点是可肯定的：假如说了解n个历史事实就能够充分论证某一个价值判断和解释模式，即A，而另外还有一个解释模式和价值判断，即B。A与B，谁对谁错有时并不重要，而且一时未必能说清楚，但是假如B要想得到论证，属于A的那n个事实全部包含在里面还不够，还要寻找更多的历史事实，那么B就可能比A更具有包容性。B需要更多的历史事实才能确定下来，但现在没这么多历史事实，这并不等于说B就不行。必须寻找新的史料，或者说拓宽史料的范围和来源。当然也不是把那些可以"证实"的、仍旧具有解释空间的"旧"史料抛掉。一切可以"证实"、具有关联能力的史料，永远具有广阔的解释空间。

杨：一个人在寻找新材料的时候，有可能找到的恰恰是跟他意见不同的人持有的一种观念，也就是恰恰是一些视而不见的材料。如果把这些材料进行一种呈现，岂不是颠覆了在他的范围之内鉴定的一些历史事实？能不能说这是新社会史考虑问题很重要的一个出发点，就是说我们能不能在一个更加多元的理论支配的背景下，呈现不同的历史事实，然后通过对它们分门别类，对我们所谓的历史真相，作出另外一种不同的判断？我觉得现在中国历史学最大的一个问题就在于它太现实，就在一个桌子的范围之内摆东西。（肖：它的历史真相都是自我宣布的）所以我觉得现在最主要的任务就是颠覆对历史真相的单一的解说。

肖：颠覆之后还得会回到常识中去。任何人都会认为，历史事实都搞错了，由此得出结论也不值一提。这不是我们要批判的东西。当然历史事实与价值判断还是有基本区分的，但就共识的方面来谈，大家都强调以历史事实为根据，比如研究农民起义或者说农民运动。农民需要基本生存，否则没法生活，就会起来反抗。这时，研究它们的贫困状况也许就足够了，因此贫困事实成为争论的对象。如果谁不同意造反，谁就得提供其他生路。如果同意造反，那么农民如何造反，造反之后怎么办？这又形成新的争论对象，需要新的史料根据。革命之后能不能让农民掌权，又是一个新问题，又需要新的材料和论证，这时就不能光看他们的贫困了，还要看农民的追求目标、权力意识和管理能力等。如果农民不能掌权，又该怎么办？由谁来掌权？这又需要寻求新的材料并对其进行解释。事实、问题与价值总是有某种对应关系，否则就会风马牛不相及。

因此寻求真相肯定是基本功。什么叫事实真相？我非常强调事实的相关性能力。这个事情发生的基本环境、基本要素和基本过程，不能遗漏。"不能遗漏"是一个什么概念？当然与相关性有关。它表明真相本身与"这个事物"有关，而"这个事物"已经被人们在混杂的"事物世界"里切割出来，并被人们认为是"一个事物"，也就是说被划分了边界，而且这些边界足够保障"一个事物"成立。真相当然与"这个事物"的边界有关，相关性也是被"这个事物"的边界包蕴着。如果因为想不到而漏掉，那是没得选择；想到了而不去做，那绝对是歪曲。所以追求客观真实也没错。事实呈现中的边界划分问题，自然使得中层理论还有一个研究对象的独立性问题。就是说研究方法有很重要的一点，对象的独立性使它自成一个系统，内部具有足够的相关性或者说自洽性、自足性。

但是没有人去研究。

杨：如果不赋予"中层"以独立性，就无法跟现有的现代化史观和革命史观等宏大叙事区分开来。但是问题在于如何赋予对象以独立性。（肖：这就是中层理论和新社会史观最大的难点）这又回到刚才所说的，第一就是避免从革命史观和现代化史观角度去看问题。现在历史学的一个问题就是，其结论早就给定。这是革命史观与现代化史观的一个通病。比如我们定义太平天国是农民起义，戊戌变法是维新运动，辛亥革命是一场推翻旧封建制度的革命。如果这么定性的话，任何研究都是为现有的结论服务。第二点就是所谓的"中国中心论"。"中国中心论"的一个前提是"对象"并没有完全的独立化，也就是说它本身还是站在一个西方的立场上，把问题变成一个如何东方化的问题。也就是说他们在提出"中国中心论"这个命题时，一直有一个西方背景在后面支撑。对象如何独立化，我觉得首先应该摆脱这两者不同的维度。其次就是我们呈现什么。

肖：这个很关键。喜欢红色的眼睛首先看到的就是红色。一个人类学家在一个部落待上十年，这个部落的东西被他反反复复地感觉、捕捉和记录。十年后他对部落进行全面呈现时，只需要考虑如何抽象，如何归类，如何保证它们的关系，如何确认处于实质作用中的关系。哲学就是要给世界形成一个新的分类体系。历史学的任何一步工作都牵涉着哲学的基本活动。（杨：这里面涉及历史资料的不同组合。如果重新组织，得出的意义可能是完全不一样的。现在我们就是缺乏对意义进行重新组织的能力）这几十年，对中国近现代史史料的考证，做得不是很好。他们常常是只要考证出某个东西与革命有关，任务就完成了。考证史实，一个是考证真伪，一个是考证相关联的事物，哪些事物对它曾经发生过作用。

杨：我觉得中层理论最重要的就是能把一个事实，你认为是事实的东西，比较完整地呈现出来。你认为是事实，把它分类好，表述出来，把边界之间的关联性清晰地呈现出来，这已经是很了不起的工作。

肖：在中国的传统史学里面，我认为是有中层意识的。中国传统社会里对书院特别重视，县官到书院里去，是什么态度呢？那是要执弟子礼的。天地君亲师，君王不在时，县官对老师必须恭敬。这就是传统社会的"中层"意识。中层理论在很大程度上是属于学科建设，而现在竟变成一个带有思潮特点的思想问题。

理论的转换——悬置或者批判

杨：对历史学界来说，我们可以避免两种倾向，这两种倾向恰恰代表两个阶段。第一个阶段特别强调乾嘉学派那一套所谓实证主义的经验研究，这容易流于琐碎之学。比如80年代以后国学热引起的争论。第二个阶段是针对所谓的宏大的革命史观。革命史观恰恰是用理论的空洞去解构过去所谓的经验研究和实证主义的乾嘉学派的这种风格，但是它又过于政治意识形态。怎样回避这两个极端？当然从技术上来看，从中层进入的话就可能行得通。这只是它最初步的，我谈的并不是它全部的反映。

肖：我们可以把宏观分为"具体宏观"和"空洞宏观"，微观分为"琐碎微观"和"相关联的微观"，而中层理论实际上是在"具体宏观"和"相关联的微观"之间。假如对两边的事物不是很了解，中层理论就无法被定位。反过来说，一个人的中层理论做得很成功,他的思想里绝对包含丰富的关于"具体宏观"的思想。中层理论同样也零零散散的隐含了丰富的"相关联的微观"。换言之,在中层理论上能够成功的,一般也至少具有模糊的宏观理论和微观考据的能力,这种能力虽然模糊,但是非常实在,足够构成中层理论建构的背景视域。

"空洞宏观"和"琐碎微观",往往是相辅相成的。"琐碎微观"的研究成果常常成为"空洞宏观"任意利用的材料,而"琐碎微观"的价值观念也是"空洞宏观"直接赋予的。中层理论使它们两个之间的关系不成为一个任意的论证关系。过去任何历史研究,一下子就和革命联系在一起。"琐碎微观"没有相互之间的解释,它肯定能够任意论证。宏观上用"琐碎微观"来论证,绝对是空洞的。而中层理论可以使"空洞宏观"成为一个"具体宏观"、具体的抽象,而"琐碎微观"成为相互之间"有关联的微观",自身能够成为有一定自足性的微观。中层理论能够使二者之间的关系不再是任意性的论证。

杨:你说模糊意识也好,模糊感觉也好,它可能具备上升到宏观的基本意象,但还不具备构成上层的更大的框架的基本能力。

肖:这个问题切换一下,就变成另外一个问题。我们是否能够通过批判"空洞宏观"和"琐碎微观",来找到中层理论的位置?这种可能性有多大?我认为,你们这一代史学学者实际上就是在这个问题上做工作。

杨:这涉及你对中层理论本身的要求。其实刚才我们的讨论多少已经部分回答了这个问题。也就是说应该在中层范围之内,提出独立的解释模式及寻找到我们所认为的在中层理论应该进行解释的一些材料。这些材料一定要超越在所谓琐碎考据的经验实证的基础上的判断及有关的材料选择。我想这一点应该是可以做到的。比如说选择不同的材料,某学者谈到乡村自治问题,研究这种功能的运转,分析它所运转到的程度。实际上他在选择材料时,已经对原有的材料作了选择和梳理。如果仅仅按照政治史观或一般考据型做法,把材料聚集起来进行研究,得出的结论可能就是这些所谓的材料并不能作为乡村自治的一个验证。但是如果经过这位学者对材料的筛选,这些材料马上就变得能说明自治问题。

肖:这个例子至少包含以下几个东西。第一是它找到一个对象,这个对象是自治的。第二,根据这个标准重新整理这里边的材料,把材料运用到中层理论的建构中,就有必要把外在的、无关联的东西,要么抽象掉,要么限制起来,或者是在一定空间里,把它放在悬置的位置上。这里面自我标准很明显。

杨:另外一个问题就是说中层理论为什么既要依靠下层对材料的选择,又要依靠上层宏观的东西的反思?为什么是这样选择材料?首先得出的结论就是说宏观的这个东西,向基层的东西要渗透,但不可能完全渗透。那么在这个过程中,它依据上层反馈下来的,也就是宏观的抽象规定来选择材料,由此激活了原来的关于这种材料的经验研究、实证研究。这种所谓的客观性对象就变成了主观选择的对象。

肖:它肯定牵涉到宏观、中观和微观之间的关系,还有渗透和不完全渗透的问题。当然一定会渗透,但不可能完全渗透也是肯定的。

杨:如果有人不认为现代性的逻辑是理所当然的,现代化对乡村的渗透是理所当然的、合理性的过程,但这个渗透可能会破坏既有的乡村自治的一种基本的自然的状态。总之是在作出这样一种判断之后，再利用这一判断去对原有的材料再选择，原有材料所证明的东西可能就进入到"中层"这个视角里。

肖：两个问题：一个是价值判断，一个是事实判断。事实判断包含两个可能性：它具有的一定的自治，或者是这种自治已经完全被破坏。价值判断就是提问：保持自治和自治完全被破坏，哪一个好？前面的问题好一些，因为渗透有很多，有行政权力的渗透，有司法权力的渗透，有思想道德的渗透。

杨：我们现在讨论的是第一个层面的问题。我们讨论的是如何选择历史作为材料进入中层的视角？我再举我自己的医疗研究课题。如果从传统的角度切入，我们基本上是认同一个已经灌输到我们脑子里、已经经过多少年的从小训练的东西，就是说中国的这个医疗改革，引进西方医疗体制，是一个科学的、规范的体系，以至于其他东西，包括中医的、民间治疗的一些方式都是迷信的。那么我们在选择材料的时候，只要材料不符合这种标准，我们必然把它剔除，因为价值判断自然会选择、归类。在选择、归类的过程中，我们已经预设了选择的实证性和求真性。但如果我们把宏观的这种大的框架进行一些质疑性应用，我们的选择就完全不一样；在选择基层史料时，我们可能发现其他可资利用的材料，而且对原来材料的选择做出可能异于原有的判断。比如说我研究在产妇和产婆之间存在的控告和辩护之间的关联。如果用原来的框架来选择材料，我们往往只选择那些对产婆进行谴责、控诉的材料，而产妇为产婆辩护的材料无法纳入我们的视野，即便进入我们的视野，也被忽略。

肖：这还是一个相关性的问题。比如说研究产婆，不运用与产妇的各种看法有关的材料，肯定不符合学术的基本要求。像研究传教士，不看传教士对自己的一些活动的看法，也是不可能的。传教士对自己的看法是为他的所作所为做的辩护,而革命史观容易把这些看作虚伪和狡辩,也就是说起码的相关性都没有。有成就的历史学者都能做到对包含有关联的经验的呈现,但有些末流的历史研究者就做不到这一步。我们不要在末流历史研究工作者的问题上起步。

杨:站在宏观、中观和微观这三个层次上来看,我们的出发点恐怕是先对宏观的基本理论提出质疑,回到微观,对一些材料重新进行选择,然后再反馈到中层,建构我们自身的理论。这是目前非常急迫,而且也非常必要的工作。

肖:换句话说,在中层理论的问题意识没有产生的时候,目前这是唯一的途径。但是假如没有中层理论意识介入,仅仅在中层范围研究,"空洞宏观"却直接介入,而研究者又发现现有宏观理论不行,这时,研究者是直接批判宏观,还是确立中层意识研究中层呢?我比较强调对现成宏观理论进行悬置。悬置不是否定。如果过分强调批判,这个批判就可能会(杨:绕过去)把很多必要的东西丢掉,而且无法返回视野,永远也进不了这个"中层",而宏观理论的某些东西又是中层必须有的。这个问题我觉得比那个无意识受到宏观理论影响的问题更大。悬置是一种预防机制。(杨:现在有一个很大的问题,就是我们是否能真正悬置起来)不可能真正悬置,所以才强调技术行为。

杨:必须在对某些宏观问题作出回应之后然后再把它降到微观层面作出选择,再打回来,形成一个中层的研究。(肖:这个目前是你采取的路子)不,这不是我采取的路子,但就可操作性而言,这恐怕是一个无法回避的路子。现成宏观理论其实已经建构起很多学科都无法回避的带有普遍意义的典范性问题。要是回避这个带典范性的问题，就要重新建立问题。如果不从宏观入手，在中层就无法建立起相关问题的意识。我觉得现在中国学者恐怕是没有这个能力的。这里面就牵涉你为什么总觉得我们在"中西"之间较劲，因为我们现在笼罩在一个西方对我们的有效性的压制之下。就像孙悟空怎么能跳出如来佛的掌心？我们必须在这个掌心里说话，不可能说孙悟空跳出来，不要这个掌心了，然后自己再兜个圈子，用金箍棒划个圈子，自己再弄个掌心。

肖：批判可能产生问题意识，但是不可能发现新的东西。现在的问题，从某种意义上说，是应该学会"遗忘"。对中层对象已经有一个基本概念、基本感觉，现在是把现成宏观理论遗忘掉直接面对中层对象本身，把它看成是一个个事实要素以及这些事实要素之间的关系，而不是纠缠于对宏观的批判上。

规范论证与范式迁升

肖：最近我重新解读康德的先验逻辑，这很有趣。比如说经验，我们需要从经验出发，但是我们总是从经验中提炼出一个假设——这个假设我不去讨论，因为我觉得从经验角度去论证某个规范在哲学上是不可能的。我们的规范总是从一个原始假设出发，这个假设往往来自经验，也就是我认定的那个经验；通过对假设的展开，建构整个体系。如果你也认可这个假设了，后面的推论就好办，否则就对话不起来。谁也逃不掉这个宿命，因此我们无须违抗，而是应该考虑如何进行创造性适应。这牵涉很根本的问题。比如汪晖，在他那里，历史分析常常直接过渡到规范批判，这当然不行,尽管他的历史分析往往具有惊心动魄的揭示性。康德的先验逻辑就是在从经验角度对理论论证进行初步规范,然后马上把两者的关系切断,不让规范分析的合法性来自经验。因此我对辩证理论非常重视,但是我们的辩证法全变成了没有辩证的辩证法:"相互对立又是相互统一"成为一个公式,其实质是把千差万别的对立形式和千差万别的统一形式完全抹杀,以便根据需要任意强调斗争或同一。权力一旦成为辩证法思维和言说中的一个环节或者笼罩在整个过程中,辩证法就由真理的揭示方法转变成全能意识形态的遮羞布。我觉得中层理论必须注意这些问题。

杨:中层理论牵扯到一个很重要的东西,就是对某一个局部地区的概念化,这是中层理论很关键的一个东西。对它的有效性的验证能不能成为在中层理论背后给予支撑的很重要的一个渠道?如果再具体化,解析每一个概念本身,看它自身是否具有一种自足性,一个是界定它的范围,比如在多大的范围之内,或者在多深的层次上,它的应用是有效的。还有就是在什么样的层次上,它是一个本土的相关的概念。比如公共领域肯定是争议最大的,因为它直接把市民社会这个概念引入到城市史研究中来。但是其他的是不是就越来越近于合理化?比如"过密化"对华北乡村的这种自治体制描述的分析,是不是都可以算是在一个所谓的宏观和琐碎之学之间的一种过渡?

在现有的初步成型的中层研究中,分着很多层次,比如有的是从地区性的;有的是从机构本身运作的特质上;有的是从空间概念上,像城市与非城市之间,或者上下层之间的这种不同的边界的划分;有的是从知识生产的角度,像有学者用布迪尔的"文化资本"概念研究常州学派何以在常州这个地方产生。将"文化资本"运用在对这个具体场景的分析上,是否也是呈现出一种中层的形态?(肖:中层的分析)对,中层的分析。中层分析所应用的概念是不是也可以算是中层理论的一个表现,一个组成部分。把一个个的分析聚合在一起的话,我们就形成中层理论所能凸现出的一种基本的解释维度,而且是一个多项架构的一种框架性的分析方法。

肖:我认为这一系列都属于中层范围的分析。中层理论成功的绝对性就是对对象的划分。比如说把一个对象划分边界以后,我们就要首先来看这个对象自身是否具备自足性。打个比方,湖南省挨着湖北省,它们可能就构成一个自足体系,这时仅仅在湖南省这个范围内研究,就属于残缺不全。有时湖南、湖北各取一半才可能构成一个对象。中层对象一旦划错了,就会出现问题。我们过去搞典型研究,保证它自身相互之间的典型关系,在很大程度上也是这个意思,但是其最大的危险性在于所谓的"典型"对其他现象或领域具有直接的强制性。而中层理论到宏观理论,我觉得需要范式的迁升。怎么理解?大家都知道,在黑格尔《逻辑学》里,对概念演变的描述,第一个阶段所使用的概念和第二个阶段所使用的概念就很不同。《资本论》也是这样的。第一章由两个要素构成,加入一个要素以后,原有的概念就不够用,就得重新设计概念。也就是说,整个范式变了。中层理论最后走向抽象层面是没法逃避的,是注定的。这时,学会如何认识自己的抽象层次,建构自己的抽象层次,是最恰当的路子。这里面涉及两个路子:一个路子是历史学的,一个路子是哲学的。对我来说,两个路子都存在一个抽象问题。后者思维的抽象和表述的抽象是一致的,而前者的抽象是选择材料的思维形式,而表述上不抽象。中层理论要面临的一个问题,就是说它自己去抽象。层次多了,研究对象就多;研究对象多了,不可能不抽象。从相关事件中挑出一两件事说明整体，和用一个概念描述整个世界，用一个意象描述诗歌情景和表达诗歌意绪，这是等价的。因此从微观到中层，从中层到宏观，都要经过范式的迁升，而不是一个直接的论证关系。也许我们可以思考同一层面上的事物的共性，但这种共性毫无意义，特别是在它们之间相互没有发生实质作用的时候。

杨：这种论证方式基本上可以瓦解掉对现在一些历史观的大叙事。当时我研究儒学地域化，有一个非常明确的界定，就是说在一个区域的范围之内来谈知识群体在这个意义上的作用。后来汪晖攻击的就是：你要是越出了这个边界怎么办？比如你怎么解释革命？跨地域的革命已经不具备地域性了。（肖：跨地域就需要一个新的概念范畴）但我觉得，汪晖只是在空间层面上进行批评，我们应把这看作是对中层理论的回应。

肖：将湖湘学派、岭南学派和江浙学派这三个地域性学派与戊戌变法、辛亥革命和五四运动这三个历史阶段对应起来，确实操之过急。而论述三者之间的相互作用又确实必须形成新的描述范畴。

杨：新的描述范畴多少还能容纳我的描述。兼容的同时又完成转换。在一个空间和时间的范围之内，来谈互动本身，中间的环节应该是很多的，或者说需要有另外一条解释范畴或者说描述范畴切入，把我的描述包容进去，同时又涉及其他东西，这样就形成一个转换。

肖：中层理论既不成为宏观理论的附庸，因为中层理论没有义务去论证宏观理论，宏观理论也不可能从中层理论直接找到论证。如果宏观理论坚持说自己的论证就来自中层理论，中层理论就马上失去自身的意义。微观理论也是如此。

杨：这就是中层理论要解决的问题。中国历史很长，地方很大，如果我们要抽象一些东西，必须在中层这个角度先提炼出若干的概念，在一定的空间范围、时间限制的情况下，做成一个模式。然后通过不同的模式，完成向宏观的转换。这个转换需要另一套思维方式、另一套价值体系、另一个范畴来完成。为什么要采取这种方式？就是因为过去宏观的叙事方式，恰恰越过了这个中层，直接把一些所谓的客观的东西抽象掉，直接构成上层的、宏观的理论，直接再转化为政治史意识形态的一种叙事。所以我们谈历史，或者是干脆在底层上倒过来，或者就在上层直接打通底层。（肖：这就是任意论证的观点，唯意志的关系）这是最不真实的，底层材料没有经过范式转换就直接成为政治资源。

这样一来，新社会史研究已经上升到哲学的角度，中层理论也定位在既是一种政治操作，也是一种思想意识，还是观念和行为之间的关系上。我觉得现在历史学已经不仅仅是一个学科本身的定位问题。

中层理论与一代悲剧的终结

肖：这里出现一个问题，纵观天下，一个特别伟大的历史学家并不仅仅是历史学家，绝对是一个思想家。真正伟大的社会学家，无论哲学、历史、社会、政治，都有自己的看法，有自己的独创性。

杨：你这么一谈，中层理论其实不仅是一个史学问题，主要应该是使史学真正能跟其他学科相互对话，形成一个互相说明、互相阐释的关系。在中国的政治哲学，包括现在在自由主义和左派的争论的背景之下，中层理论应该提供某些资源。

肖：能否给论争提供理论资源，这的确很重要。但是他们就是缺乏中层理论，要么在宏观领域，要么在微观领域，其实两者之间不是一种简单的对应关系和论证关系。

杨：或者仅仅是一种西方理论的一个翻版，比如说自由主义仅仅是西方个人主义的一个翻版。在这个层次上谈问题就没有什么意思，根本就没有什么进化。我们这个中层理论，包含新社会史，其实就是为了给相关学科提供有机对话的一些基本条件，这样才能在实实在在的地面上谈问题，而不是仅仅停留在想象中。我觉得真正要有所突破的话，应该在历史学"中层"这方面有所突破。汪晖其实已经在做这个工作。

肖：他主要是思想史，但是已经学会了社会史基本的分析方式。

杨：他基本上是要进入社会史，但后来我几次跟他讨论，发现他基本上还是思想史的一个脉络。社会史他进入得不太好，因为社会史可能更复杂，需要有一个非常深厚的史学功底。

肖：汪晖这个现象比较复杂，因为他这个人，有某方面的缺陷，但在一些方面又很有天赋，又肯下功夫。缺陷、优点再加上工夫，这三点构成一个特殊的汪晖。他的特长就是，他是搞文学出生的。从他的文章来看，他是很虚无、很悲观的一个人。在他的文章中如果出现散文化的句子，没有一句话不是悲观的。他有很强的形象思维，在表象的相互联结上有某种洞察力。但他概念能力不够，不能用概念来支撑他通过敏锐的文学能力所发现的复杂的社会问题。他无法完全走上社会史研究。我认为他是有内在于社会史的思想史分析，他不会纯粹去讨论社会史的问题。但他所发现的，我们觉得基本可信。他善于抓住那些人们已经形成共识、很难否定的基本的社会史材料来做思想史分析，而这些材料的意义往往被忽视了。

杨：所以说，包括我和汪晖在内的这一代都要更加清醒的加以定位，要知道自己是在什么层次上谈问题，能谈到什么层次。汪晖，如同你所说的，他有这种天赋，但他往往又经常越界。

肖：但汪晖有个好处，就是他还是有自知之明，所以特别地刻苦，不断地追溯，比如他那个《中国现代思想的起源》一书一再推迟出版。

杨：只是他追溯的范围太大，他一直把现代思想的诞生这样一个相对有限的范围一直扩张，最后甚至追溯到中国"礼"的诞生。他给自己规定的任务，可能应该是分阶段地进行。这恐怕是他面临的最大的问题。所以我觉得在汪晖和葛兆光的这种思想史的写法（包括思考问题的方式）的终结上，他们是最具代表性的悲剧人物。

肖：葛兆光说他们那一代人提出思想史要重写，而他写《中国思想史》目的之一是为了完成这个任务。他是有自觉意识的。我觉得他是带着悲剧性的情怀来完成这些东西。

杨：他们都很明确地意识到他们到此终结了，他们是最后的终结者，是一个悲壮的出场。（肖：葛兆光也想终结这个悲剧）但是我觉得汪晖还没意识到这一点。他是作为一个终结者存在，但他是想做一个起点者的表率。我觉得新社会史或者说中层理论有一个问题，就是说，要打破学科本身的自闭性，把其他学科正在讨论的一些尖端的或者说当前的问题引入历史学的一种观照中去。这就形成一个基本的开放性。

肖：我在本科时代就给自己确立两个东西：一个是没有学科概念，一个是我坚决反对用一个体系去打倒另一个体系，而是用一个体系去沟通另一个体系。任何一个体系都有自己雄厚的经验基础、自己的学理论证。如果一个体系没有自己的经验基础，仅仅有学理论证，是做不到的。这些学者的经验基础也是很雄厚的，而学理论证是这些学者的长项。所以只可能沟通，不可能打倒。如果你要去打倒它，那就等于你白白地少了一个很宝贵的经验资源。这个经验资源你不一定要接受，但你必须去感觉它、触摸它。这是我一贯的思维特点和追求方向。任何学科都有自己学科的研究对象，有自己学科的表述规范，但是任何研究对象都不是孤立的。搞文学研究的人，文学作品里写的是一个社会现象，一个个人现象，这和所有的学科都分不开来。我们先有对象和问题，然后才有学科。

杨：你谈到这种交叉比较轻松。其实对历史学界来说，这恐怕是一个非常基本的没有解决的理论问题。历史本身已经变成了其他学科的来源和资源，同样历史也应该把其他学科的资源纳入自身的框架中来。这恐怕现在需要一个基本的共识才行。

肖：我对现代学科有一个基本的判断。在现代社会学科和人文学科里面，有两门具体的学科，具备哲学基础的地位，一个是经济学，一个是历史学。然后还有一个东西成为所有学科的方法和分析、表达的重要来源，这就是社会学。

杨：对。实际上历史学就变得格外重要，要是故步自封，它基本上就没有一个自己合适的表述方式，不能有自己表述的一个基本的框架。现在历史学缺乏这个，所以我觉得应该再与其他学科进行对话，重新把社会学的资源引入到一个基本的历史表述中去。

空间重设与普遍主权

肖：根据我的阅读和理解，你认为，在西方社会，存在两个解释路向。这两个路向都是要摆脱的。第一个路向就是，在"中央"（上层）与"地方"（下层），或者说"整体"与"部分""核心"与"边缘"之间，以前者为中心和出发点，对后者产生一个结构化的解释过程。另一个路向就是以后者为中心和出发点，对前者展开一个扩张性的解释过程。这样一来，革命史观和现代化史观只是它们的总体框架。革命史观存在"中国中心论"和"下层中心论"，换言之，是边缘对中心的扩张、下层对上层的扩张，而现代化史观是"西方中心论"和"上层中心论"，或者说中心对边缘的结构化，上层对下层的结构化。而对于"新社会史"来说，面临的是四个东西：革命史观和现代化史观、结构化和扩张性，每两个都可能构成一组描述，一个对立。"新社会史"对这四个东西都要进行一定的考虑和综合。因此你要走第三条道路：把它们综合进来。这时你就提出"中层理论"。在理论上，"中层"这个概念有可能是"重叠"的意思，也可能是"交叉"的意思，也许更是一个具有隔离性质和缓冲功能的"过渡段"；当然"重叠"或者"交叉"和"过渡"它们自身还存在着多种形式。

杨：我觉得新社会史最主要的一个任务就是呈现下层和上层在什么样的层次上和什么样的环节上建立起它们合理的对话关系，这个对话关系又如何返回到现实中去。这个承担对话关系的环节，在我看来，就是中层理论所要研究的"中层"，也就是重建下层历史。比如说，中国现有的社会转型的国策，最关键的一个因素是不把地方社会的资源当作一种资源加以合理性利用。历史学的基本功用首先就是恢复和呈现这些地方资源的合理性，使它们转化到社会转型的现实中。

这在《空间·记忆·社会转型——"新社会史"研究论文精选集》里有许多例子。比如王铭铭提到一个边界重设的问题，他力图避免宏大叙事对现有地方边界的摧毁，同时又避免太过于自恋"地方自治"，把自治边界跟上层的所谓国家严格区分开来。他强调的是一个空间问题，就是说在一个固定而比较传统的空间里如何转换资源。也可以说是将它还原到一个未被赋予特殊功能的特定场域，考察它做了什么，它有什么作用。这个问题涉及空间问题。在原有的空间秩序上，有哪些因素改变了空间排列组合，哪些因素被现有空间所排斥。这里不提中西，不提东方西方。我只是强调异质空间跟同质空间之间的交合和重叠的作用。它有排斥，有同化，也有改造，有转换。另外一个就是所谓的记忆问题。记忆问题为什么变得很重要？景军研究曲阜的孔庙发展到甘肃是怎么被改造成有所不同的问题。这个庙经过一番重修，重建之后很多牌位发生变动，于是人们原来记忆的崇拜可能发生变化。根据族谱或者口述、访谈等，重新进行排列。排列的过程，实际是历史记忆被重新组合。

肖：从刚才的分析来看，"空间"是一个非常重要的东西，很大程度上是一个核心范畴。"社会记忆"也隶属于这个范畴。这是在空间里把握时间，在时间里肯定空间，而不像过去我们研究"规律"。什么是规律？对下一步的下一步进行猜测是线性思维，只有线性历史观才可能有总体性的下一步。因此，"规律"是在时间里否定空间。要把社会学运用到历史学领域里面来，因为社会学是研究空间"秩序"的。如果是在空间中把握时间,就很难线性地推测下一步,因为它是一个"合力"概念。空间概念绝对是合力概念。空间是由一系列边界构成。每个边界领域有自身的独立性,这个独立性不是我们过去谈的"相对独立性",它是一个"非常"的独立性。现有的辩证法把它的独立性全淹没掉了。

我觉得把"空间"概念做足,"新社会史"叙事就成功了,隐含在里面的"价值"也就出来了。但是关键的是,用空间去把握时间有一定的难度。时间,我们都清楚,是单线条的。虽然我们假设很多可能,但是好像没有提出什么可靠性出来。明天就是明天,今天就是今天。按照规律,从今天推到明天,只能是线性的。按照规律,中国的发展只能归到一个模式上去。而"中层"本身包含很多东西:高层是最高点,中层是位于中间的一系列点,空间概念和中层概念使这些点都具备自身的终极性。在价值和主权上,这种终极性不受其他任何约束,是自足的。即使接受影响也是选择性或者契约性"接受",而不是被迫性接受。它是一个选择主体,而不是纯粹接受主体。我最近在思考"主体"这个概念时,就发现20世纪80年代少一个东西,就是权利概念。很多人研究到了认知的主体性、意识的主体性等,就少一个东西——权利的主体性、权利的优先性。这是20世纪80年代最大的漏洞。假如把"权利"概念赋予"主体性",在二十一世纪我们就可以把"主体性"概念重新捡起来。

这样就进入"分权"和"主权"中。电影《第一滴血》给我很大的启发。国民军到地方去抓嫌疑犯,必须由当地警长邀请并服从警长指挥。这就把权力分化了。后来我阅读《联邦党人文集》《美国宪法概念》《论美国民主》等书,就产生一系列分化和分权的概念。假如一个公民能在宗教上参加A团体,在文化上参加B团体,在政治上参加C团体,在娱乐上参加D团体……而宗教团体、文化团体、政治团体和娱乐团体等又是一种多元格局,每个公民具有相当的选择空间和结社权利。这是一个理想国。但是美国社会有这个倾向,它不把它们混杂在一起。宗教机制、政治机制、文化机制等是不同的,不能混在一起。这是一种社会分化,也是社会个体化的彻底化,也就是个人作为个人存在。权力分化了,每一种社会团体和社会方面都有自己的权力终极。

杨:这恰恰是历史学现在要解决的问题。原来中国社会可能会存在你所说的这种所谓的底层民间团体。它们在化解一系列基层矛盾、维持地方秩序的过程中一直发挥着细胞终端的作用。摧毁——把空间的东西转化成一个线性单位——之后,所有的空间都在维护着线性单位所表达的终端的愿望,最后连作为线性单位的空间也全部被消解掉了,地方的各种不同愿望找不到一个表达场所。

肖:我刚才说的很多东西都属于政治哲学范畴。现代政治哲学已经把法律、伦理放进去。法律里的权利观念、政治里的权力观念、伦理学的善恶观念都综合到政治哲学里去。假如政治哲学给新社会史叙事建构一个价值体系,社会学给其打造中层和空间概念,再用历史学的基本功夫把材料做活的呈现,最后请哲学帮助做好范式塑造和迁升,那么这个历史研究就升华了,新社会史"叙事"也就圆满,也就转化为新社会史"观"了,"中层"本身也就成为一个自足的东西。这样,把中层理论作为操作层面的理论出台,就有苗头了。中层理论现在有了帽子,脚也找到了,就少个身子。

杨:可能以后中层理论需要探讨的就是:一个是操作,一个是兼容,即怎么把当代的一些问题容纳到讨论之中。现在一些有争议的问题,一些思潮的东西,是不是要把它容纳到框架里面,作为一个背景来讨论?

肖：历史学家如果缺乏对自身所处环境的审视，就很难进入历史。20世纪80年代以来的文化史、社会史以及后来的新儒家，特别是在余英时提出游魂说以后，都关注到中层和下层。下层是通过中层来关心的。我曾经说，社会人类学在中国很有意义，可以和新儒家合作，因为社会人类学能发现民间保留的儒家文化，这很值得呈现。中国现在的政治学和法学也在关注地方性资源。其实，仅有下层的和高层的、微观的和宏观的，其结果只能是双方都被架空。所以说综合起来看，中国很多理论和学科都发展到呼唤中层理论这一步。

中国政治体制的研究，很多方面缺乏争论。对自由宪政来说，中层理论研究可以提供很丰富的资源。中国目前的研究还没有给自由宪政建设提供足够的学术经验。光讲自由主义还不行，还得让人民接受。美国宪法是一个州一个州通过的。因此，还得把自由主义与中国历史文化联系起来。如果不把这些问题打通，自由主义就缺乏足够的接受视域。

杨：这牵涉到资源共享、互用的问题。现在许多研究好像仅仅是立场的对立，我觉得这是最大的问题。现在也需要一种整合，看能不能通过一种渠道来整合。一定要从历史学本身入手，因为历史学恐怕是我们一个共同的资源，它最具有共同性。现在像法律、哲学等，都得跑到历史领域来。我觉得《空间·记忆·社会转型——"新社会史"研究论文精选集》这本书已经出现这个趋向，就已经把各个学科邀请进来，分享历史资源。

中层理论与自由的演进

肖：中层理论，假如它真正从理论角度，从学科角度，将自足性呈现出来，它就隐含有政治价值诉求，隐含有"权力合法性"的问题和"个体自由"的问题。回到史学常识，回到历史真实，这能与哈耶克的自生自发秩序建立某种关联。我个人认为，实践哲学是在哈耶克那里完成的。马克思认为历史是一个自然历史过程，我把它理解成一个自生自发的过程。只要有一个主观因素能够控制或者计划整个社会，就不能说社会进程是一个自然历史过程。从这个角度来看，马克思的实践观是没有问题的。马克思认为历史是可以认识的，但是仅此而已，既没说必然由谁来认识，也没说认识的标准必然是什么。某一人或某一政党宣布自己认识了真理，这和马克思认为历史是可以认识的观点，是不一致的。"可以认识"不等于"必然认识"，认识的程度也有规定。我曾经发现在马克思那儿，经验主义传统很浓，但是在后来者那儿就变成了唯理主义。唯理主义和唯意志主义是一个概念，是理智的直接建构。马克思主义为什么会出现这种情况？一个很简单的道理就是全能政权的合法性往往是这样确立起来的。马克思的著作都具有极强的相关性，就像历史本身。但是我们很多人不读马克思的书，而且也不懂马克思一些定义的方式，比如说物质决定意识但受意识反映。一旦物质必须通过意识来反映，那么一系列问题就出来了：物质怎样决定意识？物质本身是什么状态？我们所认识到的物质必须通过意识的建构，否则不可能对物质有认识。从这个定义我们完全可以推出这样的结论：

我们认识到的物质只有可能是由我们的意识建构起来的"物质"概念。唯物主义和客观主义一样，可能成为一个积极性的概念，也可能成为消极性概念。它具一种规范功能，规范你不断地去追求真实，时刻怀疑自己是不是存在主观建构。这个是必要的，没有这个意识不行。正因为如此，没有人说这是我任意解释出来的，要有就是后现代主义。后现代主义也不会说我所把握的事实虽然不是这样的，但我就要这么说。没有人这么去说。所以马克思的物质概念本身就是一个不确定的概念。中层理论就是把这些思想在具体的研究中全面反映出来。

杨：这里涉及，做历史要干什么，就是你为什么要做？就历史学目前的功能来说，大致分几点：第一种基本上是客观主义的，实证主义的，它追求真相，追求客观的对象；第二种，历史是一种教化，是政治的诠释工具，论证某种现有政治秩序的合法性；第三种，历史是一种游戏，或者说一种审美的，一种个性化、个体化的存在方式，个人表达的方式。我觉得最重要的，还有一点就是历史能不能使我们提高对现实的一些现象的批判能力和反思能力。

肖：批判的和教化的很难区分。批判是下层"教化"上层，教化是上层教化下层。

杨：我比较赞同一种中庸的立场。当然审美的、游戏的、自由的，是一种个人选择，这没得说。我自己也采取这种立场，但我比较赞赏的是让历史学具有反思现实、观照现实的一种能力。不论是个人也好，人群也好，通过观照、反思现实的能力的提高，能对现有秩序的转换改造和社会整个转型，包括中国人自身的生活状态，形成有影响的一套规则、原则。在这种情况下，我觉得新社会史最优先要做的一个工作，是如何摆脱革命史观和现代化史观这两种模式。

肖：从革命动员的角度看，革命史观是很有效的一个理论体系。如果要建立起新的描述框架，就应该把革命史观包含进来。这就像我最近在思考的一个问题：如何从自由主义，从一个保守的自由角度来理解革命时期和"文化大革命"时期？如果不考虑沟通，完全采用否定的方式，你这个自由主义肯定是激进的自由主义。一切激进主义都有一个根本特点：把可能诞生非激进的，变成仅仅诞生激进的相互替换。因此，我就考虑如何把"中国革命"概念纳入到民主自由的演进描述中来。

实际上具有"个人自由"和"个体主权"意识的知识分子，考察任何历史事物，首先发现的往往是个体事物本身的自足性和主权性，是从下至上的生成关系。如果将这命名为"自由化史观"，那么其显在的典型形态就是阿克顿的《自由史论》，它把历史看作自由积累和演进的过程。而对于崇尚威权的知识分子特别容易从历史事物中发现从上至下的威权关系。对于后者，没有全能威权的存在，秩序是无法想象的；对于前者，从下至上生成的社会关系，不仅能维持可持续秩序，而且能保障个人自由，而全能威权只能维持一时的秩序，并且是以牺牲个人自由为代价的。当然具备"自由化"史观的历史学家也容易遮蔽革命史观容易发现的东西。因此，我们必须使自由化史观更具有开放性和包容性，而且其对象是整个历史，而不仅仅是自由社会时期的历史。它通过对历史的重新描述，把所有的历史呈现为自由积累和演进的过程。在某种意义上也可以说它就是"（个人）自由目的论史观"，当然名称不是重要的，重要的是"历史再描述"在不歪曲历史事实的前提下，通过合理性呈现和解释，将人类历史中发展个人自由的一切智慧和技术集中起来，其中包括对自由的有说服力的论证，使全部历史成为关于个人自由的论证全书和指导全书。假使如此,"自由化史观"该如何看待中国近现代的革命史观呢?

杨:革命的一些基本问题,包括革命的手段,包括它怎么样成为一种合法性资源,如何转化为行为控制的手段,还有这个话语如何在被普遍的接受之后,成为一个不可动摇的原则,我觉得都是需要研究的。

肖:我们需要对两个传统进行再描述:一个是中国古代传统,它要解决的是近一百年来对中国历史文化的妖魔化问题;一个是1840年以来中国的革命传统以及20世纪80年代以来的现代化传统。我们是采取批判的价值立场,还是采取再描述的技术立场,是一个无法回避的问题。

任何历史都有善恶两面,把善的一面串起来,才可能把恶的一面压制下去。如果不是把善的一面,而是把恶的一面串起来,那就太可怕了。我经常对人讲,资本主义国家从社会主义国家可以找到一万种恶,社会主义国家也能从资本主义国家找到一万种恶。我们一直是这样过来的。现在仔细看来,它们互相找到的恶,在很大程度上,都是客观存在的,不是完全的歪曲。现代人到古代社会找一万种恶,太简单了;而古代人假如可以在今天的社会找一万种恶,也是不难的。古代妇女裹脚跟现在的美容,哪个残忍啊?如果把"美容"的社会机制研究清楚,肯定很能揭示现代社会许多隐蔽的内在机制。在美容的恶性循环的机制下,最后出现迈克尔·杰克逊的美容事件,这是人类最大的悲剧之一,一个把歌唱得那么好听的人,就是因为美容的社会机制就搞成这个样子。那是美的毁灭啊!我们必须形成这样一种观念:找对方的恶,并不构成对自己的正当性的论证;应该在对方善的基础上讨论自己的正当性,建立一个在对方善的基础上论证自己的正当性的机制,使它成为更具有包容性和生长性的善。把自己的正当性建立在批判对方恶的基础上,那是社会没有积累、没有发展的表现。只有在善的基础上,才可能积累。如果将自己的正当性建立在对方的恶的基础上,那么历史的进程就是一个"恶"的替换史,那就是"恶"无宁日。美国宪法采用修正案的方式。补漏洞的方式是社会进步最好的方式之一,可以采取通过补漏洞的方式补充正当性。漏洞都补了,当然就好了。过去强调治本,我觉得治本的思路是刻舟求剑。只有在众令发由一人或一处的社会,才会提出"求本"的思路。中国的治本体制与目前中国的政权体制是相关的。所有人都必须朝一个方向走,"本"与"方向"就太重要了。

因此如果不能把近百年历史看作是一个延续的过程,那是很荒谬的。我就把这一百年界定为中国人追求自由民主道路上的一个阶段、一个环节。这一百年,中国人追求自由民主取得了很多成就,同时也付出了很大代价。我们现在如何把这个话语转换?我曾提出在中国搞"思想试验",即把中国人所选择的东西都当作中国人的主张,先不看它的外来性,先把它们串起来,这就构成中国百年思想的进程,就容易发现中国百年思想的全部关联。这些选择在中国近一百年一直在流动,我们先把它变成自己的东西;然后来再看它的外来性,这已经是另外一个问题。我把这两个问题分开,否则就发现不了中国问题整个演化的过程。

另外,关于中国传统文化的再描述问题,也是不可忽视的。中国政治制度史研究专家肖公权比较强调相权对皇权的制约;余英时比较看重宋代的相权之争,比较强调儒家的君子观念对皇权的制约,认为儒家要求显帝应该是君子,是对皇帝的制约,而儒家关于君子的规定也基本符合民主时代对领导人的要求。张鸣也指出，在古代县官下乡属于扰民。因此，中国没有铁板一块的古代。其实"大一统"观念是后来才有的。这一百年来对中国古代历史和传统文化全部妖魔化了，要把它揭露出来，只有这样才能清清爽爽地"回到"过去，研究过去。

杨：《中国古代政治之得失》说人们有一个幻觉，就是好像中国的皇权是大一统的，完全是一种专制集权，没有分权的任何迹象。他认为其实在早期，相权就已经分下去。后来才慢慢有点集权，但是皇帝自身还是不能一人说了算。整个感觉跟过去所学到的完全不一样。

肖：在中国历史上，皇权真正发生作用的时间有多少呢？人们好像没有统计过。我觉得历史应该重新描述。历史嘛，用尼采的话来说，就是遗忘。把历史全记住，那太可怕了。我们现在正处在只有一些痛苦的记忆中。中国历史居然不成为"连续性的历史"，中国文化居然不成为"（连续性的）文化"，中国人居然没有自己的"历史"，自己的"文化"。历史学要把痛苦的记忆转化成指向光明的智慧。

（肖自强整理，杨念群阅改）

"应然态民主观"的现代范本

明清以来,国人面对日趋衰颓的近代社会苦思变革之道,其中开掘儒家中的资源以比照西方民主思想的脉络,从而探究中国文化与现代化的理论衔接点,一直是近代学人倾力关注的目标。邓小军题为《儒家思想与民主思想的逻辑结合》的新著力求在核心逻辑上继续打通中西思想的内在理路,诠释儒家思想在本质上与西方民主理念多有会通之处。全书体系恢宏博大,引证繁密有据,是一部殚思竭虑的用心之作。

然读罢此书,却多有疑问萦绕脑中,分疏起来大致有二:一是该书乃承接近代中西思想比较之作,那么在儒教与民主的会通逻辑上此著是铺陈旧说抑或多有创新?二是在现实逻辑的论证上与当代新儒家等流派相比是否具有现实的可操作意义。下面拟分别对此略抒己见以就教于作者。

一、历史逻辑的变相延续

《儒家思想与民主思想的逻辑结合》采取了归纳条述思想史料的方式，分别疏理出了中西两条民主思想发展的逻辑线索，然后再把这两条线索的核心逻辑加以融通提炼，从而得出了儒家思想与民主思想相结合的最精练的表达语式：从天赋人性本善→天赋人性平等，接上天赋人权平等→政治权利平等→主权在民（天下为公）。此处暂且不论这套语式叙述得是否合理，通观全书，我们首先会强烈感觉到一个论旨逻辑之外的主观倾向，那就是作者在选择比较对象时，无论有意还是无意，均着重择取的是中国近代学人经常提及的具有古典意义的西方民主思想家，如卢梭、洛克、康德等等，特别是对激进主义民主观的代表人物卢梭，论述篇幅竟达65页之多，然而本书却恰恰忽略了民主思想建构的另一重要支流，具有保守主义色彩的理论家如密尔、托克维尔、伯克及现代的哈耶克等人，这种具有强烈偏好色彩的选择意向和对民主思想的单向需求似乎在隐隐提醒我们，作者所借以比较的思想参照系实际上并未越出晚清直至"五四"学人对民主比较范围的传统厘定，而且其自身的论断也与近代的民主回声多有相互默契谐应之处。大量史料证明，近代学人在进行中西历史比较之前早已在心中不自觉地把"民主"理念高悬于不可怀疑的神圣地位，"民主"变成了国人攀越理想境域时高擎的一面旗帜，可是中国近代话语并没有明白区分民主的应然状态与实然状态，没有界划民主的理想与现实，甚至有意无意回避对民主冷峻的技术操作程序的引证与吸收。换句话说，在他们的语式中，一些古典式的民主理念如"少数服从多数"等等已作为不证自明的公理前提得到了确认，剩下的工作似乎只是如何使这些原则自然转变成一种本土的实际行为。

在西方的历史理念中，民主思想的发展一直处于"应然态民主观"与"实然态民主观"交错对垒的状态。在"应然态民主观"看来，民主程序就是"全民公决投票"，是多数人如何通过选举手段对少数人进行统治的过程，他们关注的是谁来行使权力。特别是为多数人行使权力提供依据，而不是如何限制多数人统治有可能造成的负面作用，从而保护少数人应有的权利，"应然态民主观"的代表人物就是卢梭。具有讽刺意味的是，作为卢梭精神之现实体现的法国大革命却以"平民暴政"及国民自毁式地投票普选出路易·波拿巴独裁政权而导致了民主的彻底变质，宣告了"应然态民主观"乌托邦式企求的幻灭。概而言之，"应然态民主观"的主要特点就是前定了多数人民道德理性的完善足以支撑起政治运作的合理大厦。

"实然态民主观"则关注的是如何在民主的实施中制衡权力使之维系一种政制运作的微妙平衡，它带有强烈的政治践履的技术色彩，而决非理想化的思想设计。"应然态民主观"与"实然态民主观"的界定颇有些类似于张灏所说的"高调民主观"与"低调民主观"的区分。① 只是这里有待申说的差别乃是在于，所谓"高调民主观"只存在于民主理想设计者的意念构架之中，成为乌托邦的解释传统，它虽然一度曾以革命的名义转化为实际行为，但这些行动

---

① 参阅张灏：《中国近代转型时期的民主观念》，《二十一世纪》双月刊，1993年1月号。

大多变相违背了设计者的初衷，故而从未真正实现其理想的方案，因此，它始终处于"应然"的状态。所谓"低调的民主观"却常常能落基于政治的操作过程，操作的结果也往往能紧扣理论的逻辑，也就是说无论民主的实施有多么严重的缺憾，它都是在一种具体政治运作的空间中达致的，它既有理念的支持，又有行动达成效果的步骤，"实然态民主观"并不急于确定权力的分布状态，如是多数抑或少数人，是哪个阶级力量掌管权力的运作等等，而是具体地讨论分化这些权力后所达成的实际效果。

有趣的是，近代中国思想家大多对"应然态民主观"表现出了浓厚的兴趣，他们极易从思想意念上吸收西方民主观中有利于己的论据，而对民主自身运作的有效性甚少措意，如一位笔名雨尘子的作者曾经说过："世界之最可悯者，固无如以多数之人，服从少数之权力者也。"① 梁启超则除了强调"合群"之外，甚至把自由的三个意思之一解析成"服从多数之决议"的高调民主理念。② 在《新民丛报》上发表的《论立法权》一文中，梁氏虽简括了西方民主三权制衡的理论，强调了立法在中国的现实意义，可是最终其论点仍立足于《论立法权之所属》这个权力应然态的问题之上，他说："立法者国家之意志也。昔以国家为君主所私有，则君主之意志，即为国家之意志，其立法权专属于君主固宜。今则政学大明，知国家为一国人之公产矣，且内外时势寖逼寖剧，自今以往，彼一人私有之国家，终不可以立于优胜劣败之世，然则今日而求国家

---

① 雨尘子：《近世欧人之三大主义》，载张枬、王忍之编：《辛亥革命前十年间时论选集（以下简称《时论选集》）第一卷上册，三联书店1959年版，第344~345页。
② 梁启超：《十种德性相反相成义》，《时论选集》，第11页。

意志之所在，舍国民奚属哉！"①

当然，在晚清的社会条件下，民主的实然运作不可能被真正提上议事日程，加之有满汉民族主义的政治冲突横隔其间，"民主"概念无论在立宪派还是革命党手里自然都会置换为一个权力归属的敏感话题，这是由当时的历史情境所限定的。比如民主的应然态问题即以争正统之义的内涵表现出来。梁启超在《论正统》一文中有个权力分布态势的比较："故泰西之良史，皆以叙述一国国民系统之所由来，及其发达进步盛衰兴亡之原因结果为主，诚以民有统而君无统也。籍曰君而有统也，则不过一家之谱牒，一人之传记，而非可以冒全史之名，而安劳史家之哓哓争也。然则以国之统而属诸君，则因已举全国之人民视同无物。而国民之资格所以永坠九渊而不克自拔，皆此一义之为误也。"②这显然是把"民""君"之间权力的归属视为民主实现的关键所在。

有的作者更把"民主"与大同应然极境直接挂上钩，在他们的心目中，民主的共通点应该是立宪精义的发挥，民主是中国摆脱乱世达于太平盛世的良药。举例来说，当时颇引人注目的《大同日报缘起》一文就是以传统的大同学说搭起了民族主义的解释框架。文章认为，太平世是一种摆脱了"内诸夏而外夷狄"之旧统而达致的"天下远近若一，人人有士君子行"的应然状态，但达致此目标必须依赖于民主的工具作用，所谓"其国家之政体，无论为君主为民主，莫不由专制改为立宪，取多数人之幸福，国中有不得其所者，盖亦其少数矣。虽不敢谓其可列于春秋之所谓太平世，而于升平世

---

① 梁启超：《论立法权》，《时论选集》，第163页。
② 梁启超：《论正统》，《时论选集》，第191页。

之景象，则亦渐近矣"①。民主是大同应然状态的要素，于此便昭然若揭了。尽管如此，我们仍不能否认，"民主"在晚清至民国初年，已成为民族主义达成的实际手段，是一种政治角逐的符号。谁也不愿也无暇顾及民主的运作真义与真正之价值所在，因为事实很明显，操纵明清政治风云的关键点是权力的争夺归属而非权力的制衡，无论这种权力争夺中所标榜的"人民民主"是虚情假意还是真诚执着，其核心论域当然都逃不脱应然的权力归属问题，权力归属的合法性得不到确证认同，自然就谈不上民主的制衡层面的问题。比如雨尘子即把民主的权力归属自然地置换成了一套民族主义式的话语："以多数之人种，而受少数之人种之统制，至数百年之久；以数万万国民，而俯首就二三官吏之节制，任其割地误国，毫不过问。呜呼，多数团体不知主张其权利，则多数人之势力，从何发生？是中国人所以无民权也。"②这是历史逻辑造成的"应然态民主观"大行其道的缘由所在。

话虽如此，我们仍然要问，除了历史的背景因素在起作用外，是否近代个人思想对传统的认同会起着制约"实然态民主观"流行的作用呢？我认为对德性自我改造之能力的迷恋，使得近代中国人与传统儒生一样深信：人人都可借助道德修炼达于完满，都相信那句被说腻了的"人人皆可为尧舜"的文化预言。在此情况下，一旦社会均由有德性之人组成，那么自然就会保证多数人对少数人的制约统治具有高度的合理性（不是合法性）。性善论在此变成了民主的起点和前提，这一猜想无疑来自传统儒学尤其是心学的影响。我

---

① 《〈大同日报〉缘起》，《时论选集》，第367页。
② 雨尘子：《近世欧人之三大主义》，《时论选集》，第344~345页。

在另一篇文章中曾经提到过，康梁等晚清启蒙者曾深受心学价值观的熏染，他们认为构建一个社会的基础取决于人类心理变迁的幅度，心灵的变化能自然导致社会结构的全盘转型。照此推论下去，人性改造的幅度无疑会决定民主社会建构的完善程度，这当然是一个"应然态"的判断。无法在民主具体实施过程中得到验证。康有为在《公民自治篇》中就认为中国积弱在于民智未开，而民主社会的构成是由公民组成的，公民之智一开则会"其国日强"①，民智趋进的可能源于德性的改善。所以，对人性趋善的乐观态度不是近世所独有，而是中国儒学传统历史逻辑的自然延伸。

实际上就儒家传统而言，自古已存在着"应然"和"实然"的断裂问题，如孟子时即出现了所谓"圣王合一"的理想，其核心论域是阐述王者不但应有其位，尚应有其德，最终会"保民而王，莫之能御也"②。"圣王"构架的基本前提自然是：据王位者应是道德与治生之术的完满合一，即"道统"与"政统"合为一体。可是事实上，为王者多以霸术起家，不受德性仁术的制约，而有仁心之士又往往不谋其位，如此孔子之德却只有仁德的招牌与"素王"的位置，"素"乃"空"之意，没有实际权力，故中国历史上"道统"与"政统"的分立与紧张一直是悬而未解的一大公案。换言之，儒家传统典籍中所描绘的至高道德境界从来就未曾在尘世实现过，实际政治的运作中从来未按儒家的理想设计去达成完满。这里面揭示的问题恰恰在于，儒家传人实不甘心于"政""道"分离，他们总是希冀"道统"内涵的理想设计能有朝一日渗入政治过程的

---

① 康有为：《公民自治篇》，《时论选集》，第177页。
② 《孟子·梁惠王上》。

运作中，变成实然的过程。在此情况下，伦理的普遍化及以道德完满涵盖政治操作自身规则的企图反而使得"道统"与"政统"，"应然界"与"实然界"的紧张被大大加剧了，这种思维一直延续到现在，其表现是近代知识分子总是以德性的圆融为出发点去构筑变革的现实理念，而民主观念的引进也恰恰可以作为实现道德社会理想的工具加以使用，民主的实际操作变成了人性修炼的逻辑延伸，政治学话语被转换成了文化学话语，这也是中国乌托邦谱系的近代表现形式。依此历史逻辑而观，邓小军新著以人性为基点在诠释民主的起源并以此伸展出的民主进化树，与儒家思想以德性为架构去涵盖政治行为的传统可以说是一脉相承的。

言及于此，必须申明，我并不打算笼统地全盘否认邓小军在思想史意义上对"应然态民主观"进行比较研究的可行性，关键问题是，比较的边界如何设定尤为重要，以"性善"的中国传统范畴作为讨论中西民主逻辑互通的起点，对话的障碍实在太多。这里不单涉及对中西原始哲学范畴的分疏问题，而且还涉及对本质主义方法论的反思与认识。

"本质主义"认知方法认定事物有一种使之成为非偶然性存在的本质特征，这种本质特征稳定择取的前提又是整体主义式的，即比较的对象各自有可完整把握的整体特性，这种整体性只要能够通过某种筛选的程序撮取出其共通的本质，比较就会成为可能，并且这种本质之间的比较自然是极其合理的。[1]比如邓著中设定一

---

① 冯耀明在《儒家传统与本质主义》一文中详细评述了各种类别的"本质主义"方法及其影响，并对用"本质主义"手段评述儒家思想的多种观点做了精辟分析。此文曾提交给"近代中国历史的社会学阐释学术讨论会"（香港，1995年6月）。

个"本质主义"的前提是,东西方都有一种对人性的共通看法,如"天赋人性本善,天赋'人性人人平等'"等等,这些看法在本质上可以构成同样的逻辑判断。本质主义落实于儒家传统中的表现是,它认定人人均具有德性趋善的根本能力,可是当面临"一"与"多"的问题时,即回答道德如何从个体推化及人,是自然的修为还是制度的制约这些问题时,儒家却一直言之暧昧,以"一"及"多"变成了一种前定的语境,即人的良知人人具有只是隐而不彰,只要通过修炼即可发显出来,人具有感悟良知的本质,这种本质是可自动推己及人的。其推广能力使道德既可成为个人修身的始点,也可成为社会趋同的终点。德性伦理变成贯穿政治秩序、文化构架的一条主线。因此,对德性及其伸展能力的把握变成了本质透视的一种传统规范方法,而如何从德性的应然态过渡到政治的实然态却不在考察视野之内。因为很明显,"道统"自孟子起从来都是无法控制社会的实际运行轨道而处于应然的状态。"政统"的架构运作完全可以与"道统"无关,但也完全可以利用它达成非道德的目的。对"道统"本质的内容无论作怎样的诠释都是应然的。比如孟子讲"民为邦本""民贵君轻"等等所谓"准民主"的言论本质都是一种逻辑猜想,把中国传统中的应然向往与西方民主理论的应然策略作对等比较无疑是一种有趣思路,但西方民主理论中由于对人性怀疑而作出的实然设计被弃至一边则显然是沿袭了"圣王"话语的陈旧套路,"圣王"理想常使人尴尬的表现是,它假设王者应具有道德,如果王者不具道德仁心,则我也徒唤奈何,其结果是儒者只好甘居"素王"之位,无奈地固守道的应然传统。与之相比,西方民主思想中应然实然态是互补并进的,从卢梭、马克思等的应然理想设计,到托克维尔、伯克等人对民主实然过程的细密论说,使西式的"圣王之道"相互制约补充,"实然态民主观"吸收了"应然态民主观"中的合理成分,又扬弃了其极端激进主义、理性主义和极权民主思想的内核,如果把儒学的某些内容视为本质上只是形似于西方某些单面性的民主理论而无视民主的实然操作过程,这种圣王设计的传统心态必然会使民主论辩只能流于机械比附的语言游戏,而无助于中国的现代化事业。

《儒家思想与民主思想的逻辑结合》一书正是沿袭了本质主义的比较方法,构造出了一系列中西民主范畴会通无碍的形似逻辑。如仔细推敲,其论证语式和近代思想家的遗产颇有相类之处。下面我们不妨引述某些前人旧说与邓著中的分析作一比较。1903年,刘师培在读完卢梭的《民约论》后,颇感慨于"竺旧顽老,且以邪说目之,若以为吾国圣贤从未有倡斯义者",于是"因搜国籍,得前圣曩哲言民约者若干篇,篇加后案,证以卢说,考其得失"[①],撰成《中国民约精义》。此书深入挖掘儒家传统中有可能与民主思想衔接的诸多含义,加以发挥引申,如与邓著论旨比较,可约略窥及《儒》书与近代历史逻辑的相似之点。

在给王守仁语录作按语时,刘师培曾指出:"良知之说,出于《孟子》之性善。阳明言良知而卢氏言性善,《民约论》不云乎?人之好善出于天性,虽未结民约之前已然矣。(卷二第六章)。斯言也,甚得《孟子》性善之旨,而良知之说由此而生。良知者,无所由而得于天下者也。人之良知同,则人之得于天者亦同。"其结论是:"阳明著书,虽未发明隉权之理,然即良知之说推之,可及

[①] 刘师培:《中国民约精义·序》,上海镜今书局,1904年刊行本。

平等自由之精理。"①

邓著中亦指出："卢梭说'基于良知和自然的权利'良知即天赋人性，亦即道德理性，这表示，天赋人权的逻辑前提与基础，是良知，是天赋人性（人性是人权的直接的逻辑前提、自身基础人权即良知的权利，人性的权利。"②卢梭的"良知"意念与中国儒家的"性善论"原则是一致的："明代王守仁说：'吾性之良知，即所谓天理也。'（《传习录》）亦表示天赋人性本善，人性源于天道，人性同于天道，天道即是形上之理。阳明又说：'良知良能，愚夫愚妇与圣人同。'（同上）亦表示天赋人性人人具有，天赋人性人人平等。"③

通过比较我们可以发现：邓著中的比附方法与近代以来一些学者援中学以印证西学之方式几无二致，也可以说整部著作不过是近代思想家"古已有之论"与"中西会通"努力的当代再现而已。其共通的假设前提是，由普世化的人性能够推出合理的政治运作框架，政治的规则即是人性的规则，也即是道德实现的通则；人性高于政治，也同样能包容感化政治。可历史恰恰证明，政治不但无法变成道德的婢女，道德却相反有可能成为王权政治膝下的仆人。先秦诸强争伐之中，通过敬香拜天等功利行为获取天意对非道德行为有利于己的默许已经使先秦儒者在政治面前感到汗颜无力。历史上"道统"对"政统"的威慑控制很少能越过心理构设的理想界限而真正成为政治学意义上的操作原则。

---

① 刘师培：《中国民约精义·王守仁》按语。
② 邓小军：《儒家思想与民主思想的逻辑结合》，四川人民出版社1995年版，第127页。
③ 同上书，第241页。

再者，所谓"公意"与"私意"，"民权"与"君权"的对峙格局被建基于判然二分的人性善恶框架之内加以解说。其假设是有人性，方有天下为公，即"公众"（抽象的人民）总是有道德的真正民主托命者和完满体现人，而"私意"总是与君主权威相连，其个体呈现总是具体的、感性的、不稳定的、道德不完善的。即如近代以来诸多言论所示，一提"君主制"总能举出一系列的暴君典型，而人民总是以代表抽象的公理面目出现，而无法被具象化。"群"即代表民主，代表道德公意。近代儒生一旦祭起良知的权利法力，摄取出儒典中的"人民主权论"来加以阐扬，古典意义上的"多数人民"就会放大成炫目的偶像而不需要再次经过合理化的论证，推至极端就可表示为"公众——性善""君主——性恶"的两极论式。道德由此便不证自明地自动推导出公民政治的理想境界。

以下我们不妨再抽取上述两本著作中的若干推论进行一番比较。

刘著："上古之时，一国之政悉操于民，故民为邦本之言，载于《禹》训。夏、殷以来，一国之权为君民所分有，故君民之间有直接之关系……然而君权益伸，民权益屈……人君不以天下一国自私，故为国家之客体。后世以降，人民称朝廷为国家，以君为国家之主体。以民为国家之客体，扬民贼之波，煽独夫之焰，而暴君之祸，遂以大成，君民共主之世，遂一变而为君权专制之世矣。"①

邓著："儒家思想与民主思想何以可能相结合？答案是：因为儒家思想具有同于作为民主思想核心逻辑的内在逻辑前提的天赋人性本善、天赋人性人人平等的人性思想，具有同于民主思想根本理念的天下为公即最高政治权力属于天下人民的政治理想，具有与民

---

① 刘师培：《中国民约精义·〈书〉》按语。

主思想根本理念相一致的人民高于统治者的政治思想，具有同于民主思想之一部分的人民有权推翻暴政的政治思想。因此之故，儒家思想与民主思想可以并且应当合乎逻辑地相结合。"①

这两段引文的相似特点是，都把人民之德性完善不证自明地纳入公理之列，使之成为民主政治运作的当然前提。实际上，他们拒绝考虑作为抽象概念之"人民"一旦落实到具体层面，就会成为呈个体存在的个人，而一旦落脚于个人，抽象的性善论便几无用武之地，因为每个个体都有趋善与趋恶的双向可能。谁能保证由个体组成的群体，其趋善的比例会占据大众成分的主导地位呢？如果抽象的"人民"具象化为个体，而又不可能把个体民众确切定位在道德崇高的理想状态之中，那么我们又如何保证不发生"平民暴政"的悲剧呢？因是之故，人性高于政治的判断只能是应然态的估测，而不可能对实然态的民主建设有什么实际贡献。

揆诸史，在人民有权推翻暴君的论断中实际早已隐藏了平民实施暴政的可能。历史上的农民战争多数以代表民意的群体面目出现，矛头是对准了以个体状态凌据其上的暴君，可是农民战争的结果导致的却是又一轮历史的循环。农民群体往往以推出新的个体君王来结束群体的革命，"民主"变成了新一轮专制粉饰其真实历史目的以借刀杀人的手段，"民贵君轻"说的历史文章至此总是没有作完。总之，当"群体"们一次次地推翻"个体"们的统治后，如何维系权力运作的终极解释也非辨析民权归属时所能套用，它只是一套老掉牙的谏言系统。民本思想一代又一代仿佛总会变成谏臣制约君权的工具而非建立民权的手段。故有人戏言民本思想其实是一

---

① 邓小军：《儒家思想与民主思想的逻辑结合》，第418~419页。

种君主"模拟民主"的思想。①言已至此，如果仍视"民贵君轻"之类的言论与西方民主有一致之处，则真会使人有南辕北辙之感了。

二、现实逻辑的历史投影

从现实逻辑上看，我认为《儒》书有两方面的重大缺陷：其一是全书的价值预设极端倾斜，不留任何余地使得儒家思想的原始教义变成了图解西方民主理念的工具，从而失去了儒学自身特性发展的合理性解释空间，因为人们尚无法论证是否只有硬与"应然态民主观"攀亲带故般地拉上亲缘关系才是现代化的唯一实现渠道。

价值倾斜的阙失，其发生之原因乃在于作者难于把握中西比较的主客观标准，因为其前提的设置无法具有韦伯所说的"理想类型"的客观立场。此书的比较范畴已明显预设了强烈的价值判断色彩，作者已先定般地把民主预设为一种不容置疑的完美象征，而韦伯恰恰认为："科学的自我控制的基本责任和避免严重的、愚蠢的、错误的唯一途径，要求严格准确地区分依据逻辑意义上的理想类型对实在所作的逻辑上的比较分析和根据理想对实在所作的价值判断。我们再次强调，我们所说的'理想类型'与价值判断没有任何关联，除了纯逻辑的完善外，它和任何完美毫不相干。"②民主的不完美性和历史缺憾早已为"实然态民主观"的提倡者们所反复

---

① 刘军宁：《自由主义与儒教社会》，《中国社会科学季刊》（香港）第三卷，1993年版，第97~111页。
② ［德］马克斯·韦伯：《社会科学方法论》，朱红文等译，中国人民大学出版社1992年版，第93~94页。

申辩过，托克维尔甚至担心在真正的民主社会中自由的空间会越来越小，因为民主一旦变成了多数人宰制少数人的"公民暴政"，自由的权利则无法保证。

韦伯在谈及比较方法时还否认"理想类型"仅仅是一种抽象概念结构，而是力图把阐释意义与个别的具体形式的探究结合起来，"我们这样做是为了避免认为文化现象领域中抽象类型完全等同于抽象种类（Gatling Smassigen）的普通观点"。① 邓著把解释的框架基本置于儒学与西方部分民主思想渊源的抽象比较上而没有把它们具象化为个别的历史个案。比如在《儒家思想在中国历史上发生的进步作用》一节中，我们何以知晓其所举之种种的历史情状与民主作为进步特征的相似点何在？以致作者竟令人费解地把科举制、台谏制、三省制的谏君之过，听从民意囫囵吞枣般一律归为与民主建制有关的抽象社会进化序列，岂不知，历史上的谏君之过或听从民意与现代民主思想相去何其之远。

其二，如从刨根问底的角度而言，本书用条框归纳的办法把中西思想肢解为一以贯之的逻辑线索加以对应类比，此法也许并非毫不可取，但这种类比是否可使中西思想——对号入座地相互对应加以分析却颇令人怀疑。如用儒学之"良知"比拟卢梭之"良知"，固然可从外观上达成一致，只是源此照推下来却无法得出相同的清明政治的图景。因为这种对应框架恰恰遗漏了民主政治起源中基督教与民主高调理念相悖的"原罪"说的作用，如坚持对号入座，则在儒家系统中无号可对，那么西方系统中的多元传统最终也无法与

---

① ［德］马克斯·韦伯：《社会科学方法论》，朱红文等译，中国人民大学出版社1992年版，第93~94页。

"人性高于政治"的良知起源呈对称构形。而基督教传统恰恰是使西方达致"实然态民主观"的重要文化原素,因为正是"原罪论"对人性的不信任感使得西方以后推出的政治制度总是以限制人类恶性膨胀的欲望为主要着眼点。帕斯卡尔曾经说过:"基督宗教把这两个真理一起教给了人类:既存在着一个上帝是人类能够达到的,又存在着一种天性的腐化使他们配不上上帝。"①伯克亦认为,民主不是先知的设计,而是经验、历史与宗教的产物。伯克并非反对民权的理念和社会变革,只是认为多数民主的构想忽视了人性不完备这一历史现实,由此他反对按多数人的狂热决定办事的危险趋向。②也就是说,对人性的极不信任成为具体民主构建的另一个理性的源头,围绕着提防人性趋恶而形成的种种理念与具体行为,同样构成了民主体制相当重要的组成部分。民主就是在制约权力的使用上趋于完善、成熟而摒弃了幻想的成分。民主实现的程序由此变得更为具体实在,民主变成了活生生可触摸的现实事务。

中国自近代以来多有比附之风,这可能源于三点缘由:一是信奉儒道之人认为"泛道德主义"理想架构用起来得心应手;二是中国在现实层面没有现成的民主制度因子可拿来与西方比较,只能在

---

① [法]帕斯卡尔:《思想录》第八编,何兆武译,商务印书馆1985年版,第249页。值得辨析的是,中国儒家思想中也有对人生幽暗一面的洞悉与考察,只不过这种评说与基督教的幽暗意识及原罪观念有相当程度上的差异。张灏曾解释说:"两者表现幽暗意识的方式和蕴含的强弱很有差异。基督教是作正面的透视与直接的彰显,而儒家的主流,除了晚明一段时期外,大致而言是间接的映衬与侧面的影射。"参阅张灏:《幽暗意识与民主传统》,台北联经出版公司1989年版,第27~28页。

又请参见卓新平:《中西文化交流中的基督教原罪观》,载《基督教文化与现代化》,中国社会科学出版社1996年版,第283~290页。
② 陈晓律:《对民主的历史思索》,《中国社会科学季刊》(香港)第三卷,1993年8月,第90页。

历史思想意念中挖掘可比的素材;三是"道统"与"政统"的分流正好可以把"道统"的理想主义与"政统"的现实主义区分开来,从而为儒家思想中的理想设计无法付诸实施寻觅到可观的借口。因为"政统"往往是王霸相杂,不一定符合儒教理想的初衷,而儒教对社会未来的构想只存在于大同语境之中,与现实无涉。

进入当代社会以后,情况有变,东亚社会尤其是四小龙的经济腾飞及其相关现代政治体制的形成,为亚洲式民主设计提供了现成的解剖样本。由于民主政治运作终于被成功地嫁接进了后发型现代化的东亚国家体制中,儒家传统终于有了和西方思想在实际政治运作参照下进行对话的可能。在这种条件下,以新儒家为代表的新型批评群体不但认为儒学传统能返本开新出民主与科学的精神(牟宗三),而且断定儒学传统中固有着一些促发资本主义崛起的因素。(余英时),比如韦伯著名的"新教伦理诱发资本主义"的命题就被翻转过来重新加以论证,以至于中国儒教与道教中的伦理也被同样用来作为论证东亚资本主义起源的根据。甚至有的作者断定自由主义与儒教的结合已经在实践上变成了现实。甚至其结合的程度已超过了理论预期与解释的边界。

以新儒家为代表的解释流派与近代思想家所处历史语境的不同乃是在于:新儒家们可以实地考察和验证东亚社会趋于民主与资本主义制度的转型过程,去亲自估测东亚某些社会完成现代化之后传统因素的残留程度及其在转型期的意义。东亚经验的鲜活景观在一定范围内使民主的本土化成为可能。对东亚奇迹的参验使得各种传统似乎可以在民主的现实构架下加以系统定位。这样一来,新儒家对传统的现实阐释是在东亚民主社会的当代实践中进行的,是对民主完成态的一种解剖,而近代思想家的比附努力则是在前资本主义条件下对民主社会中传统因素之作用的一种应然态臆测。

但是，对东亚民主实践的具体考察似乎并没有使新儒家在传统诠释与民主观念的结合上有所突破。他们之中的大多数人仍没有放弃从道德理性出发去转换出民主架构的初衷。例如牟宗三的"内圣坎陷说"即力求通过道德的自我否定转出民主与科学的实施步骤，以便从动态转为静态，从无对转为有对。其根本旨趣，仍是由内圣经过对道德中立性的技术处理，转出实际的民主程序。牟宗三的进步尚在于他已明确意识到了民主建构的实际过程与道德践履的思想过程是有区别的，然而他运用的技术手段仍是"内圣开外王"的老路。我们回头反观邓小军著作中的推论就会发现，其全书逻辑不但全盘沿袭了近代思想家（如刘师培）以人性为原点推导政治过程的旧思路，而且比新儒家的言述理路似乎又有所倒退。因为邓小军并没有像新儒家那样已洞悉民主实现步骤中德性与政治的内在矛盾并试图弥合其价值鸿沟。尽管这种弥合的努力并不成功，反而常陷入两难之地，但是新儒家对此的强烈自我意识却是邓著中所不具备的。因此，《儒家思想与民主思想的逻辑结合》一书颇可视为继近代思想家之后中西民主思想会通尝试的殿军之作。

"常识性批判"与中国学术的困境

美国中国学界曾经发生了一场追剿和捍卫"后现代"史学方法的学术"事件"。"事件"的主角是美国学者何伟亚和他那本得了汉学大奖的《怀柔远人》。和以往一样,对于中国主流学术界而言,这类后现代语境中出现的时髦故事因为过于玄妙难解,自然波澜不惊般地被悄悄边缘化了,然而在短暂的沉默之后,中国学者终于站出来说话了,这一出手就仿佛宣判了书中所虚构的后现代神话的死刑,理由很简单,何伟亚根本就"不识字",因为他把"怀柔远人"解说为平等对待远方的客人,实则中国朝贡体系的实质恰恰是一种不平等的构造关系,再往下推导,类似后现代创设的文化多元中心论根本就是个历史幻觉。

"识字"的常识性威力

颇堪玩味的是，在中国传统史学脉络中，这大概属于一种典型的"常识性"批评方法，特别是清朝乾嘉以来，是否识字变成迈入学问之境的基本阶梯，因为"识字"既是明晰"义理"的必要条件，也是充分条件。故学问之径向来有"尊德性"（重义理）与"道问学"（重识字）之分，而且在清初以后，"道问学"取向大有垄断学坛之势，思想史也随之形成了一种新的内在转向。自章学诚倡导"六经皆史"以来，以"识字"为先的传统迅速从经学弥漫至史学，并内化为一种带有根基性的批评方法。然而识字与阐发义理之辨在学术传承谱系中虽屡有消长，却基本属于治学态度的选择，二者之别无分优劣，具有中性色彩。可是在现代中国的学术语境中，"识字"的常识性批评却具有了某种权力支配的意味，从而在强调其话语力量的同时，有可能遮蔽乃至封杀极富创见之研究的申辩和伸张观点的权利。比如这次我们对待何伟亚的态度就是如此简单，你连"字"都不识，义理层面上的东西根本就免谈，话外音就是，只要老外识字功夫不够，无论你的著作在更高的理论层面是否有所创设和突破，一辈子也顶多是个"小儒"而已。以乾嘉时期识字功夫聊以自慰的虚骄心态，变成了学术界长期拒斥或悬置西方研究成果的一副挡箭牌。

这种虚骄心态的产生自然有其复杂的原因，这里暂且存而不论，单就近因而言，这与20世纪80年代中国学术界呈两极摇摆态势有关。进入80年代，中国学术界忽然发现，以往史学与哲学的结构化叙事，逐步使"人"落入了决定论的陷阱，对人的一切活动的描述似乎仅仅是被动性地置于预设的线性目的论框架之中，进而厌倦了对马克思主义庸俗化的政治叙说，港台话语中强调文化内在解释的观点被大量移植和模仿，并迅速成为一大景观，正是此类转折心态的反映。港台话语的典范特征是一种变相的"文化决定论"，如当代新儒家所刻意强调的中国文明与西方文明的异质性，及其在现代性转折中的作用，其实与西方现代化论者对中国文化的定位是一致的，无论这种取向是否有与西方合谋之嫌，它都已确定无疑地成为"东方主义"叙事链条的一个组成部分。

港台话语中的"史学派"并不认同新儒学对儒学精神和中国文明所作出的本质性规定，而是把"文化"还原为一种具体的历史形成过程。但是，如此明确的历史主义态度往往限于表现思想史内部的诠释效果，我们尤其应该注意这种态度发生的特定语境。如余英时在阐释"知识分子"的产生过程时所表示的：我们所不能接受的则是现代一般观念中对于"士"所持的一种社会属性决定论。今天中外学人往往视"士"或"士大夫"为学者—地主—官僚的三位一体，这是只见其一，不见其二的偏见，以决定论来抹杀"士"的超越性。读罢这段话我们会发现，由这一进路返归的思想史方向，由于过于强调对"社会属性论"的纠偏效果，结果对知识分子身份作出了非历史性的解释，即由于过多地强调"士"所持守的"良知"具有不容置疑的历史正当性，从而不知不觉把自己划归进了新儒家的队列。另一方面，史学研究也相应从关注外部因素的社会经济史传统被纳入"内部解释"的循环圈中。在这一循环圈中，思想史的任何演变几乎都可以从"国学"自身演进的脉络中寻找答案。大陆学术界当年热热闹闹地向"文化"彼岸的摆渡，正是舶运这种合流意识的结果，以至于我们总有理由站在国学的立场上对不识字或识不好字的外国人说"不"，以掩饰自身缺乏具有世界性问题意识的困境。

奇怪的是，当大陆学术界与港台意识正急迫地合流汇入"东方主义"旋律中时，西方汉学界却在不断调校着观察中国的视角，其主要特征是认定，"文化"并不仅仅表现为一种由文本负载的思想形式，如抽象化的儒家思想，而是应作为物质化的表现形式被关注，如"文化"可能是时间使用的模式，可能是身体的位置、服饰表征和公共雕塑，如果这样界定，"文化"就可能处于吉登斯所说的"使动—被动"的中间状态。何伟亚在美国Positions杂志上发表的一篇追溯和批评美国汉学界研究方法的文章中，就试图摆脱中国"朝贡体系"由"文化"设计决定的陈旧观念，而把它放在更开阔的背景下进行观察。何伟亚曾经批评费正清受帕森斯和韦伯的影响，把中国社会构造成一个单纯由精英控制的社会，在这种观念支配下，精英对一些文化符号观念的再生产可以直接关联到对外政策的构造层次，并决定其走向。"文化"在这里被视为是与"贸易""法律"等纠合在一起的因素，并规定其运作的方式。后来美国中国学界盛行的"地区史研究"，就是要尝试把"文化"剥离出整体论的脉络，重新进行具体的定位。

也许有人会说，这个观点并不新鲜，20世纪80年代以前中国学界早已摆脱了"文化决定论"的模式，力图从社会经济的角度寻求历史变迁的复杂原因。如果披览现代史学演变的曲折轨迹，发轫于三四十年代的"中国社会史论战"，确实为中国史学的结构化研究奠定了雄厚的基础，种种迹象表明，其研究方法及进程大有超越以国学视角为基础的"内部解释"和建构于文化想象范式之上的"东方主义"猎奇取向的态势,可惜这一取向被庸俗化之后,古史研究就被简化为"经济决定论"式的图解,并一度出现"五朵金花"(即集中于"中国封建社会起源于何时""资本主义萌芽"等五个论题的讨论)代替满园芬芳的局面。就在此时,我们中国人也照样陷于假问题而不知,闹出过"不识字"的笑话,如不知"封建"二字之真义,使得反复揣摩"封建社会为什么延续这么长?"这个假问题时所渡过的漫长岁月变得没有什么知识增量的意义。话虽如此,这个账却不能完全算在社会经济史研究方法的头上,我们显然不能把"庸俗化"的责任都推到从涂尔干、马克思到韦伯、福柯对社会制度运行的出色研究上,中国史学界需要摒弃的是两极化的立场,否则在反思庸俗化经济史观的同时,会一不留神把社会理论这个大盆里的污水和婴儿一起泼掉。也许在泼掉这盆水后,他们才终于会在重新穿起"国学"长袍的一刹那,为自古即有的"常识性批判"找到一个最好的借口。

"后现代"批评真那么不合时宜吗?

以上我们追究的"常识性批判"方式是以识字为依据的,目前学术界尚流行另外一种常识性批评策略,这一批评取向往往以个人经验为原点,把对某种信念的应然诉求与实际研究中所应采取的价值中立立场混同起来,作为判断学术研究优劣的根据。比如现在有一种很普遍的说法,由于中国社会还没有完全实现现代化,那么任何属于西方"后现代"范围的方法观点在中国都是不合时宜的,甚至有碍于中国的现代化建设。对现代化的应然认同这种已相当泛化的"常识性态度",不但被表述为政治乃至个人的诉求,而且成为衡量学术合理性的唯一标尺。在这一标尺的裁量下,像《怀柔远人》这样采取"后现代"视角的著作,自然会遭到激烈的批评。这次倒不是因为"不识字",而是书中所运用的方法违背了"现代化义理"。

如何看待"后现代"显然是个大而无当的问题,在西方,支撑"后现代"话语的理论背景也十分复杂,可是落实到历史研究的具体层面,"后现代"的取向其实相当简单,其目的就是试图把研究的场景移出受"现代主义"(presentism)意识形态熏染过久的整体认知框架,而力图站在历史当事人的立场上发言,或倾听他们的声音。比如对中国妇女缠足问题的研究,"缠足现象"按现代化的历史标准衡量,早已被确认为是丑陋落后的符号象征。可是在"后现代"的视野里,反缠足运动有可能是现代化程序实施的一个理性结果。然而他们敏锐地发现,反缠足运动发起之初完全是由男人策划设计的,可以说是一个纯粹的男人运动,而女性自己的声音却在现代化的大潮中被彻底湮没了。我们不禁要问,作为缠足对象的妇女到底是怎样感受和认知这一现象的?在中国传统的历史语境中,"缠足"向来是被当作审美性行为而被叙说着,也许现代化论者们会辩解说,"缠足"审美性的发生也是男人权力话语塑造的结果,不过这一在现代性框架支配下的判断不一定有充分的证据,因为持有现代化合理性的立场反而极有可能遮蔽妇女当事人自己的声音。"后现代"方法就是要复原和发掘这些被遮蔽的声音,其合理的价值是显而易见的。我想当年福柯解构现代叙事的深意也就在于此。福柯肯定已意识到,如果历史故事只能按现代化叙事程序包装成标准产品,历史将变得索然无味,这条包装流水线建构出的话语霸权,会使得历史中出现的多元合唱曲谱被压缩成单调的独角戏剧本。

需要申明的是,对"缠足"妇女当事人感受的追踪,并不表示研究者就赞同缠足这一社会行为,而是重构历史的一种策略,而我们往往误解为是一种反现代化情绪的表述。当然,也有一些"后现代"的研究著作如高彦颐在《闺塾师》中对17世纪江南妇女所进行的女性主义视角的观察,就是预先设定"五四"所昭示的妇女被压迫的历史情景是虚构的政治神话,内中包含着相当明显的反现代化立场。但是就其"后现代"的研究策略而言,其对妇女社会生活细致准确的把握能力,仍可弥补现代化男性视角观察的不足。

对"后现代"研究方法予以同情性的了解,就是要试图把现代性附加于我们身上的支配痕迹与历史原有的痕迹区分开来,这不是说要在抱有复原历史希望的同时,放弃自己现代化的立场,而是把个人的现代性经验放在历史的具体场景中重新加以验证,如能运用得当,"后现代"理论无疑会给中国学术界带来巨大冲击,这与文学界某些"后学"票友们的即兴"玩票"姿态是完全不一样的。

"后现代"叙事的一个重要特点是,它企图用历史考古的眼光去解构由现代化的逻辑创构出来的群体经验,特别是从某些个人经验出发拼接起来的"群体经验",依凭如此的解构方式,我们可以对许多现代性问题重新发问。比如我们可以设问:对"文化大革命"痛苦的反思为什么总是超越不了个人痛苦的层面?我们当然不能说这些"痛苦"都是虚构的,但问题是我们如何超越这种痛苦的感受语境?有些中国学者长期满足和局囿于个人经验的价值评判,而没有在多元历史的考古层面定位这种评判的合理性标准,对"文化大革命"的反思,基本上是基于现代价值理性支持的个人痛苦的咀嚼式直观反应,而要复原众多历史人物的体验,恰恰需要与个人的痛苦表述保持"间距感",这就是"后现代"方法有可能做出的启示和贡献。

目前,中国学者在面临"后现代"的挑战时,很少能从学理上反思其优劣,而是急于标示出其反现代化的立场,然后予以抨击。其实,从论域上而言,"后现代性"问题是与现代化问题纠结在一起的,二者很难严格加以区分,然而有些学者却仍是把对现代化的应然诉求与学术问题中某些策略的有效运用,包括后现代方法的运用价值混淆起来,仿佛采取了后现代的视角,就理所当然地应该被贴上"后现代主义者"的标签,这个人自然就无可救药地成为一个反现代化论者,就会自绝于奔向小康大道的中国人民。这种"站队心理"成为90年代"主义"标签爆炸横飞的最佳表征。

基于现代化情结的"常识性批评"的另一重要表现,就是把对现代化的应然诉求通过个人经验予以"信念化",并以此为标准裁定其他学术理念的合法性。由此而观,现代化论就仿佛变成了学者占据知识领域优位的身份证,采取现代化立场和是否用现代化论分析研究变成了同一个常识性问题,包括成为衡量一个学者是否站错队的标志。这样一来,对现代化的信念认同往往使之忽略许多现代化过程中出现的冲突和问题,仅就中国历史而言,我们一直沉迷于对现代化过程凯歌行进的合理化描述中,而没有打算对这一过程中出现的细腻冲突予以关注,所以中国近代史的图像显得那样苍白单调,变成了干巴巴的几条线索。"后现代"把历史碎片化后尝试构造出的新颖图像,虽然仍使人觉得多有疑点,但落实到具体的细节研究则无疑会校正及丰富被现代化叙事扭曲的历史图景,同时也并不妨碍我们对"后现代"观念持同样激烈批评的态度。

本文不是一篇何伟亚观点的辩护词,也未专门讨论《怀柔远人》中的观点,这并不说明作者就完全同意其中"后现代"的理论预设。本文的真正目的,是希望学界摒弃虚骄的"乾嘉心态",正视当代思潮中所隐蔽的核心论域,而不是以常识批判为名回避实质性问题的交锋和讨论,在90年代流行"主义"和泡沫思想的时尚里,我愿重申那始终不合时尚的观点:谈"规范"比谈"主义"要难,比急于"站队"要难,这个盛产文化明星的喧嚣时代始终需要"多研究些问题,少谈些主义"的默默耕耘和拓荒者。

防疫行为与空间政治

"瘟疫"发生与普通疾病不同,普通病症颇可借医生妙手,药到病除。个体病痛与否如不传染,基本可与他人无涉。然瘟疫一起,则仿佛好大一片天空都被毒魔吞噬笼罩,毒气四溢之际,人人惶惶自危,常常闹得昏云惨雾,天地玄黄,为之色变。正因如此,近代以来的防疫行为从来都不是以个体行动的形式出现的,每当毒雾弥散之际,四处剿杀追逐病毒,强行区隔正常与非常之人的宏大场面,就极易演变成一种相当壮观而又规训严整的医疗群体表演。"防疫"与"避疫"也就不可能单纯作为一种医疗手段仅仅与局部的个体病人发生关系,而是与各种复杂的社会生活形态密切相关。

自中国步入近代社会以来,在学术界传统的学科划分中,"医疗史"与"社会史"几乎是老死不相往来的领域。"医疗史"研究的对象往往只限于对属于医疗范围本身的疾病发生和诊治过程予以关注,如疾病作为医学认知对象所产生的观念性演变,以及治疗技术的替代性演进过程等等。在这种"自闭式"的叙述中,如果要想与其他学科硬扯上什么关联的话,那么顶多是在相当粗糙的相关文化背景的意义上探讨不同的医疗技术是如何发生碰撞与传播的。但同时我们却又往往看不到这种医疗技术的冲突是如何在不同社会的活生生人群中发生变异作用而播散开来的。传统"社会史"研究同样不把"医疗"现象纳入考量范围,仿佛与"医疗史"界达成了某种默契,有意不侵犯其固守已久的地盘。

其实,在中国传统地方社会的认知框架中,"医疗"恰恰是作为一种"社会"现象而被对待的,例如在传统地方社区面临瘟疫传播的威胁时,施医治病往往就是社会化的慈善事业的一个组成部分而根本无法独立出来。"医疗"过程作为一种专门化的程序被从社会生活中剥离出来加以观察,恰恰是现代科学眼光审视下发生的一个后果。可是如果我们仅仅用后人形成的所谓"科学眼光"来看待弥漫于"社会"之中而熏染出来的中国"医疗"观,自然常常会觉得荒诞不经,难以苟同,从而把根植于日常生活中的"医疗"现象与国人同样植根于如此情境中看待世界的方式分离开来,形成了相当单调的判别标准。

似乎很少有人意识到,如果回到中国历史的现场中进行观察,我们会发现许多医疗现象的出现不但是文化环境的产物,而且其治疗过程本身就是一种相当复杂的社会行为。比如中国农村中长期存在的我称之为"准疾病状态"的现象,这种状态的表现是病人发作时的临床症状根本无法通过中西医的任何正常诊疗手段加以治愈,而必须求助于被传统与现代医学排斥的文化仪式行为如画符、祭祀、做法等方式予以解决。有大量证据表明,这些行为显示出的治疗效果有时几乎是不容置疑的。这时,纯粹的科学解释就会显得极为苍白无力。更为重要的是,当疾病作为个别现象存在于个体病人身上时，完全可以通过施医送药的纯粹医疗途径予以对待，可当某种疾病以大规模瘟疫传播蔓延的方式影响着社会秩序的稳定时，我们立刻会感觉到，对付弥散在各类人群中肆虐横行的病菌已不仅仅是所谓医治病症本身是否有效的问题，更是一种复杂的政治应对策略是否能快速见效的问题。

慈善传统与医疗观念

清代的历史已经证明，瘟疫控制的程度和时间频率往往与社会和政治应对策略的有效性成正比关系，而不完全取决于医疗对个体病患者的实际治愈水平。或者也可以说，不同的政治与社会组织的应对策略决定着防疫的成效和水平。从"社会史"而不是从单纯"医疗史"的角度观察，正可以看出时疫发生时社会与政府行为在社会动员组织与整合能力方面的差异性。

正因如此，我才注意到清代发生了一个令人奇怪的悖论现象，那就是咸同时期以后，瘟疫的频发程度越来越高，而与之相应的是，清政府出面进行官方干预控制的行为所显示出的效率不但越来越低，而且其机构运行的实际作用也越来越呈萎缩之势。这与清代官府所刻意经营的救济赈灾系统（如义仓体系）等所显露的越来越严密的高效应急机制正好形成了强烈的反差。若深究其原因，就会发现这种悖论现象的产生与清初政府与基层社会在对民间生活进行控制方面出现了利益格局的再分配有关。

就清代最为富庶的江南地区情况来看，虽然医疗职能普遍由地方社会承担，如宗族、各种善堂等慈善机构，但它们都具有一个共同的特点,即均不能算是纯粹单独的医疗机构,而是大多在主体救济功能之外兼具施医诊治的作用。比如上海乾隆时的同善堂就兼有施棺、施药、惜字、掩埋的多项功能,所以都不是"专门化"的医疗机构。而且,这些慈善功能基本延续着宋代以来分散性的乡贤救治的地方传统。如《水浒传》中描写宋江出场时就说他:"如常散施棺材药饵,济人贫苦。"在地方社会遭遇大疫时,这些零散的救助活动很难真正发挥作用。但另一方面,道光以后,中国地方社会的综合性善堂急速增多,意味着其中所包含的医疗救治成分也会相应地增多,这就为西方医疗行政体系的介入奠定了基础。后来更有"施医局"这样的机构从善堂系统中分化出来独立运作,从而使原来善堂救济"贫病"的功能内涵悄悄发生了变化,"病"作为救济对象已不只是"贫"的延伸,而是被相对独立划分了出来。所以道光以后的施药局等专门机构的出现是传统医疗资源自身发展的结果,它与西医医院虽在诊疗手段和组织形式上大有不同,但在对疾病治疗进行空间组织方面却有相互衔接与共容的地方。不过,是否我们可以马上就此得出结论说,西方医药文明与中国传统医药资源共同促成现代医院的出现与发展似乎还难以仓促定论。

由此可知,要解释这一现象的发生,显然不能靠纯粹意义上的所谓"医疗史"研究加以说明,也不能依赖于传统意义上对上层机构的"制度史"分析方法予以诠释。因为清代的防疫体系往往与各种传统的社会组织功能缠绕在一起,通过它们的作用才得以显现,这种复杂的情况不是纯粹依赖观察医疗现象的狭隘视野能够加以归纳的。与之相关的是,清代防疫系统似乎只有在"地区性"的境况中才能凸现其意义,而无法从传统政府整体职能运筹的角度评估其有效性。

既然中国近代以来的救灾赈济可以被勾画出一种临时应对机制向常设机构转换的线索，由于时疫流行也有一定的效率和周期，因此其应对方式也有从临时性向常设性转换的过程，同时又大多受制于特定的社会和文化观念。如果从文化观念传承的角度观察，对什么是"时疫"的观察，古人与今人即有较大差异。"时疫"可通过各种渠道利用细菌传染的看法完全是西方现代医学传入后发生的观念。直到清代，中国人对"时疫"的认识仍是把"流行病"与"传染病"相混淆，中国古代虽有"预防论"较早出现的记录，却对疾病能够"传染"缺乏有效的认知。所以古人"避疫"皆出于本能反应，如重九登高健身等，这种本能经验与医理上对瘟疫传染的阐明没有直接的联系。这并不是说古人就没有"隔离"的观念，古人虽无法认知时疫由细菌所致，但有瘟疫是由暑湿秽恶之气所致的观念，故避疫法中亦有回避疫气的各种方法。宋代苏轼在杭州任官时即捐资创立安乐病坊，徽宗又诏令各郡设安济坊，有的安济坊可设病房数间，在经验上隔离病人以防传染。不过古人隔离观念的完善一直受制于文化观念与机构设置的双重压力。

从文化传统上而言，自古经验意义上的本能"隔离"观念受到中国道德观频繁而顽强的阻击，如晋时就有记载说当朝臣家染上时疫，只要有三人以上被感染时，即使没有被染上的人，在百日之内不得入宫。这种有效的隔离方法却被当时人讥讽为行为"不仁"。到了清代，江南文献中还有不少弘扬时疫流行，人不敢叩门时坚持照看病人的记载。更有的文人写出《避疫论》这样的著作，抨击"隔离"措施是使"子不能见其父，弟不能见其兄，妻不能见其夫，此其残忍刻薄之行，虽禽兽不忍而为"，显然是把本能的"隔离"行为提高到了捍卫儒家道统的角度来认识了。

从机构演变的历史立论，明清以后的系统"隔离"措施确实有日益萎缩的趋势，其功能常常由救济机构如善堂等承担起来，如此推断，遭逢大疫时，"隔离"作为救治手段并没有成为整个社会的自觉行为，这与当事人对时疫控制总是采取临时性、分散性地应对策略，而无法组织起大规模的有效动员行动的现象是互相吻合的。民间社会的传统中医绝大多数是采取坐堂应诊的方式，有时是坐店（药店）应诊，完全处于个体分散状态。所以当瘟疫爆发，并以极快速度流行开来时，虽然中医不乏特效药方施治成功的例子，但因缺乏防疫隔离的群体动员规模和强制性空间抑制机制，所以在时疫流行控制方面难有作为。

那么，为什么会出现政府控制疾病能力逐步萎缩这种历史现象呢？原因固然很复杂，不过宋代以后中国政府与地方社会之间的关系发生了明显的变化应是影响其控制疾病机制的重要因素。如果从基层社会结构演变态势而言，宋代以后，官府在医疗事业方面所采取的举措很大程度上开始让位于地方基层组织，这大致出自两个原因：一是中华帝国的统制机能在宋以后发生的重大变化是，表面上其官僚职能的运作日趋低下，实际上却是整个统治空间地域的扩大化导致治理模式的转换。治理秩序的稳定与否当然是历代官府关注的聚焦点，但宋以后统治区域的扩大导致原先依靠律法监控为主要手段的统治方式，由于无法面面俱到地把触角伸向底层社会，所以必须在基层寻找"地方代理人"以贯彻上层意图。这些被称为"乡绅阶层"的地方代理人往往不是官僚系统里面的正式成员，其控制社会的方式也与官府仅仅依靠律法施政的传统有所不同，从而演变成了以"教化"为先的"道德化"基层治理模式。他们的出现会逐渐分享和争夺官方的统治资源。二是正因为官府往往只注意投入更多的精力去稳定社会秩序，而对并非直接关系到统治秩序的地方福利与医疗卫生事业缺乏积极干预的兴趣。而地方社会则通过宗族、乡约等组织从"道德化"的角度承担起维护社会秩序的任务。只有在社会控制形式开始从依靠律法暴力统治向以教化为主要统治手段实行过渡后，政府无力在道德层面上直接对基层社会施加影响，而必须把这个空间出让给地方代理人时，我们才可以理解为什么宋以后的医疗组织往往包含在慈善组织的运转中，因为慈善组织恰恰是中国整个社会秩序的维系越来越趋于"道德化"的一种体现。

江南医疗机构日益从慈善组织中独立出来，与清中叶以后地方组织日趋活跃的功能成长有非常密切的关系。从某种意义上说，这种现象的相应发生，应是中国社会内在发展需要导致的一个结果。有许多论者往往由此出发从反"西方中心论"的角度极力寻找中国社会自主运转的合理性。如果从地方社会与国家互动关系的角度观察，民间医疗资源在乾嘉以后确实出现了重新整合的迹象，不但在嘉道以后日常性的救疗措施渐趋增多，而且许多专门医疗机构如医药局等也逐步从综合性的慈善机构中分离出来独立运作，而能够支撑这种相对独立运作的缘由之一是其经费来源开始依靠稳定而具有灵活性的丝捐和铺捐等加以支持，并通过收取号金的方式累积治疗资金，这样就改变了过去单靠不稳定的乡绅捐助渠道维持慈善事业的旧格局。这些变化都可以说与近代西方医疗体系的进入有相契合的地方。

不过这尚不足以说明江南地方医疗资源的重组就已具备典型的所谓"近代性"特征，因这些资源缺乏近代医疗系统所具有的规训与强制的色彩。现代医疗制度的一个重要特征是国家介入地方组织进行统一规划，使之形成一种社会动员式的运作方式，特别是面对疫病流行的场合时,"防疫"作为卫生行政的应急措施启动后,其强制程度更为明显,如强迫隔离、注射疫苗、强行疏散人口和集中消毒等行为,无不与中国地方社会温情脉脉的救济原则和传统医疗模式相冲突,甚至会导致相当普遍的心理恐慌。所以像中医在瘟疫扩散传播时所采取的个体治疗行为到了民国年间显然已不适应整个国家建设对防疫系统的特殊要求。

清人秉承古人的认识,认为瘟疫的出现是由疫气所致,传染途径主要由口鼻而入,医疗界的主流认识是认为瘟疫由呼吸传染,而对水传染,接触传染,食品传染及虫媒传染只有直觉的认识而未形成主流看法。由于缺乏对疾病传染渠道的多元认识,中医治疗时疫往往是施药和针灸等方式进行"个体"诊治,基本没有有组织的空间隔离观念。现代卫生行政的观念直至20世纪初才较为有效地向中国城市推广,但显然很难与遍布农村之中的中医诊疗系统相协调,20世纪二三十年代发生的"废止中医案"与随之而兴起的"中医自救运动",时人多从中西医理念冲突的角度入手进行分析,认为是中西方基于不同的文化背景所造成的观念和诊疗手段的冲突。其实,当时"废止中医案"中余岩所提议案中批评中医体系的核心论点,就是中医缺乏群体应对瘟疫时的系统整合能力。如余岩就认为,"今日之卫生行政,乃纯粹以科学新医为基础,而加以近代政治之意义者也"。而中医"举凡调查死因,勘定病类,预防疾病,无一能胜其任。强种优生之道,更无闻焉,是其对民族民生之根本大计完全不能为行政上之利用。"[①]在"防疫"这种范围广泛的空

---

① "中央卫生委贸会会议议决'废止中医案'原文",《医界春秋》第34期,1929年4月。

间协调行为中，中医无法实施有效全面的隔离策略而阻止瘟疫向四处蔓延实际是废除中医的主要理由。而对于中医建基于阴阳五行哲学理念上的各种貌似玄渺不经的理论进行抨击反而倒在其次。也许中医也多少意识到了自己这一致命的弱点，所以在大量反击西医批评的言论中，多采取避实击虚的讨论策略，大谈中医医理自古就具有所谓"科学性"，至少可与西医的理论互补并行，而回避从正面讨论中医在现代医疗行政方面与西医相比是否有无法弥补的阙失。西医又往往抓住这一体制性分歧不放，至少在论辩防疫体制孰优孰劣时常常打得中医几无还手之力。

防疫行为与现代政治

但"防疫"系统的是否完善为什么在清末以后才演变为中西医冲突的焦点问题，倒是值得我们深思的一个现象，它促使我们不得不考虑中国社会生存和发展的内在需要在多大程度上会受到外来因素的强力制约。比如中国乡村防疫体系要在民国建立以后很长时间才出现，其真正趋于健全的时间就更晚了。而这个体系从出现到健全的程度实际取决于中国作为现代民族国家对社会控制的能力，中国作为现代国家对基层的控制能力在20世纪有一个明显变化的过程。20世纪30~50年代，由于战争和社会分裂的缘故，国家对地方的控制处于调整磨合阶段。而到50年代以后，中国国家所采取的"全能主义"统治形式促成其有能量重新整合地方资源。在这种条件下，"防疫"行为借助于某些政治意识形态的合法性包装如"爱国卫生运动"才得以成功组织起来，尽管这种政治合法性仍需借助乡间的亲情网络才能真正贯彻下去。

关于防疫行为在多大程度上借助了现代卫生行政的形式，又在多大程度上与基层的社会关系网络有关，确是个有待深入探讨的问题。我的观点是，现代医疗行政体系一旦与国家制度的有效运作相结合，固然可以在防疫行动中发挥主导作用，然而这种行政控制的形式在基层尤其是乡村地区实施时如果不能与传统意义上的民间关系网络建立起合理性的联系，那么这种卫生行政的有效实施必然是有限的。据民国初年的统计，当时全国中医的人数大约有80多万人，大多分布于农村，而西医大约只有1000多人左右，几乎都集中在城市，可民初每当防疫时期来临，中医却总被排斥在外。新中国成立初期调整医疗政策，每遇防疫的特殊时期，部分传统中医就被一些由西医主持的巡回医疗队所吸收，发挥其以中药配合防疫的角色优势，同时接受简单的西医注射技术，这样就使它被部分整合进了现代国家防疫系统，这显然与民国初年对中医的彻底排斥策略大有区别。但国家在基层所实施的真正有效的防疫行为仍是依靠逐渐完善的三级保健系统（公社、大队和生产队）中的最底层人员"赤脚医生"加以完成的。而"赤脚医生"制度的实行恰恰就是现代卫生行政与民间亲情关系网络相结合的最好例证。

"赤脚医生"体系固然是现代国家推行卫生行政制度中的一个环节，很明显带有现代卫生行政自上而下的强制色彩，甚至其组织形式都是当时政府发起的大规模政治运动"文化大革命"的重要组成部分，可"赤脚医生"又确实是接续了乡土中国中植根于民间亲情网络组织以整合医疗资源的传统。

"赤脚医生"制度与近代由西方引进的标准卫生行政训练机制的区别在于，其培训的基本人员完全从最底层的村庄选拔，虽然在表面上依据的是相当刻板的政治表现和贫下中农出身的硬性标准，但是选拔程序还是使其身份角色与乡土亲情关系网络重新建立起了相当密切的联系。尽管"赤脚医生"的名称源起于"文化大革命"时期，可我仍以为，在其政治角色遮蔽之下所建立起的这种联系，使得中国在乡村推行现代卫生行政时有了一种可靠的依托和支架。"赤脚医生"不但完全是从本村本乡中选拔出来，而且其训练内容更是中西医兼有，即形成所谓不中不西，亦中亦西的模糊身份。"赤脚医生"由于在乡以上的城市中培训后再返回本村本乡，这样就比较容易形成乡情关系网络与公共医疗体制之间的互动，如此一来，就既把宋以后已被"道德化"之后的基层社会所形成的教化传统以一种特定方式承继了下来，同时又吸收了近代在城市中已反复实践过的西医卫生行政制度的优势。

早在20世纪30年代，北京协和医学院毕业生陈志潜在定县乡村实验中率先推动建立过基层三级保健系统，即县级以上医院、乡镇级医疗站点与基层保健员，相配合的格局，其保健网底就是农村本土培训的保健员所以西方学者称他为"医生中的布尔什维克"，只是由于当时力量有限，三级医疗系统很难在更大范围内推行。数十年后，"赤脚医生"制度基本沿袭了此一思路，只不过是更多凭借了国家动员起来的政治力量加以强制推广而已。有趣的是，毛泽东时代基本上把传统自治组织如宗族和各种慈善机构从基层连根拔起，至少从形式上完全摧毁了宋代以来所树立起来的农村道德化基础。可是在推行"赤脚医生"制度的过程中，却又潜在地复原着历史上的"道德化"状态，尽管这种道德化状态在外表上是由政治观念所包装的。当时报刊上报道了许多"赤脚医生"午夜出诊，突击接生，舍己救人等各种"先进事迹"，如果仔细分析其如此行事的动因和心理状态，固然在很大程度上可以归结为政治教育灌输的结果，但乡情关系网络所形成的心理氛围也是不容忽视的因素，在所谓出于"阶级感情"的政治标签遮蔽之下，实际荡漾着乡土情结延绵而成的道德制约关系。

尤其重要的是，"赤脚医生"在基层民间防疫过程中扮演着十分关键的角色。西方卫生行政制度传入中国后，主要是作为城市建设的附属配套工程加以推广的，因卫生行政制度需要大量的专门人才，其职业化的程度需耗费时日训练才能达到要求，旷日持久的教育周期和严格的器械检验标准不可能使之成为农村医疗的主导模式。事实证明，医疗行政人才在民国初年和新中国成立后的相当长一段时间只是不定期地以医疗救护队的形式巡访农村，根本无法在广大农村形成相对制度化的诊治和防疫网络。尤其是在农村发生大疫时，医疗队的巡回救治活动颇有远水救不了近火之忧。直到"赤脚医生"制度建立后，上层医疗行政的指令如种痘、打防疫针和发放避疫药品等才得以真正实施，而且令行禁止，快速异常。这种制度运转的有效性显然不是由西医行政的性质所决定的，而是"赤脚医生"根植于乡土情感网络形成的道德责任感所致。

1985年以后，公费医疗制度解体，"赤脚医生"在更名为"乡村医生"后被纳入市场经济轨道。其结果是失去了政治与乡情双重动力制约的基层医疗体制，被置于市场利益驱动的复杂格局之中。这种变化很快影响到乡村民众身患疾病后的诊疗状况，尤其明显的是，原来属于"赤脚医生"职责范围内的防疫监督之责，在失去上述动力制约的情况下遭到严重削弱，在面临疫病的威胁时，一些地区已无法组织起有效的防疫动员网络。"赤脚医生"体制的瓦解不仅使基层社会医疗系统面临相当尴尬的转型困境，而且也为思考当代中国政府如何与基层社会组织重新建立起合理的互动关系提供了契机。

以上的叙述可以证明，近代以来的各种防疫行为并不是单靠纯粹医学的眼光所能解释，它的表现形态常常与空间政治的安排方式有关。清末医疗机构呈现出逐步从慈善系统中独立分化出来的趋势，其功能运作也逐渐让位于基层社会组织，所以容易在一般人眼中造成社会自主空间逐步扩大的印象。但这样的印象解释不了何以在现代国家全能主义统治方式下，大规模的防疫行为得以相对有效地贯彻到了基层社会。我们必须就此转换思路，我的看法是，应该在具体的历史与现实情境下灵活看待国家与社会之间所构成的张力关系，在近代中国实现全面转型的情况下，全能主义的统治策略显然在防疫的社会动员能力上起着主体协调与支配的作用。但我们无法否认，这种社会动员如果不和基层文化传统中的若干因素相衔接并吸取其养分，就无法发挥正常的运转功能，即使在相当不正常的社会环境如"文化大革命"期间也是如此。

"市民社会"研究的一个中国案例

冲出"韦伯式圈套"？

1984年，美国约翰·霍普金斯大学的历史学家罗威廉（William T. Rowe）教授发表了城市史研究的专著——《汉口：1786—1889年中国城市中的商业与社会》，在《导言》中，罗威廉教授指出，尽管中国社会史领域中涌现出了诸如 Rhoads Murphey 的上海史研究路径，Lieberthal 探讨天津史的著作，但基本的阐释取向与分析方式是片断和零碎的，对中国城市复杂的社会和制度的把握尚未达于 Geertz 之于印度城市，Laidus 之于中世纪穆斯林城市的整体水平。汉口研究将力求提供一个较完整的中国城市分析图景。不言而喻的是，建构一个新框架的前提必然使罗威廉面临着对以往城市研究范式的批判与择取。罗威廉显然已自觉意识到了这一点，于是他在开篇就着意把破除所谓的"韦伯神话"作为其汉口研究中的核心论域。因为在韦伯看来，中国城市的发展只不过为西方城市从"传统的"（traditional）向"理性的"（rational）结构转变提供了一个对应物和价值参照系。

书中集中摄取马克斯·韦伯中国城市研究范式中的三大弊端予以批评，这三大弊端是：（1）韦伯过于强调"城市"与"农村"之间的界分状态，忽略县级以下市场中心的重要性或县、省、帝国层次之间社会条件的潜在差异；（2）韦伯以"政治"与"经济"功能界分中西城市，忽略了中国城市的多样化特征，例如，作为制造业城市的景德镇就不会符合韦伯的范式预设；（3）韦伯认为中国城市时间自宋代以后就处于绝对休眠状态，此状态一直延伸到十九世纪西方势力涌入之前，从而忽视了中国社会结构内部动力机制的存在。城市比较研究只是"韦伯式问题"的一小部分，韦伯以后的汉学家对此作出的回应也反映在三个层次上，他们强调中国城市在中世纪以后持续的历史发展；强调中国城市自身广泛的地理和人文渊源特征；强调近世中国城市经济因素而不是政治因素的首位作用。①

其实，正如有的学者所论，所谓"韦伯式问题"本身包含的理论预设与逻辑推演具有相当浓厚的西方中心主义倾向性。就韦伯的本意而言，他几乎一生都在倾注其全部的理论热情论证西方资本主义精神萌发与示范作用的普世性特征，即使是在研究非西方文明时，他也不会忘记时时探究估测其演化形态是否会适合于他手中"资本主义精神"这把如测量模具一样通用标尺的刻度。在东方包括中国历史的研究中，我们甚至可以发现一个"韦伯式的圈套"，

---

① William T. Rowe, *HANKOW: Commerce and Society in a Chinese City 1796—1889*, Stanford University Press, 1984, pp. 7~8.

韦伯的中国学著作《儒教与道教》曾经明确地把"儒教"置于"清教"模本的既定价值预设中进行比附，进而得出了中国历史中缺乏现代资本主义发展所需要的理性形式和伦理基础的结论。如果仅视其为一个东西方比较的个案命题似可不必深究，但其中所蕴含的方法论取向却构成了一个普遍的理论圈套，笼罩住了不少学人的思维视界。此结论显示出来的逻辑明语是：中国资本主义的迟缓发生，是因为资本主义要素缺席的结果；而其背后所屡屡暗示出来的逻辑潜语是：资本主义精神的发生是西方的原创形态，东方乃至近世中国存在的资本主义要素是西方嫁接的结果。其逻辑圈套的最终蕴意是，即使从历史情境中反向证明中国存在一个资本主义式的理性基因，也不过是在满足了民族主义感情之后验证了资本主义精神的西方发明权，这从根本上无法逾出韦伯的价值观魔掌。20世纪以来，落入"韦伯式圈套"之中的学者可谓不计其数，其中近期较典型的例子可举出余英时教授。余英时在其精心撰述的《中国近世宗教伦理与商人精神》一文中，运用大量史料反向证明近世中国商人的思想与行为中不乏类同于西式清教的轨范，其用意自然是借助东方四小龙的现实经验，寻觅东亚现代化成功的历史因缘，希求击破韦伯西式"理想类型"的垄断壁垒。然而他的运思路径恰恰是韦伯式的，其论式是"中国社会结构在近世以前已存蓄着西式现代性的因子"而并非是"中国传统形态中存在一个非西方意义上的可诱发独特的区域现代化的自足要素"。由此一来，本意是想证明东亚传统的独异性，却反而成为韦伯式论题的一个合理性注脚。

以"韦伯式圈套"审视罗威廉第一部著作中的汉口研究，我们发现其论域指涉仍是类似于余英时教授的"逆向反证法"。如其中引述大量证据指明汉口并不缺乏西方城市所具有的"近代性"

（modernity），已具备对长距离贸易管理的核心作用，及类似于西方的都市化空间的拓展等等，而不仅仅如韦伯所说只是具有军事城堡的功能，因为汉口的城墙在很晚才建筑起来。也许是意识到了频涉韦伯式问题易陷于循环式的探索险境，罗威廉在其关于汉口的第二本著作《汉口：1796—1895年中国城市中的冲突与社团》中完成了一次语式分析的转换，即借助"市民社会—公共领域"的社会学范畴进行城市结构的解剖。"市民社会—公共领域"无论从历史上还是从逻辑上看，社会与国家在概念上的分野均是其产生的前提条件。也正是因为这些概念在阐释"国家"与"社会"界域方面的实用效果，以至于自从哈贝马斯的名著《公共领域的结构性转换》在20世纪70年代初被转译成英文以后，"市民社会"的分析框架用不到十年的时间就打入了美国学界的主流话语之中而成为某种理论时尚。

美国学界第一个用"公共领域"一词描述中国历史和社会状况的人是R.Keith Schoppa，他在《中国精英与政治变化》（1982）一书中径直以"公共领域"作为分析工具。[1]罗威廉教授的第二本汉口研究著作也是建基于对国家—社会互动分合的理念探究之上的，只不过他是以历史实证的方式表达出来，注重的是一种所谓"事实上的公共领域"（de facto public sphere）[2]。和不少学者一样，罗威廉始终反对把"市民社会"概念变成意识形态化的政治工具，因此也始终把它限定成为一种历史性的描述。在第一本著作中，罗威廉已

---

[1] William T. Rowe, "The Public Sphere in Modem China," *Modem China*, Vol. 16, No3, July 1990.
[2] William T. Row, "The problem of 'Civil society' in late Imperial China," *Modem China*, Vol. 19 No2, April 1993.

经发现，在承担福利和慈善行为方面，汉口于太平天国战后社区服务范围令人瞩目的扩展和动议权从国家工具向居民与自治精英社团的转移，都以非官方的公共利益的名义才得以进行。在第二本著作中，罗威廉则已自觉地运用"公共领域"的概念去统摄把握近世汉口的大量史料，以使之趋于观念上的有序化。纵观全书，其行文中呈现出来的反"韦伯式圈套"的逻辑理路是清晰可辨的，但仍然可以感觉到作者并未真正逾越西方中心论传统所设置的目的论陷阱。

冲突与控制——汉口的近代模式

要清楚地判定"国家"与"社会"在城市格局中的界域表现并非是件易事。因为这不仅意味着需清晰严密地梳理出一些兼及二者的庞杂历史要素，而且要使用一些非历史性的概念去定位这些要素，并反过来使之受到历史过程的检验。通观罗威廉第二本汉口专著中的诸多论域，我们大致可条述出三个层面的运思进路：其一是通过描述国家向社会的权利让渡来标示出"公域"的范围；其二是城市周围频起的外力冲击浪潮构成的压力效应所导致的汉口内部各阶层的分化与聚合；其三是精英作用的变化。

从城市空间（urban space）的变迁来看，在西方城市的型构模式传入中国并在上海发生效力之前，中国城市适合于前资本主义与前工业化的模式，它们缺乏一个独立清晰的"中心商业区"（central business district，简称CBD）和土地使用的一体化等级制度。相反，城市空间结构经常被作为类似"细胞"的系统而加以定位，这些"细胞"被个体贸易网络分割为许多商业区，并和一些居民区相互交织在一起。但是到了十九世纪，中国城市如汉口在一些重要方面已颇适宜于资本主义城市的土地使用模式和土地价值分配，它的一体化的有序空间结构已与古典类型的中国城市相去甚远。从历史的观点看，有证据表明，汉口长途贸易的大幅度增强，大规模的商行、财政体制和组织化的商业网络的出现，地方都市化的持续演进和城市文化的发展（包括相当于西欧小酒馆和咖啡屋的茶馆制度），印刷工业的急剧拓进，世俗流行文化等的崛起都提供了一种批评运作的空间和氛围。由于十九世纪的汉口在城市服务系统和社会福利领域都有了长足的进步，罗威廉认为完全可以用"公共领域"的出现概述这种现象，因为在一定范围内而言，这是直接的国家动议权在社会需要的措施条款方面迅速撤出的结果。面对一些新的社会需要和都市的复杂性，社会力量的回应比官方可能更加灵活。核心官僚的作用而对社会能动主义（social activism）的崛起基本上是非直接的。国家机构的功能大部分局限于对地方力量发起的计划实行庇护上，或者为这些动议提供协作，并负责平衡不同社会集团之间的利益。

当然，国家与地方社会的权限如何界定仍是个很棘手的问题。例如所谓汉口公善局的运作就特别能表现出官方与私人领域之间的两难处境。一方面，公善局的地方资源来自于汉口私人善堂，它的财政来自于商人捐献，其运转也部分由"善堂"（如"存仁堂"）支配。另一方面，它又不像其他善堂是作为"堂"出现的，它还有"局"的功能，即负有政府职责，比如支持寡妇和孤儿；它也往往由汉口道台统辖的育婴堂直接设置，资金也由道台个人捐献。尽管如此，太平天国以后国家已经退出对城市人口直接提供福利服务的事务领域。比如汉口的福利组织明显地扩大了施舍范围，已不局限于孤儿寡妇等群体类别,有的学者甚至夸大说,中国社会能够提供类似于近代国家从摇篮到墓地的所有支持。在此过程中,政府赞助的福利设施逐渐遭到废弃,它们已经为建立于地方动议基础之上的一些机构所代替,比如救火就是地方社会承担其自身救助功能的一个例子。虽然有些地区的救火行动仍需地方政府授权,但救火在汉口确实越来越独立于官方的影响。居民救火组织之间的日益协作,清晰反映出了城市意识和团体精神以及自治性公共领域的增长。汉口城市发展的又一趋势是,福利赞助从一种个人的慈善行为转向出于公益目的的非个人的形式,例如盐商对书院学堂的赞助反映了利益集团的互动关系。汉口公众教育的财力支持是自助性的,大多来源于盐商精英阶层,盐是人们每日消费的食物,盐商对教育的捐助在一定范围内可以说不仅是武汉而且是由湖广盐区的消费人口来承担的。[1]这些变化自然得益于"公共"(public)而非"官方"(authority)领域的拓展。

需要特意申明的是,国家干预权向社会领域的让渡与城市外力冲突和内部控制之间的张力表现形式有密切关联。汉口既为枢纽通衢之地,又为晚清各路兵家争锋的热点,所以暴力攻伐现象层出迭现。罗威廉在书中的结论性部分曾经指出,中国城市与西方城市在特征上最不同的地方即在于其中存在着独特的底层居民的普遍抗拒行为和暴力冲突模式,只不过这种模式并非一定起着负面的作用。他引述E. P. Thompson等人的话,认为通过违反秩序、犯罪来唤起团体的感情,对维系和复兴公共凝聚力是有贡献的,也许是健康社

---

[1] Willian T. Rowe, *Hankow: Conflict and Community in a Chinese city, 1796—1895*, Stanford University Press, 1989, pp. 131~132.

会的一个组成部分，关键在于有一个调适与遏制暴力侵袭的有效模式，以及和解妥协的习惯和高度的城市团体制度化的观念。汉口在太平天国以后犯罪率的上升一方面可说是底层阶级崛起的标志，另一方面对犯罪趋势的有意识引导却创造和维护了城市秩序的和谐，整个冲突与控制的过程都不是在国家指导下完成的，而是在地方社会自身中创始和运作的，因为国家对自治水平上的公共聚集方式素持一种矛盾的心理。

因缘于此，一些变化表现在近代形态的城市警力系统的进展上。十九世纪汉口安全人员的专业化已经开始实施，并实现了从居民保长轮流志愿服务式的保甲功能向专业化职事功能的转变。与之相关的步骤是，一个自治地区雇佣、训练、任命、部署和轮换的警察力量已趋于"科层制化"（bureaucratization），完备的警力系统最初出现于1900年，是在外国军事力量占领和日本的影响下才出现的，而萌芽却源于十九世纪晚期。问题在于，警力系统的"科层制化"为什么偏偏出现于这个时期。按照罗威廉的意见，这一时期外界冲击的力度恰恰与汉口人民对"秩序"的切肤感受与要求相吻合，这一方面固然是商业资本主义对地区间贸易的控制延伸到城市安全系统中的结果，把这种要求系统化是作为源自于城市人口的社会和经济成功的核心内容；另一方面，则是通过某种制度化程序协调维系社会和谐以抗衡外力的侵袭。与之相应的例子是地方社团的勃兴与自治能力的加强，也是部分与帝国官僚制效率的衰落有关，部分是对供水、火灾及普遍持续之军事威胁的反映。

十九世纪汉口城市社团，几乎不是建基于每个社团成员之间利益的完全一致性基础之上的，但是它建立于具有包容与灵活性的社会一致（公论）的基础之上。这种一致性（consensus）不仅承认儒学的社会等级制度和家庭价值，以及坚持商业行为和邻里关系的最基本标准，而且对普遍民生表现出了深深的关注。[①]在汉口城市安全和社会控制的过程中，自我防御系统如救火队、夜巡人和保甲等的完善也反映了"一致性"的作用，即对外来人的威胁之下的一种凝聚状态，成为一致性的有力武器。在此情况下，社团意识（community sense）通过汉口方言的同一性，词汇运用的地方主义特色和城市自筑城墙的形象化符号在太平天国时期死难者所修之城市祭坛中体现出来。

与早期近代的西方城市一样，汉口进化模式关涉一个日益复杂和流动的阶级结构的变化，老的精英集团受到新的经济精英的挑战与参与，地方的一体化网络也是由于城市精英的社会行动模式发生作用才得以加强的。在城市空间中所谓"一致性"的存在也许意味着文化霸权在精英集团中的成功运作。对话语（discourse）的控制为的是使从属的下级团体被参与维持一个符号领域（symbolic universe）以使其统治成为合法化。[②]由此可知，汉口城市精神（urban mentality）的形成与精英构成及其控制话语的变化实相关联。

概而言之，罗威廉的汉口研究以史实勾勒出了一幅国家向社会公域让渡权益的斑斓画面，这种权益让渡方式往往是外界施压或曰冲突与控制的作用结果，"精英"构成的变化虽然重要，但其作用似乎已退居次席。下面我们就来简要地讨论和验证这些观点。

---

① William T. Rowe, *Hankow: conflict and Community in a Chinese city, 1796—1895*, Stanford University Press, 1989, p.348.
② 同上。

"公共领域"的适用限度

撰写汉口研究这样的社会史著作,罗威廉的题外之旨当然不会仅仅拘泥于描述汉口在近代的发展沿革,而是更关注于中西比较视野下城市内部的结构性转换,这是其屡用"公共领域"等概念约括汉口诸多现象,并自信地宣称其已具有"早期近代"(early modern)特征的因由之一。然而通观全书,给人的感觉是,西方意义上的"公域"概念作为分析框架是否具有其足够的合理性似乎仍是一大悬案,因为如书中所论,国家对社会势力在空间意义上的权利让渡,其实可能并不等于反映出了城市结构转轨的文化本质特征。这表现在所谓中国式的"公共领域"始终与国家保持着某种同构状态。正如一位日本学者所概括的:"在传统中国,民间社会不是只受国家权力支配的非自立的存在,也不是自立于国家之外的自我完善的秩序空间,而是可将民间社会与国家体制共同视为由持有共同秩序观念的同心圆而连接起来的连续体。"① 这种同心圆式结构使得国家与社会之间界域的伸缩变得甚少实质性意义。

如果暂时撇开功能运作的层面,从文化观念的角度切入,我们就会发现,中国原初概念中天人合一与自然秩序的和谐观使"公域"的涵盖度几乎可以无限推广,最终交叠掩盖了"私域"的衍生空间,也就是说,"公域"对"私域"侵蚀如此之烈以致近邻日本

---

① [日]沟口雄三:《中国与日本"公私"观念之比较》,《二十一世纪》双月刊,1994年2月号,第94页。

都未达此程度。中日公私观念的差异乃是在于，中国崇尚自然之公私观，并使之"原理化"，变成一种涵盖一切的界定尺度。例如，上自政治观念意义上的皇权与民权，下至家庭内部的父子人伦之别，都被笼罩于"公域"的网络之内。而日本的公私概念中，"父子之爱"乃私家之事，区别于公共领域中的朝廷、国家和社会，因而绝不能称为公。"换言之，日本的公私完全是领域的概念，看不到如中国的公私观所蕴含的原理性、自然性。"[①]与自然之"公"相连的天之"公"，与人人头脑中普及之"公"的观念相映的情况下，公域对私域的侵凌是不言而喻的。很明显，中国观念中道义伦理上的"公"，常使任何私域的产生归于无效，这亦与"去私"的儒家观念与"私人"观念之间存在着历史性的紧张有关。[②]它使得个人的权益在公域中始终无法定位，而日本的"公域"与"私域"的界定尽管是封建性的，但却为私人空间的扩展提供了可能。

如上所论，探究"公共领域"的适用度似应首先打破西方中心论的观念。需要阐明的是，国家空出市民社会之发展空间后，社会是否就会按自治的轨道有序发展而不会导致失衡？因为按西方的尺度观察，只要形成与国家权力相对峙的自主空间，资本主义就会自然产生并在东方达致同样的效果。纵观中国历史，"公共"的观念并不缺乏，地区自主性的例子在近代汉口可谓俯拾皆是，但形式化的组织同构并不意味着能够超越文化形态与观念上的差异。西欧城市有比较完整的城市法即韦伯所言"special urban law"，这是前资

---

① ［日］沟口雄三：《中国与日本"公私"观念之比较》，《二十一世纪》双月刊，1994年2月号，第88页。
② 金耀基：《中国人的"公"、"私"观念》，《中国社会科学季刊》，1994年第一卷（总第6期），第175页。

本主义时期城市趋于自治的结果。城市法中对市民权益的规设等于划定了"公域"中"私域"的界限，使个人利益不会淹没在群体的目标之下。十九世纪汉口虽然由商会等组织来确立群体之间的契约关系，但有史实证明，个人的权益仍受实际传承的本土文化要素如血缘家族等伦理轨范的制约。

以西方的价值观念衡量，中国晚清出现了世俗权力多元化的现象，即官府的权力开始向社团自治组织分散，这固然是异质性的西方文化催动的结果，然而世俗权力多元化造成的公私领域的界分，却并不等于是促成资本主义发展的唯一选择。沟口雄三举示的东亚例子已经说明，日本社会结构的演变，恰恰采取的是世俗权力一元化的选择策略，如对皇室与国家的一体忠诚。中国的情形大概也不会例外。

即使坚持以"公共领域"的概念界说汉口的社会结构，我们也会感觉到，汉口民众自主观念的发生与自治组合的形式除了始终与国家处于若即若离的关系之外，其产生孕育的过程也往往是外界压力集团施予作用的结果，而大多不是自治组织的自发要求。仅以汉口为例，其自治领域的成形一般就可视为太平天国以后区域组织逐步趋于"军事化"（militarization）之链条中的一个环节。罗威廉也多次引用孔飞力（Philip. A. Kuhn）的研究结论，认为区域性基层组织的军事化过程促成了地方主义的兴起，汉口的军事化组织之所以逐步被控驭在绅商手中，就在于传统帝国官僚体系与军事组织已是呈涣散之征。只是"军事化"与社区结构及观念的契合，是否就能在本土组织中创生出西方意义上的公共领域，则是颇有些疑问的。罗威廉也曾举例说，在外界压力下，汉口城墙改造可以是"公共舆论"（civil opinion）起作用的反映，汉口商人在护城中也有可能转化为区际的军事领袖,但是在某个军事目标的制约下,"公共舆论"的前资本主义性质却仍是很明显的,在其他形式的军事冲突中,"公共舆论"也仍有可能产生,却同样不具备任何"近代"的意义。地方军事化不仅对正统的官僚军事政治组织的运作形成威胁,而且有可能对地方社团本身构成威胁,简而言之,掌握在精英手中的武装力量,总是实行某一阶层政治目标的潜在工具,而不是实现团体利益的工具。

关于"公共领域"的适用幅度,罗威廉在另一篇文章中曾坦言反对机械地把中国放在与西方传统市民社会的任何语境中加以比附的看法,因为这些概念如果被有效地使用需要太多的价值限定,而且几乎无人能通过一系列中国自有价值判断的检验,而落入"地方经验"的圈套。①不像狄百瑞(Wm. Theodore de Bary)等一些热爱中国文化的老一辈美国汉学家认定中国自古就有所谓自由主义传统,罗威廉相当明确地否认任何把清帝国看作拥有"潜在的"西方式民主资源的超前式比较研究的可行性,而是从历史断限的角度判定晚清帝国在18世纪末有一个巨大变化,这个变化是中国传统与欧洲经验"杂交"的果实。

在汉口研究中,罗威廉思维中的矛盾困局表现得是很明显的:一方面他担心把中国历史变成西方发展的一个理想式投影,故而极力回避抽象的哲学讨论,而以汉口为案例,阐述中国城市演化的个性特征;另一方面他所使用的诠释工具如"公共领域"等概念仍是西方式的,而且不可避免地仍以欧洲史和西方经验基础来衡量中国

---

① William T. Rowe, "*The Problem of 'Civil Society' in Late Imperial China,*" Modem China, Vol. 19, No2, April 1993, pp. 139~140.

历史的发展进程。所以他认为，尽管有些冒险，但用外来范畴去分析一种既定的文化也许不仅仅方便而且常常使之清晰地呈现出来，问题并不在于中国语汇中包含着多少有关"公"的术语，或与西方对应词"公共"（public）有多少表层的相似性，而在于这语汇相似背后的文化相异性恰恰是应该揭示的，而揭示的结果却可能推翻原来的比较结论。这种矛盾心境较充分地体现于对诸如"个人主义""公民法""财产所有权"等论域的辨析之中。

统而论之，罗威廉以对汉口"公共领域"的分析为标志，却并未考虑其历史渊源的错位问题，例如汉口"公域"的形成是地方军事化的一个系列表征之一，而基本不是如西方那样完全源于社会内部原创性的自发要求。在军事化示范作用下达致的社会自治状态，按西方标准衡量是不可能极其规范的。因此，罗威廉的汉口研究以反"韦伯式圈套"的面目出现，却不免仍给人以仍在其套中的感觉。正如德里克所批评的，汉口研究对公共领域做实证论式的解读，试图把公共领域这个概念纳入现代化的"社会—历史学"范畴，从而造成此论题批判性历史意义的阙失。①

---

① Arif Dirlik, "Civil Society/Public Sphere in Modern China: As Critical Concepts Versus Heralds of Bourgeois Modernity"，《中国社会科学季刊》（香港），1993年第三卷（总第4期）。

下 篇

跨学科入史的探索

梁启超《过渡时代论》
与当代"过渡期历史观"的结构

一、《过渡时代论》表述框架中包含的内在紧张

　　一般论者均认为,梁启超在20世纪初年就已形成了比较成熟的"进化史观",并相当自觉地运用到对中国历史的具体研究之中。晚年在游历欧洲以后,他却开始质疑科学万能的结论,珍视中国传统的价值,其史观转而趋向于"文化保守主义"。在这种完全基于线性发展观的分析方法中,梁启超的历史观被划分成截然对立的两个阶段,甚至被置于"先进"和"保守"的僵化二分法框架中予以评断。本文以为,任公虽有"今日之我与昨日之我战"之名,但其史观的形成和变化轨迹十分复杂,绝非仅仅用"进步"还是"保守"的二分对立框架所能轻易解释。其许多论点相互蕴含包容,呈交错重叠的状态。这种产生于内在紧张的表述方式从任公于20世纪的第一年(1901)所发表的文章《过渡时代论》中就已略显萌芽。

在这篇文章中,梁启超喻中国处于一种"过渡时代",但"过渡时代"却有广义与狭义两层意思。广义的意思是,人类历史无时无刻不处于过渡状态,任公喻之为水波,前波后波相续不断,形成一股无止境的过渡之流,"一日不过渡,则人类或几息矣"①。一般观点认为,梁启超所予以定位的所谓"过渡时代",就是在中国面临自古未有的大变局时应无条件地按照西方模式演化的要求,把自己完全融入世界历史演进的潮流中,而使中国学术界成为阐释带有普遍意义的"进化史观"中的一个链条和组成部分。从其对过渡时代的广义表述中进行如此解读似乎合理。

不过,如果我们从狭义的角度继续研读此文,就会发现任公似乎并不是个绝对的乐观主义者,其语辞闪烁之间透露出了些许的犹疑。其犹疑的地方突出表现在如下的焦虑状态中,如果在现代进化的意义上极端地假定历史如奔腾不息的溪流直线地涌向一种刻意设计的目标,那么我们如何理解这溪流下沉积隆起的河床中那复杂多变的地质走向的作用呢?也许恰恰是这种地质走向在潜移默化地修正了溪流奔腾的方向。尽管河床淤积出的地质结构很可能是泥沙俱下,却也难说会不时筛选出金子。所以对"过渡时期"的理解就不单单包含着似乎是不言而喻的发展逻辑,而且也应为沉积和间断般的停顿预留出合理的解释空间。

且看任公对"过渡时期"的狭义定义:"就狭义言之,则一群之中,常有停顿与过渡之二时代,互起互优,波波相续体,是为过渡相,各波具足体,是为停顿相,于停顿时代,而膨胀力之现象

---

① 梁启超:《过渡时代论》,李华兴等编,《梁启超选集》,上海人民出版社1986年版,第166页。

显焉，于过渡时代，而发生力之现象显焉。"①在狭义的定义中，任公又在不断行进的连续历史演进序列中加入了"停顿"这个要素，给人的印象是，历史不会像是机械的永动机那样一刻不停地把人类带入预知设计的未来，而是以断裂和连续两种态势交错滚动式地展现其演变的全貌的。"停顿相"是"具足体"，也应是"过渡史观"的有机组成部分，尤其在任公的眼里，"停顿"和"具足"未必就一定起到负面的作用，而是作为过渡时代蓄积力量的准备阶段，"在过渡以前，止于此岸，动机未发，其永静性何时始改，所难料也。"②即所谓"膨胀力"潜在的能量在积蓄，到了"过渡时代"才以"发生力"的形式喷薄而出。所以欧洲以往作为"过渡时代"焕发出了巨大的扩张能量，到了20世纪初则转入"具足"的阶段，而中国在"具足"状态延绵过久的情况下，理应生发出耀眼的光芒，步入迅猛奋进的辉煌时期。

任公对过渡时代的狭义阐释说明他并没有过度迷信"过渡时代"作为进步象征的永久真确性，至少是还没有确立这种"过渡"的必然性质，一切都处于"不确定"的状态，无论是政治、学问、道德还是社会。他说："人民既愤独夫民贼愚民专制之政，而未能组织新政体以代之，是政治上之过渡时代也；士子既鄙考据辞章庸恶陋劣之学，而未能开辟新学界以代之，是学问上之过渡时代也；社会既厌三纲压抑虚文缛节之俗，而未能研究新道德以代之，是理想风俗上之过渡时代也。"③正是因为并没有把西方的变革经验视为历史的必然而设定为趋同的目标，所以梁启超特别强调"过渡

---

① 梁启超：《梁启超选集》，第166页。
② 同上。
③ 梁启超：《梁启超选集》，第168页。

代"的别择性,因为"天下事固有于理论上不可不行,而事实上万不可行者,亦有在他时他地可得极良之结果,而在此时此地反招不良之结果者"①。

就以上的表述而言,至少我们可以认为,梁启超对所谓"过渡时代"的理解是一种开放性的,并不完全是从中国传统无条件地走向西方的发展模式。如他认为人群只要进化,就必然处于过渡状态,否则就会处于停顿状态,就如水波一样波波相续。欧洲各国二百年来皆处于过渡时代,可到20世纪初就陷于停顿状态;中国数千年以来是停顿状态,20世纪初则是过渡时代。虽然任公强调"过渡时代"塑造"国民"的重要性,但以上所列的变化仍是开放式的,不可轻易解读为其变革思想是西方模式的追随者和翻版。但不应否认,梁启超对"过渡时代"的理解确实存在着内在的紧张感,即他一方面认定以西方为模式的进步发展的趋势不可阻挡,必须对此做出回应;另一方面他又希图从中国古老的历史传统中找到突破西方中心史观的因素,从而为中国的变革找到适合自身演变的思路,这种内在紧张一直贯穿在其晚期对历史观的探索中,本文即是想以对梁启超"过渡期历史观"内在紧张感的诠释为出发点,重新勾勒出其晚年历史思想变化的曲线。并以此为基础,尝试提出具有当代特色的"过渡期历史观",以区别于目前居主导地位的"转型期历史观"。

---

① 梁启超:《梁启超选集》,第170页。

二、克服"文化认同"与"政治合法性"的焦虑
——从"保教"到"保国"

近代中国知识分子在遭遇西方的渗透时都必须面临两个生死存亡的问题：即如何在现代国际政治格局的霸权支配环境下重新确认清朝作为政治实体的合法性；第二，与此相关联的是，要确立这种合法性就必须解决"文化认同"与现代国家实体之间的冲突纠结。两者似乎密切联系着，不可割断、相互缠绕渗透，可在实际解决这些问题的过程中，又好像仍然存在如何安排先后次序的困境。因为近代历史给人的印象是，要想确立近代民族—国家的政治信念，就必须放弃固有的一些文化认同的观念。这恰恰是近代中国知识分子难以抉择而产生内心痛苦的根源之所在，也正是这两大问题及其相互暧昧关联的复杂性一直强烈困惑和刺激着晚清以来知识分子的头脑和神经，如张之洞就曾尝试在保持内在文化认同的状态下，依靠器技之道的更新对抗西方的入侵。而在意识到器技之道的变化与制度变革之间存在某种不可分割的关联性时，康梁变法的思路就开始聚焦到在晚清帝国向民族国家转型已成不可抗拒之潮流的情况下，如何仍能保留传统的文化认同状态而获得双赢的局面。

十九世纪末期，康梁变法面对的是如何处理好清朝向现代国家实体转换过程中既要融入世界，同时又如何依靠文化的特质以保持其与世界秩序之间的距离而构成一种紧张关系的问题。据张灏的看法，就哲学层次而言，支配中国人世界秩序观的是天下大同的乌托邦理想，但就政治层次或一般层次来说，中国人的世界秩序观为中

国中心论的意象所支配,中国被想象成由无数不同类型的附属国围绕而构成世界的中心。十九世纪以来,中国的世界秩序观已被西方冲击得七零八落,"天下一统观"作为一种"文化理念"或哲学理想,与现实政治的关系尚有一段距离,因此未受多大触动。而晚清思想界的一个有趣特征是,在力图适应因西方扩张而形成的新的世界现实中,在一些士绅身上出现了一种求助于天下大同哲学观的明显趋向,康有为的天下大同思想和谭嗣同的"仁"的世界观即是这种趋向的重要组成部分。因此,阻止任公在十九世纪末时就承认国家为"最上之团体"的,不是早已被西方扩张击碎的中国中心观的世界观,而是天下大同的道德观。①

康有为的"大同观"在这一时期之所以深深吸引着任公,乃是因为他并非是在盲目接受民族—国家的观念基础上重组"中国"的秩序,而是试图仍在儒教的思维定式中,用"文化"的力量重新整合中国的政治行政资源,超越民族自觉与联邦自治实践这些现代西方国家得以建立的民族主义历史前提。②尤其是通过复兴今文经学中孔子预言家的形象,来重新定位王权与儒学知识体系作为象征系统的作用是其核心的设计思路。孔子作为"制法之王"在康有为所宣扬的儒教系谱中重新呈现出与近代大政治改革相呼应的指导意义。

孔子在清代早已从辅弼王权为"帝王师"的地位,蜕变为专心致力于教化伦理的师儒。康有为重新确立孔子的"素王"地位,凸现其"制法"的功能,其目的已不是与西汉初年的儒生一样,仅仅

---

① 张灏:《梁启超与中国思想的过渡(1890—1907)》,江苏人民出版社1993年版,第112页。
② 汪晖:《帝国的自我转化与儒学普遍主义》,赵汀阳主编:《论证》,广西师范大学出版社2003年版,第183~277页。

热衷于论证王权统治的合法性,而是想通过孔子形象的再造,重新唤醒被现代政治构想所压抑的文化因素,以抵消现代国际政治的铁血特征。特别是在中国转变为现代国家的过程中,政府总是把传统的文化取向所包含的道德目标转换为靠集体竞争实现国力强盛的政治目标,这种做法往往是以损害数千年培养出来的文化气质和道德秩序的自治制衡功能为代价的。①孔子象征的再造一方面是想通过儒教与作为王权代表的光绪帝之间重新建立起一种帝王师与实施政治策略之间的合理关系,使光绪在政治意义上演变为一个拥有真正权威的帝王,但这毕竟是为政治变革程序的需要所推行的"复古"要求,实际更重要的目标是,康有为是想通过今文经学中文化象征系统的发掘,重新赋予过渡时期列强角逐所表现出的疯狂功利状态以一种文化包容的内涵,同时又不失其以"大一统"的名义整合"中国"为一个现代国家的政治目的。

十九世纪末的梁启超一直跟随着康有为奉行"保教"的政治策略,即通过对孔子及《春秋》微言大义的阐发来重新揭示儒学经世致用的地位。如梁启超在言及如何读经时,核心的几条提示都是一种标准的今文话语,如"一当知孔子之为教主;二当知六经皆孔子所作……四当知六经皆孔子改定制度,以治百世之书;五当知七十子后学,皆以传教为事……七当知孔子口说,皆在传记,汉儒治经,皆以经世"②。这明显受到了康有为思想的深刻影响,但"制法之王"的孔子又是"教化之王",尤其是在宋明以后孔子的"制法之王"身份日益模糊,成了道德规训的榜样。在这种情况下,

---

① [以色列] S. N. 艾森斯塔得:《帝国的政治体系》,第232~244页。
② 梁启超:《〈西学书目表〉后序》,《梁启超选集》,第37页。

"传教"与"制法"合二为一,"宗教"不但与"政治"合一,而且也与"文化"合一。孔子之教不是通过"宗教"的仪轨和信仰方式传播的,而是通过民间道德教化的文化实践行为予以达致的,所以正如张灏所说,"传教"思想在"经世"思想中是不明显的,因为根本不需要对经世和传教作任何区别。"传教"被作为一种策略单独成为一种思潮,以和传统的"教化"行为相区别,明显是外来压力导致的结果。这是因为以往需要通过传统道德教化程序所达致,以有别于官僚行政的政治管理目标的儒家治世策略,明显地无法与现代国际政治厘定的国家设计原则相抗衡,不但政治与儒学传统结合的方式遭到质疑,而且儒学通过道德教化手段区分于官僚治理制度的做法也遭到了质疑。这表明中国士人已意识到十九世纪末中国面临的挑战不仅是一个社会政治问题,而且还是一个宗教文化问题,在维护中国作为一个社会政治实体的合法性外,又产生了文化认同的焦虑。

梁启超提出"保教"说实际上就是要对这两个层面的焦虑感做出回应。一是把沉埋已久的孔子乃做法之王的形象赋予中心地位,力图在社会政治实体意义上重塑"中国"在政治制度方面的形式合法性。孔子"范围万世,制百代法"的目的可以一直延及对现代政治体制的建构方面。二是孔子作为"教化之王"形象的重塑,解决的却是"文化认同"的心理问题。梁启超有一个担心,就是一旦中国民众被改造为现代民族国家的成员,即所谓现代"国民"之后,将丧失中国人之作为中国人的文化所赋予的特征。所以中国现代国家的创构过程必须被置于"传教"的范围之内以服从于文化认同的目标,才不至于丧失中国传统的本源特征。所以梁启超说:"夫天下无不教而治之民,故天下无无教而立之国,国受范于教。"①在《湖南时务学堂学约》中,梁启超更是把"传教"上升到了教育原则的高度:"今宜取六经义理制度、微言大义,一一证以近事新理,以发明之,然后孔子垂法万世,范围六合之真乃见。……盖孔子之教,非徒治一国,乃以治天下。故曰:洋溢中国,施及蛮貊,凡有血气,莫不尊亲。他日诸生学成,尚当共矢宏愿,传孔子太平大同之教于万国。"②

可见这时的梁启超仍深受康有为大同思想的制约,把孔教视为可达于万世的普遍主义信仰准则。在早期,梁启超还是从一名地方士绅的角度来看待中国与世界的关系,他们更像是以"地方主义者"的自足角度观察世界变化的,这几乎成为当时士绅阶层的普遍视角。比如当时还是湖南乡绅的杨度与友人议论的也是如何以《春秋》范围万世,以经术诠释天下。③而流亡日本后,梁启超有更多的时间反思戊戌维新政治生涯的得失,也更多是从政治家的眼光去衡定传统的价值,而不是站在传统价值的内部去评估它。尤其是在日本的经历使他得以跃出乡绅活动范围的制约,从"国"与"国"互动关系的视角重新审视"中国"与"世界"的关系。其以民族国家模式立国的思想日益坚定,而摈弃传教式的大一统理念确实是

---

① 梁启超,《与友人论保教书》,《饮冰室合集》第二册,文海出版社1975年版,第5页。
② 梁启超:《湖南时务学堂学约》,《梁启超选集》,第58页。
③ 杨度曾劝友人改治《春秋》,理由就是:"以其精于礼,而礼乐必在百年平定之后。今之西人亦已庶富,以无礼教,势将日衰,欲抱此以用世,中夏不行,必于外域。"又云:"《春秋》则皆拨乱时务之要者也,内外夏夷。六国以后,始有此全球之局。天下日益趋乱,经术将明之势,与前之不明,亦势使然也。"参见杨度:《杨度日记》:新华出版社2002年版,第76~77页。

从此时开始的。现代政治家的角色而不是文化传播者（传教者）的角色换位，使任公的思维固定在了强调竞争的民族主义冲突的位置上。在这个位置上，他基本上已成为西方国家构造模式的普遍性在中国的代言人。或者说开始从注重在民族国家的建设过程中如何保持自身的"文化认同"，转而更加注意如何确认中国在世界文明体系中作为民族国家身份的合法性问题，从而完成了从"保教"向"保国"的思想转换。

我们不难注意到，梁启超在日本流亡之后直至回到国内，也就是说大约在20世纪最初十几年时间里，他把更多的精力和时间投入政治活动中，其关注的焦点是"中国"作为现代民族国家中的一员，如何有效地实施现代政治过程和行为，而基本上再也不去注意现代政治行为与传统文化之间是否会形成某种合理的呼应关系。他讨论的话题已不是最初的"革命"还是"改良"的问题，而更多的是"后革命时期"中国政治运行机制的选择问题，如所谓"国体"与"政体"的问题，政党构造程序问题，共和政治如何本土化的问题等等。作为政治家的梁启超此刻亦显得光芒四射，甚至以进步党党魁的身份亲予政治过程，只是其讨论的主题似乎越来越技术化，涉及的都是相当现实功利的政治设计策略。

三、徘徊于"复古"与"蔑古"之间
——重建传统道德与现代制度建设的关联性

尽管梁启超在流亡日本后基本上成为现代民族国家历史发展逻辑的忠实信奉者，却仍不妨碍他在适当的时机重新关注"文化"与政治问题之间的关联性。1915年，梁启超发表了著名的《复古思潮平议》一文，在这篇文章中，任公试图在"复古"与"蔑古"两种极端的评判取向上达成平衡。例如在针对"复古"之谬的言论时，梁启超极言"忠孝节义"等诸种中国旧道德与世界普遍道德的共通性。"盖忠孝节义诸德，其本质原无古今中外之可言。……即如忠孝节义四德者，原非我国所可独专，又岂外国所能独弃。古昔固尊为典彝，来兹亦焉能泯蔑？夫以忠孝节义与复古并为一谭，揆诸伦理，既已不辞；以厌恶复古故而致疑于忠孝节义，其瞀缪又岂仅因噎废食之比云尔！"[①]甚至在事隔多年以后，梁启超开始重提孔子教义的世界意义："若夫孔子教义，其所以育成人格者，诸百周备，放诸四海而皆准，由之终身而不能尽，以校泰西古今群哲，得其一体而加粹精者，盖有之矣。"[②]当然这段论述明显把孔子进行了一番"去宗教化"的处理，与其早年对孔教的理解已不可同日而语。

在这篇文章中，梁启超有两个思想动向值得关注：

其一是拒绝以"复古"的名义，把"旧道德"的复兴与新政的阙失现象勾连起来，构成对应的因果关系。他认为新政实施的不完善缘于十分复杂的原因，而并非简单的道德滑坡所能达致。他说："是故吾辈自昔固汲汲于提倡旧道德，然与一年来时流之提倡旧道德者，其根本论点，似有不同。吾侪以为道德无时而可以蔑弃，且无中外新旧之可言。正惟倾心新学、新政，而愈感旧道德之可贵，

---

① 梁启超：《复古思潮平议》，《梁启超选集》，第657页。在这一时期，梁启超完全放弃了视孔子为教主的旧思路，而把孔子定为一个"师儒"。参见梁启超：《孔子教义实际裨益于今日国民者何在欲昌明之其道何也》，载《梁启超哲学思想论文选》，北京大学出版社1984年版，第235~242页。
② 李华兴等编：《梁启超选集》，第657~658页。

亦正惟实践旧道德,而愈感新学、新政之不容已。"①任公说得很明白,新政阙失的责任不应由"道德"流失这个原因加以解释。

其次,与上一点相联系,梁启超拒绝把"新政"的种种所为归结为"不道德"的结果。他批评说,许多老辈人"欲挫新学、新政之焰而难于质言,则往往假道德问题以相压迫"②。反过来他也质疑新学家把"道德论"与"复古论"硬扯在一起,"凡倡道德,皆假之以为复古地也"的舆论倾向;而且反对单以"道德论"作为制度变革的理据,"夫孰不知提倡道德为改良风俗之大源,然以今日社会周遭之空气,政治手段之所影响,中外情势之所诱胁,苟无道以解其症而廓其障,则虽曰以道德论喃喃于大众前,曷由有效?徒损道德本身之价值耳"③!

关于"道德"与"制度建构"之间如何建立起具有现代意义的有效联系,一直是梁启超致力思考的问题。其间从十九世纪末到20世纪初,梁氏的思考也经历了一系列的变化。十九世纪末的梁启超基本是以布衣变法的身份参与朝廷机要。受康有为今文经学解释的影响,任公承认孔子作为象征符号曲成万物、范围万世的普遍主义规范作用。但在"大一统"的宏大叙事中,梁启超仍然更强调"仁"对人们传统生活的支配作用,在《湖南时务学堂札记》中,梁启超在回答学生提问时,就认为"仁"的广大包容能力是全球更新的动力。④这套思路推及维新变法,梁启超对光绪的"道德"之心的发掘与强调并视之为变法是否成功的决定性因素,就明显是宋

---

① 李华兴等编:《梁启超选集》,第659页。
② 《梁启超选集》,第659页。
③ 同上书,第660页。
④ 《湖南时务学堂遗编》卷首。

明"新儒家"的思考路数。

维新变法失败的刺激,促使梁启超重新思考"道德"与"制度"建设之间的关系。首先是重新界定对"群"的理解,任公认为变法失败的关键在于只是想从皇帝一人的"道德"修养入手推己及人以带动整个王朝制度的变革,这个过于理想化的设计似乎应为变法失败负上主要责任。反思的结果是应从提高全民道德素质入手,推及制度的变革,民众的道德气质变化了,制度才能彻底改变。这种从"道德主义"向"泛道德主义"的转换明显仍是在"心学"的框架内发言,只不过"道德"在"新民"的旗号下被赋予了现代的含义。道德修养不是为了旧有的制度如何变得合理,而是为了成为现代民族国家成员的一种不可或缺的资格训练。所以"道德"的内容被赋予了种种与现代西方伦理更加接近的内涵,这在《新民说》里表现得淋漓尽致。在《新民说》里,梁启超对各种旧道德的抨击往往是以西方道德为参照标准的。而到了《复古思潮平议》中,梁启超开始理性地把"道德"与"制度"变革加以脱钩式地处理,即不认为"道德"气质的变化可以那么直接地引发"制度"的变化,同时通过模糊新旧道德界限的方式化解"传统"与"近代"观念相互龃龉所造成的人为壁垒。

四、对西方"进步史观"的修正及其后果

近代以来流行的"进步史观"所构造的基本逻辑是:像中国这样的古老帝国,其制度安排之所以不合理,乃是在于其"道德"秩序的腐朽导致了人心的败坏,而无法支持政治秩序的创新,所以

到了五四时期陈独秀就喊出了"伦理革命是最后革命的革命"的口号。梁启超也曾把中国近代化的历程分成器技—制度—文化三个阶段递进式的演变,其中最重要的阶段就是最内层的文化觉悟。①在戊戌变法后的数年时间里,梁启超用力最深之处亦在于倡导所谓"道德启蒙",其一系列的作品如《自由书》《新民说》走的都是这条路线。特别值得注意的是,梁启超把"道德变革"的过程视为进化论因果法则的一个组成部分。比如他也曾说过:"一社会一时代之共同心理、共同习惯,不能确指其为何时何人所造,而匹夫匹妇日用饮食之活动皆与有力焉,是其类也。吾所谓总成绩者,即指此两类之总和也。夫成绩者,今所现之果也,然必有昔之成绩以为之因;而今之成绩又自为因,以孕产将来之果;因果相续,如环我无端。必寻出其因果关系,然后活动之继续性,可得而悬解也。"②这样一来,对中国传统习俗与道德这些变化要素所做出的价值判断就被完整地置于"进步史观"的解释框架之内。也就是说,从制度创新的角度而言,传统道德由于不适合进化因果序列的要求而无可置疑地扮演着负面的角色。

然而在20世纪20年代以后,梁启超的历史观特别是"文化史观"发生了很大的变化,他开始尝试拒绝用所谓纯粹科学的方法套解历史现象的思路。梁启超首先认为作为科学研究基石的归纳研究法可能并不适用于历史研究,因为归纳研究法关注的是"共相",也许只适合于整理史料。"归纳法最大的工作是求'共相',把许多事物相异的属性剔去,相同的属性抽出,各归各

---

① 梁启超:《五十年中国进化概论》,《梁启超史学论著四种》,岳麓书社1985年版,第7页。
② 同上书,第108~109页。

类，以规定该事物之内容及行历何如。这种方法应用到史学，却是绝对不可能。"①

与之相对立，历史学恰恰寻求的是人类的"殊相"（即"不共相"），这点正好和自然科学家相反。其原因就在于，"史迹是人类自由意志的反影，而各人自由意志之内容，绝对不会从同。"②那么，梁启超想通过什么手段来把握各种历史的"殊相"呢？他提问道："然则把许多'不共相'堆叠起来，怎么能成为一种有组织的学问？"他的答案是："依我看，十有九要从直觉得来，不是什么归纳演绎的问题。这是历史哲学里头的最大关键。③有学者已辨析出任公"文化史观"所赖以依靠的西学基础，如在质疑历史之中是否有因果律是受立卡儿特（Heinrich Rickert，1863—1936年）新康德主义哲学与德国历史主义的影响，而在重新修正进化范围方面受到杜里舒（Hans Driesch，1867—1941年）的刺激。④

更为重要的是，20世纪20年代以后，也许受到"科学万能论"破灭的影响，梁启超更注重从中国传统的文化底蕴如儒学与佛学中吸取重构历史观的资源，以摆脱过度受到西方科学实证主义制约的早期思想制约。特别是重新发掘传统思想中的道德方面的知识（即人之所以为道），与本体论方面的知识（即"天之道"）来重新搭建历史认识的平台，这个平台的搭建是以拒斥西方科学进步史观的基本原则为前提的。由此我们观察到，任公几乎放弃了他在《中国历史研究法》中所阐扬的"科学史观"的所

---

① 梁启超：《研究文化史的几个主要问题》，《梁启超选集》，第808页。
② 同上。
③ 梁启超：《研究文化史的几个主要问题》，《梁启超选集》，第809页。
④ 黄克武：《百年以后当思我：梁启超史学思想的再反省》，杨念群等主编：《新史学：多学科对话的图景》，中国人民大学出版社2004年版。

有基本命题,而代之以文化多元史观的视野。如帝定"归纳研究法"的广泛作用性,他认为:"整理史料要用归纳法,自然毫无疑义,若说用归纳法就能知道'历史其物',则很成了问题。"①又如通过反思自己认识的失误来否认历史因果律的存在,他自己反省说:"史学向来并没有被认为科学,于是治史学的人因为想令自己所爱的学问取得科学资格,便努力要发明史中因果。我就是这里头的一个人。我去年著的《中国历史研究法》内中所下历史定义,便有'求得其因果关系'一语。我近来细读立卡儿特著作,加以自己深入反复研究,已经发觉这句话完全错了。"他接着认为,"历史可以被看作文化现象的复写品,根本不需要'把自然科学所用的工具扯来装自己的门面',非惟不必,抑且不可,因为如此便是自乱法相,必至进退失据。"②

再如重新规定中国历史的"进化"内容,梁启超在划定"进化"范围之前令人惊异地重新肯定起了"历史循环论"的合理性:"我们平心一看,几千年中国历史,是不是一治一乱的在那里循环?何止中国,全世界只怕也是如此。""说孟子、荀卿一定比孔子进化,董仲舒、郑康成一定比孟、荀进化,朱熹、陆九渊一定比董、郑进化,顾炎武、戴震一定比朱、陆进化,无论如何,恐说不过去。""又如汉、唐、宋、明、清各朝政治比较,又是否有进化不进化之可言?亚历山大、该撒、拿破仑等辈人物比较,又是否有进化不进化之可言?所以从这方面找进化的论据,我敢说一定全然失败完结。"③梁启超这个时期最重要的转变是完全放弃了以物

---

① 《梁启超选集》,第808页。
② 同上书,第808~809页。
③ 同上书,第812页。

质文明的发展程度作为衡量"进化"的优劣成败标准："要问这些物质文明，于我们有什么好处？依我看，现在点电灯、坐火船的人类，所过的日子，比起从前点油灯、坐帆船的人类，实在看不出有什么特别舒服处来。"他得出的结论更是让人惊异："可见物质文明这样东西，根底脆薄得很，霎时间电光石火一般发达，在历史上原值不了几文钱，所以拿这些作进化的证据，我用佛典上一句话批评他：'说为可怜愍者'。"①这几段话仿佛让人觉得是一位"后现代主义者"在发言，完全看不出几年前是个"进化史观"的坚定信奉者和鼓吹者。

把"文化"研究拉出了西方因果律限定的轨道，正是任公晚年史观的绝妙之笔。但他自认并没有放弃历史进化的主张，只不过在以下两方面修正了进化的范围：一、人类平等及人类一体的观念，的确一天比一天认得真切，而且事实上确也著著向上进行。二、世界各部分人类心能所开拓出来的"文化共业"，永远不会失掉，所以我们积储的遗产，的确一天比一天扩大。②第二条所提及的所谓"文化共业"表面上被重新归入整体进化的序列，但其含义已大不相同，标准的西方进化史观是以是否能促成物质文明的更新为参照来衡量所有"文化"的价值的。这种标准不但不会考虑"文化"在某一文明中的积累程度，反而会把这些积累看作是物质文明发展的障碍，特别是在"进化史观"的解释框架下，人们已逐渐熟悉了东方/西方，传统/现代二分的基本认知方式时，就更容易如此来思考问题。而在任公晚年的"历史观"中，"文化"本身的积储和扩大

---

① 《梁启超选集》，第813页。
② 同上。

恰恰是进化的表现，而这种"进化"恰恰不是以其是否符合西方意义上的物质进化标准而加以判定的，而是某种"心能""互缘"交互作用的结果。对这种"心能""互缘"累积作用的直觉感知成为历史研究的主要任务。由此也使梁启超晚年的历史观更加背离了标准意义上的西方进化史观，而创造出了一种对中国历史变化的独特理解。

在论及任公晚年的历史观时，一般论者往往会自觉不自觉地给他贴上文化保守主义的标签，以此说明他在晚年特别是游历欧洲之后所表达出的对西方科学文明的疏离和失望情绪，以及对持守中国文化之遗脉的坚定态度。但据我的观察所见，梁启超晚年并没有走向另一个极端，即彻底放弃他在《中国历史研究法》中所奉行的"进化史观"，只不过修正了原来纯粹认可以西方物质文明为唯一普遍标准的历史态度，转而强调"文化"积累在文明进化中的意义。

梁启超晚年大量借助佛家术语阐释"文化"累积与发生作用的情形，比如在给"文化"下定义时，就把它描绘成"人类心能所开积出来之有价值的共业也"。"共业"二字即源于佛家术语，而梁氏对"业"字含义的解释亦是相当的玄妙，所谓"业"就是："我们所有一切身心活动，都是一刹那一刹那地飞奔过去，随起随灭，毫不停留，但是每活动一次，他的魂影便永远留在宇宙间，不能磨灭。"[①]任公用宜兴茶壶做了一个很有趣的比喻，他的意思是说，茶壶相当于一种整体性的社会结构，而文化因子就好比是壶中的茶水。老宜兴茶壶，多泡一次茶，那壶的内容便发生一次变化；茶吃完了，茶叶倒了，洗得干干净净，表面上看来什么也没有，然而茶

---

① 梁启超：《什么是文化》，载《梁启超哲学思想论文选》，第392页。

的"精"渍在壶内;第二次再泡新茶,前次溃下的茶精便起一番作用,能令茶味更好。茶之随泡随倒随洗,便是活动的起灭,渍下的茶精便是业。茶精是日渍日多,永远不会消失的,除非将壶打碎。这叫作业力不灭的公例。在这种不灭的业力里头,有一部分我们叫作"文化"①。这段"茶壶"与"茶叶"比喻的精当之处在于,任公重新阐释了社会结构演变序列与文化演生累积之间的微妙关系,重在点破两者之间的关联并不是一种简单的彼长此消的替代式关系。

任公晚年仍然承认进化法则的效用,只不过重新限定了其范围,而拒绝其无所不能的霸权色彩,这与当代的一些后现代主义者完全质疑进化法则的极端叛逆姿态仍有距离,但他坚不认可"进化"的科学法则会对"文化"有理所当然之自然淘汰的功用,而试图用佛家玄妙术语为"文化"在社会结构的高速演变中预留了位置,不但预留了位置,任公还坚信"文化"累积如"业力"一般如影随形地支配着人类的生活行为方式。"文化"如影子般的"游魂"到处游荡储积之余所构成的"殊相"是人类自由意志不断互相启发的结果,因此绝非追究"共相"法则的科学思维模式所能支配。任公晚年的"文化观"至少包含两层意思:其一是由"业力不灭"的形式传递累积的"文化",不可能靠机械寻求共同形貌的归纳规则所能把握,而必须依靠"直觉"的训练加以感知;其二是"文化"的累积过程并不能证明完全可由被普遍奉守的科学发明出的物质生产规则所替代或取消,而是在推动社会转型中起着"共生"的促进作用,由此在"文化史"的层面完全排除了因果律支配的可能性。

---

① 《梁启超哲学思想论文选》,第392页。

把"文化"置于进化因果律之外所直接达致的后果就是使任公晚年的史学已大异于20世纪初形成的模仿西方的"进化史观",而具有了相当中国化的特色。我们在本文初曾分析任公曾经把中国喻为处于一种风云激荡的"过渡时代"。他一方面对"过渡时代"的前景充满了向往,同时又对这种"过渡"转向的不确定性表达了深深的焦虑。这种内心的紧张感其实伴随了任公一生。在《过渡时代论》中,任公曾把"过渡时代"分成广义与狭义两种。在广义上,他基本上全盘接受了"进化史观"的理念,认为历史似乎无时无刻都像水波一样层叠地推进着,所以所谓"过渡"就是一种直线动态的演化。而在狭义上,任公似乎又不甘心毫无反思地照搬西方现代化史观,至少是对纯粹的进化逻辑仍表达出某种程度的犹疑。这种犹疑表现在任公在理解"过渡"之含义时加入了对"停顿"的解释。在一般进化史观的框架下,"停顿"肯定是作为与"进化"相对立的负面语辞出现的,其内在含义也往往与"落后""保守""停滞"等等概念总是发生想象性的关联。但在任公的语境中,对"停顿"一词的使用却表现出了某种犹豫,至少任公认为,"停顿"与"过渡"各有其自足的理由,两者的交替出现才构成了"过渡时代"的真相。至少在梁启超的眼里,"停顿相"未必一定是负面的,也许恰恰是某种膨胀力沉淀蕴积的时间段,为"过渡期"力道的喷发做足前期的准备。这种思路在他晚年对"文化"演进的理解中更显得清晰可见。因为"文化"不可能采取直线"进化"的形式,也不能用因果律去透彻把握其"共相","文化"只能是以一种积淀孕育的方式"因缘和合"而成,但这并不意味着"文化"就已退出了历史演进序列,而是恰恰相反,它构成了历史现象中为因果进化律支配之外的另一个丰富的世界,这颇合辙于任公"过渡时代论"中所描绘的"停顿相"的要求,只不过描述得更加具体化了。同时也可以说,任公晚年更加明晰地肯定了"停顿相"在历史观中的价值。与"过渡相"共同构成了历史演化不可或缺的两翼。

任公晚年已经意识到,要完整地理解中国近代的历史,不仅需透彻地了解在进化律支配下的物质文明的演化态势,而且也要更加致力于深入了解非由进化律所能支配的文化传承的特殊累积方式及其发挥作用的途径和复杂形态。"文化"从被淘汰的"异数"而被置于科学史观放大镜下成为针砭的对象,到重新成为现代史观中应予以注意的"常态"而得到重视,确是个不小的转变。

五、我们需要什么样的"过渡期历史观"

从以上的分析我们可以得知,梁启超晚年所提出的"文化史观"与我们目前所熟知并反复加以采用的"转型期历史观"有相当大的不同。任公的晚年史观否认了作为"进化史观"的基石的归纳法对观察历史现象的支配作用,否认了以西方物质文明的发展状态为历史演进程度的唯一判别标准,更否认了以贬斥传统价值观为代价把中国硬性套入西方历史发展序列的霸权史观。这都与"转型期历史观"的设计拉开了距离。

近代以来颇为流行的"转型期历史观"的一个最大特征是预设了中国历史作为世界历史变化之组成部分以后,其在古代和近代变化的合理程度都是由世界史(西方史)的共通发展规律所决定的,同时认为中国历史转变的幅度大小以及判定这种转变所具有的意义,均是由西方世界转型的模式所限定的。有鉴于此,我更愿意跟随任公晚年的思想,把中国历史的变化更多地理解为一种"过渡"状态,所谓过渡状态肯定蕴藏着变化,这些变化多少受到外力的影响和控制,却又有自身蕴积而成的演化逻辑,而不像"转型期"这种描述本身已被深深打上了以西方变化诠释中国历史的印迹。我姑且把对这种"过渡状态"的考察称为"过渡期历史观"。

更具体地说,这两种历史观存在着以下区别:

首先,"转型期历史观"基于西方现代化理论的框架预设了社会管理中西方历史发展模式的合理性,使有些值得讨论的问题变成了毋庸置疑的理论研究前提。比如现代化过程中国家对社会资源的搜取是否合理,与之相关,国家对地方社会组织形式的渗透和取代过程是否合理,等等问题都是没有经过充分讨论就轻易成为中国近代史研究的基本认知前提而被有效地合理化了。"过渡期历史观"则对国家搜取地方社会资源的过程采取反思的基本态度,而不是以简单认同的方式加以对待。

其次,"转型期历史观"把"普遍王权"倒塌后的中国社会过于刻意地解释成了一个毫无障碍地逼近现代化的趋同模型,而没有看到儒家意识形态在"象征建构"与"文化实践"之间的不同步和错位感,可能会给我们以后的基层建设留下深刻的历史教训。而"过渡期历史观"则着意要揭示这两者发生错位时所构成的历史复杂性。

第三,"转型期历史观"基本上是"社会发展阶段论"的产物,所以他们对中国历史变革的评价标准,完全是从西方历史的阶段发展周期中推论出来的趋势分析来设定中国社会发展的优与劣。也即是说,以往的"转型期历史观"基本上是以西方的效率观来衡定中国历史发展的程度的。"过渡期历史观"则引入"制度成本"与儒家意识形态的合法性结合起来进行分析，揭示中华帝国统治的内在气质转变对统治策略的影响，这种方式把帝国的结构变化看作是一种有机体的自我演化过程，这种演化与帝国固有的文化气质的变化有相当密切的关系，对这种文化气质的违背可能会造成有机体结构的失调。

如果从帝国文化气质的塑造与制度成本之间的关系来重新审视中国历史的变化，我们可以阐释出一些新意。中国历史上虽然出现了形形色色的变化，但有两次是带有根本意义上的变化：第一次是北宋向南宋以后社会结构的转折；第二次是晚清向民国时期的转折。如果我们不把这两次转折轻率地纳入"阶段论"的宏大叙事，而是把这两次转折置于作为有机体的帝国如何选择自我调适机制的一个过程的话，恐怕就更能看出与西方变化不同的特征。比如按照西方的标准来看，经济史家总认为宋代曾发生了一场"农业革命"，提高了经济生产效率。这固然是一种"效率化"的标准，也不能说没有道理，但从文化气质构造的角度立论，其实北宋与南宋已经有了很大区别，北宋的文化特征是外向进取，南宋则一变而为保守内敛。当然仅从所谓文化气质上归纳帝国统治的变化仅是一种比喻性的设计。南宋之所以显得如此重要，是由一些民间儒学宗师终于在基层建立起了贯彻儒学规条的方法，从而自汉代以后头一次真正使儒学变成了浸透于整个帝国肌体，内化于其控制方略之中的文化因子，并决定性地塑造了帝国的文化气质。这种气质的获取是儒家意识形态成功地把上层的"象征建构"与底层的"文化实践"结合起来，并形成了两者相互交换的"互换原则"而达致的。这是南宋以前历朝历代从来未有的新型格局。那么我们为什么用"过渡期"而不是"转型期"来描述它呢？这是因为"转型期历史观"是按照经济史的逻辑设计的，经济史的逻辑总认为宋代有一个类似西方历史上的经济变革，其启动比西方还要早，这种论证逻辑的目的是想阐明中国历史的发展进程蕴藏着现代化的因子，实际上却仍是在现代化实现的可能性和时间早晚等标准问题上与西方一争短长。而"过渡期历史观"则从帝国本身的文化气质的演变来衡定其自身转换的意义，这种所谓有机体转换的气质当然不是虚幻缥缈的玄学表述，它的核心论述是想阐明儒家意识形态如何把"理念"与"制度"相结合成为最为节省制度成本的统治形式的。

我以为，把儒家"意识形态"的形成与"制度分析"结合起来的好处是可以防止仅仅从"思想史"的内部考察中所划定的思想分界来判定中国社会的演进态势，比如不应以一个学派的兴盛与衰颓来衡量其在实际社会中的影响，比如思想史意义上的"理学"与"心学"之争，很容易被看作是淘汰式的对立关系。比如阳明学在清初已无人问津，似乎完全为考证学所取代，但阳明学的道德实践一直与朱子学相配合在民间延续着，其精神已内化为一种治理社会的策略依据。而一般的"制度史"分析如果不考虑"文化"与"意识形态"这些软性因素的话，也会导致一些判断上的偏颇和误差。

那么，中国历史上许许多多的现象都似乎具有"过渡期"的特质，为什么我会偏偏选择南宋与晚清这两个时段而凸现其重要性呢？前面已经说过，建构一种历史观有许多标准可以参照，但我以为，儒家意识形态的成立与制度演化的交互作用可以作为我们建构新型史观的出发点，这样可避免以经济发展为指标的阶段论式构造的机械色彩。宋代是中华帝国"集权主义"与地方"分权主义"在意识形态选择方面处于最后一搏的状态。王安石变法的失败也预示着"集权主义"的单一统治的合法性在帝国的全面失败，同时也意味着儒家意识形态作为一种统治原则的全面胜利。

在我看来，王安石变法是帝国官僚体制全面向下层延伸的最后一次努力，标志着中国上下层社会结构面临着一次巨变。身处北宋的王安石与南宋朱熹的改革设想就已完全不同，沟口雄三曾简略比较王安石的青苗法与朱熹设想的社仓法之间的区别。青苗钱由县贷出，出纳由官吏控制，基本流程还在官僚体系之内，社仓的谷物由乡贷出后出纳由乡绅士子控制。社仓法指谷物丰收时以便宜价格收进储备进来，青苗不接或歉收时以低利贷出的制度。这就是说，社仓法基本上已转移至乡村共同体的控制上来了。[①]这是"过渡期历史"的一大特征。

"过渡期历史"的第一期转折的关键是，王安石变法仍试图贯彻的是早期官僚制由上而下延伸至基层的传统策略，其失败的原因不在于其改革内容是否合理，而在于其规划的制度成本不堪重负，从而导致王权全面调整基层的控制策略，可要真正落实这种控制形式，就必须依赖于某一实践群体去建构新的"意识形态"。宋明理学的诞生应该说是恰逢其时，按照一些中国思想史家的说法，所谓"宋学"兴起的关键是把"天谴论"转换为以人为主体的责任模式，再用道德实践的方式把它推广到民间社会。程明道把"天理"构成一种贯穿自然、道德、政治的功用，为道德实践在行政管理范围之外的空间发展提供了思想依据。朱子学通过乡约宗族等组织推广平民伦理，逐渐确立了乡村共同体的控制策略；王阳明通过道德实践

---

① ［日］沟口雄三：《中国的思想》，中国社会科学出版社1995年版，第67页。

的平民化过程,彻底实现了地方自治状态下的双轨制体制,乡村共同体从此得以合法地和上层行政官僚体制分享资源分配和统治权力,这一切都是围绕儒家意识形态所形成的过渡期特征而展开的,这也是我们把宋代作为"过渡期历史观"的第一阶段的主要原因。

晚清时期则是现代"国家主义"抬头的时期,帝国"象征建构"与"文化实践"之间的关联性被破坏,地方资源被吸摄到现代民族国家建设这个不断旋转着的巨大"黑洞"中。这一"过渡期历史"的重大意义在于如何理解全球资本主义体系的建立通过民族主义的竞争形式促生了儒家意识形态的瓦解,以及传统中国地方自治自主的社会资源如何被新型的"国家主义"原则所整合吸纳。与第一次"过渡期历史"的最大差异在于,第一期"过渡期"的表现正是儒家意识形态通过基层自主的"文化实践"否认了王安石的早期"集权主义"叙述逻辑的合理性;而第二次"过渡期历史"却又在新的现代世界格局下,通过进化论建构的民族主义竞争意识,同时通过解构儒家意识形态"象征建构"与"文化实践"之间的关联性而改变了帝国的内敛气质,转变成了现代"国家主义"的统治形式。"过渡期历史观"与以往的以"进化史观"为依据的"转型期历史观"的区别在于,他是运用反思的方式来处理以上问题的,而不是采取了一种简单的意义认同的态度。

在本文之前,开始对"转型期历史观"提出质疑的观点已不在少数,但试图从"历史观"的角度对此取而代之的大胆设想尚不多见,杜赞奇从"复线历史"的角度试图颠覆单线历史发展的观点颇值得注意。杜赞奇在其近著中提出"从民族—国家中拯救历史"的后现代理念,引用吉尔耐关于民族主义叙事的话说,前工业社会,"文化"垄断在少数精英手中,而工业化社会需要熟练技术与专门化队伍时，分散的社群无法生产出可相互替代的工人队伍。国家开始控制全民族并通过教育培养出必不可少的，可以相互替代的个人，各分散社群的身份认同转移到对民族国家的价值认可上来。杜赞奇正是有鉴于民族国家历史观对世界历史特别是像中国、印度这样的边缘国家的规划的强制性。虽然他也承认现代民族身份认同的形式与内容是世代相传的有关群体的历史叙述结构与现代民族国家体系的制度性话语之间妥协的产物。同时，他也意识到民族国家的历史表述使世界历史被纳入一种单线发展的目的论叙述中，中国历史的阐释一直为线性进步的分析所笼罩，这种叙述的普遍性不仅内化成了我们体验时间的主要方式，也是我们存在的主要方式，而中国史研究的中心叙述结构仍与欧洲启蒙模式联系在一起，而揭示这个历史模式的压抑作用更广泛、批评性更强的历史则仍多阙如。因此他试图在这种单线叙事之中剥离出更加复杂的复线多元的叙事结构，并以此说明现代身份认同过程中，有哪些占优势的身份在叙述起源的历史时压抑或掩盖其他身份。同时指出，被压抑的身份认同的声音则可以寻求构建一种相反的表述乃至叙述结构。因为"复线的历史视历史为交易的（transactional），在此种历史中，现在通过利用、压制及重构过去已经散失的意义而重新创造过去。与此同时，在考察此种利用的过程中，复线的历史不仅试图重新唤起已经散失的意义，而且还试图揭示过去是如何提供原因、条件或联系从而使改造成为可能的方式"①。

杜赞奇对民族国家建构过程中所被赋予的正当性与意识形态

---

① ［美］杜赞奇：《从民族国家拯救历史：民族主义话语与中国现代史研究》，王宪明译，社会科学文献出版社2003年版，第226页。

色彩提出了挑战。在他看来，对"人民"的规训是民族国家建构的主题，在建立现代国家的过程中，对抽象的"国家"认同变成主流政治刻意营造的话语霸权，其基本的背景是启蒙进步观念所赋予的规定性，即是一种"自明"的逻辑，这种逻辑的表现是"人民"必须放弃对传统社区的文化理念与价值的认同，放弃一种延绵已久的生活方式，而在观念上从属于一种对现代"国家"认同的心理，在生存上习惯于在一种国家规范的秩序中生活。杜赞奇试图说明，在现代"国家"意识形态塑造的过程中，有许多不自明的民族意识与经验构成的柔性的边界，成为刚性规定下的潜在的替代性的叙述结构。因此，杜赞奇用"复线的历史"补充"线性的历史"，其目的是特别重视这些替代性的叙述结构，重视这些常常为主流话语所消灭或利用的叙述结构。

杜赞奇的"复线式叙述"所表现出的后现代理论姿态可以说填补了"线性叙事"中的空隙，却沿袭了这种叙事的脉络和神髓。不过我以为，仅仅破解线性历史叙事中的"时间"表述方式肯定是远远不够的，因为西方历史观的渗透不仅表现为对东方历史演进序列的一种时间安排，而且在空间控制和身体感受与思考的方式上同样进行了设计，更明确地说是涉及非西方的地方社会在全球文化系统中如何定位的问题。在西方现代性的思维框架中，"地方"（place）与"空间"（space）有根本性的区别。"地方"往往是与特殊的文化、传统、习俗等因素联系在一起的，是地方性知识的载体。而"空间"则被赋予了现代普遍主义的特征并暗喻其具有人类普遍特质的表述意义，这种启蒙的表述总是置"空间"于"地方"之上，"地方"只有在考虑和定位其与"空间"的关系之后才能确定自己的意义。①所以,挖掘在"空间"遮盖和压抑之下的"地方"意义应是我们树立新型历史观的一个重要方面,而不仅仅是在时间叙事方面去与西方的规定性一较短长。

而从对抗"线性叙事"的角度解读中国历史的策略我认为是一种倒退。因为在叙述被压抑的历史过程中,这种叙述内含着一个前提,即首先承认了"线性史观"作为一种历史叙述的合理性,其不合理的地方仅在于其用某种主体叙事压抑了其他的一些边缘叙事。因此,所谓"复线叙事"似乎仅仅是想为那些边缘叙述群落寻找与主流相对等的位置,而不是想从根本上颠覆这种时间连绵的言说脉络。在这样的关怀中,所谓"复线历史观"根本不能脱离线性逻辑的最终支配而自成一体。有评论说得好,真正复杂的历史是不可能用复线的方式与主流线性叙事并行加以描述的,在底层社会活动的那些身影其实是一些没有历史的人民,至少他们是没有机会表述属于自己的历史叙事的。因此,有可能和线性历史相对的,不是分叉的历史叙事,而是分层的历史生活。即使有什么和杜赞奇所说的"线性历史"相对的,也只是一种拒绝叙事的"反记忆"(counter-memory),一种身体记忆。②如略加引申,是否可以说没有历史的人民因无法进入精英视野而不成其为"叙事",而只有"生活"和"记忆",两者无法在所谓"单线"还是"复线"的讨论方式中对等地展开对话。鲜活的色彩生活永远无法用一种主流叙事的姿态加以表述,因"叙事"的霸权意味在面对人民生活的沉默

---

① Steven Feld and Keith H. Basso, *Senses of Place*, School of American Research Press, 1996.
② 李猛:《拯救谁的历史》,北京大学社会学系主办:《社会理论论坛》1997年第3期,第38~42页。

时，不会放下自己高贵的架子。

"过渡期历史观"则不是纠缠在"单线"还是"复线"的对抗式叙述中，而是更多地认为要真正把握中国历史的变化特征，就必须视中华帝国自身作为一种有机体所表现出的文化气质的形成为重要关切点，而不是仅仅从经济史所规定的"阶段论"发展的角度去观察帝国的变化。特别值得注意的是，在第一次"过渡期"中，儒家作为一种意识形态是如何在基层日常生活中确立起合法性的，这种合法性又如何与上层"象征结构"所揭示的王权统治的合法性之间建立起有效的关联性。同时，这种上下贯通的合法性的获得如何与空间安排与制度成本的高低形成相互对应的关系。

本文所提出的第二次"过渡期历史"的关切点是儒家意识形态在影响了中华帝国有机体气质形成数百年之后，是如何趋于瓦解的，特别是注意儒家意识形态瓦解在上层与下层的不同步性。进化史观的引入为近代中国民族主义的形成提供了关键的契机，促成了作为儒家意识形态支柱的"文化普遍主义"的解体。只是在相当长一段时间内，局限于上层的民族主义话语只是瓦解了儒家在上层的"象征建构"，儒学在基层的"文化实践"并非霎时烟消云灭，而是有一种延续性，"国家主义"一直以极激进的姿态不断向底层渗透和推进，比如现代保甲制的推行就几乎没有考虑文化的作用，而变成了现代官僚体制赤裸裸地向民间延伸的手段，只不过这种强力延伸一直遭到持续的抵抗。直到1949年以后，政府通过制度成本极高的大规模社会动员，彻底以"单位制"取代"宗族制"的基层社会组织之后，儒家意识形态才最终与"制度"脱钩。这也宣示着作为文化有机体的帝国形态的最终解体。

"辜鸿铭现象"的起源与阐释
——虚拟的想象抑或历史的真实

一、文化哈哈镜下的辜鸿铭——学术宗师还是复古幽灵

辜鸿铭身前身后始终背负着怪诞之名,诸如"怪儒""怪人""怪杰"等等封号总是如影随形地尾追其后,文人笔下的辜鸿铭永远是:"枣红色的旧马褂,破长袍,磨得油光闪烁,袖子上斑斑点点尽是鼻涕唾液痕迹,平顶红结的瓜皮小帽,帽子后面是一条久不梳理的小辫子,瘦削的脸,上七下八的几根黄胡子下面,有一张精通七八国语言,而又极好刁难人的嘴巴。"① 如下文学式的点评也常常见诸报端:"辜鸿铭是怪到乖张疯狂的老人——他如同一

---

① 王理璜:《一代奇才辜鸿铭》,载黄兴涛编:《旷世怪杰——名人笔下的辜鸿铭 辜鸿铭笔下的名人》(下文简称《旷世怪杰》),东方出版中心1998年版,第162页。

句讳莫如深的密语,或是一则禅意盎然的隐喻。"①不少人认为辜鸿铭怪诞疯癫的极端行为和乖张随机的非理性表达,把抽象的儒家伦理直观再现为一种明快直接的生活态度,仿佛是古老儒家士大夫游走于现代空间中的活标本,人们或者可以通过他的肢体语言来印证儒家的迂腐与没落,或可反其道而行地领味儒家传统的幽远流长。有的人干脆把辜氏放言无忌的姿态仅仅看作是无行文人作秀的表演,与真正意义上的国学无关。如温源宁就曾幽默地说辜鸿铭可不像一般哲学家,干巴巴地像一个曝干了的橘子,他绝对是个用思想装饰生活的俗人:"辜鸿铭喜好的是佳肴美味,他所以致力于思想,只是因为思想给生活添些光彩,添些体面。他自始至终是个俗人,不过有这么一个差别——一个有思想的俗人。他的孔子学说,他的君主主义,和他的辫子,无非是用来装饰一下消耗在纯粹享乐上的生活。"②温源宁的调侃到此并没有结束,而是更进一步渲染辜氏维护国粹的立场是好奇争胜的赌气行为。辜氏的留辫子与尊皇帝,已不是原则问题,而是一心想特殊,跟一个花花公子夸耀自己的领带一样,因此"称他为才智方面的和精神方面的花花公子,绝不是不合适的,正如一个花花公子日日夜夜注意自己的服装一样,辜鸿铭也是煞费苦心以求自己的思想和生活方式与别人判若鸿沟。"③

视辜氏为花花公子当然近乎戏言,但辜氏确曾一度因崇儒守旧而名噪学界市井,却又无人真把他当成国学大家的窘境。辜氏

---

① 黄集伟:《解读辜鸿铭:世纪末的隐喻》,载黄兴涛等译:《中国图书商报》1996年05月03日。
② 温源宁:《辜鸿铭先生》,载黄兴涛等译:《辜鸿铭文集》(下卷),海南出版社1996年版,第588~589页。
③ 同上。

长辫旧袍的遗老形象可谓惟妙惟肖，然其以出洋多年游历数国的炫目身份，又无人认同于他自诩的"中国文化代表"这一头衔，结果他这一身飘逸独特的行头打扮仅仅变成了给西人观赏的一景。吴宓对这种反讽现象的微妙之处作了描绘："自诸多西人观之，辜氏实中国文化之代表，而中国在世界唯一之宣传员也。顾国人之于辜氏乃不重视，只知其行事怪僻、思想奇特，再则服其英、德、法等国文字之精通而已。"[①]有的人甚至说："其人英文果佳，然太不知中国文，太不知中国理，又太不知教学生法，是直外国文人而已矣！"[②]以"中国圣人"的装扮招摇过市，并标榜以洋文传播东方文明的辜鸿铭，在民国学术传承谱系中其实一直处于相当尴尬的位置，即使在文化保守主义鼎盛时期，他也只能算是个边缘人物，原因大概与其用洋文传输中国精神，但国学功底却使人生疑颇有关系。当年罗家伦在上辜氏的英文课时，就觉得辜氏汉译英诗的水平并不高明，"因为辜先生的中国之学是他回国以后再用功研究的，虽然也有相当的造诣，却不自然。这也同他在黑板上写中国字一样，常常会缺一笔多一笔，而他自己毫不觉得"[③]。张中行也曾注意到，辜鸿铭题《春秋大义》扉页时，"十八个汉字，古怪丑陋且不说，笔画不对的竟多到五个"[④]。甚至日本人清水安三也曾发现辜鸿铭经常去请教一位从事陶渊明研究的学者，以至于让人觉得他并没有好好研读经学和诗词。[⑤]

---

① 吴宓：《悼辜鸿铭先生》，《旷世怪杰》，第3页。
② 钱恂：《致信汪康年谈辜鸿铭》，同上书，第15页。
③ 罗家伦：《回忆辜鸿铭先生》，同上书，第33页。
④ 张中行：《辜鸿铭》，同上书，第234页。
⑤ 清水安三：《辜鸿铭》，同上书，第300页。

时至今日，当时的评价在今天仍有回响和余应，不过更有人从"辜鸿铭热"的升温中读出了所谓"后殖民"的味道，认为除去中国人好做翻案文章的痼疾外，可以发现"后殖民主义"话语在某些人头脑中作祟。因为，辜氏说得一口好英文，著作又有德、法、日等文字，译本甚至德国出现了专门为辜鸿铭思想捧场的"辜鸿铭研究会"，于是连带出了中国人的想象，那意思是说："连外国人都奉为偶像，我们岂能……"辜鸿铭热的背后于是有了炫示民族骄傲的潜台词。有位评论者干脆明说："这与尤里卡金像奖乃至某个阿猫阿狗在某国办得什么'博览会'的证书一时成为中国产品的护身符的现象如出一辙，这不免使人怀疑，辜氏的外语天才和怪僻是不是成为某些人赚钱的幌子了？这才是辜鸿铭真正的悲剧所在。"[①]如果按照"后殖民"理论家们的意见，现代的东方经历了入侵和战败，受到了剥削，然后它才诞生。东方只有等到它变成了西方的对象的时候才开始进入现代时期。因此，对非西方来说，现代性的真谛就是它对西方的反应。[②]殖民地人民在地缘政治的意义上脱离了西方统治后，在表述已被遮蔽与忽略的自主意识过程中，会不自觉地以西方原有殖民地的一套话语系统来表达和捍卫自己的民族主义立场，从而陷入了"以西方反西方"的悖论圈套。[③]辜鸿铭成为国外尊崇的偶像，大致由两个不同的群体加以促成：一是真正的"东

---

① 论衡：《真精神是什么？——解读辜鸿铭热》，载《大时代文摘》1996年08月15日。
② ［日］酒井直树：《现代性与其批判：普遍主义和特殊主义的问题》，载张京媛主编：《后殖民主义与文化批评》，北京大学出版社1999年版，第405页；又见［印］加亚特里·查克拉沃尔第·斯皮瓦克：《属下能说话吗》，载罗钢等编：《后殖民主义与文化理论》，中国社会科学出版社1999年版，第99~157页。
③ 同上。

方迷"们,他们真心崇拜古老的东方文化,这类群体的人数大概并不多;另一类则是把辜氏对西方弊端的批判视为反现代化论阵营的奥援,进而转化成对自身有利的话语,这与对东方文明特质的推崇毫无关系。与此同时,国人推崇辜氏焦点亦集中于他懂得多少国家的语言,而不是关注其国学功底的厚薄,尽管他身着长袍的标准醇儒形象早已成了捍卫儒家尊严的符号。有关其逸闻逸事也常常被设计成各种雷同的结构,一般的故事情节均是辜氏以笑傲群魔的姿态用"魔鬼们"自身的语言回敬了他们对东方文明的大不敬。也就是说,当辜鸿铭的形象变成了西方认真审视的对象时,才拥有了现代意义的价值;同时,辜鸿铭名气在西方的升降,也成为中国人设定和衡盘民族自信心的一种秤星和刻度。

以上的叙述似乎给人一种感觉,"辜鸿铭现象"只是在近代东西方剧烈的情感冲突之中上演的一幕生活插曲,其怪诞猎奇的内涵好像只具表演性的观赏价值。其实,当代学界真正把辜鸿铭从文化猎奇的氛围中剥离出来,而加以明确的学术审视与定位的努力一直在坚韧地进行着,随着学术专著《文化怪杰辜鸿铭》的出版,以及辜氏西文原著被完整翻译收录于《辜鸿铭文集》之内并随之畅销,辜鸿铭正在逐步蜕掉其"怪儒"的戏剧化外衣。如果要追溯得更远一点,民国初年中,正是鼓吹"全盘西化论"的代表陈序经把辜鸿铭认真视为一个真正学问上的对手,陈序经在《东西文化论》这篇长文中抨击辜氏把"道德"与"文化"分开的诠释方法,认为"道德"应是"文化"的构成部分,也会随着"文化"的变化而变化。辜鸿铭的观点是:估量文化的价值不在于拥有多大的城市、房子和道路、建筑、家私、器具,也不在于制度、艺术和科学的发达,这些现象恰恰是西方现代化物质切割分化的结果,文化的优秀与否在于人类灵魂的质量，而灵魂是不可分离的，这无疑是个整体性的文化论视角。①

陈序经的评论当然会采取相反的取向，攻击的正是其文化至上的原则："然他却忘记了，道德不外是文化各部分中的一部分，道德固然可能叫作文化，城市、房屋、家私、器具、制度、艺术、科学等等就不算做文化吗？须知道德固然是文化一部分，文化未必就是道德。"②很显然，陈序经走的是分割文化观念的一路，"文化"被当作整个专门化知识类别中的一种形态而存在，而不可能再处于混沌未分的整体状态。这种从严谨的西方知识论的专门化角度立论，与辜鸿铭用浪漫的整体原则化解现代科学分类趋向的初衷恰恰对立了起来。除了陈序经之外，20世纪初期真正把辜鸿铭视为学术同僚或认真当作学术对手的学者并不多，林语堂应算是个例外，但林语堂鼓吹"幽默写作"的灵感直接来源于辜鸿铭英文写作风格的启迪，却总是把辜氏思想仅仅理解为一种"生活的艺术"，对辜氏作出的是文人惺惺相惜之状，而不是透入骨髓的学术景仰。

当代评者的主流导向当然仍是聚焦于对辜氏制造的种种怪状进行想象，不过为之进行学术正名的声音也时隐时现，而且越显强劲，力图把辜鸿铭的形象升位到清末民初的文化保守主义阵营中正式予以定位，而不是仅以漫画的夸张形象视之。比较典型的评价是，辜鸿铭的思想行为既有别于清季的洋务派、国粹派，也不同于民初的东方文化派。③我们不妨看看在这几类或中心或边缘的知识群体中，辜鸿铭如何显出他的另类和桀骜不群。

---

① 陈序经：《东西文化论》，载黄兴涛编：《旷世怪杰》，第189页。
② 同上。
③ 黄兴涛编：《文化怪杰辜鸿铭》，中华书局1995年版，第150~151页。

洋务派以重"器"的变通谋求守"道"的捷径，结果割裂了文化的整体功能；国粹派则对西方文明茫然无知，只求固守传统，患了"文化自闭症"。这其中东方文化派表现得较为灵活和变通，他们表面上兼顾中西思想各自独特的历史发展优势，以西方知识社会学的框架谋求融合互补的策略，比如梁漱溟作为新儒家的殿军人物，分析中西文明却动用了典型的三个理想文化类型比较法。在他的笔下，文化变成了意志取向的表现，如西方意志主要对人类的基本需要如食物、住居、性等进行反应，意志向外推进的途径是通过征服自然以满足基本需求，中国意志采取本身与环境相调和的途径，以获致意志的需求与环境之间形成平衡状态，由此得到较大的内在满足与快乐；而印度文化强调意志回转本身将之加以否定，以压抑欲求来解决种种矛盾。[①]然而梁氏还是不知不觉地陷入了西方知识论陷阱，由于对"文化"进行了非常狭隘的理解，他根本否认西方拥有物质文明形态之外的精神内涵，与之相参照，同时也就否定了中国和印度创造物质文明的潜在可能性。

由此给人的感觉是，三个文化类型可以轻易简化为"物质—文化"的对峙公式，而处于公式两极的"物质"与"文化"都被"本质化"了，似乎已经不可改变。对"物质"的诠释早已具有居高临下的霸权支配意味，"文化"则被贬为非西方落后传统的代名词。这样一来，"物质—文化"的对峙实际上很容易被置换为"近代—传统"的阐释公式，梁漱溟对传统持守得越坚韧，就越易成为诠释西方盛世的注脚。而辜氏与梁氏的区别在于，辜鸿铭虽痛诋西方之

---

① 梁漱溟：《东西文化及其哲学》，载陈崧编：《五四前后东西文化问题论战文选》，中国社会科学出版社1989年版，第430页。

没落，但却是个精通西学的"预言家"。与梁氏不同，他在多篇英文文章中均承认西方有不亚于中国的文化传统，如古希腊和基督教文明，而且承认其与中国同样具有内敛式的思想深度和道德要求，只不过这些思想在近代物质的挤压下离散和异化了。辜鸿铭的预言是从西方浪漫派一路传承下来，故属操戈于内室，往往击中要害。可是如此下去，其言述理路却与中国传统脉络无法有效衔接，因为辜氏的国学修为始终难以服众，也未必能向西人真正昭示国粹的美妙，"保存国粹"成了恢复西学浪漫传统的东方理由，从而与中国的阅读群体脱离了干系，这一反讽颇具些"后现代"的意味。

　　平心而论，辜鸿铭的言论取向可能与20年代处于边缘位置的"学衡派"群体相近，"学衡派"相对比较强调"文化整体主义"，反对按东西方界限割裂对文化现象的解释。在学衡派的词典里，也出现过阿诺德、卡莱尔、爱默生等辜氏挂在嘴边的西方浪漫派人物。"学衡派"对文化的叙说显然比国粹派和东方文化派要包容和开放了许多，其理论前提是承认中西文化各自拥有自身的长处，因为其精神导师白璧德已经说过："吾亦未尝不赞成中国古人之自尊其文化，至于此极也。但其弊在不承认他国文化之成绩耳。"[①]所以吴宓马上心领神会地接着说："盖吾国言新学者，于西洋文明之精要，鲜有贯通而彻悟者。苟虚心多读书籍，深入幽探，则知西洋真正之变化与吾国之国粹，实多互相发明，互相裨益之处，甚可兼蓄并收，相得益彰。"[②]按白氏的说法，中国向来

[①] 胡先骕译：《白璧德中西人文教育说》，载孙尚扬、郭兰芳编：《国故新知论——学衡派文化论著辑要》，中国广播电视出版社1995年版，第43~44页。
[②] 吴宓：《论新文化运动》，《国故新知论——学衡派文化论著辑要》，第82页。

重视道德观念，但与欧洲自然主义派别和印度的宗教特性有别："中国人所重视者，为人生斯世，人与人间之道德关系。"①但这种道德关系的寻求还不是一种基本的生活实践态度，而是一种学理上的探究，而且见效甚慢。如梅光迪所言："故改造固有文化，与吸取他人文化，皆须先有彻底研究，加以至明确之评判，副以至精当之手续，合千百融贯中西之通儒大师，宣导国人，蔚为风气，则四五十年后，成效必有可睹也。"②

与学究气甚重而走学理阐释一脉的学衡派有所不同，辜鸿铭强调的是把儒学原则转化为一种基本的生活艺术，他对中国文化的描写更多的是出于心中荡漾的激情和动情的拥抱与崇仰。不过这一策略恰好符合于其西学优于中学学养的环境，若果认真起来，就有被戳穿"东洋镜"的危险。因为在时人看来，作为国粹之一的发黄辫子恰好挂在了一个不识国粹之真谛的老者头上，而成了预警西方没落的象征和符号。

辜氏思想与"学衡派"的第二点分歧是：学衡派以融通中西为己职，虽有"文化整体主义"之旨趣，却没有"文化普遍主义"的野心，持守的是一种相对平实的实证主义态度。而辜鸿铭未谙国粹之整体时，却早以张扬旗帜，兴起了剿伐西学之师，其真性情般的个性张扬表演，颇如张中行所言有"广陵散"之绝唱的韵味。③

但如从学理上观察，毕竟不能当真，学衡诸将是想将西洋学理转述与国人，而辜氏却相反，基本不顾国人口味，而是一味任性地通过想象的抒发去拯救西方。其透明可爱的顽童心理使他一旦脱离

---

① 胡先骕译：《白璧德中西人文教育说》，同上书，第43~44页。
② 梅光迪：《评提倡新文化者》，同上书，第77页。
③ 张中行：《辜鸿铭》，载黄兴涛编：《旷世怪杰》，第238页。

中国语境，则犹如入水之鱼，因为靠华美的洋文阐释粗浅的中国文化之理恰是扬长避短的高明策略，辜氏靠此手法进入了他所熟悉的一脉传统。细读辜氏著作，我们看到的是裹着儒家道德文化外壳的西方浪漫主义的阐述，东方式的包装变成了西方现代性批判传统中的一支偏师和策应军。在号称研究了东西文明之后，辜鸿铭的结论是："这两种文明在发展形式上是一样的，我所说的欧洲文明不是现在我们所见到的欧洲文明，不是这种不健康的文明，而是真正的欧罗巴文明。"[①]言外之意是，只要脱开现在的欧洲文明，那么探究中西文明的同一形式时，方法应该是一样的。

二、"自我东方化"——辜鸿铭与西方浪漫派的感应关系

如果我们认真读一读《中国人的精神》，就会发现辜氏表述的所谓"良心宗教"，就是要证明中国人几千年没有发生心灵与头脑的冲突，完全靠的是道德教化达到了西方宗教教育才能达到的效果，因为儒教之中的某些内容可以取代宗教。这种思路要是被移植到欧洲的历史语境下，其实正是一些西方浪漫派思想家如马太·阿诺德以"文化"代替"宗教"而为绝对价值的基础的理论再现。[②]卡莱尔也曾认为，现代化带来的贫富悬殊，否认社会福祉能仅仅经由外部的政经立法而达到，认为唯一的办法是通过个

---

① 辜鸿铭：《中国文明的历史发展》，黄兴涛等译：《辜鸿铭文集》（下）册，第294页。
② 艾恺：《世界范围内的反现代化思潮：论文化守成主义》，唐长庚等译，贵州人民出版社1991年版，第49、55、78页。

人的道德教化。①

辜鸿铭在表达"真正的中国人有着成年人的智能和纯真的赤子之心，中国人的精神是心灵与理智完美结合的产物"时②，得出的结论却是：中国人民的精神，正如在最优秀的中国文艺作品中所见到的那样，正体现了马太·阿诺德所说的富于想象的理性。他引述阿诺德的话说："而现代欧洲精神生活的主要成分，现代的欧洲精神，则既不是知觉和理性，也不是心灵与想象，它是一种富于想象的理性（imaginative reason）"③，而在欧洲，这种理性恰恰已经被葬送和毁灭，承继它的只能是可贵的中国人的精神。他随之不厌其烦地描述道："中国人的精神是一种心灵状态，一种灵魂趋向，你无法像学习速记或世界语那样去把握它——简而言之，它是一种心境，或用诗的语句来说，一种恬静如沐天恩的心境。"④这似乎完全是在用阿诺德的浪漫派口气说话，好像也在同时证明对中西文明形式的探索，可以采取如此相通一致的办法。我们同样发现，辜鸿铭此时在定义中国人的精神时也已不自觉地脱离开了真正的中国儒家语境，而站在欧洲浪漫派的立场上来审视中国传统了。欧洲人对自身文化传统的描述成为辜鸿铭建构中国传统自我形象的一个组成部分和直接资源，反过来又印证了欧洲文化中浪漫因素应该重新开掘的历史合理性，同时也为欧洲人想象东方文明提供了一个两者相通的一贯性解释，这个建构过程颇可看作是"自我东方化"的例证。

另一个例子是，在《中国牛津运动故事》里，辜氏的初衷是

---

① 《世界范围内的反现代化思潮：论文化守成主义》，第49、55、78页。
② 参见黄兴涛等译：《辜鸿铭文集》（下册），第66~68页。
③ 同上。
④ 同上。

想把中国的"清流党"对应于浪漫派领袖纽曼（John H. Newman）发起的牛津运动，但正如朱维铮所说："他毫不在乎中国读者是否理解纽曼及其领导的英国牛津运动，相反则十分在乎'英国佬'是否懂得他所说的中国清流运动。"①若举出其书中对英国与清朝几对人物所进行的对号入座式的所谓比较研究，则简直有些乱点鸳鸯谱的嫌疑了。如把李鸿章比作中国中产阶级自由主义的帕麦斯顿励爵（Lord Palmerston），把张之洞叫作中国的格来斯顿（Gladstone），荣禄则相当于中国的索尔兹伯里励爵（lord Salisbury），袁世凯是中国的约瑟夫·张伯伦（Joseph Chamberlain）等等，真可以说是满纸荒唐言。

至于用张之洞的思想对应于马基雅维里主义，康有为被贴上雅各宾主义的标签，及把湘军、淮军喻为保守党、自由党之争，则更是不知所云，让人怀疑是西洋人撰写的汉学作品，而这本书的基本骨架却是在阿诺德、罗斯金、爱默生、华兹华斯的高频率引用下结构起来的。甚至书中把晚清社会说成是由贵族、中产阶级和平民三类人组成，也袭用自阿诺德在《文化与无政府状态》（Culture and Anarchy）中对英国社会的三阶层分类。②到此为止，中国的清流运动变成了英国牛津运动的一个东方注解和印证说辞，因为辜鸿铭已经想到了欧洲人也只能从这个角度理解中国。这种理解其实只和英国人的处境有关，而与中国人的现实处境无关，结果东方的幻境在浪漫派的传统脉络中被清晰地建构和凸显了出来，辜鸿铭由此完成了一个"东方人的东方主义"之旅。

---

① 朱维铮：《辜鸿铭和他的〈清流传〉》，载黄兴涛编：《旷世怪杰》，第247~252页。
② 同上。

三、"国家主义"与"文化主义"的内在紧张
——道德整体论的困局

在民初易帜频繁的纷乱政局和复杂喧嚣的学界中,最焦点的问题之一是如何处理文化生存与国家建设的关系。在一般人的印象中,"国家"与"文化"这两对范畴应是相互协调一致,和谐共存的,可是问题并非如此简单,因为现代民族国家的发展包含着两个层面的因素:其一是现代国家制度的产生,如有效率的政治制约机构,合理的法律体系与完备的行政系统;其二是主观意识层面的更新与改造,即民族意识的培植和为国家献身的忠诚精神。在现代民族国家建立以后,国家会有意建立一种国家意识形态或价值体系,以培养民族成员的民族自我意识、态度和行为取向,推动和保卫民族利益。①在这种情况下,"民族"应是以"国家"实体的边界作为衡量自己的利益标准的。在传统中国的语境中,人群的构成原则往往强调是基于共同的历史传统和共同信仰之上的文化主义,它与基于现代民族国家概念之上的民族主义是两个根本不同的概念。中国人自秦汉以来虽然也具有对传统政体的认同感,但基本上是针对中国文化的普遍意义而言的,因为中华帝国版图的广大和相对隔绝性,使中国人只具有文化意义上的疆域观念,而没有独立的国家认同感和忠诚感,无法把国家和民族区分开来。换言之,中国人把最

---

① 郑永年:《中国民族和自由主义研究(提纲)》,《公共理性与现代学术》,三联书店2000年版,第207页。

高忠诚感给予了"文化"而非"国家"。对中国人来说，没有任何理由去放弃或改变自己的文化去强化国家忠诚感。

可是进入近代社会，情况发生了变化，中国在西方列强面前屡遭挫折之后，才意识到单纯传统意义上的文化主义不能对抗西方的物质文明，于是才开始放弃文化普世主义而转向对民族国家的述构和认同。①中国建立起自己的民族国家认同感经历了一个漫长的历史周期，在洋务运动兴起之际，张之洞就试图运用"中体西用"的变通策略消解"文化主义"与"国家主义"之间的紧张，这一策略的核心内容并不只是如何有保留地引进西方科学技术这样的专门问题，而是希望在保存文化主体的前提下，适当地引进源起于西方的民族国家意识形态，实际上也就默认了中国必须遵守西方在现代化的进程中制订的国家政治实体之间的交往规则。当时辜鸿铭正任张之洞的幕僚，在辜氏看来，张之洞的这一权变主张不但未能缓解"文化主义"与"国家主义"的紧张关系，而且还有可能使民族国家凌驾于传统文化之上乃至消灭其古老的个性。

辜鸿铭曾经把曾国藩与张之洞的治事风格做了一番比较，两个人的行事风格也正好可以用"儒臣"和"大臣"加以区分。如果说到"论道"，那自然是儒臣的事，而要论系天下安危的行政得失，则大臣应该说了算。因为"政之有无，关国家之兴亡；教之有无，关人类之存灭，且无教之政终必至于无政也。"②政教的分别是在于"国无大臣则无政，国无儒臣则无教"。在辜鸿铭的视野里，

---

① 郑永年：《中国民族和自由主义研究（提纲）》，《公共理性与现代学术》，第207页。
② 《张文襄幕府纪闻·清流党》，载黄兴涛等译：《辜鸿铭文集》（上），第418~419页。

"教"已并非后来政治意识形态意义上的纲常名教，而是中国文化自古以来形成的普遍性特质，应该支配着"政"的实施形式。①对于张之洞在内忧外患的局势下采取的种种灵活应变的措施，辜鸿铭的评价并不高，他认为张之洞的权宜之计不是正途。他说："窃谓用理得其正为权，不得其正为术。若张文襄之所谓权，是乃术也，非权也。何言之？夫理之用谓之德，势之用谓之力。忠信、笃敬，德也，此中国之所长也；大舰、巨炮，力也，此西洋各国之所长也。"②也就是说，以文化意义上的"道德"去对抗舰炮之力才是正途，否则就是"知有理而不知用理以制势也"③。

辜鸿铭认为，张之洞的困境在于以"儒臣"的身份既要持守儒者之道，又要顺应世界变化之势，结果搞得自己左右为难，因为如果"舍理而言势"，就会"入于小人之道"。于是想出了一个变通的办法，大要是："为国则舍理而言势，为人则舍势而言理，故有公利私利之说。"④在辜鸿铭看来，想在"文化主义"与"国家意识"之间走平衡木，特别是把"个人"与"国家"的位置区别开来，以确定各自的空间显然是一种幻想，因为国家肯定会打着顺势而动的旗号，把任何个人的自我意识整合进自己的场域。

现代国家的产生是个资源分配的过程，动员社会力量对抗西方，成为从"保教"向"保国"方向转变的最有力动因，当时文坛上"尚力""尚武"之风劲吹，"金铁主义"式的杀伐之说盛行，

---

① 《张文襄幕府纪闻·清流党》，载黄兴涛等译：《辜鸿铭文集》（上），第418~419页。
② 《张文襄幕府纪闻·权》，载黄兴涛等译：《辜鸿铭文集》（上），第427页。
③ 同上。
④ 同上。

都是想从竞争国力的角度为现代国家的塑造提供服务。这意味着不但要改变中国人整个的生存状态和思考问题的方式，而且也必然影响到"教"的初始存在状态。这个道理讲起来并不复杂，张之洞当年提倡"中体西用"，后人讥之为卫道，现在回想起来，"体"倒是变了，可中国文化在西方的冲击下的确已是原貌尽失。对张之洞的"保国"转向的功利性质，辜鸿铭不能说没有预感，这样一转，"教"的含义实际上会被迫赋予政治意识形态的复杂内容，也就是说，"教"变成了界定国家功能的有效工具，当然也就借此成了反抗西方世界的政治表述。可是辜鸿铭很清醒，一旦道德的天平无条件地向国家利益倾斜，变成诠释国家意图的工具，"教"的独立性就会受到动摇，因为国家总是宣称，维护国家利益的主张肯定与民族利益的捍卫相一致，从而获得了一种理所应当的意识形态霸权。

在西方权力支配的范围里，张之洞是被动接受西方国际秩序的先行者，对"保国"优先于"保教"的策略性调整，证明他具有相当灵活而变通的政治头脑。同时，对强有力秩序的服从和民族国家边界意识的建构，又恰恰唤醒了他对民族主义共同体的想象，幻想通过部分地修正政治边界的方式来调整自身文化的位置，重新确立传统价值重建的路标。说得直白一点，张之洞对国家主义圆滑权宜的解释，已逃不脱所谓"殖民知识分类"的安排，任何表面上反抗西方的表达，都被编入了这一语言的符码。有些后起的文化守成主义者如张君劢也承袭了张之洞的这一思路。在张君劢看来，西方的"科学理性"被视为具有普遍的共性，比如数学就只有一种，无东西之分，而"人生观"则具有个性，有东西方之别。因张君劢基本上以德国维新派等同于儒家思想，实际上是用"良知"内心的主观来对抗科学的客观性，在"科学与人生观"的争论中趋向于另一极端，即以精神文明的阐扬为解救中国之方剂，但亦不拒斥科学给中国带来的富强，大体上走的仍是张之洞"体用互补"那一路。而这正是辜鸿铭所要批判的思想。辜氏认为，西方的所谓"用"的层面恰是造成西方衰落的原因，西方的"科学"应由"东方道德"取代，成为普遍意义上的共性原则，现在中国之所以为人鱼肉，恰恰是因为被迫奉行了科学救世的普遍性原则。若以东方的个性文化去死守，自然是守不住的。因此思路应该倒过来，不应采用"体用"之分的消极防守性方法，而是应把"体"转化为普世性的泛化原则。

从"保教"向"保国"话语的转变，当然首先起步于知识阶层和上流社会，然而中国人逐渐形成的现代民族主义意识则几乎完全是灌输和训练的结果，"民族"意志的表述在近代往往通过"国家主义"的形式表达出来。特别是其中所表述的社区意志、文化价值、身份认同都成为国家机器总体技术的一种体现方式，民族与文化的力量必须依赖于国家的力量才能突出出来。反之，国家作为地缘范畴足以自立的一些内涵如强大的国防军事、工业化技术体系、商业网络等等价值又有可能是和原有的文化系统相对立的，同时也制约和改变着传统文化的表述和内涵。据竹内好的观点，东方正是变成了西方对象的时候才开始进入现代时期，东方对西方扩张作出了反应，也进行了抵抗，但正是在抵抗过程中被结合进了西方霸权。东方也是西方在构成有机主体过程中所需要的对象。[①]在这一对象化于西方的过程中，其实一个最重要的变化，就是中国人通过

---

① ［日］酒井直树：《现代性与其批判：普遍主义和特殊主义的问题》，载张京媛主编：《后殖民主义与文化批评》，第405页；又见［印］加亚特里·查克拉沃尔第·斯皮瓦克：《属下能说话吗》，载罗钢等编：《后殖民主义与文化理论》，第99~157页。

对"国民性"的自我剖析和对民族国家的自觉认同来构筑对西方的抵抗防线,结果恰恰掉入了西方霸权主义的陷阱,因为对民族国家的认同往往意味着对文化道德价值例如礼、乐、仁、义等地方性原则的放弃,服膺于赤裸裸的竞争生存的关系,这样就形成了一个悖论:中国正是在运用适者生存的原则向西方作出抵抗姿态时,恰好也是逐渐放弃自己的文化原则之时。当我们自以为成功地抵抗了西方时,其实可能恰好确认和固化了我们与西方的权力从属关系。比如当我们自以为成功地通过社会动员忠诚于民族国家的权威时,我们正在不自觉地强化着现代国际秩序厘定的权力尺度的控制作用,所谓"地方性传统"在这个尺度下是十分渺小的,所以竹内好说,东方是靠"抵抗",而不仅仅是"模仿"达到现代化的,这是个精辟的辩证之论。

当谈到辜鸿铭的思想与近代民族主义的关系时,不能忽略西方民族主义思想对其观念形成的深刻影响,甚至可以说,欧洲反现代的文化民族主义思潮直接成为其思考问题的来源,并制约着其诠说文化含义的导向。需要特别强调的是,要比较中国与欧洲的反现代化民族主义,就必须要认识到,西方各国的反现代化论中所造成的民族主义趋向之间是有相当差异的,比如英法与德国的文化民族主义,其安置"文化"与"国家"之间关系的策略就有明显的不同。

无可怀疑的是,"国家主义"与"文化主义"之间所隐含的矛盾在那些反现代化思想家中几乎无一例外地存在着,尽管按理来说浪漫的乡愁怀旧情绪与现代国家主义的发达冲动应是对立的,但德国文化民族主义者如早期的革勒斯、费希特、布伦塔诺、十九世纪末的来贺、斯塔贺,都能把对乡村社会中民性、习俗、语言的颂扬,和对商业资本主义的诅咒,与民族国家的现代化结果联系起来加以考察。一些十九世纪末的德国文化民族主义者如布洛克、兰本和拉加德作为费希特、赫德等早期浪漫派的思想后裔，由于强调达尔文生存竞争的理念，实际上把民族生存与怀旧式的叙说放在国家主义拓展的框架下加以阐扬，对物质主义、都市精神幻灭、商业化的趣味、德性丧失与宗教及道德价值的沦亡等等的忧虑，变成了建构强大国家权威的资源，他们没有意识到或者说是有意回避国家主义作为现代化的生产机器会对传统文化进行摧毁式的打击。①

而英法浪漫传统如卡莱尔思想中也强调个人的道德教化，恢复淳朴的社会风俗，但他的浪漫诗人气质似乎疏于对"文化"内涵的认定作过多的讨论，传统文化对现代化弊端的解毒功效也不会成为英国的专利。与德国反现代化论的根本区别是：英国人似乎并没有有意建立起文化主义与民族国家的连带关系，或者成为促进民族国家建立的内在资源，而仅是笼统地讨论道德作为普遍价值的作用。另一些人如柏克的民族主义与日耳曼文化民族主义者的区别，在于他并未声称英国文化的精神优越性。英国由于率先进入现代化的轨道，并不存在民族自卑感，也不会因为要引进外来文化而产生认同危机，他对研究英国人的民族传统、民族语言及风习并不特别关心，也是出于对自己国家在现代文明中处于优势地位的自信，这种民族自信心是那些早期进入现代化世界的国家进行反现代化批评的特征。德国的情形正好与之相反，30年战争的失败，国土分裂离散，政权积弱无能，长期受法国文化与政治宰制的心理压抑感等等灰暗经历，构成了德国民族主义的主体背景色调。

那么我们如何解释辜鸿铭深得英国浪漫派之真味，却又在德国

---

① 艾恺：《世界范围的反现代化思潮：论文化守成主义》，第49、55、78页。

暴得大名这一似乎矛盾的现象呢？辜鸿铭在英国期间无疑是传承了英国浪漫派的传统精髓，从他对卡莱尔、阿诺德、纽曼等人的推崇与介绍中可以感受出来，而对歌德等德国思想家的推崇则更多是因为他的思想与英国浪漫派有联通的关系。而英国浪漫派只是笼统地强调道德的作用，并主张用一个"有机的文士阶层"如鸿儒院之类体现这类"道德"，却并未标示这类道德的民族性（如英国性）特征。而辜氏则强调道德的中国性，并突出它在世界范围内的普适作用，这似乎与中国和德国在十九世纪所遭遇的民族危亡的相似状况有关，从而在文化民族主义的取向上达成了默契。但辜氏哲学与德国反现代化论中相当强烈的国家主义认同感有很大的不同，即他认为中国文化可以超越民族国家的局限，成为世人遵循的普遍准则，而且他清楚地意识到了民族国家权威力量的拓展会最终导致传统文化的沦丧，对张之洞处理"权"与"变"关系的批评就是其无法克服"文化主义"与"国家主义"之紧张关系的体现。从这点来说，辜氏的"文化观"没有德国民族话语那样咄咄逼人的帝国主义暴力色彩。

赛义德曾经借用马修·阿诺德（Matthew Arnold）1860年对文化的表述，认为文化常常咄咄逼人地与民族或国家绑在一起，把"我们"和"他们"加以区分，几乎永远伴随着某种程度的仇视他国的情绪。文化不但由此成为民族同一性的根源，而且是导致刀光剑影的另一种根源。在这个意义上，"文化决非什么心平气和、彬彬有礼、息事宁人的所在，毋宁把文化看作战场，里面有各种力量崭露头角，针锋相对"[①]。因此，他建议必须把文化当作一个千差

[①] [美]爱德华·W.赛义德：《〈文化与帝国主义〉导言》，《赛义德自选集》，中国社会科学出版社1999年版，第164～165页。

万别的活动领域，而不是隔绝病毒似地把文化与现实世界隔绝开来。①辜鸿铭在德国赢得盛名，从根本而言，并非是德国人对中国文化真感兴趣，而是他尊重古典文化的言论引起了当时同属弱国的德国人同病相怜般的共鸣。他们又把来自遥远东方的文化道德论转化误植为德国民族国家建构中的同谋资源，这恰恰可能违背了辜鸿铭推广弘扬中国文化的初衷。辜氏认为，文化不应被当作国家权威的利用工具，而应成为人类普遍受益的准则，他批评张之洞正是因为他把文化作为国家外交的附属物进行解释，而没有持守住普遍主义的道德准则。这看上去有些讽刺喜剧的效果，可却印证了赛义德所说"文化"不能与现实世界隔绝而是一种活动场域的论断，而辜氏在他所崇信的英法国家无法走红，说明他所执着推广的东西不过是英法浪漫派的常识而已，即使披上东方的外衣，内里还是欧洲的货色。

在东西文化论战期间，也有一些理论主张"文化"应超越于民族国家的建构过程之上，比如陈嘉异就认为，在顾炎武的时候，一般士大夫知识分子已经"视国家不过权力阶级之组织，而其所谓天下乃人间本性表现之集团。……职是之故，吾族决不以国家之领域自画，而尝有一世界精神悬于其襟怀"②。当然，在这段话里，"文化"的普遍意义仍是以夷狄之分的框架来界定的，可他的辩护词却说：夷狄的区别主要在于"信义之有无，文化之优劣"，并不是想贱视外族，这是和西方依恃强权扩张领土的行为表现出来的最

---

① ［美］爱德华·W.赛义德：《〈文化与帝国主义〉导言》，《赛义德自选集》，中国社会科学出版社1999年版，第164~165页。
② 陈嘉异：《东方文化与吾人之大任》，陈崧编：《五四前后东西文化问题论战文选》，第310~311页。

大不同:"此可知欧族之欲统一世界在武力,而吾族之欲世界大同则在文化,故曰:天下车同轨、书同文、行同伦。"这种"文化"建构与国家甚少关联。"质而言之,吾族之传统道德,实世界道德、人类道德,而非仅国家道德。故将来之世界文化,必为吾东方文化此等精神所缔造而成,则可断言。故余以为东方文化实非仅东方国家之文化,乃一未来世界文化也。"①这种用夷狄秩序来恢复东西文化的平衡状态,以对抗民族国家权力支配的想法显然是相当温和的策略,辜氏却几乎很少用这套框架解释支持其"文化"普遍主义的历史渊源,而只是笼统地说要恢复儒学统治的古老秩序,这当然是其缺乏系统的中国史学训练的结果;另一方面,更证明他的思想来源更多地采掘于西学而非中学。

四、由西徂东——"理论旅行"的现代性意义

爱德华·赛义德曾经提出了一个"理论旅行"的假说,他认为:"相似的人和批评流派、观念和理论从这个人向那个人,从一情境向另一情境,从此时向彼时旅行。文化和智识生活经常从这种观念流通中得到养分,而且往往因此得以维系。……然而这样说还不够,应该进一步具体说明那些可能发生的运动类别,以便弄清一个观念或一种理论从此时向彼时彼地的运动是加强了还是削弱了自身的力量,一定历史时期和民族文化的理论放在另一时期或

---

① 陈嘉异:《东方文化与吾人之大任》,陈崧编:《五四前后东西文化问题论战文选》,第310~311页。

环境里，是否会变得面目全非。"①辜鸿铭的意义在于他接受了英国浪漫主义流派的思考之后，继续沿袭其惯有的思路，对西方的现代性进行了批判，由于浸淫西洋学术过深，所以他的观点基本上是在西学内部的理路里进行反思的。如有的论者就认为他和严复这些迷恋现代化论者的最大区别乃是在于，辜鸿铭的所谓文明比较，是将当时所谓中西文化冲突还原为类似现代性对西方古典文明的挑战与冲突，以促进西方人对中国文明的理解。②而他又引儒家哲学为其同道，他的预设不是像梁漱溟那样断然否认西方具有自身的"精神传统"，或者以"物质—精神"等二分法标示中西之别，而是认为"东方西方，心同理同"，浪漫派与孔子哲学是一致的，只不过被物质文明给淹没了。因此，只要把浪漫派理论挪用到东方，就会与儒理自然相契。由于欧洲人放弃了浪漫传统，才不得不鼓吹中国道德予以拯救，这样一来，东方文明不过是传统西方浪漫派传承的一种异源同体的形态而已，东方哲学变成了西方浪漫派改装易服寄居的巢穴。它从一地向另一地的移动，反而加强了自身的力量，变成了批判西方现代观念的有力武器，同时他对东方道德的陈述，也被掺杂进了西方式的想象。我们注意到辜氏虽英译过儒经，但却很少原原本本地解释儒学的含义，而大多是简单地表态和持守自己的立场。

关于辜氏学问的西方来源及其对中国思想的有意附会，20世纪初年就有一些评论。1928年，《大公报》在一篇《悼辜鸿铭先生》的文章中，就已经说得很清楚："辜氏一生之根本主张及态度，实得之于此诸家之著作，而非直接取之于中国经史旧集。其尊崇儒

---

① ［美］爱德华·W.赛义德：《理论旅行》，《赛义德自选集》，第138页。
② 王焱：《丑而可观的辜鸿铭》，《旷世怪杰》，第226页。

家,提倡中国礼教之道德精神,亦缘一己之思想见解确立以后,返而求之中国学术文明。见此中有与卡莱尔、罗斯金、爱默生之说相类似者,不禁爱不忍释,于是钻研之,启发之,孜孜焉。举此吾国固有之宝藏,以炫示西人。"[1]这段叙述倒是颇得"理论旅行"观点之真味,更说出了辜氏真正依据的理论渊源。至于辜鸿铭的国学修养,当时人估计恐怕也仅仅是一般士大夫的水平,他只是对儒家经典颇为熟悉,对道家、佛家却所知甚少,几无研究,对诸子百家书籍有所涉猎,但无多心得,在中国历史典籍的训练方面也难有体现。辜鸿铭对此倒是有自知之明,当罗振玉妄赞其学以大成时,赶紧自谦,说是过誉之词,并承认连儒家《易经》一书,也始终未着边际。[2]其实辜氏以英文述中国学问,所述所谓"中学"多很粗糙,根本没有一篇系统评述中国文化特征和内容的文章,但因其英文文笔优美,且笔式磅礴逼人,所以仍有极强的感染力,及至翻成中文后,这种感染力还余韵犹在。辜氏文章在90年代成为流行阅读时尚,恰因其文笔以中学之名述西方浪漫派之真谛有关,而且恰与学术界反应相对冷淡形成了反差格局。

辜鸿铭"理论旅行"所造成的出人意料的结果,实源于他所受阿诺德"整体研究观念"之赐,他常引阿诺德所言:"无论是整个文学——人类精神的全部历史,还是一部伟大的文学作品,只有将其视作一个有机的整体来认识和理解,文学的真正力量才能显示出来。"[3]辜氏虽然根据有机整体的观念,给中国研究者们规定了

---

[1] 《悼辜鸿铭先生》,《大公报》,1928年05月07日,转引自黄兴涛:《文化怪杰辜鸿铭》,第27页。
[2] 《文化怪杰辜鸿铭》,第38、47、97页。
[3] 同上。

《大学》中从修身、齐家、治国平天下的研究程序,但他自己则用道德整体论作幌子,巧妙地逃避了对中国历史社会以及更为精致广博的哲学思想的探索,而仅仅满足于浅尝辄止的表态。这一方面使他在西方博得了东方思想大师的美名,另一方面又使得他无法在国学的学术谱系中跃至一流学问家的位置。

辜鸿铭在英译儒经时采取释译的原则,其实也是其对儒学理解不深及用"整体有机论"的方式对其加以掩饰的结果。王国维《书辜汤生英译〈中庸〉后》一文中指出,其大弊之一是求经文意义贯穿统一,以空虚、语意更广的名词来解释儒家基本概念,而另一弊则是"以西洋哲学解释此书"[①]。辜氏对儒家哲学理解不深,其用"道德整体论"释之,大可弥补其学养不足之弊,同时进一步把儒学转释为一种人生哲学,着意用想象诠释儒者的生活态度和趣味,这种思路经修正后为林语堂所继承,发展成近世特殊的文人语体与幽默风格。

辜鸿铭对西方文化的熟悉程度,不仅在于他深得英美浪漫派如卡莱尔、爱默生等人的真味,还在于他对古希腊文明及文艺复兴至十九世纪的自由主义理论都有所涉猎,只不过他把希腊文明至18世纪理性时代的自由主义与十九世纪以后的自由主义对立了起来,认为后者是一种退化。评价前后期自由主义优劣的依据,恰恰不是其自身发展逻辑脉络中所能清晰得见的,而必须把它们放在儒家文化的参照范围内进行观照。从理论旅行的角度观察,辜鸿铭常常把事先构造出来的对"中国文化的想象"再投射到欧洲文明的身上,以此来反衬出中国文化的价值。比如对"自由主义"的解释,就认为

---

① 《文化怪杰辜鸿铭》,第38、47、97页。

18世纪以后自由主义思想由于越来越放弃孔子学说中非神秘理性孕育出来的精神和道德的价值，从而其未来的形态越来越接近唯物主义和激进主义。而真正的自由主义来源于中国，跑到欧洲后却被降低成讲究实际的、没有思想的英国人的实利主义，他们习惯于把生活水平的高低当作衡量一个民族文化水平的尺度，在这种衰落的形式中，此种自由主义思想披着十九世纪欧洲文化的外衣，又重新传回到中国。东方以一种忧虑不安的心情不情愿地接受了这种假自由主义，致使古老的文化传统不断丧失。①

据学者研究，中国形象在西方对它的建构过程中也确实存在着一个由盛转衰的不同阶段。西欧最早的中国形象是通过耶稣会士的书信、游记建构起来的，在启蒙时代以前，西欧已形成了一股赞美中国的热潮，至少在17世纪末开始，"中国热"在法国已逐渐形成。但欧洲各国对中国感兴趣的方面有所不同，法国人关注的是中国在没有教权的情况下如何有效地治理国家，形成更为合理的社会秩序。德国人如莱布尼茨则更关心哲学方面的贡献，对孔子哲学包括《易经》投入了巨大的热情，英国人则似乎更关心中国的园林艺术。18世纪以后"中国热"却呈现出了一股持续退潮的局面，在欧洲思想界中，除个别人如伏尔泰尚希图借助阐发中国儒教的清明政治作为反欧洲教会的工具，或如魁奈等重农学派的学者留恋心目中的中国自然法统治状态，大多数的思想家如卢梭、孟德斯鸠、休谟、狄德罗、霍尔巴赫等人都对中国政体和社会持否定态度。这种否定思潮的出现不仅在于欧洲资产阶级统治秩序的逐步确立，更在

---

① 《偏爱德国的辜鸿铭》，《旷世怪杰》，第355页。

于启蒙理性已经逐步形成了覆盖世界的霸权式拓展能力。①

很明显地，欧洲"中国热"的最顶峰时期，也不是像辜鸿铭设想的纯粹出于一种"文化"关怀，和对东方发自内心的认同，而中国不过是西方自身对现实关照的投影，这正应了赛义德和竹内好对"现代性"所作出的判断：西方是依赖于东方来确定自身的形象的。然而对于辜鸿铭而言，西方不同国度对"中国"想象的差异性已变得不甚重要，关键在于西方十九世纪以后逐渐放弃了文化价值在整个社会秩序中的主导作用，而变成了贸易资本家和金融商人的利益传声筒。所谓"上一世纪的欧洲的自由主义富于文化教养，今日的自由主义则丧失了文化教养。……前一世纪的自由主义是为公平和正义而斗争，今天的自由主义则为权利和贸易而战。过去的自由主义为人性而斗争，今天的假自由主义却只是竭力促进资本家与金融商人之既得利益。"②由此看出，一次大战后德国建立在民族国家武力扩张基础上的文化民族主义对辜鸿铭的认同确非其初衷，辜氏更多地是想让西方放弃民族国家的霸权原则，而仅仅从文化立场上立论。

辜鸿铭作为近代文化保守主义的突出代表，他所面临的问题具有某种共通性，那就是他们都企图以一种文化价值替代和统摄整个人类历史和未来的发展，并想借此对抗西方现代性的扩张力量。而西方的浪漫派人物如卡莱尔等人虽然也激烈批判西方现代化的弊端，但却并没有认为单单依靠单一国家如英国的价值观就可以拯救

---

① 许明龙：《18世纪欧洲"中国热"退潮原因初探》，《中国社会科学季刊》（香港）1994年春季卷，第158~167页。
② 《文明与混乱》，《春秋大义》1922年英文版附录，第158页，引自《文化怪杰辜鸿铭》，第208页。

世界。西方知识界除了二战前后的德国民族主义兴盛时期外，好像并没有谁认为某个国家或民族的价值观和文化能够代表整个欧洲或西方世界，而总是以民族国家的边界为单位来间接地谈论所谓"欧洲文化价值"的内涵。中国的文化保守主义者则几无例外的，似乎又是理所当然地把中国的文化价值等同于"亚洲的文化价值"，而甚少注意别国文化的独特性，比如印度文明和伊斯兰文明在建构亚洲文化体系中的作用。而由于中国在近代与列强角逐时日趋衰落，以至于一些邻国如日本早已不承认中国文化在亚洲的中心地位[①]，在经济飞跃的同时一直暗藏机锋地抢夺文化老大的旗帜。所以最近有的韩国学者提出应在东亚邻国之间关系互动的背景下来建构自己对亚洲文化的认识框架[②]，而不要总是在争夺文化中心的乱战中消耗掉内力，最终无法以合理的心态与西方展开对话。我想这一提示应该也同样适用于对辜鸿铭思想的评价。

---

① 孙歌：《亚洲意味着什么》，《台湾社会研究季刊》1999年3月号，第1~64页。
② 全炯俊：《相同与相异——作为方法的东亚细亚论》，《东方文化》2000年第1期。

"兰安生模式"
与民国初年北京生死控制空间的转换[①]

一、从警察空间到医疗空间——生死控制过程如何深化

许多研究表明,近代中国城市空间自晚清以来发生了重要变化。[②]其中最重要的变化之一就是警察系统对社区空间的监控有所加强,一般学者认为,武装的官僚式警察的出现是与18世纪以来欧洲资本主义发展过程相呼应的,工业化浪潮所造成的城市化结果,使欧洲城市的警察开始日益与传统社区经常处于对峙状态。对于警察而言,公共场所总是具有令人厌恶的特性,警察系统对流行文化的改造,逐步取代了社区组织的自治功能,从而影响了自十九世纪

[①] 本研究得到了隶属于美国The Overseas Ministries Study Center(New Haven, Connecticut)之The Research Enablement Program研究计划提供的Pew Charitable Trust基金的支持,作者对此表示感谢。
[②] 参见William T. Row, *Hankow: Conflict and Community in a Chinese City, (1796—1895)*, Stand ford University Press,1989.

以来社区文化的转变。

与欧洲的城市化过程相比较,有学者证明,中国城市警察力量无论是否经过工业化的洗礼,均是植根于人口集中的社会结果,大量密集的人口产生了城市日益增加的亚文化群,他们之间的潜在冲突导致了空间秩序按区域安排进行重组;当这种重组秩序占据了城市空间后,一系列的亚文化群和行动模式就会在空间中被分割开来,尽管空间秩序最初是自发形成的,警察功能的介入却是政府积极运作的结果。①

尽管如此,在作为晚清新政改革内容之一的新式警察创建过程中,社区传统组织的功能仍一度占据着主导地位,以北京城为例,北京在"新政"前一直是个崇尚社会自我控制的城市,这种控制通过会馆、贸易行会、水会及家庭来规范个人,具有相当大的权威性,警察只是当罪犯威胁公共安全时才出面维持秩序。②所以在相当长的历史时期内,警察对社区空间的渗透与分割能力是非常有限的。但是到20世纪20年代,中国的一些城市逐步引进了西方的卫生实验区,却使得城市生活的结构和内容发生了明显的变化,早在十九世纪90年代,上海的外国租界就已意识到了公共卫生与政府作用的关系,开始依靠政府的力量加强所在地区的水源及食品供应等项目的检测。上海现代医疗区域形成的最早契机是,传教士发现每当霍乱袭来,在租界内的外国人(包括驻扎港口的军队)往往与中国人一样难以抵挡,死亡率很高。所以他们逐渐开始建立起一套卫生勘察系统,如詹姆斯·亨德森(James Henderson)在

---

① Alison Dray-Novey, "Spatial Order and Police in Imperial Beijing," *The Journal of Asian Studies* 52, No. 4. 1993, pp. 885~922.
② 同上。

1863年出版的《上海卫生》一书中,就曾寻求建构一个完整的地方气候学网络,以便维护健康。上海不仅成为验证欧洲"医疗气候学"理论的一个实验场,而且在租界人口中广泛推行了疾病类型学(nosology)中卫生隔离区的概念。①

一个更为典型的例子是,在1910年以后的东北防疫期间,哈尔滨自发现第一个瘟疫病人后,在两个星期之内哈尔滨卫生行政机构就确立了一个观察和隔离的区域,把全城划分为八个卫生区(sanitary districts),在区域内迅速任命卫生官员,提供被传染商品的破坏补偿,准备用中文演讲的小册子,并从俄国邀请医疗救助。②这反映出西方医疗体系对中国传统社区制度的渗透,已进入了所谓"制度化世界的殖民化"(institutional world is colonization)时期。③20世纪20年代,北京在协和医院的帮助下建立了第一个卫生示范区,示范区的建立不仅改变了中国城市基层人民的生活习惯和日常节奏,也促使其空间观念发生了巨大的转变,本文的研究就准备集中于卫生示范区的建立对民国初年北京生死控制观念和行为的实际影响上。

北京城之所以有其独特的魅力,并不仅仅在于它是数朝古都,更在于其拥有三百六十行的民俗风情点缀于大街小巷,操办生死之事即是其中颇为繁忙的职业。传统意义上的生死控制在相当程度上集中于接生婆和阴阳先生的手中,接生婆以个体的形式走街串巷,

---

① Kerrie L. MacPherson, *A Wilderness of Marshes: The Origins of Public Health in Shanghai 1843—1893*, Oxford University Press, 1987, pp, 49~103.

② Carol Benedict, *Bubonic Plague in Nineteenth-Century China,* Stanford University Press,1967,p.14.

③ Erving Goffman, *Asylums: Essays on the Social Situation of Mental Patients and other Inmates*, Aldine Publishing Company Press, 1968, p.62.

从事新生儿的接生工作，阴阳先生则通过特殊的技术确定葬仪举行的空间和时间，并负责验视死者的死因。在传统社区的氛围之中，出生与死亡都会导致特定时空中的仪式行为，这种行为无疑会给家庭和周边社区的人群构成特殊的社会和文化压力，而且这种压力会持续发生变化，因为孕妇的每一声苦痛的呼喊，新生儿的每一次呼吸，死者移灵的每一个步骤，都影响到周围人的心理变化和行为选择，进而从心理现象转化为文化现象。而"接生婆"和"阴阳生"的作用就在于通过某种仪式把生死的自然过程整合进社区网络之中，使之转化为一种可以为众人接受的社会程序。因为按照历史社会学的论断，孩子的出生是从母亲身体中脱离出来，这是个十分脆弱的运动过程，极易给周围的人造成持续的不安全感。马林诺夫斯基就曾指出：在西方社会中，怀孕被视为一种有害的状态，会"导致正常社会生活的中断"[1]；而死亡更被作为"社会秩序的亵渎"（sacrilege against the social order）[2]使常人唯恐避之而不及，死亡不仅提醒我们每个人都会有致命的一天，而且也提醒了我们社会制度与团体的脆弱性。可是也正因如此，死亡仪式也变成了创造新团体关系的机会。所以接生婆和阴阳先生在传统社区中充当的就不仅是某种专业技术人员的形象，而且具有重新协调社会秩序的功能。比如对于地方社会而言，接生婆并不仅仅是一个医生的形象，而且是使新生儿具备生存合法性的仪式的主持和实施者，阴阳先生的工

---

[1] Mireille Laget, "Childbirth in Seventeenth and Eighteeth-Century France: Obstetrical Practices and Collective Atitudes," Robert Forster and Orest Ranum: *Medicine and Society in France*. the Johns Hopkins University Press1980, p.142.

[2] Rubies S. Watson, "Remember the Dead: Graves:Politics in Southeastern China," James L. Watson, Evelyn S. Rawsk (eds) *Death Ritual in late Imperial and Modern China*, University of California Press, 1988, pp. 203~206.

作也不仅仅是简单地勘察风水,而是通过死亡仪式重新界定生者与死者的界限关系。

本文的研究证明,20年代西方卫生实验区在北京的建立比警察制度更有效地破坏了传统社区中有关生死的控制形式和传统观念,从而使接生婆和阴阳先生原有的公共形象（a public image）与专业认同（aprofessional identity）之间发生了紧张和错位。首先,在卫生示范区建立于原有社区之上后,"公共形象"优劣的权威标准不是由地方社会的传统成员加以认定,而是由国家体制控制下的医疗程序加以认定,这样就造成接生婆在原有社区内身份的变化。其次,产婆和阴阳生原有的"专业认同"的仪式功能发生了转换。"专业认同"不是由地方社区中的仪式界定所能垄断,而是国家通过医疗空间的控制,如卫生事务所网络的建立来为产婆的身份赋予新的内涵,这种内涵的依据即是现代医学中的产科接生技术。同时,国家通过产婆训练班和"阴阳生取缔章程"等措施不断扩大现代医疗技术与传统社区仪式之间的紧张关系,最终实现了国家权力对城市社会生活更为全面的控制。

二、从生到死——传统社区内的仪式表演

在老北京,孩子出生是一件相当重要的大事,生育的时刻一旦来临,就标志着一系列仪式即将登场,特别是男孩子出生更不单纯被视为一个生理现象,而是带有相当浓厚的社会与文化含义,似乎与家族的兴衰密不可分,也似乎喻示着家庭秩序将得到重新调整。与正常人不同,刚出生的婴儿尽管已经匆忙坠落在了尘世网络之

中，但是在经过一定的仪式加以认定之前，仍被视为一个陌生人，只有在经过仪式确认其足以强健地生存下来之后，婴儿才能在家庭中接受一个新的位置。所以，烦琐仪式的举行就成为一个新的社会成员被接纳的表演形式。

老北京的接生婆人们习惯称之为"收生姥姥"或"吉祥姥姥"，又叫"稳婆"。"稳婆"都在自家门口挂个小木牌，上书"快马轻车，某氏收洗"字样，下边缀以红布条，当作幌子。老北京的通例是约在产妇临产前三四个星期，即将稳婆接来"认门"，对产妇略作诊视，至临产时，再请其来家接生，孩子生下三天后，必请稳婆来家主持婴儿的洗礼，名叫"洗三"，并循例予以厚赠。"洗三"之日，通常只有近亲来贺，多送产妇一些荔枝、龙眼、落花生之类，或送红色鸡蛋，产妇本家仅用一顿炒菜面进行招待，俗称"洗三面"。"洗三"仪式通常在午饭后举行，首先在产房外厅正面设上香案，供奉碧霞元君、琼霄娘娘、云霄娘娘、催生娘娘、送子娘娘、豆疹娘娘、眼光娘娘等十三位神像。叩拜完毕，"洗三"典礼就算正式开始了，产妇本家依尊卑长幼带头往盆里添一小勺清水，再放一些钱币"添盆"。此外，还可以添些桂元、荔枝、红枣、花生、栗子之类的喜果。孩子放入澡盆后受凉一哭，不但不犯忌讳，反而吉祥，谓之"响盆"。姥姥一边给婴儿洗澡，一边念叨各种各样的吉祥祝词，比如什么："先洗头，作王侯；后洗腰，一辈倒比一辈高；洗洗蛋，作知县；洗洗沟，做知州。"随后，把艾叶球儿点着，以生姜片作托，放在婴儿脑门上，象征性地灸一灸，再给婴儿梳头打扮一下，说什么"三梳子，两拢子，长大戴个红顶子；左描眉，右打鬓，找个媳妇（女婿）准四衬；刷刷牙，漱漱口，跟人说话免丢丑"。洗罢，把孩子捆好，用一颗大葱往身上轻轻打三下说："一打聪明（'聪'与'葱'谐音），二打伶俐。"打完之后叫人把葱扔在房顶上（有祝愿小孩将来聪明绝顶之意）。拿起秤砣比画，说："秤砣虽小压千斤（祝愿婴儿长大后在家庭、社会有举足轻重的地位）。"拿起锁头三比画，说："长大啦，头紧、脚紧、手紧（祝愿孩子长大后稳重、谨慎）。"再把婴儿托在盘上，用产妇家事先准备好的金银锞子或首饰往婴儿身上一掖，说："左掖金，右掖银，花不了，赏大人（祝愿小孩长大后，福大禄大财命大）。"最有趣者，把几朵纸制的石榴花往烘笼里一筛，说道："栀子花，茉莉花、桃、杏、玫瑰、晚香玉，花瘢豆疹稀稀拉拉的（祝愿小孩不出或少出天花，没灾没病的健康成长）……"[①]

通过观察"洗三"的完整过程，我们可以对"吉祥姥姥"在社区中的"公共形象"进行清晰地界定。从"吉祥姥姥"的职业特征中至少可以离析出三种行为角色：A.敬神；B.预言；C.祛病。AC两项职能显然是为B项服务的，因为在"洗三"的过程中，"吉祥姥姥"口中发出的祝词几乎包含了新生儿将来成长过程的方方面面，包括仕途、婚姻、家庭、性格和财运的预测，这些预测由富有阅历的接生婆借"洗三"的仪式发出，实际上就正式给新生儿打上了社会的标记，并给其在社会网络中预支了一个位置。与此同时，"吉祥姥姥"的预言中还带有极其浓厚的伦理教化的意味，这些语言的表达不但可以营造出浓郁的亲情氛围，而且还起着确立新生儿与亲属之间关系的作用。因为经过"洗三"的孩子再也不是陌生的外来

---

① 常人春：《老北京的风俗》，北京燕山出版社1990年版，第229~233页。参见老舍：《正红旗下》，舒济选编：《老舍小说经典》第四卷，九州图书出版公司，1995年版，第137~138页。

者，而是家庭伦理链条中的一环。因此，"吉祥姥姥"的权威性并非完全体现在"接生"技术的娴熟与经验方面，而是能够在新生儿出生后通过仪式为整个家庭营造出祥和安全的气氛。简言之，其社会功能大于医疗功能。

和"吉祥姥姥"迎接新生命的诞生有所不同，在北京挂牌营业的阴阳先生则是处理生命死亡程序的"礼仪专家"（ritual specialists）。阴阳先生的主要职能是通过某种仪式准确估算出死者尸体出屋的合适时间，以及安葬位置之风水方向的优劣和神秘含义。阴阳先生的核心技术是为丧家开具"殃榜"，作为全部丧事、丧礼时刻、方位、禁忌等方面的指针。①所谓"殃"，是指死者三魂七魄的"七魄"而言，又名"煞气"。按阴阳家的说法，亡人的七魄按一定的时间出来，化为某色气，向何方面去，谓之"出殃"。根据京城的民间禁忌，"出殃"时人都要避开，谓之"避煞"。如果一旦被"殃"打了，不死也要大病一场，名为"中恶"。就是花草、树木如果被"殃"打了也会枯死。阴阳先生的主要技术就是推算"出殃"的时刻和推断"殃"高多少丈，多少尺，以及该"殃"化为什么颜色的气，向哪个方向去。等到"出殃"的时刻、颜色、方向确定完毕，还要推算入殓、破土和"发引"（出殡）的时间，最后还要推测是否会犯"重丧（即百日内再死人）"，及是否犯"火期（指遗体自行起火）"②。

在民国初年的北京城里，殃榜多置于棺盖之上，或压于焰食

---

① 常人春：《老北京的风俗》，第260~261页。李家瑞：《北平风俗类微》影印本，上海文艺出版社1937年版，第498页。
② 常人春：《红白喜事——旧京婚丧礼俗》，北京燕山出版社1996年版，第260~261页。

罐子之下，出殡时，经城关验证后，由挎烧纸筐子的，带至坟地焚化郊区至塘沽一带，却粘于门前，男左女右，有的做一纸龛，有的贴于席头之上，而且两边加饰白纸条。男死纸条下端剪成剑头形，女死剪成燕尾形，其条数以亡人岁数而定。这样可以起到向外界报丧的作用，为了"出殃"顺利，必须由阴阳先生主持严格的净宅、禳解等空间仪式，例如根据出殃的方向把窗户撕开一个洞，以便让"殃"从这里出去。郊区有的地方还摆上一碟无馅的饺子，表示死者吃着无滋无味，一气之下就会弃屋而去。禳解的空间仪式首先是在殃煞占处贴上五道符，其次是配一副所谓"六精斩退魂魄散"，计有金精石、银精石、避殃砂、鬼见愁、鬼箭草、安息香等，研为细末，扬撒于死者的住处，据说有"除污净秽"的效果。

总结而言，阴阳先生主持的"出殃"仪式是一个社会界限与社会关系再生产的过程，在"煞气"被清出死者房屋之前，始终对活着的人构成潜在的威胁，这时阳阴两界的边界并不分明，而经过阴阳先生的空间仪式的控制之后，生者身后净化过的空间使社区和家庭均重新获得了安全感，也就是说世俗世界中的阴阳关系被重新加以界定。因此，中国的葬礼仪式集中处理的虽是死后灵魂与现世人类的关系问题，但是复杂烦琐的空间控制技术对阴阳界限的分割，显然服务的仍是现实活着的人们，使之不受死者灵魂的威胁[1]。另外，"出殃"仪式的成功举行，其象征意义是使死者家庭重新被社区的人们所接纳，从而恢复自己正常的生活。换言之，死者家属与社区的关系通过仪式重新得到了确认。

---

[1] Paul Steven Sangren, *History and Magical Power in a Chinese Community*, Stanford University Press, 1987, p.136.

三、"兰安生模式"与城市卫生示范区的建立

在20世纪以前,中国城市中并不存在由国家统一控制的医疗网络体系。城内行医讲究的是坐堂看诊,医家素来就呈相当分散的个体分布状态。直到民国初年,随着国家建设步骤的加快,把医疗制度收束进国家控制秩序之内的呼声时有出现。这些舆论认为,从民族生存与国家强盛的角度立论,对个体分散医疗活动进行更为严密的控制应该成为整个国家机构变革的一个组成部分;由于医疗活动关系到整个民族身体的康健,所以对其实施严密监控的重要性应不亚于警察对人民生命财产的保护措施。可是在相当长的一段时间内,现代医疗制度的设置却并没有从国家行政机构中独立出来,而是长期从属于警察部门。即使在某个城市中偶尔出现独立的卫生机关,也常常以经费不足为借口被合并于警事机构。比如广州在民国元年即已设置广东卫生司,由医学博士李树芬主持。工作范围包括医生之注册,传染病之报告,染疫房舍之消毒,死鼠之掩埋,以及施种牛痘、检验疯人、死亡登记等等,是全国最早的独立医疗行政单位,可是时隔不久,经政制改组,警察厅置卫生科替代了卫生司的职责。直到十年以后,警察厅改为市公安局,卫生行政事宜才转交市卫生局进行综合管理。① 其他城市也有类似的情况,因此,卫生行政的具体实施,尚需要使卫生机构改变过度依附警察系统的旧例,以构建起自己独立的督察和治疗网络,实现空间职能的进一步

---

① 广州市政府卫生局:《广州卫生行政之检讨》,1935年,第1~3页。

分化。例如，曾任北平卫生局局长的黄子方甚至认为：在基层社区也应实现卫生与警事的分化，"各村镇或各街巷亦应仿警察区署及派出所之例，使遍地均有卫生分事务所之设，以处理其管辖区域内之卫生事务，及附近居民之简单医疗，应需经费与警察同，由政府完全负担"①。

民国初年，真正把黄子方的构想予以实现的人物是美国公共卫生专家兰安生（John B. Grant）。有史以来，医生的任务就是在病征出现后进行诊断和治疗，直至十九世纪下半期，"预防医学"的观念才正式进入人们的视野。1914年洛克菲勒基金会派遣数位医学权威到中国了解情况，并提议将重点移至公共卫生预防领域。新组成的协和医学院于1921年由基金会借聘兰安生为公共卫生系主任，开始全面主持此项工作。兰安生对预防医学在城市空间上的"分配艺术"，有一套十分完整而缜密的构想，他认为，预防医学的教学实践应该像教授临床医学那样，有自己特定的教学现场，临床医学的教学现场是医院和门诊，在空间结构方面相对较为封闭，在那里学生可以学习到针对个别病体的治疗技术。而预防医学（或称公共卫生）的教学现场则应该是一个居民区（或称社区），要让学生有机会在一个开放的空间环境里去了解社区居民的卫生、健康和疾病的情况和问题，应用他们所学习到的医学知识和技术，从群体角度而不是从个体的角度来解决健康和疾病问题。这样一个现场称为"卫生示范区"②。

---

① 黄子方：《中国卫生刍议·弁言》，中央防疫处卫生杂志特刊号1928年，第4页；胡定安：《胡定安医事言论集》，中国医事改进社1938年版，第21页。

② Kerrie L. MacPherson, *A Wilderness of Marshes: The Origins of Public Health in Shanghai 1843—1893*, Oxford University Press, 1987, p.49.

兰安生教授把他的想法写成了书面报告，并得到了协和医学院院长的支持，同时也获得了京师警察厅的赞同和襄助。1925年9月，北京正式成立了"京师警察厅试办公共卫生事务所"（1928年以后改名为"北平市卫生局第一卫生事务所"），第一卫生事务所以朝阳门大街为北界，崇文门城墙约一半处为南界，东城根及崇内大街分别为东、西界，属旧城区中的内一区（即现在的东城区），所址先在内务部街，1935年迁至干面胡同，管辖人口最初约五万人，随着示范区面积的扩大，示范区人口亦随之增加并稳定在十万人略多一点。①第一卫生事务所建立的真正意义在于相当具体地把原有北京城内的行政区域（自然社区）与"医疗社区"二者有效地叠合了起来。因为一所医疗布控的范围，恰恰就是北京老城自然形成的居民区生活范围，以后随即建立的第二、三、四卫生事务所，其医疗监控的空间范围，也同样与原有城区布局相叠合。如1934年成立的第三卫生区事务所监控范围是市警察局内三区管辖区域，面积为22.84平方公里，人口平均151169人，至1939年又增加约2万人。②

在"社区叠合"的状态下，一所监控与服务的对象是整个示范区内的10万居民，它要解决他们从生到死各个生长时期可能出现的疾病和健康问题，为此，一所开始建立自己的医疗保健网，这个网的网底是基层的地段保健（包括学校卫生和工厂卫生在内），第二层是医疗保健各科门诊；第三层是合同医院（协和医院或其他医院）等卫生示范区建立的一个最大后果就是改变了老城区内人群的

---

① John z. Bowers and Eligabeth F. Purcell (eds); *Medicine and Society in China*, New York, Josiah Macy Foundation Press, 1974. p.90~91.
② 何观清：《我在协医及第一卫生事务所的工作经过》，《话说老协和》，中国文艺出版社1987年版，第172~173页。

日常生活节奏。原来自然社区中的病人可以从个体的角度自由选择呈个体分布的医生,因为传统中医都是"坐堂看诊",病人有病征的时候方去请大夫诊视,"收生姥姥"也是在孕妇即将生育时才去"认门",病人和家属完全可以按照自己的生活节奏和规律按堂号选择分散于城市各个角落中的医生,时间和空间都可以自由予以支配。孕妇临盆时甚至可以自行决定由自己或家人接生。可是现代预防医学的观念则是在病征未出现以前即对一定的区域时空内部主动进行控制,以避免病症的传染和蔓延。在这一观念支配下,医生不是在某一点位置上接受病人的拜访,而是主动深入原有社区中重新安置、规划和示范一种新的生活节奏。

1925年初建立卫生示范区时,兰安生在备忘录里提到,在中国当时社会经济和教育那样落后的情况下,若想单纯从宣传健康来促进健康,或单纯提倡预防来实现预防,都是不可能的,因为"自然社区"的居民是不会欣赏和接受的,必须把治疗作为载体,用积极和主动的行动把预防和健康传送给居民,这就是一所设立各科门诊的总设想。[①]兰安生的构想十分符合现代规训制度的一般原则,比如从空间上而言,地段保健是按照疾病类型加以分类的,一所卫生示范区划分为20个警察派出所地段,每个地段人口约有5000居民,地段和一所各科门诊在疾病划分和救护方面构成联网系统,这一系统包含三个层次的空间:地段若发现有急性传染病患者则立即转送一所门诊进行诊断和治疗(第一空间),如患者需要住院治疗,则由一所转送合同医院(协和医院或其他医院第二空间),如患者不需要住院,则由一所转回地段,由护士设"家庭病床"进行床边护

---

① 《话说老协和》,第172~173页。

理和治疗，以及采取必要和可能的隔离和消毒措施（第三空间），对肺结核及其他慢性病患者，一所亦采取同样上下联系的办法处理，必要时再转送合同医院进一步进行诊断和治疗。在这三个空间的循环流动和监控中，病人从家庭的角度进行空间选择的随机率便会大大降低。

从时间流程上来看，自然社区的时间节奏是通过地段保健工作中的家庭访视（由约10名公共卫生护士和若干护士实习生）来加以转变的。除了假日之外，地段护士每日进行家庭访视约5~10次。据一所年报统计1936—1937年及1937—1938年的年度家庭访视总数分别为16300次和21531次。① 凡经地段护士访视过的病人或病家，不仅有访视记录，而且一所病案室也有他们的家庭记录，将家庭每个成员的患病及健康情况按规定的表格记录下来，每份家庭记录都有家庭编号和个人编号。

由于预防医学是要维持和促进人们从生到死各个阶段的健康，特别关注妇幼卫生的保健，所以妇婴家庭诊察访视成为医疗社区工作的中心，比如一所有四名助产士，专到产家接生，随叫随到，收费2~3元。产妇在产前产后的一段时间内，经常被严密监控于卫生示范区的访视时间表之内，如第三卫生区事务所1930年度业务报告中说，访视日期"约在产后之前三日，每日访视一次，次后则每隔一日访视一次，直至婴儿脐带脱落为止。"1930年的访视次数达到了12810次。②

---

① 何观清：《我在协医及第一卫生事务所的工作经过》，《话说老协和》，第172~173页。
② 北平特别市公署卫生局编印：《北平特别市公署卫生局二十八年度业务报告》1930年，第357页。

卫生示范区内访视时间的规范化与精确化，特别是产后每日一次的访视频率带有相当明确的强迫管理性质。同时，访视时间的规范化又是与空间的分割与展布相衔接的，因为叠加在"自然社区"之上的医疗网络，正通过一种鲜明的人造环境，改变着北京自然社区中人们的心理态度和生存方式。

四、"社区叠合"与生命的"档案化"

卫生示范区对自然社区的改造，特别突出地反映在对产婆形象的重新定位上。如前所述，产婆在传统社区中的公众形象并非是一种医疗工具，她：要通过"洗三"等诞生仪式协调不同的社会关系，而接生过程不过是一个公众仪式的最初组成部分而已。可是在"社区叠合"实现之后，新规则首先设定，"吉祥姥姥"在接生的各个环节均不符合现代卫生行政的要求，必须把她纳入一个相当纯粹的现代医学标准尺度中予以衡！在这个评价体系内，传统接生婆协调人际关系的文化功能已变得无关紧要。自1928年始，北平市卫生局在卫生示范区开办了接生婆讲习所，前后共计10班，正式训练及格者共150名，后在此基础上于1930年成立了保婴事务所。对于已训练完毕正式开业者，事务所仍持续严加监视，如每月每一接生婆必须呈交报告，所需之脐带敷料消毒药品等，均必须向事务所购买，由购买之多寡与报告单接生人数相对照，就可察知是否按规接生。[①]

[①] 北平特别市公署卫生局：《北平特别市公署卫生局二十五年度业务报告》1927年，第61~67页。

又据《北平市政府卫生保婴事务所施政辑要》，事务所"每月召集已受训练之产生婆分别住址，来钱粮胡同本所及西城第二卫生区事务所每月聚会二次，呈交收生报告，并随时赴各产婆家中检查接生筐各项接生用品，特定制介绍病人健康检查单颁给各产婆，遇有孕妇，即介绍持单赴各卫生机关施以产前健康检查，并由所派员随时调查，遇有私行执业之产婆，即报告卫生局取缔"①。在保婴事务所的办事机构中，除所长、医员、事务员和文牍员外，专设有八名助产士，但此八名助产士职责各有区别，特别是一位名叫张淑惠的助产士就兼有监理员责任，其具体工作是："每日监视接生婆接生兼昼夜外出协助接生婆难产接生，又每星期五上午召集接生婆训话。"②鉴于一般市民对受过训练的接生婆表示怀疑，保婴事务所特拟就"受过训练的姥姥应当守的规矩"一种刊物，置入接生筐内，以广散发。

由于保婴事务所主管的事务分化愈趋细密，所以在1935年，保婴事务所函报北平市卫生局，希望把监视取缔产婆的职责下放到更基层的地区，予以分割控制，具体办法是把对全市产婆的宏观调控落实到"兰安生模式"所规划的医疗社区之中，包括已成立的第一、第二卫生区事务所和正在筹建的第三卫生区事务所。由此一来，医疗程序对产婆的控制就进一步被地方化了。其实，在保婴事务所提出协助要求以前，第一卫生区事务所即已主动地开始调查和统计内一区内产婆的行踪。如一所在1934年8月在内一区对未训练产婆所做的一个调查，就包括产婆的住址，所接生之婴儿姓名、性

---

① 《北平市政府卫生保婴事务所施政辑要》，北平市档案馆J5全宗1，第61~67页。
② 北京市档案馆J5全宗2，第57~58页。

别及出生日期。在这份统计表中清楚地显示出，8月份婴儿出生总数为251人，经未训练产婆所接生人数为17人，查得未训练产婆之管理人数为5人。①

又以内二区产婆管理为例，内二区属第二卫生事务所管辖范围，至1937年，本区共有旧式产婆21人，比例占全市103位产婆约1/5，是各行政区中人数最多的一区。二所的管理办法是，将产婆分为二组，每组每月在所内召集会议一次，开会时由助产士担任主席和指导，由产婆缴纳一月来的接生报告，并口头叙述难产意外及处理经过的情形，再由助产士讲解接生时应注意的各种事项，并分发已消毒之脐带布扎及婴儿滴眼之硝酸银溶液等药品。这年计开会共24次，到会人数共586人。②二所在从事出生调查时，于每个接生个案，皆作出严密的考核，特别注意调查接生婆曾否携带接生筐子，接生前洗手情形以及滴眼药等，如发现有未遵行者，即将该产婆传来质询。

卫生示范区的建立对传统社区中生死控制方式的最大冲击，是生命统计调查员网络的形成。医疗社区与自然社区的叠合，开始改变原有城区内部的时空结构，其中改变所借助的方式之一就是生命统计规模的日益扩大和完善。因为卫生区采取的是预防为主的控制取向，预防控制的对象是"人群"，是自然区的居民，只有通过生命统计中掌握的相关群体的年龄、性别、职业分布以及出生、死亡的具体情况，才能更有效地合理安排和配置时空的秩序。北京最

---

① 《北平第一卫生事务所内一区二十三年八月份调查未训练产婆接生统计表》，北京市档案馆J5全宗1目录13卷，第61~67页。
② 《北平市卫生局第二卫生区事务所第三年度年报》1936年，北京市档案馆04全宗1803卷，第10~26页。

早的生命统计在第一卫生区事务所成立时即已开始实施,老北京城区内在20世纪20年代以前并没有进行出生统计的专职人员和档案记录,出生调查多由公安局户籍于调查户口之际同时调查出生。因居民对出生调查有猜忌心理,怀疑被调查后政府将抽税或有其他对己不利的情况出现,故多不愿主动报告,即间或有报告者,其出生日期也不准确。自卫生示范区建立后,情况发生了很大变化,按照社区叠合后的双轨运行框架,除保留自然社区中的户籍警报告之职能外,医疗社区亦专门培训出专职的生命统计调查员进行社区内生死数目的监控。统计调查员的记录还与卫生事务所助产士、已训练产婆及各产院的调查相互协调补充,其效率明显要高于自然社区中户籍警的工作节奏。当时的北平市卫生处评论一所出生调查时谓其:"对于内一区界内之出生调查,派有专人办理,故每月所得之出生报告,均较内一区各派出所报告者为多,故本处对于内一区界内之出生调查,均委令第一卫生事务所代为填报,本处接得报告后,仍撕去一联转送公安局,以备考查也。"①

  第一卫生事务所共设有统计调查员四人,按二十个警察区段,每人主管五段。每日除由一人轮流值班调查死亡外,其余三人每日赴各管之警察区段及产婆处探询出生情况,各医院则每星期轮流派遣一人前往抄录出生人数,得到出生报告后,再由该主管地段之统计调查员前往住户家中详细询问,并按该所出生调查表逐款填写。一所助产士于接生后及卫生劝导员于家庭访视时所得出之出生资料亦随时填报报告以资统计。所得之出生报告再按卫生局出生调查表

---

① 《北平市政府卫生处业务报告》1934年,第72页。

填写送局以备编写生命统计。①

在社区实现叠合以后,作为医疗区域代表的统计调查员对自然社区所进行的最为严重的渗透,就是对阴阳先生的监控与取代。清代以至民初,官方鉴于民间社会对阴阳先生的崇信,丧葬必请其"开殃""禳解",具有亲自验视死者的条件,故阴阳生一直作为京城百业之一,被官府特许营业。不过官方和民间对阴阳生作用的认识是有相当差异的,民间社区视阴阳生为重新理顺死者家属与社会之人际关系的中介角色。"出殃"仪式是社区道德伦理精神的一种表达,而官方则认为阴阳生具有检视鉴定死者死亡原因的能力,具有维持社会秩序的法律功能。死者如系正常死亡,可以给丧家开具"殃榜",并将数目定期上报,如系自杀、他杀,应立即报告官府,请"仵作"(法医、验官)验尸、鉴定,始可抬埋。这样就不免要追究当事人的刑事责任。因此,殃榜带有法律见证的性质,是一纸正常死亡鉴定书。②

在阴阳生被彻底取缔以前,由于生命统计员的出现,社区死者办理殡葬手续与清代的区别乃是在于实行了双轨制度。清代居民死亡只需阴阳生开具"殃榜",即可领取抬埋执照,可见"殃榜"具有相当权威的法律鉴定作用。卫生示范区建立以后,阴阳生的职权已缩小到为死者家属开具死亡原因报告单,家属持此单至各该管警段,再由警段填一死亡报告单,同时电告统计调查员亲往调查后,始得装殓。各社区的出殡执照,亦改由各统计调查员填发。故所有死亡之业经报告者,均须经过各统计调查员之手,而不致遗漏。这

---

① 《北平特别市公署卫生局二十五年度业务报告》1938年,第143页。
② 常人春:《红白喜事——旧京婚丧礼俗》,第235页。

样一来,"殃书"作为出城抬埋的凭证功能就自然消失了,只不过阴阳先生尚保留着对死者死亡原因的鉴定权。

在第一卫生区事务所的示范作用下,北平市卫生局分别于1935年1月和6月举办了两期生命统计调查员训练班,第一期训练班,招考初中毕业以上程度学员10名,给予短期训练,计上课实习各有一个月的时间,所授课程包括"公共卫生""卫生法规""绘图""生命统计""环境卫生""细菌学""病理学""传染病学"等八门,课时共96小时。均有卫生局二、三、四科及第一、二卫生区事务所人员讲授。实习期间则轮流派往卫生局二三科及第一卫生区事务所,随同作实地调查工作。至1935年1月,上课及实习期满,经考试及格者,即委托为统计调查员,同时并函商公安局同意,接办所有内城各区出生死亡调查工作,除内一区第一卫生事务所原有统计调查员四人外,其他各区,每区各派一人(第二卫生区事务所原有一人故只派一人),其内二内三区者分驻各该卫生区事务所,并直接由各该事务所主管人员督促工作。内四内五内六等三区人员,则暂在公安局各该区署借地办公。①

在内城统计调查员布置完毕之后,卫生局紧接着于1935年6月呈准市政府训练第二期统计调查员,以备接办城各区出生死亡调查事项。此次并未公开招考,所有报名之人,均须由本局或各附属机关职员负责保荐。因第一期公开招考的结果,所录取的各员,每多有中途请辞者。此次共录取20人,内中有已在内六区工作的稽查警1人,另有第一卫生区事务所派来1人及天津市政府派来北平受训者2人,全部受训者共23人。除课程与第一期相同外,学员实习期间

---

① 《北平市政府卫生局二十三年度工作报告》1935年,第21~22页。

轮流派往第三科实习环境卫生、取缔工作及第一、二、三卫生事务所实习出生死亡调查工作。自第二期统计调查员训练期满后，即由本局函商公安局同意，于同年9月1日起，由统计调查员接办城各区出生死亡调查及核发出殡执照等项工作。其办公地点如外一、外四两区在本局各该区清洁班，外二、三、五区则分驻妓女检治所、烈性毒品戒除所及市立医院内。据称，训练班的学员在结业半年后，仅出生一项，每月调查即增添三四百人。其监控区域几乎涵盖了全城的各个角落，结果是进一步缩小了阴阳先生的控制范围，至1937年5月北平市卫生局正式规定凡居住于北京内外城区的居民遇有死亡时，可越过阴阳先生这道旧关口，直接呈报分区派出所，派出所据报后即发给人民死亡呈报单，并一面电知卫生局派驻该区统计员前往察看，并凭呈报单发给出殡执照。由此宣告了阴阳先生社区功能的终结。①

五、北京的"街道政治"——抗拒与变迁

卫生示范区的建立不但改变了传统社区内的生活节奏，也使得以生死控制为职业的"吉祥姥姥"和"阴阳先生"的形象发生了彻底的变化。在传统社区中，接生婆是能够为新生儿带来吉祥的受欢迎人物，阴阳先生也是保证死者入土为安的关键角色，可是在现代卫生观念的衡量下，接生婆被定位为肮脏丑陋的不洁形象，阴阳先生则是迷信的象征，均被列入了取缔之列。"产婆""阴阳生"的

---

① 《北平市政府卫生局二十三年度工作报告》，第21~22页。

形象日益频繁地进入了卫生局、社会局的档案卷宗之中，他们成为各种法律与卫生行政文牍交叉包围和监控取缔的对象。翻开这些案卷，扑面而来的均是监视、训诫和取缔的权力与辩解、乞求及无声的反抗，这显然是现代化的进步逻辑反复塑造的结果。溯其源头，这些权力表述和多重的声音均在现代医疗体系与密如蛛网的街道和胡同的互动过程中喷涌出来，构成一幅抗拒与变迁交错演进的"街道政治"图景。然而如果我们仔细翻阅当时的档案记录，就会发现在现代卫生观念的支配领域之外，尚有不同的评价声音存在。①下面就是一个突出的例子。

1936年，第二卫生区事务所助产士朱崇秀报称，有产婆李吴氏、李国英婆媳二人于2月28日为一位叫李孟氏的太太接生，未按规定携带接生筐，并私自阻拦产妇住院，又劝其服用成药，引起腹内阵痛和出血，婴儿即行死亡。而李吴氏婆媳的供称却与朱崇秀并不吻合，李吴氏称："产妇所购之药品，是否服用，亦不知悉，本推辞不允接生，因产妇恳求，决不放其走去，未带接生筐系有时因路非遥，产妇家有时尚未至分娩时刻，先为探视，预临产再取接生筐，非敢在接生时不用接生筐。"这段由李吴氏婆媳自己发出的辩护声音似乎处处与朱崇秀的指控相反，一度使保婴事务所在决定处罚尺度上有举棋不定之感，但却仍作出了扣留执照的决定。不过李吴氏所陈之情的真确性却由李孟氏主动具呈担保的言辞中得到了佐证。②

---

① Gail Hershatter, *Dangerous Pleasures: Prostitution and Modernity in Twentieth-Century Shanghai,* University of California Press, 1997, PP. pp.3~65; Jean Towler and Joan Bramall, *Midwives in History and Society*, Croom Helm Ltd Press, 1986, pp.177~191.

② 《李孟氏呈文》，北京市档案馆J5全宗1目录98卷。

李孟氏的具呈中说:"窃氏兹因怀孕,于2月28日自觉腹痛,似有分娩情形,乃急派人赴保婴事务所请求助产。未几即有朱张两先生到舍察看,据云恐有危险,须立赴医院生产等语,伏思氏素性顽固,未谙新知识,故当时自己坚决主张宁可冒险,不愿赴院。朱张两先生因氏之不可理喻,移时即行辞去,氏筹思至再,终觉仍以老法为宜,因本胡同李吴氏助产有年,颇多经验,因立刻再请为助,又虑敝处所不认,该李吴氏未必肯来,乃用认门俗例,请其速来,不久该李吴氏居然来舍,当时见氏情形,亦云胎气有损,深恐婴孩已死腹中,同时朱张两先生实在无法,只得辞去,并嘱李吴氏在此守候,惟李吴氏再三推却不允,经氏家中人等再三恳留,请其回家,携来助产筐子等,并将其儿媳李国英带来相助,再延至本日下午四时,居然生产,婴儿早已无气,氏则安全无恙,足见李吴氏经验手段俱佳,氏一家甚为感激,但李吴氏助产执照,不知保婴事务所据何理由竟将其执照扣留不发,伏念李吴氏助产出于氏等自愿,婴儿之死乃早死于腹中,亦并非该氏之误用手术,且该氏一家性命俱赖此生活,该事务所扣留其执照,无异断绝其生路。"①

这是个相信旧法的老北京人的实例,李孟氏主动具呈为自己的接生婆开脱责任,说明产婆用传统手法接生与婴儿死亡并无干系,不应负其责任。呈文虽措辞谨慎,尽力用"素性顽固,未谙新知识"等自谦之辞构成叙述越调,但从呈文中所表现出的产妇在助产士劝说下宁死不肯住院,及产婆整个接生过程难以找出令人信服的纰漏等若干细节中,反映出助产士与产妇及产婆冲突的激烈程度。在这则案例中,现代卫生管理人员在旧法接生程序中找不到可予以

---

① 《李孟氏呈文》,北京市档案馆J5全宗1目录98卷。

指控的实际证据，产婆因一时未带接生筐等行为而遭二所督察员呈报，甚至保婴事务所再派出监督员查清二所报告中描述产婆行为的扭曲不实之处时仍予以取缔的决定，均反映出老北京社区空间已被现代医疗的生活网络所严密控制，社区中的北京市民对日常生活的认知逻辑也在被强行予以塑造着。

李孟氏的呈文中特别强调自己的自主选择在生育过程中的作用，比如强调李吴氏助产有年，颇多经验，又突出用认门俗例方才请来产婆等措辞，并且强调这是自己顽固守旧的结果，这实际上表现出产妇对传统接生方式的自觉认同和不得不对现代医学制度曲意奉迎的双重复杂心理。一方面，李孟氏对住于同一胡同产婆的公共形象的认同感是基于长期的社区理念孕育而成的，传统的公共社区观念是以亲情关系与温馨氛围作为存在支点的，卫生示范区的建立通过监控网络与时空的改变冲刷与破坏着这一支点存在的合理性。但是在社区生活节奏中，生育作为特殊的仪式，并不仅仅是现代医疗技术实现的单一结果，产妇也不仅仅是医疗程序随意处理的对象，生育过程始终需要整个社区中文化习俗系统所产生出的精神力量与仪式氛围的支持与呵护。按照社区的经验，当一位产妇从一个她所熟悉的环境被强行转移到一个非常封闭的现代医疗空间中、由陌生人予以监控时，内心感到恐惧与不安其实并非有悖常理。据说，法国18世纪的妇女是如此惧怕外科医生，她们把产科医生描绘成屠夫和刽子手，妇女有时宁可死在生育过程中，也不愿落入医生之手。①

---

① Robert Forster and Orest Ranum, *Medicine and Society in France*, Johns Hopkins University Press, 1980, p.159.

在北京城区实现"社区叠合"以前，如果北京人遭逢丧事，阴阳生在检视死者死因方面具有相当大的权威性，这种权威身份甚至与其"出殃"等主持人身份具有同等的重要性，因为只要阴阳生出具"殃榜"，一般死者家属即可领取抬埋执照。然而，阴阳生出具"殃榜"的权限基本限定于正常死亡的范围，如出现"变死"情况（如自杀、他杀等情状）时则必须由地方检查厅验尸后始可抬埋。我们知道，从公众形象而论，阴阳生在传统社区中的核心作用是主持"出殃"等宗教仪式，而开具"殃榜"是这一仪式的结局表现，并兼具官方认可的法律意义。如此双面的公共形象常使阴阳生出入于"鬼域"与"俗世"之间，既是民间丧仪中重构人际关系的纽带，又是官场核查"变死"的耳目。然而正是这一双面形象使得阴阳生在民国时期的生存陷入了困境。一方面，阴阳生作为传统社区中的重要人物，在检视死因时，一旦遇到"变死"情况，其处理方式很难越出当地人情事故的圈子，徇隐之事难免间有发生；另一方面，自20世纪初北京建立起现代警察系统以来，对地方社区的控制与渗透日趋于严密，据说民国初年北京每1000个居民中有12个警察，而当时的欧洲主要城市每1000人中只有2~3个警察。①在这种情况下，阴阳生的任何徇私行为都极易被警方侦知而遭讯问和取缔。阴阳生容易卷入警事纠纷的另一类原因是，从传统医学角度断案有时会导致误诊，或不到现场勘验仅凭死者家属口述开殃，从而触犯取缔律令。如1913年2月，内左四区项福海之子染瘟疫死去，

---

① David Strand, *Rickshaw Beijing: city people and politics in the 1920s*, University of Califonia Press, 1989, pp.66~81; Sidney Gamble and John Stewart Bargess, *Peking: A social Suruey*, New York Press, 1921, p.119; Alison Dray-Novey, "Spatial Order and Police in imperial Beijing," *The Journal of Asian Studies* 52. No.4, 1993, p.911.

当时请阴阳生张恕堂呈报是因"食积"而死,但警方并未看到原主治医生的报告。调查结果是,医生陈同福曾有两日诊治项姓幼孩的瘟症,但不知孩子已经死去。张恕堂填写"食积"死亡是据项姓所称,未加详察。这一案例中显然有死者家属为省去消毒及审核的烦琐程序而作出虚报的目的,张恕堂有意或无意做了项氏的同谋。

又有多据中医诊断药方开殃,而未问死亡时刻前后详情的案例,如"刘树勋妻因病吞服烟灰"一案。阴阳生王宇州经友人鲍六代请为刘李氏批写殃书,在写殃书之前,曾查有医生杨纳庵药方,上书系患肝热之症,王宇州当时察看尸身面目,未发现异常疑点,随即开给殃书联单等允许死者发丧,经"净宅"仪式后付费离去,后经内左三区警察署以"滥开联单"之名扣销执照。①

由于阴阳生查验死者的责任与一般"仵作"法医及验尸官有所区别,也可以说仅是整个"出殃"仪式的一个组成部分,关涉的也不仅仅是纯粹的法医或刑律的技术问题,同时要涉及社区之内的人情与伦际关系等复杂的综合问题,所以一旦遇到与阴阳生相关的刑事纠纷,警厅往往很难作出自认为适当的判决反映。比如在对待"张荣五擅开殃书"一案时,警方就显得缺乏凭据而表现得犹豫不定,当时制裁阴阳生的主要依据是1913年8月由京师警察厅颁布的"取缔阴阳生规则"第七条第三款:"有变死或原因不明不得贿卖殃书及滥填所发联单。"如有违犯,应按"警律第三十八条二款处罚",可是违警律因违警罚法颁发而已不适用,而当时的违警法未载有明确规定,如阴阳生滥填殃书应如何惩罚之处。

---

① 《京师警察厅询问阴阳生王宇州一案》,北京市档案馆J5全宗18目录16510卷,第14~18页。

"取缔阴阳生"规则在民国初年的审核与通过是一个各种势力长期争斗较量的过程。1914年，京师警察厅司法处即因"因阴阳生对于有丧之家往往藉出殃榜以行敲榨，建议卫生处予以取缔"。卫生处的答复是："查阴阳生一项沿袭已久一时尚难以取消。前由本处订定取缔规则业经通行各区署严加管理。"尤可注意者，1913年制订《取缔阴阳生规则》时，明确认定阴阳生的职责是一门相传既久的技术，第一条第六款规定阴阳生需呈报"受业师并受业年限"，可为证明，而且从警方角度而言，也并未把阴阳生行当划归为"迷信行为"，而只是在其触犯律令时才予以惩处。然而在1925年北京实现了内城的"社区叠合"之后，卫生管理机构开始加紧彻底取缔阴阳生的步骤。与早期警方针对阴阳生偏重于刑事纠查有所不同，北平市卫生机构首先根据现代医学观念和标准把阴阳生职业限定为封建迷信的残余，属荒诞不经之列，根本不是什么技术职业，如卫生局报告中经常出现这样的断语："此项明阳生毫无医学常识，倚恃其报告死因，以为施行防疫标准，殊为不妥"①、"阴阳生本为迷信时代之遗物"②等等。

20世纪30年代初期，有关阴阳生之取缔与抗辩的较量进入了第二阶段。在这一阶段中，北平卫生机构不是从刑律控制的角度，而是以现代医疗观念为依据，开始进一步限制阴阳生的活动范围。如北平市卫生处1932年初步拟定了一份医师（西医）医士（中医）联合鉴定死亡和彻底取缔阴阳生的办法，函请各医界团体签注意见，其目的是用医生诊断制约阴阳生的"迷信"行为。办法函达"北平

---

① 《北平市政府卫生局二十三年度业务报告》1935年，第14页。
② 《北平市政府卫生处业务报告》1934年，第75页。

国医研究会"后,却当即遭到拒绝,国医会并以书面形式申述了七条理由。国医会坚持认为,阴阳生之业乃是一门流传古老的技术,尚有学理根据,非一般迷信行为可比,"且营此业者,虽无学说,历有传授,例如死伤服毒等情均能证明,确有把握,又如死者掐在某指某纹,即知何时身故,撒手捡拳,分别自死被害等情,历历不爽,且开具殃榜,亦其专长,以此沿习既久,历行无舛,尤能鉴定清晰"。所以阴阳生验视死者之法"允有特别之技能,实属哲理之根据,端溯其由来,乃《汉书》所载阴阳家流传之遗法,既非空言塞责者可比,又与荒谬迷信者不同,此其不可废者也"①。

关于医生是否应负有鉴定死亡原因的义务,国医会讨论后认为,阴阳生凭多年职业经验和勘察技术已足以堪当此任,又有司法制度作保障,似无须医生插手,文中强调:"阴阳生之义务,在鉴定死者是否自然而死,亦因他故而死,阴阳生本其特别之技能,即可立时判断,负充分之责任,况有原治医士最后之处方互证其病因,是否病死,抑系毒死,就此而论。又何须原治医士之鉴定。"国医会为阴阳生技术施以辩护,明显不是站在现代医学的立场上,而是站在传统社区既有规则的语境里发言,这其实也是一种自我保护,因为在民国初年医士的地位明显低于医生的地位,亦一度被归入取缔之列。而阴阳生在验视死者的技术上与传统中医的经验性疗法多有契合之处,两者亦属北京传统社区内并行的百业之一,故颇有惺惺相惜的感觉。

例如在答复卫生处关于死亡统计手续的问询时,国医会就坚持

---

① 《取缔阴阳生国医会认为不可昨函复卫生处备述各项窒碍》1933年,北京市档案馆J181全宗21目录1936卷。

把死亡统计的权力直接交给阴阳生办理,"遇有死亡时,即饬该阴阳生翔实填报,不得少涉疏忽,一面呈报区署,换领抬埋执照,一面送卫生处第二科备查,似属不触不背,尤为无扰无烦,且事实可行,简而易举"①。这实际无异于是对生命统计调查员之合法性的直接挑战。

在答辩的最后一款中,国医会对于卫生部制订的死因分类表的27种死亡原因明显表现出异议,认为这是按西医标准所确定,而非中医观念所能认可,内称:"医师医士应按照前卫生部暂行死亡分类表27种死因鉴定死亡,查中西医所谓死因,向未一致,且中医死因非27种所能概括。"所以只能适用于医师而不能适用于医士。国医会的抗辩显然使自己与现代西方医学划清了界限,同时也招致了北平市卫生机关的进一步取缔行动。1933年11月17日,内政部将生死统计暂行规则又加以修正,修正之处为死亡证书"仅能由医师鉴定,而医士不与焉"。虽然最后由于西医的抵拒,此条款并未展开实施,但却在卫生行政意义上正式剥夺了中医鉴定死亡原因的权利。

卫生行政的督察力量在"社区叠合"之后变得如此强大,以至于已渗透到城区街道的各类细胞组织之中,与原有的法律警事机构分享分割甚至替代着其空间控制的权力。1935年,阴阳生被彻底取缔之后,死亡原因鉴定的责任正式落到了生命统计调查员的身上。统计调查员不但可以会同区署查验不涉刑事嫌疑之尸体,负责发给抬埋执照,即使遇有变死或死情可疑者,亦可由统计调查员报告区署核夺,区署得到报告后即派员会同统计调查员前往检查。因此,

---

① 《取缔阴阳生国医会认为不可昨函复卫生处备述各项窒碍》1933年,北京市档案馆J181全宗21目录1936卷。

生命统计调查员不但完全取代了阴阳生的职责,而且在相当程度上分割了警事督察的权力。

民国初年,生活于法律与医疗行政夹缝地带的阴阳生在不断出现的抑制取缔声中逐渐走向了没落。在阴阳生彻底被取消的前夕,时人评论云:"现时业阴阳生者多为衰老之流,旧有者死亡相继,新呈请开业者早已一律不准,故人数日渐减少,不禁自绝。"①阴阳生生存空间的日益狭小,使其作为垄断传统丧仪过程中的知识与技术的社区控制与协调者身份逐渐凋零退化,仅仅成为聊以谋生的末流职业。在有关阴阳生的档案中,有一卷"七政堂"阴阳生家族的集体口供记录。"七政堂"是内城左四区东直门内大街47号的阴阳生挂牌堂号,堂主是杨荣清(号阶平)。1928年1月,北弓匠营九号住户唐那氏被炉火烧伤,经医官诊治无效后身死。当地警署在查验殃书联单时,发现杨阶平所填写的死亡原因是唐那氏因患痰气病症病故,并无烧伤字样。经法庭询问,杨阶平供称说是因患病在家里时,唐那氏之子唐长禄招请其开立殃书,因身体虚弱不能前往,就按唐长禄所称死者系患痰症在自己家中开立了一纸殃书并填发了联单。如前所述,阴阳生所主持的仪式包括"出殃""禳解""净宅"等复杂的程序,开具"殃书"只是其中复杂仪式的一环而已。如果阴阳生不亲临丧家现场,完整仪式的举行就无从谈起,杨阶平在自己家中所开殃榜已注明唐那氏入殓时"暂忌四相龙狗猪羊,一推十二月二十二日丑时出殃,煞高一丈六,东北方化黑气"②,却无法亲自赴死者家中参与"禳解""净宅"等仪式,实

---

① 《北京市政府卫生处业务报告》1934年,第72页。
② 《杨如平呈文》,北京市档案馆J181全宗21录17428卷。

际上是自动放弃了传统阴阳生所具有的在传统社区空间中协调乃至重构人际关系的垄断权力。

无独有偶，同年五月，在位于同一地点的"七政堂"，又发生了杨阶平之子杨品贤假冒其父之名擅开殓书的案件。1928年5月24日，孙玉清喊告东直门内大街门牌202号住户何定海将其胞姐何孙氏踢伤胎孕，以致小产身死，请求相验。经过警官讯问，何定海坚称妻子何孙氏确系小产身死，并无被脚踢之事，并称业经阴阳生杨阶平开立殓书为凭。经地方检察厅检察官黄梅荣等检验，何孙氏身带磕碰伤痕，实因服鸦片烟毒致死，查阅阴阳生所开殓书上填患痨症，而阴阳生杨阶平已于1月21日病故，检察官当即派警员将杨阶平之子杨品贤传署，据杨品贤供认："自其父杨阶平故后，未将执照缴销，现因生计所迫，遂冒用其父七政堂名号继续营业。在开立何孙氏身死殓书时得铜元十二吊，当时因无经验，未能看出服毒身死情状，只据何定海亲族所说填写痨症。"

这样看来，杨品贤不但不具备阴阳生的专门技术，而且是因贫而贪图丧家的钱财，故警方呈文称其"既无阴阳生知识，竟敢冒用伊父杨阶平名义，擅自开立殓书"。文中用了"阴阳生知识"一词，说明警方当时仍承认阴阳生有自身谋生的专门技能，只是从杨阶平在家开殓到其子冒领诓财，都昭示了阴阳生行当日趋没落的图景。

更为有趣的是，杨阶平有一个兄弟名叫杨如平，在齐外朝阳市场开设阴阳生堂号，用的也是"七政堂"的名号。其胞侄杨品达（杨品贤的兄弟）因生计困难，借用杨如平的七政堂的匾额，以及冒用杨如平的名义为刘景康之妻刘彭氏开具殓书时，并未详细侦询，仅凭刘景康岳母彭高氏言其患肺痨病而死的一面之词即开出死者殓书，因此为警察访知查处。

杨如平在为胞侄辩护时的一纸陈词,颇能反映出阴阳生当时的尴尬处境。文中表白说:"民思维再三,坦白无过,兹操斯业三十余年,学术与经验不负斯职。吾国文明落后,鬼神之说始终未泯,若认鬼神为乌有,破除迷信,吾国民奚又尽具避鬼敬神之心理。民操斯业,疏不危政治,扰治安,坏风俗也。盖吾国政治有革,心理未革,破除迷信,固属建设,然民一不宣传,且不广告以招来者,似此类事找民问津,非民随处行诈术拢财可比语。夫社会之演进,优者胜劣者败,哲理也。社会不需要之事业,自有天然淘汰,终归消灭,亦勿庸急积(积极)取缔也。"①这是七政堂堂主最后的申诉之声,杨如平虽自信自己的阴阳生技艺堪称称职,但其听任胞侄擅开殃书一事,已经显露出堂柱倾颓之势已不可挽回。尽管他用优胜劣败的进化语调以攻为守地为阴阳事业辩护有加,并历数阴阳生对"政治""治安""风俗"的演化均无窒碍,然而他显然没有预计到,"社区叠合"之后的京城已经被医疗卫生的现代之网层层编织了起来。如果说现代警察体系在北京的拓展尚给阴阳生们留下了极其微小但却可自我辩护的缝隙的话,那么,区域叠合后重构出的社区空间则真正成了阴阳生职业的坟场。

六、结论

现代卫生示范区的建立实现了社区叠合的目标之后,首先要求医务人员在自然社区内部确立自身的权威性。但是,这种权威性的

---

① 《杨品贤口供》1928年05月25日,北京市档案馆J181全宗21目录2560卷。

获得并非依靠的是自然社区内的传统资源，如祥和的人际关系，而是专门化的技术手段和国家力量的支持。另一方面，医疗人员在示范区中所扮演的角色具有"感情中立"（affective-neutrality）的专业特征，使他不可避免地与地方社区中强调人情关系的传统医疗网络发生激烈的冲突。在传统社区中，接生婆与阴阳先生作为协调人际关系的重要角色，其公共形象与职业认同具有一致性。换言之，他们的职业角色是和生活于其中的人情氛围特别是家庭，无法分割地交融在一起的。卫生示范区的建立，使得日常生活中的生与死变为医疗专门化程序的一部分，其医疗活动大多独立于家庭空间之外，而这种专门化形式又得到了国家机器强有力的支持。在这种情况下，传统意义上的生死控制方式自然无法对抗卫生示范区所刻意安排的新的生活节奏，而最终难以逃脱走向没落的命运。

民国初年北京地区"四大门"信仰与"地方感觉"的构造

一、民间信仰、宇宙观和"地方感觉"

人类学家雷德菲尔德（Robert Redfield）曾提醒过我们：在研究复杂社会时，应注意乡民与绅士，农村与城市，以及"小传统"（Little Tradition）与"大传统"（Great Tradition）之间的区别与关系。①这一二分的框架近年也广为国内历史学家所接纳，并促成了中国社会史研究实现了面向下层历史的方法论转型。但从总体看来，这种转型是在现代化论的背景下达成的，大部分研究并没有避免而是继承了雷氏的理论缺陷，即均把"小传统"看作是被动的、缺乏体系的落后因素，而"大传统"则被看成对之具有支配作

---

① Robert Redfield, *Peasant Society and Culture: An Anthropological Approach to Civilization*, Chicgo, 1956.

用。以往研究者在谈及对民间宗教的认识时往往喜欢从对应于"大传统"的角度来展开论证,从"大""小"的区分类别来看,他们已经在潜意识里把农民的宗教信仰与思维列为次属的内容,同时把"大传统"视为社会演进与生存的主体动力。

可能受到雷德菲尔德这种划分方法的影响,后来的一些人类学家如武雅士(Arthur P.Wolf)和王斯福(Stephan Feuchtwang)基本上都是把民间宗教看作是与一般精英宗教(儒、道、佛)等相歧义的民间信仰来加以看待的,而且不自觉地认为基层信仰一定受到上层宗教意识形态的制约。而如果以"信仰"的标准加以认识,民间宗教观念显然属于次属一级的研究对象,这种思路仍明显受到"精英文化"中心论的影响。

例如武雅士就认为,神、祖先和鬼的类别表达的是农民对他们的社会世界进行的阶级划分,分别对应于官员、宗族成员和外人,这个类别框架基本上还是以"大传统"的划分标准为准绳评估民间宗教的性质,而且过多地把民间宗教视为政治社会秩序的对应和表现物来加以看待。[1]王斯福在《帝国的隐喻》一书中也试图从政治意识形态的角度探讨中国民间宗教,认为汉人的民间宗教,隐含着历史上帝王统治的影子,但在地方上民间仪式的实践具有地域性,民间仪式往往与中华帝国时代的政治空间模式有关,但是民间的神与祭仪所表达的是不同的观念。官方的仪式通过世界观的仪式化,创造帝国的象征的政治格局,这种格局成了仪式上的傀儡,操演它

---

[1] Arthur P.Wolf, *Religion and Ritual in Chinese Society*, Stanford Press, 1974. pp.1~18.

的是地域化的社区与民间权力代表人,如道士、士绅和民众。①这一取向虽然强调民间信仰对官方符号的"象征性抵抗",但其问题是,有可能仍把民间社区中形成的自发宗教秩序看作是"大传统"秩序规则制约下的一种表现形式,而没有其独立的个性存在方式。

与武雅士和王斯福相比,杨庆堃比较强调民间宗教与官方仪式性宗教的差别性,它用"制度型宗教"与"分散型宗教"界分二者的区别和边界,把民间宗教理解为日常秩序中的一个组成部分,而不是硬性地从信仰的角度或从与上层政治秩序或意识形态相关的角度来界定民间宗教的位置,更易于使之摆脱以精英文化观照和衡定民间文化价值的圈套。②但杨庆堃基本上还是从社会学功能意义上来区别两种宗教的形态,而没有真正从民间宗教的内部理解其散播和拥有生命力的历史原因和缘由,特别是没有从基层民众基本的感性结构出发来分析其信仰的基础。

当代的一些中国学者如王铭铭则认为基层社会存在着迥异于官方制度的民间权威,而且民间象征中的权威隐含的不是"帝国的公正",而是"非官方的公正",或是"非官方的权威与公正"。③王铭铭强调的是民间权威未必是帝国上层的隐喻表现,而应该有其独立的系统和运转方式,包括支配地方组织和宗教体系的神异性权

---

① Stephan Feuchtwang, *The Imperial Metaphor: popular Religion in China*, London, 1992. 又参见王铭铭:《神灵、象征与仪式:民间宗教的文化理解》,载《象征与社会:中国民间文化的探讨》,天津人民出版社1997年版,第108~109页。
② C. K. Yang, *Religion in Chinese Society: A Study of Contemporary Social Functions of Religion and Some of Their Historical Factors*, University of California Press, 1991, pp.294~240.
③ 王铭铭:《民间权威、生活史与群体动力——台湾省石碇村的信仰与人生》,《乡土社会的秩序、公正与权威》,中国政法大学出版社1997年版,第264页。

威的作用，但王铭铭并没有说明民间民众为什么会信奉这种权威，是他的灵异性抑或是政治权力在实际发生作用。

以上学者研究取向的一个共同特征是，基本上把民间信仰与上层意识形态的支配性联系起来加以考察，或者把民间权威结构的形成聚焦于对社区精英人物及其支配作用的分析上，而没有把注意力投向普通百姓生活史中体现出的感性习俗对其宗教行为产生的影响。①这种观念很可能是受到近代西方启蒙运动思潮的影响。在西方现代性的思维框架中，"地方"（place）与"空间"（space）有根本性的差异，"地方"往往是与特殊的文化、传统、习俗等因素联系在一起的，而"空间"则被赋予了现代普遍主义的特征，并暗喻其具有人类普遍特质的表述意义。这种启蒙式的表述总是置"空间"于"地方"之上，"空间"成为各种类型的宇宙观传播的工具和容器。当今在我们仅仅拥有关于"地方"知识的时候，似乎必须还要考虑它和普遍性知识的关系及其可能表述的意义，而且其重要性远在对"地方性知识"的认识之上。康德就曾经认为：普遍性知识必须超越于地方性知识，因为没有普遍性知识，全部被获取的知识只能是些碎片般的经历而不是科学。②在这种观念支配下，一些学者往往喜欢把"宇宙观"等上层阶级形成的认知世界的图式作为了解和评价民众信仰的参照，而没有把民众自身在地方社会中形成的对生活的认知和感觉当作相对独立的结构来加以看待，这样

---

① 似乎只有个别人如威勒（Robert Weller）注意到一般民众对仪式采取的态度与道士和士绅不同：民众的解释偏向实用主义；道士偏向意识形态和宇宙观；士绅多持复杂的理性原则。参见《象征与社会——中国民间文化的探讨》，第107页。
② Steven Feld and Keith H. Basso, *Senses of Place*, School of American Research Press, 1996, p.16.

就大大削弱了我们对民众真实生活的认知程度。

关于对民众感性方式的研究,威廉斯曾提出过一个解释框架,根据雷蒙·威廉斯(Raymond Williams)的意思,整个生活中复杂的一般组织,只有全面经由真正的"生活经验",才有可能被知道,因为它是一种"感觉结构",它是"在特殊地点和时间之中,一种生活特质的感觉,一种特殊活动的感觉方法"结合成为"思考和生活的方式"。威廉斯强调,"感觉结构"必须和"世界观"或"意识形态"有所区别,因它不是限于"形式地拥有的系统信仰",它还包括了"冲动、限制和越调等表示特征的元素,特别是意识和关系的情感性元素;它不是与思想相对立的感觉,而是感觉般的思想,思想般的感觉,是一种现存的实质意识"。[①]威廉斯强调的是,民间的感觉不是意识形态的表述或可以用精英思想概括成叫"信仰"的那种东西,而是一种自主性的结构。布迪厄(Prerre Bourdieu)则解释说,社会空间的构造方式,乃是占有相似或附近位置的作用者,会被放置在相似的状况与限制条件下,并因此很可能有相似的习性与利益,从而产生相似的实践,占有一位置所需的习性,暗含了对于这个位置的适应。[②]

具体到中国研究中,地方感觉结构不应仅从"帝国的隐喻"或与上层意识沟通的程度这一单面角度加以理解,或仅仅把宗教信仰理解为民间权力的政治表达方式,而是基层民间民众日常生活的具体而细腻的感觉。比如陈春声在描述岭南地区宗教习俗时,就着眼于普通

---

① [美]艾兰·普瑞德:《结构历程和地方:地方感和感觉结构的形成过程》,载夏铸九、王志弘编译:《空间的文化形式与社会理论读本》,增订再版,明文书局1994年版,第82~91页。
② [法]布迪厄:《社会空间与象征权力》,同上书,第82~91页。

民众崇拜中的所谓"份"的感觉，这种感觉既不是官方意识形态所能涵盖，也不是民间权威的力量所能支配，而仅仅是民众在日常生活中积累起来的判断周遭事物边界的一种方法，对这种细致入微的感觉形态的把握，可能会更贴近我们对基层民间社会风习状态的认识。[①]

本文拟从华北民间宗教"四大门"崇奉体系和组织方式入手，首先揭示"四大门"信奉者的崇奉程序如何迥异于上层知识分类所给予的制度性安排，从而避免过多地依附于建立在上层知识类别分析基础上的民间宗教评价框架，而更多地揭示民众如何在日常生活的感觉中去理解神祇的效力；其次，尽量从信奉者的主体角度出发去理解其崇奉的理由与社会秩序之间的张力关系；第三，"四大门"在北京城内和郊区呈现出不同的活动形态，其原因与城区现代化控制的强度有关，也与西方医疗体系的渗透对城乡影响所采取的不同策略和方式有关。本文将重点辨析城乡现代制度变革所导致的地方感变化幅度与节奏的不同特点，以便确切估计现代化所造成的城乡差异在多大程度上影响了"四大门"的生存状态。

二、"四大门"宗教秩序的非身份化特征

"四大门"信仰的地域分布及其功能差异

"四大门"是四种动物的总称，即：（1）狐狸；（2）黄鼠

---

① 陈春声：《信仰空间与社区历史的以樟林之神庙系统为例》，《清史研究》1999年第2期。

狼;(3)刺猬;(4)长虫。"四大门"又称"四大家",是北京近郊乡民中很重要的一种信仰。如《顺义县志》中称民间"黄鼠、刺猬、长虫(蛇)、狐仙、白兔,随处皆供奉之"①。华北地区民众也多有信仰狐仙者,如保定地区"唯对狐仙信仰甚深,家家供奉,并敬书'天下财源主,七十二口仙'类似联语之纸条粘贴之。遇有小疾病,即云闹老仙"②。据说,老北京的一些居民家中都供奉着"狐仙",除享受主人的烟火食物外,它们都由城东门的"狐官"管辖。③有的学者则认为,"四大门"信仰不只限于北京或华北地区,因为"河北只通称胡三太爷、黄二太爷,在东北旧小庙里供养着神位,更有胡万成、成一、成斗、黄玉禧、成明、柳向恩等名字,分别得很仔细"④。周作人把"四大门"看作是在西伯利亚朝鲜半岛等很有势力的萨玛教的支流。⑤按照乡民感觉结构加以划分,"四大门"又可分为"俗凡"与"神圣"两种。属于俗凡类的

---

① 丁世良、赵放:《中国地方志民俗资料汇编,华北卷》,书目文献出版社1989年版,第22页。
② 同上书,第315页。
③ 《中国文化象征词典》,湖南文艺出版社1990年版,第122~123页。
④ 周作人:《知堂集外文·(亦报)随笔》,岳麓书社1988年版,第483页。
⑤ 同上书,第483页。关于"四大门"与"萨满教"的关系,目前存在着争论,李慰祖通过对与"四大门"相关的神话和仪式的描述及分析,确认了"四大门"信仰属于"萨满教"属性的体系。而一般民俗学界,在涉及"四大门"或类似的民间信仰时,则往往采取了"自然崇拜"中"动物崇拜"的解释,或将其视为原始宗教及原始时代之信仰的"遗留"。但有的学者认为,"四大门"与"萨满教"在某些仪式与信仰方面有相似之处,在满族及达斡尔族等少数民族的萨满教文化里,可能渗进了类似"四大门"信仰的一些因素,但"四大门"及其相关的民间信仰形态却有自身的流脉传承和渊源关系,具有"萨满教"难以解释的独特性,如果把"四大门"信仰理解为是在汉人地域社会之民众生活里的"民俗宗教"的形态之一,似乎史为恰当。参见周星:《四大门:北方民众生活里的几种灵异动物》,北京大学社会学人类学研究所工作论文,2000年。

"四大门",在乡民的眼中与其他动物没有什么区别,而属于神圣类别的"四大门"就会成为人们崇拜的对象,在乡民感觉区分的视野里:"四大门"凡俗与神圣之分分别表现出两种形态,他们往往作出以下描述以示区分,如:

胡门(胡、狐谐音):俗凡的狐狸遇到人,便会逃避,跑起路来是乱窜的。神圣的狐狸两眼放光,走起路来安然稳步,见人并不逃避。

黄门(黄鼠狼):一般俗凡的黄鼠狼很怕见人,白天往往隐藏不出。神圣的黄鼠狼眼睛发红,安然稳步,在路上遇见人便站住,将前爪拱起。

白门(刺猬):一般凡俗的刺猬灰白色,其他特征很少,神圣刺猬两眼发红,腹下有一寸余长的白毛,刺的尖端有豆状的颗粒,毛色时常改变,看上去本来是白色的,忽然变成灰色,一会儿又变成黑色,走起路来也是安然稳步。

柳门(长虫,又称常门,长、常谐音):一般的蛇类不能变化,而神圣的长虫变化莫测,能大能小,看上去不过三五寸长,筷子粗细,一时之间便能长到两三丈,有缸口粗细,头上有"冠子"(凸起物)的往往是神圣的。身上发出金黄色光泽的长虫更是神圣的表现。此外神圣的长虫静止的时候,总是盘做一团,将头昂起,叫作"打坐"。

京郊乡民将这四种神圣动物都加上了人的姓氏,如称狐为"胡门",称黄鼠浪为"黄门",称刺谓为"白门",称长虫为"柳门"或者是"常",总称为"胡黄白柳"四大门。"四大门"要想从凡俗跃级到神圣的位置,需要经过一番修炼的功夫。修炼到相当程度,便可以"聚则成彼""败则成气"。据当时研究者采择乡民观念后经过加工的描述,其"精气"即魂经过修炼之后,便可以脱离躯壳进入人体。进入的途径是从七孔和阴部,进入人体后,这个人周身就会出现反常的举动,如哭闹、胡言乱语及跑跳之类的现象。经过耗损精力,"四大门"就可对其加以控制,民间称之为"拿法"。"四大门"的精气进入人体中,就如同气的运行一样,所过之处往往会呈现出特色。如果妇女两腋之下出现突起的块状物,显得非常绵软,那就是精气所在,若是将此处弄破,精气就会立刻消失,该"门"的修炼也就会成为泡影。

当然,"四大门"纯用"拿法"的方式,还不能名列仙班,成其正果,因为还没有积累起功德,所以又有"撒灾"的说法。所谓"灾"指的是一些流行病,将"灾"(流行病)撒出去之后,"四大门"再依靠香头的力量来治病,将病治好便算是积了功德了。但撒灾有两个条件:第一,每个家庭中至多有一个人得病;第二,病者未病之前,已经出现了生病的迹象,撒灾仅仅是助其生病而已,所以治病可以作为造成功德的方法。①

"香头"在"四大门"的授意下给人看病,可分为两种情况:一种是所谓"瞧香",就是将香点燃后,用眼直看高香火焰,在受到仙家灵机指示的情况下,可以说出病情,但是仙家并不附在体上,香头的头脑仍可以保持清醒状态。另一种是"顶香",在"香头"将香引着后,仙家下神附在香头的身体上"借位说话",当时"香头"心中感觉糊涂,前一种称为"明白差",后一种称为"糊涂差"。又有的地区在"四大门"之外加了一个"鼠门",所以也有"五大门"之称。俞樾曾描写过天津"香头"的"顶香"情

---

① 李慰祖:《四大门》,燕京大学法学院社会学系学士毕业论文,1941年。

形，其中说："天津有所谓姑娘子者，女巫也。乡间妇女有病，辄使治之。巫至，炷香于炉，口不知何语，遂称神降其身，是谓顶神。所顶之神，有曰白老太太者，猬也；有曰黄少奶奶者，鼠狼也；有曰胡姑娘者，狐也；又有蛇、鼠二物。津人合而称之为五家之神。"①《清稗类抄·巫顶神》条中也说道："俄而所顶之神下降，或称白老太太，或称黄少奶奶，或谓胡七姑姑，所立名称，大抵妇女为多，故妇人易被蛊惑。至叩以神为何许人，则曰白者刺猬，黄者鼬鼠，胡者狐狸，更有柳氏者，蛇也；灰氏者，鼠也。京津人呼为五大家。"②

在北京地区，城郊与乡间的"四大门"崇拜表现形式微有差异，城郊的形式较为多样，一般会在较热闹的地方开坛或直接设在庙里，或者在家设坛。例如民国年间有一次北城某处开坛，吸引要叩问病情的信士纷纷前来。顶香人焚香叩拜后，端坐龛旁，然后由到坛的人，焚香上供，有病愈前来还愿的，便由顶香人勉励嘉奖几句，再指示一些养病的方法，意思是做给旁人看，求神是要还愿的。有病前来求治，如是内症，当时顶香人就给几包炉药（香灰），简单说几句病症原因，标准句式不外是什么"上火下寒，停食着凉"，或"某日冲撞某神，不虔心拜求，便能成为重病"，说完并大声喝问："是这样不是？你仔细想想？"有的大仙特别嘉许，也会另赐几粒丸药，得到的病家会面露感激表情，顶香人则会面显得意之色。丸药的赐给方式，有的从香案上取付，有的由顶香人祝祷，从香火中抓取，有的从所供佛像袖中蹦出。③

---

① ［清］俞樾：《右台仙馆笔记》，上海古籍出版社1986年版，第336页。
② 徐珂：《清稗类钞》第10册，中华书局1986年版，第4560页。
③ 金受申：《北京通》，大众文艺出版社1999年版，第613页。

病人如果得的是外症，如生疮或是筋骨病，便会被安排留在最后医治。施治方法有二：一是用熬热的香油，顶香人用手蘸油，涂抹患处；二是把烧酒点着，用手抓火带酒，涂揉患处，也有在酒内加花椒、茴香、盐粒的，有时竟能减轻病情，起到杀菌活血舒筋的作用。还有的顶香巫人，家中并不设坛，只称顶某仙爷仙姑，到人家治病，名为"分坛"，又称"仙差"，又称"奉命行道"。有的香坛，并无巫人，只有庙祝，叩问人直接求神，问事只求默佑，问病只求炉药，如德胜门外的大仙爷平日问事问病的人就已不少，朔望烧平安香还心愿的也是络绎不绝。大规模的香坛如安定门外的马神庙三八开坛，有签有药，除问病问事还愿的人以外，还有不少皈依的信士，手执念珠，按日前往虔拜。①

而北京附近乡间顶香或瞧香的行为则多在家中进行。李景汉在定县所做调查发现大仙降神多在夜间，请仙的人必须把预备好的屋子遮得严密，不许点灯，还要在炕桌上供些熟鸡蛋和烧酒。等香头来了后，先要烧香沾仙，她坐在炕沿的桌旁，给大仙留着炕里正座。忽然大叫，说是大仙来了，家人忙叩头，请大仙饮酒，吃鸡蛋，也能听见吃喝的声音。然后妇人请问大仙说："这人得的是什么病？"于是就听到大仙似说似唱地答道："这个人得的是××病。"这样一问一答持续好久，所有得病的原因、治疗方法和几种简单的药品，都说清楚了，那声音极细弱，好像女子。有时大仙还用一双毛烘烘的小手，替病人按摩。②周作人认为，"四大门"的看病方法源于满人对萨玛教的吸收，祭堂子成为满人官定的仪式，

---

① 金受申：《北京通》，第613页。
② 李景汉：《定县社会概况调查》，中国人民大学出版社1986年版，第398页。

《清会典》中很威严的所谓赞祀女官，实际则是跳神的女巫，俗称为撒麻太太。到了汉人中间叫作瞧香的，是道婆的作风，只是"顶"神说话，不那么跳了。①可见在汉人中间，"瞧香"应主要是一种民间行为。

从"四大门"与香头的个人关系而言，香头基本上是各"门"的替身和代言人，而"四大门"的各类灵异动物很少现身。如城郊内顶蛇仙的巫人就往往虚设龛位，并不见蛇仙的本形，而有时蛇仙也会在龛中现出法身。据当时人记载，西城羽教寺所供潭柘寺的二青爷，系用梗木神龛，前罩玻璃，龛内设小床，床上铺有黄缎被褥，二青爷即隐身其中，有时从被中露出头来，四处观望。龛前香案上除陈列供品外，还罗列许多水瓶，求仙水的人可以自携空瓶，取走若干。水瓶中的水，由助善人随时续添。据说二青爷已有几千年道行，按道理说应不食人间烟火，但夜间仍须由助善人供奉鸡卵。普通巫人所供奉蛇仙，也以大青爷相称，顶奉的人，可以附体后降下灵语。有一位巫人素顶蛇仙，据他说：凡有人问事问病，就会不自主地答出，但音声并不改变，只需随意答出，即是"仙语"，并须由旁人立即记录，过后便不能重述。问病的就当时答出药方，有的因为素习几个汤头歌，可以开出皮松肉紧的药方来，有的根本不识字，也能随口说出药方来，就使人觉得莫明其妙。著名民俗学家金受申曾回忆说他对门住着一位郭老太太，就是如此作法的。有人请她看病时，或化病时必须由她和问病人虔诚跪祷，如仙不下降，即回绝病人不予施治。②

---

① 周作人：《知堂集外文·(亦报)随笔》，第483页。
② 金受申：《北京通》，第616~617页。

从功能意义上说，"四大门"发挥法力的能量是有区别的，比如黄白两门中，黄门并无大的法力。据说黄门在乡间，能力只是偷吃偷喝，凡有人家婚丧红白事，厨房灶上，必有预防黄门作闹的方法，如切肉的，必用刀在菜墩旁边，时时虚砍，掌杓的人，必用铁杓在锅边，时时虚敲，原因便是黄鼠狼能隐形偷吃。而乡间认为白门猬就是财神爷，但又不供祀实物的刺猬，只是对虚设的财神洞叩拜而已。乡间和城郊不同，只在篱内篱外净地，建一小房，高及二尺，面宽约三尺，进深约二尺，前有小门，叫"财神洞"，每天晨昏三叩首，早晚一炉香，朔望摆上些简单的供品，如白酒、鸡蛋、花生之类。北京曾有谚语，凡是认为某人吝啬不肯破钞的，便说"不是财神爷，是草刺猬"，或简单说"某人是草刺猬"，可见刺猬是财神的象征。对于"四大门"的行事特征，金受申曾总结说：除长门时现法身，黄门幺魔小道，白门不登大雅之堂外，都是不言不语，没有大吹大擂的，这也许是北京之所以为北京罢了。①

以上粗略叙述"四大门"的成仙类别和顶香过程。可以看出，"四大门"从凡俗向仙班的过渡，与乡民的身体感觉直接相关；与此同时，乡民对"四大门"的信奉程度也往往与其对切身问题如疾病的治疗密切联系在一起。因此，我们理解乡民的信仰应首先从"身体"而不是"精神"层面切入加以分析。

家庭坛仙的空间安排与身份制的解构

"四大门"作为民间信仰的一种形式，在华北地区拥有许多信

---

① 李景汉：《定县社会概况调查》，第616页。

众。但我们如果深入其组织和信仰中，就会发现，其表现内涵与比较程式化的宗教形式如道教和佛教有相当大的区别，它没有形成精英和系统知识意义上的"宇宙观"，普通乡民基本上是靠生活需求所培养和指示出的一种直观感觉来选择崇拜对象，其对崇拜对象的分类也属于一种相当感觉化的分类。比如平郊村乡民就有意将偶像的职责按照其在生活中有能发挥的作用进行职能分类，使其各有所司。在家中供娘娘的，在婴儿降生洗三的那天，必须要烧香摆供，祈祷娘娘佑福婴儿长生康健；供奉张仙的，大多是因为家中无子，因为民间俗传张仙是"打出天狗去，引进贵子来"；供奉菩萨的，只是为求保佑家中平安快乐，无灾无病，此外没有特殊的要求。①

"四大门"对乡民生活秩序的影响还表现在各家乡民对崇奉偶像位置的种种安排上。北京二三十年代郊区农民家中都摆有佛龛，而"四大门"的住所则要在院中专门盖上一间小房子，有的造价甚至要高于人住的瓦房，一般称之为"财神楼"。据当时的调查，乡民对在屋内所供奉佛龛的重视程度，与屋中所盖的财神楼相比，大不相同。调查者看到的佛龛多半是尘垢遍布，蛛网纵横，有的农家将佛龛似乎仅仅当作一个陈列日用物品的架子，将许多小孩玩具、手工作品、私人相片等等都放在上面，看上去好像是一个杂货摊。佛龛前面的桌子上更是放杂物的地方，小孩爬到桌上，也不会引起长辈的斥骂。②

乡民对财神楼的态度却完全不一样。平常人若是走近财神楼，便会引起他们的怀疑，会受到监视，因为乡民认为接触财神楼很容

---

① 陈永龄：《平郊村的庙宇宗教》，燕京大学社会学系毕业论文，1946年，第8~9页。
② 李慰祖：《四大门》，第134~135页。

易冲撞财神爷，对农家不利。调查人当时与一个叫黄则岑的农民已相当熟识，但是每逢李慰祖走近黄氏房子西边的财神楼的时候，总会受到有意无意地监视。同样，黄氏在他家财神楼旁栽葱的时节，李慰祖一边同他说话一边观察他家的财神楼的构造时，他便立刻请作者到他家中去坐。他的意思好像是"并不希望你到屋中去坐，而是希望你离开财神远一点"。京郊农民对财神楼是否坚固也非常在意，在每年春季修理房屋的时候，凡是用泥土修的财神楼都要用泥抹一次，以防雨水将其渗透。①

从空间安排的角度而言，除财神楼外，乡民家中所设"香坛"中的塑像可以分成三类即"佛""神"和"仙"。先说佛像，"佛"在乡民眼中并无精英头脑中那样的严格分类，其形象包容很广。按照海淀碓房居六号刘香头的意见，"佛像"应该包括佛教、道教中所有"神""佛""菩萨"等等，因为她认为自己所提供的几位佛的佛法广大，能够普度众生，与普通香头所供的"神""仙"完全不同。刘香头"香坛"中，供着三个大佛龛，正中一个是"玉皇大帝"，身穿鹅黄色龙袍，头戴"平天冠"，手持牙笏，三绺黑须；右边龛中供的是观世音菩萨，手执甘露净瓶旁有"善财童子"和"龙女"；左边龛中供的是"药王爷"，九梁道巾，鹅黄鹤氅，三绺黑须，手执拂尘。

需要说明的是，刘香头这样对塑像的空间安排在乡民中并不普遍。如在成府曹香头的香坛中，"佛"的塑像不供在正中而供在两旁，因为正中所供的"四大门"就地位来讲当然不能与"佛"相提并论，但是四大门是该坛"主坛"之神，也就是该坛的开创者，所

---

① 李慰祖：《四大门》，第134~135页。

以要供在正中。"佛"在该坛的位置只属于客座的关系，他们往往在设坛之后方才驾临，并且不是常住该坛，来去无常，所以只得屈身在下席。来求香的人都向"香坛"上首叩头，因为"佛"平日很少下坛，还有的佛从不下坛，所以不供在上首。

曹香头向坛中左壁供有两个龛，上首是"三清""玉清"，都是作道家的装束，下首供的是一个木质的"弥勒佛"。曹香头告诉作者说："这位老神仙请不下来！"在坛右壁龛中供着一张"济公"的相片，有四寸大小的一张半身相片，头戴无檐毡帽，瞪目露齿，作微笑样子。①

曹香头显然没有按精英知识的要求对佛身份的尊崇分类加以特殊安排，而是混杂了诸多的偶像，对"佛"及神像的安置不是按照宗教学意义来加以分类的，而是按照"佛"的灵验程度即是否能请下来进行安排，然后根据"佛"的灵验与自身具体生活的关联程度来解释选择崇拜的对象。从这个意义上说，乡民对"香坛"设置的空间安排，很难是一种"帝国的隐喻"或政治秩序观念的某种表达，而是一种地方感觉结构塑造的结果。

在对神的尊崇态度上，更可以看出乡民的感觉对选择崇拜那类"神"的影响。按照乡民的观念，"神"的地位一般比"佛"的地位低，但是在"坛口"上，"神"的神通比"佛"的力量大得多。"神"不但有伟大超自然的法力，而且有力量来命令"四大门"，因为"四大门"是"神"的当差的。但在空间安排上，"神"的位置却未必比"四大门"要高，如在曹香头的"坛口"上，"天仙圣母"（又称碧霞元君）的龛是在"四大门"的下首，因为这位娘娘

---

① 李慰祖：《四大门》，第132~133页。

不是该坛的主神,尽管碧霞元君在北宋就受到了册封。①京郊各坛口供奉较多的"神"是王奶奶,据当时的调查,王奶奶共有三位。据调查引证西直门外大柳树村关香头下"王奶奶"神的时候,这位王奶奶对自己的出身有段自述:

"王奶奶不是一个,有东山丫髻山'王奶奶'。有西山天台山'王奶奶',我是东山王奶奶,原本是京东香河县后屯村的人,娘家姓汪,西山'王奶奶'跟我是同村的人,娘家姓李,我们并不是一个人。天津称'王奶奶'作'王三奶奶',现住妙峰山,那又是另外一个人,她并没有弟子,也并不降神瞧香。我本来是七世为人身,在第八世成了道。在成道的那一世的人身,夫家姓王,娘家姓汪,我们'当家的'(即其丈夫)磨豆腐卖,我们吃豆腐渣,在夏天去野地里挖刺菜(一种野菜,叶如柳叶状,一个茎上结一朵花,作浅玫瑰色)放在大缸里酸起来,就着豆腐渣吃,很是苦楚,现在的'窝窝头'那真是'玉宴'了。后来我们当家的死了,剩下我和一个傻儿子,更是困苦!有一年丫髻山盖铁瓦殿,我给山上背铁瓦,每一块'背钱'(即工资)才'四儿钱'(即四个制钱),背一天,够个吃饱的就是了。赶到铁瓦殿盖好,我进去看看,哪知道我成道的时辰到了,就'坐化'(由肉体坐在殿中成了正果),在殿里,即是丫髻山铁瓦殿中坐化的肉体'王奶奶'。"②

从"王奶奶"的这段自述透露出的消息中可看到,王奶奶坐化之前只是出身贫寒的一介平民,后来也不曾受到官府的册封,也

---

① 赵世瑜:《国家正祀与民间信仰的互动——以明清京师的"顶"与东岳庙为个案》,载杨念群主编:《空间·记忆·社会转型——"新社会史"研究论文精选集》,上海人民出版社2001年版。
② 李慰祖:《四大门》,第81~86页。

就是说在官方钦定的"神谱"中没有其身份和位置,这和另外一位"娘娘"——碧霞仙君所受到的待遇很不一样,但却在普通乡民中拥有普遍的信仰。"王奶奶"的平民化特征还表现在下神时要抽"关东烟"。

在槐树街李香头的坛口上,专门为"王奶奶"预备了一份烟袋,那烟袋是菠菜绿的翡翠烟嘴,虎皮乌的烟杆,白铜烟锅,青缎烟荷包,供在龛的旁边,专等"王奶奶"下神时吸用。"王奶奶"下神吸烟,往往烟不离口,并且要喝小叶茶(较好的香片茶),喝完一碗,跟着又喝,有时喝得很多,有时还要饮酒,但是不用茶品佐酒。王奶奶抽烟喝酒的行为其实更易使乡民接近"神"所营造的氛围,使"下神"成为日常生活感觉的一个组成部分,而不是遥不可及的偶像崇拜。京郊另外一位神是通县南门外二十八里的李二寺中的主神,名字就叫"李二",他本是一个挑水夫,后来成了道,后人为他修了一座庙,他的塑像仍然是挑水夫的打扮。

京郊流行的有关王奶奶来历的传说却颇有不同,平郊村的村民认为王奶奶是光绪初年京东三河县一带的人,生前十分贫苦,为人佣工度日,至于打的什么工,却无人能详。王奶奶心地善良,时常扶弱济贫,后来成为香头,顶四大仙门为人治病,常常是每治必愈,无不灵验,从此声名大噪。后来赴妙香山进香,遇到灵异事情,不久即在妙峰山坐化,成为肉胎仙人,各处争相塑像供奉。据乡民看来,王奶奶的法力似乎较四大仙门稍高一等,因为她是以人的肉身修炼成仙,而四大门则是以动物的形式修炼成仙,所以王奶奶的威力应较四大门为高。[①]这段有关王奶奶来历的叙述和西直门

---

① 陈永龄:《平郊村的庙宇宗教》,第16~18页。

一带传说有所出入的地方在于，王奶奶本是役使四大门的神人，而此段传说却认定王奶奶曾有一段时间顶四大门看病，是受的四大门的驱使，然后才碰到机会坐化，反过来其法力才超过四大门的。

当然，这些"神"受到崇信的原因是他们可以直接驱动"四大门"，几乎是立竿见影地解决现实中的若干棘手问题，而不像一些官封的"神"如碧霞仙君一般在朝顶店会前后才显灵，在时间上无法满足乡民的即时性需要。

在乡民的"神谱"中，具有成神资格的必须是人，人由于修善果，或是修炼成道，便转成了"神"。"四大门"修善果，或是转炼成道，便成了仙。表面上看，"神"与"仙"的价值不可同日而语，"四大门"永远没有希望修炼成"神"。一个人生下来，自然就有五百年的道行，所以"四大门"要修炼五百年后才能脱去畜性，成为一个凡人，而且神仙过一年等于世间的十年，"四大门"如要蜕变为人形是很不容易的。

"四大门"虽与"神谱"无缘，但在塑像上却是人的面目出现，而且也有性别之分。男性的"仙"是被尊称作"老爷子"的，每一个香坛中的各位"老爷子"（普通是两位到五位），塑像时都要合塑在一张纸上，虽然合塑在一起，他们并不一定同属于"四大门"中的某一门。在成府曹香头"坛口"上有"白门"五位"老爷子"的塑像，这张塑像分两部分，下半部分是第一层殿，上首坐定"大老爷子"，穿清代朝服，朝帽朝靴，颜面呈渥赭色，面部有皱纹白须；下首坐定"二老爷子"，容貌服装与"大老爷子"相同。上半部分是"第二层殿"，"三老爷子"坐定正中，三绺白须；左肩后坐定"四老爷子"，八字黑须；右肩后坐定"五老爷子"，年纪很轻，无须。在成府刚秉庙李香头坛口上五位"白门"老爷子没有多少区别，来历却大不相同。据李香头说，这张塑像上的五位"老爷子"全不是同门。"大老爷子"是"胡门"（狐狸），"二老爷子"是柳门（长虫），又称"常门"，"三老爷子"是"白门"，"四老爷子"是"黄门"（黄鼠狼），"五老爷子"是"灰门"（鼠）[①]。

乡民信仰塑在纸上的"四大门"是有其现实缘由和自己的标准的，他们会主动把纸塑"四大门"与一般的财神纸马区别开来。平郊村一位侯姓妇女就认为纸绘的财神像毫无用处，仅仅靠一张纸，怎么可能对人发生作用？可是"四大门"作为财神爷却因灵验而得到信仰，同村之中豆腐房掌柜黄则岑和其妻子就表示极不信仰纸上所绘的神仙，但是对于"四大门"财神爷是绝对地尊崇，"四大门"坛仙在民间受到尊崇最重要的原因不在于它在"神谱"中是否具有多么高的位置，或是否得到了很高的修行身份，而是取决于它在乡民的实际生活中起作用的程度，或者说是在多大程度上影响了乡民的日常生活状态。"四大门"坛仙的许多神异功能往往直接满足了这种需要，坛仙职务的分工十分细密，比如老公坟王香头坛口上的仙家是三位"胡门"的老爷子，大老爷子负责治病，指示农家修财神楼；二老爷子守坛配药；三老爷子轻易不下坛，主算卦问事的责任。在仓营村开香头的坛口上，仙家有更细密的分工，该坛共有118位老神仙，必要时还可以从别的"坛口"上请其他的仙家，这一百多位仙家各自分任一小部分职务。在治病方面又分出内外两科，例如治疙瘩的是一位仙家，治眼睛的又是另一位仙家。此外，

[①] 李慰祖：《四大门》，第81~86页。

对于安楼（修财神楼）、指示疑难、求寿等等均有专仙负责。①

关于"四大门"与其他偶像崇拜的关系，按一般意义上的宗教社会学的划分，"四大门"应该属于经验性的早期不健全和粗糙的形式，它们由随意的经验所组成②，缺少精英宗教的庄重仪式和身份。因此，人们想象当一些制度性宗教如佛、道等日臻成熟以后，这样的经验性宗教自然要屈从于后者的支配。然而事实可能恰恰相反，在一般乡民的眼中，比较正规庙宇中那些泥胎塑像之所以有显灵的能力，并不是由于它们自身的神性所能达致，而是作为低一级仙家的"四大门"把自己的力量加之于上，借着泥胎的招牌来显示神通，或借着庙神的名义"摧赶香火"。按照乡民的经验，平常在一个社区中，同时有几个"关帝庙"，其中只有一个香火兴盛，其余的都无声无息。据此判断，兴盛的庙宇是"四大门"借着"关帝"的名义来摧香火。

在调查中，一位乡民曾经说过，普天之下的"关帝"只有一个，怎么可能分身住在各个庙里面？所以求庙中"关帝"泥像当然是无效的，即使"关帝"常住在一个庙内，也绝不会给人治病。当年曹操以金银相赠，"关帝"还不接受，一般百姓只是草木之人，更不会引起"关帝"的注意了，何况到庙中去的信男信女们多一半是问病求财，投机企业，求神保护。"关帝"以正直不阿的品格若能对此类问题发生兴趣，岂不是笑话？"关帝"如此，其他天神也是一样。③这段乡民的朴素表述倒是提示出了一些问题，促使我们

---

① 李慰祖：《四大门》，第34页。
② ［法］涂尔干：《宗教生活的基本形式》，芮学明等译，台北桂冠图书公司，1992年版。
③ 李慰祖：《四大门》，第41~44页。

对以往的一些理论提出质疑。

以往人们普遍引用的武雅士的理论认为，对于中国民间社会而言，神、鬼、祖先三种超自然形象是分别按照官方、陌生人和亲属这三种人群的基本社会分类为模式进行塑造的，但就普通乡民与"四大门"的关系而言，佛、神、仙的关系更主要的是按照其对社区日常生活干预和支配的能力来划分其重要性的，这又取决于乡民的地方感觉的判断。比如在乡人的眼里，祖先的地位是最不重要的，在平郊村，"供祖"的现象就极不普遍。据当时的调查，只有于家和杨家两家举行过祭祖仪式，而且这两个祭祖的人家，一个是村中的书香门第，另一个是村中的首户，其他农家都没有发生过祭祖的举动。①据韩光远对平郊村一家姓赵的农户所进行的调查发现，赵家对于祖先观念并不重视，自他们搬到平郊村来以后的140年间，从未曾设置过祖先牌位或图表，平常年节也不给祖先烧香或叩头。②据一种分析，祭祖发生在书香之家，原因是祖先崇拜更接近儒家思想，而普通乡民更关心日常生活中雨雪风旱等自然条件对他们的切身影响。祖先的作用是保护家庭平安，而从事工商业的人却都更关注财源是否茂盛这种实际问题。在这些方面，"四大门"比祖先乃至神佛崇拜发生的效力更加直接，人们通常认为很重要的佛像应具有普遍意义的神祇在社区中并不起作用，而仅是在表面意义上与其他社区达成共享信仰的一种符号而已，只有经过"四大门"攒火之后才能发生效力。在乡民的眼中，对"四大门"既充满邪气，又多有应验，心里边常常表现出又敬又恨的情绪。

---

① 陈永龄：《平郊村的庙宇宗教》，第11页。
② 韩光远：《平郊村一个农家个案研究》，燕京大学社会学系毕业论文，第46页。

据韩光远的调查,在平郊村赵家的信仰里,财神爷有两种:一种是真正的财神,如关公、比干、文仲等;一种是作祟的财神,就是所谓"四大门"。一次赵家人对韩光远说:"'四大门'是神里头的小人,喜怒无常,不能得罪,得罪了他们的就是好人也得遭殃,不得罪他的,坏人也能发财,咱们最好别惹他们,免得倒霉。"①这与"善有善报,恶有恶报"的传统世俗观念似有相当距离。在其他地区,也存在类似"四大门"式的仙家,而且虽被视为"邪神",却仍被认为在日常生活中是必不可少的角色。如山西徐沟县农村中几乎家家都祭祀狐仙,祭祀多半在一间空房里进行,或是在一个僻静的地方,普通人家都是买一张神影贴在墙上来祭祀,也有用黄表叠一个纸牌位,上面写上"供奉大仙之牌位",贴起来供奉的。特别重要的是,狐仙的祭祀也是不让人看见的,一般都是在私下里进行,"因为狐仙不是一种正当的神,而是涉于邪怪的神,即所谓之淫祀"②。

乡民有关"关帝"的谈话更是颠覆了我们原先持有的观点。一些研究者如杜赞奇曾经认为,"关帝"正是从一个小型社区的功能神通过不断加封成为具有普遍威慑力的"神",而且官方通过阐释"关帝"的内涵把儒家忠孝的思想灌注进民间生活。③本文对"四大门"信仰的研究则证明,正是"四大门"的神力灌注进了"关帝"偶像之中,才诱发了其显灵的功能,与"四大门"一走,关帝反而无法显示灵异的威力相反,"关帝"后来被赋予的儒家特性由

---

① 韩光远:《平郊村一个农家个案研究》,第48页。
② 李有义:《山西徐沟县农村社会组织》,燕京大学社会学系论文,1936年,第156页。
③ Prasenjit Duara, "Superscribing Symbols: The Myth of Guandi, Chinese God of War," *The Journal of Astudies 47*, no.4(Nov., 1988).

于对于乡民来讲并不实用,反而成为其显灵的障碍,甚至显得有些迂腐。

被调查的乡民还提到平西八里庄有一座塔,忽然发生灵验,城内人前往求药的络绎不绝。但是过了一年光景,塔的灵验便烟消火灭,原来"四大门"已经离开了。所以北平留有一句老话叫:"八里庄的塔,先灵后不灵。"

与人类学家(王斯福、武雅士、刘铁梁、郭于华、王铭铭)强调民间权威作为官方国家意志和宇宙观的隐喻表达有所不同,本文认为,官方认同甚至刻意加以利用的符号如"关公""佛像"等等有可能为普通的乡民所利用,从而逆向性地成为民间塑造"地方感觉结构"的资源。前述各例中,京郊各家的神像及一些公共庙宇中的偶像显灵与否都受到"四大门"的驱动和操纵,否则无法发挥显灵的功用。也就是说,一般意义上的神祇,如在其他地方也应发挥神力的佛道诸神,在京郊区域内也会受地方感觉的支配。按照杨庆堃对"制度性宗教"和"分散性宗教"的划分标准,作为"分散性宗教"的"四大门"信仰恰恰利用了制度性宗教当作自己的门面,如前述香头坛口上曾同时悬有"三清"(道家),"弥勒佛"(佛家)之像,这也是普通乡民的选择。因此,我们远远不能低估具有地方特色的民间信仰在塑造地方意识和感觉方面所起的独立作用,而不要仅仅把它们理解为官方宗教的表达方式。

三、庙神的定期崇拜与"四大门"的喧宾夺主现象

北京城郊的村民对于自己所崇拜庙神的看法,大多受到其功

能作用大小的影响，而很少受其在庙中所处位置的影响。比如平郊村延年寺的庙神在村民心中就会按其发生作用和效力的大小进行排列，如下图所示：

观音

眼光　天仙娘娘　子孙

真武帝

普贤　玄坛　关公　文殊

弥勒佛

药王

灵官　二郎　韦驮　十八罗汉　四大金刚　李天王　山神

天罡　周公　鸡公　善才　痘哥　五方神　痘神　龙神　桃花女　河娘　魁

按此图所示，弥勒佛是大乘之佛，理应位于最高的位置，但因其与村民日常生活不发生密切关系，所以在村民的眼里地位仅列第五。文殊普贤本应与观音同列，然而村民虽表面上去同拜三位神人，实际上仅奉祀观音一神而已，所以在庙中文殊与普贤降到了与关公赵玄坛同列的地步。此外，村民重视各殿正神地位阶层的分化，而忽略旁边侍立诸神也存在地位阶层的分化。调查者曾议论说："所以地位愈下之神其分化亦愈小，甚而至于其功能与历史亦被湮没无闻，盖此等神已失去其应付村民生活中需求的功能了。"①

"四大门"的影响无疑经常弥漫渗透在乡民的四周，对他们的生活发生着特殊而又持续的影响。平常祭财神的日期一般都选在每月初一和十五两日，也有的乡民为区别于普通民众公共的拜神日期，往往会选择每月初二、十六两日祭祀。祭祀时在财神楼前设酒三杯，用火点燃后，焚香一股，然后叩头，再焚黄表钱粮等物。

"四大门"在日常生活中的地位远不止如此，在定期举行的庙神崇拜中，"四大门"也经常会抢夺走其他诸神的风头，而独享民众对它的膜拜。甚至那些完全信赖神佛的人，或是那些有半靠神佛半靠人力想法的人，从实际意义上来说大多都崇拜"四大门"，崇拜庙神变成了一种表面化的仪式，内容却是由"四大门"来确定的。比如离平郊村不远的东杨村七圣神祠，里面的正神是"关帝"，左右并列着山神、土地和龙王、财神，前面还有青苗神、药王、王奶奶及关平、周仓等。这个神祠因为没有庙产，平时都是关闭着的，仅仅在初一和十五日开门。可本村村民来此庙崇拜，却大多崇拜王奶奶，而很少有拜关帝的，平常称呼此庙为"王奶奶

---

① 陈永龄：《平郊村的庙宇宗教》，第105页

庙",而不是"七圣神祠"或"关帝庙"。由此可见,王奶奶在庙中扮演着的是喧宾夺主的角色。平郊村每逢初一和十五,都有一些乡民前来拜祭王奶奶,如张顺的母亲在这两天肯定会来给王奶奶烧香叩头,这是她许下的愿心,因为有一次华北发生大水灾,官方命令每村必须出壮丁劳力修堤抢险,经抽签手续,决定张顺前往。但张母只有这么一个儿子,救灾之事非常危险,所以极不放心,很想借故逃脱差役,可是官差不能拒绝,最后只得忍痛放行。张顺离开后,张母就到王奶奶庙跪了两支香,许愿如果王奶奶如保佑张顺平安返家,日后每逢初一和十五必前来烧香拜庙。以后张顺果然安全返回,据他说自己是在晚间赶回家的,半途迷路,正在彷徨之时,忽然前面出现一位穿着蓝布衫的老太太,自己便跟着她走,终于走到了自己的家门,可瞬息间,老太太已无影无踪。①

平郊村甚至有逐日给王奶奶烧香叩头者,村里人都知道有一位姓詹的妇女每天必来此庙二次,给王奶奶烧香叩头,风雨无阻,数年来如一日。之所以这样做是因为曾有四大门在她身上"拿法",逼她做香头,搞得她寝食不安,所以最终许下心愿,每日早晚来王奶奶庙烧两次香,表示自己的虔诚。每天这样做是她自己似乎觉得有一种力量,每天都推动自己前去烧香祭拜,回来才觉得平安,因而形成了一种习惯,并不以此为苦,如果因故有所间断,反而觉得心里烦躁。②

离平郊村约一里地的六眼口村有一个增福庵,它的空间结构是正殿一间内分三层台阶,主神也是关公,前有弥勒佛,旁边依次排

---

① 陈永龄:《平郊村的庙宇宗教》,第18页。
② 同上书,第17页。

列着龙王爷、马王爷、关平、周仓、判官和小鬼，偏台两旁坐着财神、阎君、青苗神及土地；第二层台阶上供有天仙、眼光、子孙三位娘娘；最高一层则是观音、文殊、普贤三位菩萨，旁边站着三位罗汉。与此殿西面相连，有一间小屋，里面供着王奶奶。来庵里烧香崇拜的人多集中在初一和十五两天，而王奶奶殿虽偏居一隅，却比正殿的香火为盛，因为当地乡民都相信王奶奶能治病，有病的村人大多愿意到此崇拜问病。

距平郊村约二里远的西杨村有一个永安观，从名字上观察应属于道家祭祀场所。第一层殿是关帝殿，供有关帝、周仓、关平、韦驮，两旁立着的是天官和土地；第二层殿是娘娘殿供奉天仙、子孙和眼光三位娘娘，眼光娘娘手里抱着一对眼睛，子孙娘娘手抱一个婴儿；第三层殿是大佛殿，上面供着释迦牟尼佛、文殊和普贤二菩萨，及吕祖、长春真君，两旁还供奉着当家道士的若干牌位。最值得注意的是，里面还有一个神龛，供奉着四大仙门的神位。在佛殿中供奉四大门神位，而没有另立空间分别祭祀，可以说是此殿的一个特色，可是这种安排却与普通乡民家中对神位的安排方法是相当一致的。

在空间安排上，各种庙神被当作法定的信仰系统被膜拜，这只是个表面的现象，而四大门在神祇系统中处于低位，在神庙的空间安排上也偏处一隅，却得到大多数村民的崇拜。如果站在村民的立场上观察，他们认为有的事情四大门较庙神更加灵验，而且更有力量，因为庙神是不大管日常生活中的小事情的，可四大门却能与村民的生活中任何一小部分都发生密切的关系。"四大门"往往仅是作为一种灵异动物出现而发挥作用的，由于它们常常能幻化为人形，而不仅仅是高居庙堂的神像，所以更与民众的日常感觉与生活行为密切相关。如河北大夫庄就流传着一个"蓝家坟"的故事，说的是北京的郎家胡同，村民们过去常把它叫作"狐仙街"。相传北京有个"狐仙街"，街上开药铺行医的全都是"狐仙"，但都显出人的模样。大夫庄曾有一人去了北京的"狐仙街"，结果有人托他捎信给"蓝家坟"。这人非常疑惑，心里想那"蓝家坟"不就是村外那处大土疙瘩？捎信给谁呢？那人告诉他，到坟地后，围绕第一棵杨树转三圈拍三下，就自会有人来接。他上前一试，眼前忽然出现了一处庄院，有人出门迎接，并很客气地请捎信者进院歇息。以后他就常去"蓝家坟"串门。大夫庄里有一个女人，胸口长疮后十分痛苦，到处治不好，这位捎信人忽然想起他去"蓝家坟"的时候，曾看见那里的墙上有张画像，画的是一位姑娘心口上扎着针。女人便向他求情，他答应了下来，一次串门时趁"蓝家坟"的人不注意，拔掉了那根针。结果治好了村里那女人的病，可"蓝家坟"的主人说，你把我家一桩婚事给毁了，以后你就不要再来了。从那以后，他再去"蓝家坟"就再也看不见那处庄院了。①

这则故事说明"四大门"的显灵行为其实就发生在民众的日常生活之中，而且民众与之发生关系的基础完全建立在实际效果是否应验之上，与神仙的伦理与道德属性没有太大的关系。如村民认为庙神总是善良的，他们只有帮助人兴盛幸福，却不对人作恶。但是四大门可以对人做善，同时也可以对人作恶，他们常常自动的找寻人作恶。另外他们也常是喜怒无常，忌讳极多，村民中的崇拜者，其畏惧的心似乎远胜过敬爱的心，所以许多村民都认为能不与之发

---

① 周星：《四大门——北方民众生活里的几种灵异动物》，北京大学社会学人类学研究所工作论文，2000年。

生关系最好,因为他们对人施加的影响,其善恶常是捉摸不定的。尽管如此,对"四大门"的崇拜仍是大多数乡民的第一选择,其原因即在于他有能力直接影响乡民的日常感觉和行为。

四、顶香看病的个体化特征与社会秩序的维系

"四大门"信仰作为京郊乡民日常生活的一个组成部分,其值得探究的意义不仅在于使我们能够破解对普通民众关于超自然力量的想象能力,和对宇宙观的认识程度,特别是这种认识程度与官方祭祀系统的对应和沟通的程度,更在于我们可以从中了解中国基层社会的内在秩序和运行法则。[①]"四大门"作为低于佛、神的幻化成人形的仙班动物,却在普通乡民的日常生活中发生着决定性的影响,它并不像庙宇或社区公奉神灵那样具有鲜明的仪式化的外貌特征,普通乡民也通过仪式化的程序或大型的祭祀活动形成自己的认同和崇拜意识,而是以相当分散的个体存在形式对乡民的生活发生着实际的影响。以往我们认为,对"佛""神"一级灵异对象的崇拜及其背后的权力运作关系对乡民的日常意识干预最大,不过从对"四大门"的研究观察,我注意到,呈个体分布的"香头"虽然在社区政治秩序中并非处于顶峰位置,但却在社区日常实践中更加直接地塑造着乡民的地方感觉结构。

"香头"在社区主要有两项功能即治疗疾病和协调社区纠纷,

---

① 郑振满、陈春声:《国家意识与民间文化的传承》,《开放时代》2001年10月号,第63页。

我们注意到，治疗疾病不是一种单独的行为，而是属于整体社区事务的一个组成部分，因为治疗技术的高低往往和"香主"的个人能力无关，而是取决于其"坛口"神力的大小，而各个坛口"老爷子"的神力较量左右着乡人对一些事务的判断，构成了地方感觉的氛围。据调查者说，"香头"自己承认不懂医术，并且毫无治病的能力，"香头"在不下神的时候，和普通人相比并无多少积极的力量。"香坛"的药品之所以能治病，是因为有仙家的力量起作用。老公坟王香头就曾说："咱们哪里懂医道呀！这全都是'大老爷子'的灵验！"王香头说她自己当的差是"糊涂差"，每逢下神的时候，凡事不由自己，当她下神打第一个呵欠的时候，心里明白，口中还能自由说话；打第二个呵欠的时候，心里明白，但是口中不能说话，当时手中虽然烧着香，也是身不由己；打第三个呵欠的时候，不但口中不能说话，而且心中糊涂了；以后与人治病如"按摩""行针""扎针"等等，完全不受自己意志的支配。比如与病人"按摩"时，将手放的位置不对，就感到有一种力量把她的手推向病人的患处。①

在普通乡民中，对"炉药"与"香灰"的信任度也是颇不一样的。人们更相信炉药具有治病的能力，但是对于"炉药"有信心的人并不承认佛堂、家祠中的香灰，甚至自己买来的一般香烧成的灰全有同样的功能。虽然我们的观念中往往会预先想象比仙家高一级的神庙中的香灰应有更大的治病效力。这说明，乡民可能在更贴近自己生活的空间中营造感觉氛围和心理认同，这种感觉不必一定要与官方或更高一级的神祇相接通。至于"炉药"中的其他药品，在

---

① 李慰祖：《四大门》，第83~84页。

本质上乡民认为尽管是些"吃不好人也吃不坏人",与生理上无甚作用的东西,但是经过仙家的意旨,也就发生了效力。刚秉庙的李香头说炉药所以能治病,因为老神仙夜间时常左右手各托一盘灵丹到坛上放在炉中,她又说炉药放在水碗中沉底,香灰放在水碗中则浮飘。

香头治病有以下几种形式,如服药、敷药、扎神针、扎火针、按摩、画符、吞符、收油等。如"扎神针"的过程是这样的:有一位乡民请求蓝旗汪香头治病。香头下神之后,说病者心中好像有一个东西横在那里一样,必须要"扎针",便伸出右手的中指在燃着的香火上绕圈子,同时让病者坐在椅子上,香头用中指扎他的人中(鼻下、口上),再用中指在火上画几个圈子,然后用力扎他的腹部,此后再扎他的背部十几下,腿部几下,再抓起病人的手来,扎他的腔部,又用手指掐病者的十个指甲。汪香头的丈夫告诉调查者说,"扎神针"的时候,病者就感觉到真像有针扎了进去一样。[1]

又如"画符":平郊村一位姓张的女子,一次夏天在瓜棚下冲撞了"常爷",不久周身肿痛,便请香头医治。香头用笔蘸墨在病者疼痛的地方画符写字,施行法术后,苦痛稍稍缓解。次日早晨又在她的身上画符写字,并没有服药,不久病体痊愈。

"吞符":平郊村一位叫于念昭的三妹,一次得病,请香头到家中治病。此香头用一块白布,上画灵符,放在火上烧了,布并不变形,呈现出黑色,上面画的符呈现的是红色,压成了灰,用水冲服,病体痊愈。另一种治病的形式"收油",据于念昭的母亲介绍,其办法是将香油盛在勺中放在火上,等到香油沸腾了,"香

---

[1] 李慰祖:《四大门》,第95~96页。

头"用手蘸着热油与病者涂在患处上便可痊愈。①

"香头"所用药品除"炉药"外均属于比较常见的中草药或果品,例如王香头诊断病人的病情为四肢无力,头晕眼黑,不思饮食,夜不能眠,心里如同横着一块东西一样。他开的药方除有三小包炉药,分三次服下外,还包括干荷梗三节(各长约三寸),松塔(松实硬壳)三个,鸭梨三斤,薄荷叶一撮,草根一个,素砂二分钱,豆蔻二分钱,槟榔片十一片,花椒粒十七个,藕节七个,灯草、竹叶各少许。②

蓝旗汪香头诊病时用药,除"炉药"三小包外,用茶叶和姜作引子,并且用四样"发表"(发散的药材)即韭菜、荞麦、白薯、海带共同煎服,连"根"(渣滓)一同服下,分三次服,回家后立刻服一次,晚上服一次,第二天早上服一次,如果觉得口渴时,可用"山里红"(红果)沏水作饮料。上面开列的药品有些并非属于药材,经过仙家的作用,再与各种药材进行搭配就可产生奇效。一个香头曾对调查者说,"炉药"在各个病人尝起来,滋味并不相同,即使是一个寻常的橘子,如果经过仙家的作用,便可尝出酸、甜、苦、辣、咸各种不同的时香美味来。比如刚秉庙李香头坛口上的炉药味道一向是非常苦的,据她同调查者说,"香头"在下神时所说的药品,正是仙家的意旨,"当香差的"在退神后完全不知。当"香头"说药品时,如果听不清楚可以发问,并可以用笔将药名抄录下来。如果事后发问,"香头"便会表示不知道,而且"香头"并不欢迎瞧病的人对于他的药品的本质加以详细的询问。③

---

① 李慰祖:《四大门》,第95~96页。
② 同上书,第95~99页。
③ 同上。

可见香头是依靠仙家的力量方能获得治疗的权威，同时，人们也确实不把"香头"看作真正意义上的医生，而是把"香头"治疗疾病看作是其协调社区事务的一个组成部分而已。

哈佛大学的凯博文（Arthur. Kleinman）教授通过对台湾疾病人群的考察，认为中国文化建构的氛围对病痛和患病角色的行为会产生极大影响，他认为中国病人在看病时，极易将焦虑情绪及情感型病症的精神障碍身体化（somatization）。也就是说病人往往羞于表述病症的精神障碍方面，而往往用身体症状的描述取而代之，这与中国文化贱视精神疾病的文化传统有关。①这里边当然有文化因素制约的原因，但另一方面在一个社区中，乡民把精神疾病自觉归属于非医疗的神的治疗范畴也有关系。因为在他们看来，精神疾病是无从表述的，无法像西方的忏悔机制沿袭下来的传统那样准确地表述自己的精神的非正常状态。而对精神问题的解决不是作为严格意义上的疾病，而是作为社会秩序的不稳定因素交由神灵处理。

例如郭于华在陕西作调查时，当问及村里人有病怎么办，什么时候求神神，什么时候看医生时，灵官庙的会长严肃地说：这脑子里要有个区别了，什么病人治，什么病神神治，要有判断了。比如肚子里有瘤，就得上医院治，像前几天××胃穿孔，就得上医院开刀，但是有的病，比如身子发软，不能动，吃不下，做梦，又说不出什么原因，去医院查不出病，就得让神神治。总之脑子里要有数了，"邪病"靠神神，"正病"还得靠国家医院。②郭于华的调查

---

① ［美］凯博文：《文化建构病痛、经验与行为：中国文化内的情感与症状》，《思与言》第37卷第1期，第241~272页。
② 郭于华：《民间社会与仪式国家：一种权力实践的解释——陕北骥村的仪式与社会变迁研究》，载郭于华主编：《仪式与社会变迁》，社会科学文献出版社2000年版，第347页。

昭示病人对看病方式的选择不仅是一种文化塑造，而且也是一种有意识地功能区分性的选择，比如关于"除祟"的说法。当一个家庭成员被四大门"拿法"或鬼魂附身时，病人会作出哭笑呓语等反常的举动，乡间称之为"祟惑"。"祟惑"对当事人的影响不仅表现在心理与生理上的紊乱，而且也会破坏家庭的稳定秩序和社区间人与人的关系，这也就规定了乡头的任务不仅是纾解患者的病痛，而且要平定众人骚扰不安的情绪。下面是两个除祟的例子：

第一个例子是于念昭的长兄之子振雄与念昭长嫂的娘家内侄刘鉴幼时同学，振雄得病夭亡，被认为鬼魂附在了刘鉴身上，刘鉴立刻全身发痛，在炕上翻滚，于家便请平郊村东南石板房某香头诊治。某香头到来便登炕用手按摩病者，按摩的地方便不觉疼痛，最后按到头部，便问道："你走不走？"鬼魂附在刘鉴身体上说："我走。"香头又问："你是要吃的，要穿的，还是要钱？"鬼魂说："我要一千块钱。"香头说："给你钱，你不许再来，我把你带到山里去，你要是再来，我把你治死，你必得要起个誓！"鬼魂坚持不肯起誓，只是说："我要是再来，我是小狗！"香头认为不满意，便向鬼魂说："你说若是再来，天打雷劈！"鬼魂坚持不肯起此重誓，香头逼之再三，鬼魂无奈只得起誓。刘鉴自此病体痊愈。过了三天，于家还香，送香头点心致谢，并带冥间钞票一千元，交给香头与振雄焚化。①

焦虑情绪的释放不完全是个人的问题，而且有可能成为处理日常事务，使之趋于合理化的一种表达方式。下面一个例子就反映出了这种情况：刚秉庙的李香头说她的坛口的南面不远，有一个张姓

---

① 李慰祖：《四大门》，第112页。

女子，年已35岁，还没有出阁。她的"家神"总"拿法"她，时常独自一人整夜坐在炕上，自言自语或哭或笑。她的"家神"时常同她说，因为她未曾出阁身体洁净，要让她"当香差"。她常向李香头哭诉说，未出阁的姑娘当香差太难看。李香头坛上的老神仙便指示她，若是急速出阁便无事。恰巧有人央媒求婚，报男人年龄41岁，说话时李香头正在张家，"三姑姑"便下神说："你不用瞒着了，'小人儿'（新郎的俗称）今年43岁。"媒人请"三姑姑"查一下黄历，"三姑姑"说："查黄历做什么？他今年43岁，属狗的。"媒人说，姑姑的话完全对，媒人不敢再隐瞒。但是张家将男造八字合婚结果是"下等婚"（即不吉利的婚配），女方便不愿做亲，于是谢绝此媒人。当日晚上家神又拿法此女，次日女家急忙将媒人找回，表示应允婚事。如今已结婚，作为续弦。① 张姓女子的焦虑解除过程实际上是一种婚姻关系的缔订的表象，这里面不排除有借精神状态的失常达到社会秩序（婚姻）重组的内在目的性运作。

香头对"收惊"方式的垄断也反映出同样的问题，一些家庭运用自己的方式叫魂，如挑着小孩衣服叫他的名字，在"香头"看来是无效的，因为"收惊"的力量需通过降神的程序才能获得。在这里，凯博文的描述应予质疑，因为在民初调查者中，乡民的自述可能并不回避对精神状态的描述，而不拘于身体感受的描述，如于念生的太太就说常觉自己魂出体外到各处游荡，遇到有饮食的地方就停下来享受，时常吃鲜果饮酒，完全与真情景相同。这表明乡民能自觉区分"看病"与"看神"的区别，"看神"完全可以清晰描述自己非正常的精神状态。凯博文收集到的证据如母亲说儿子记忆力差，注

---

① 李慰祖：《四大门》，第112页。

意力不集中，在学校成绩不佳，导致多梦与胃溃疡出血，可能更多地受到了现代西方医学暗示性影响，而不是一种文化现象的表现。

"香头"在解决社区实际问题和调停是非曲直方面也会发生作用。例如刚秉庙李香头坛口上曾遇到过一个事情：燕京牛乳厂有一个工人丢失了十数元，他的六个同伴随同工头到李香主"坛口"上明心表示清白，请老神仙指出谁是偷钱的人。老神仙下坛后，这六个人依次各烧一股香，其中五个人烧的香火焰都很旺，唯独只有其中一个人的香总也引不着，后来竟然冒出了黑烟，这个人马上面容变色，满头流汗。工头便向老神仙说："您也不用说了，我也明白了。"原来此人将钱偷到手后完全赌输，手中已毫无存留，结果工头只好替此人将钱归还原主。①

老公坟的王香头谈到一对夫妇生下一个儿子，父亲因他的儿子是个斜眼，又是属虎的，认为不祥，于是想让妻子把儿子抛弃。妻子不肯，他一怒之下离家不归。他的亲戚彭文彬是王香头的信奉者，便代向王香头的坛口上求香，王香头便说此人不久就要回来，果然这位父亲不久就回来了，却仍不爱这个小孩。彭氏便将此人领到坛上，王香头降神把此人斥骂了一顿，令他不得如此。这位父亲终于有所悔悟，回家以后夫妻和好如初，而且也喜欢上了自己的孩子。②这个例子说明，"香头"在社区道德伦理秩序中具有一定的支配力量，但是这种支配力量是相当弱化的，而且并非主动介入的结果。如前述帮助查找东西的刚秉庙李香头坛口就说老神仙最不愿意替人家找回失落的东西，所以"四大门"信仰下的"香头"网络并非是一种严密

---

① 李慰祖：《四大门》，第105页。
② 同上书，第114页。

地主动支配乡间生活的权力系统，但通过自己是否灵验的能力支配着乡民处理日常事务时的选择意向，随机性、即时性的色彩较强。

上述的研究已经证明，京郊乡民的"地方感觉"在相当程度上与"四大门"信仰所发挥的作用有相当紧密的联系；与此同时，"四大门"信仰及其相关组织并非作为一种具有高度年纪和支配力量的权力网络而存在的，其实际控制乡民情感的能力往往取决于其发挥效果的能力。按乡民自己的理解，"香头"无法长期控制社会生活的一个原因是，香头本身并无法力，法力是仙家借着香头的身体来施展的。仙家行道为的是催香火，自己得道，得道后便要离开香头而去，香头便不灵了。所以在乡民中有一种说法，认为初开香坛的香头最灵，因为在最初开始时，仙家为的是使香坛兴旺，多受香火，所以格外卖劲地施展法力，造成坛口上的信誉。过了三五年，仙家受足香火，到了自己隐遁潜修的时节，就会离开"坛口"，该坛就不会显灵了。北京一些地区就有所谓"催香火的庙"，庙的灵验时间长度一般也就是三年左右，如1914—1917年间，二闸西三块板地方，忽然出现了"大仙施圣水"的说法，吸引了大批人前往祷求。此地在通惠河南岸，起初只是一个小龙王庙，香火催起来以后，便背河面池，造起大龙王堂来。香火繁盛致使小贩云集，便门二闸间，以至东直朝阳便门间的河船，作了几年繁盛的买卖。① 还有一种说法是说妇女当"香头"在前三年比较灵验，三年过后灵性衰减的原因是香头刚当香差时，不敢存有贪私的邪念，处处以服务大仙为宗旨，所以香火日见兴旺。然而长此以往，香头禁不住诱惑，渐生贪念，时时算计收到多少香钱，反而忽略了

---

① 金受申：《北京通》，第613~614页。

当香差的真正意义,所以大仙不再扶助这些香头。①

不过据当时的调查分析,从来没有一个香头对人表示过其坛口上的仙家要走或已经走了,自己无法再当"香头"了。海淀碓房居刘香头对人说她已经当了39年"香差",海淀张香头当了32年的"香差"。据李慰祖的分析,有两点原因:

第一,有的香头声明他顶的不是"四大门",而是天神,例如碓房居刘香头说她顶的是"玉皇大帝""观世音菩萨""药王爷",这种天神的法力是永久不灭的,所以香坛可以长久下去。

第二,在一个坛上"立坛"(即创设本坛的)仙家可以他去,但是"串坛口"的(客座的仙家)和后来的仙家可以完成新旧交替的过程,维持香火不断,但"客串"的仙家显然不如一个新"开炉"的坛口香火兴旺。也就是说,"香火"是否兴旺仍取决于仙家施法的效力,这一点决定了乡人信奉的对象不是不可以改变的②,同时也决定着某个香头在社区事务中是否具有持久的影响力。

五、"四大门"与草泽铃医
——传统乡村医生角色的模糊性

乡村中存在大量"儒医"吗?

如前所述,"地方感觉"的构造与"四大门"发生效力的程度

---

① 陈永龄:《平郊村的庙宇宗教》,第27页。
② 李慰祖:《四大门》,第118页。

密切相关。与此相联系，"地方感觉"的构造同样与"四大门"这样的所谓"巫医"与其他类型的传统医生以什么样的身份参与社区事务有关，因为"四大门"的主要职责是顶香看病。那么，他们和基层社会中以诊病为职业的医生阶层到底是什么关系呢？他们之间是否也有分工和相互渗透的关系呢？这就涉及如何评价医生在传统社会中的作用问题。一般医疗史的研究方法基本上是把中国传统医学定位为一门技术来加以考察的，特别注意的是中医与西医在诊病和用药等专门化过程中的历史差异性。这就是人们常说的所谓"内部研究"，有人甚至评价说如果把大陆的医学史研究划归史学研究的范畴，倒还不如将之视为"中医学"的一部分，要来得更恰当些。①近几年逐渐兴起的社会史和文化史研究，开始关注中国医学与周边社会文化的互动关系，即存在着一种所谓"外部研究"的转向②，尽管这种转向在大陆史学界所表现出的成效是极其微小的。

例如有的学者把"尚医"一事当作北宋以降"士人文化"的一个组成部分加以看待。如陈元朋就致力于北宋"士人习医"与"儒医"流变的分析，特别注意医生身份转变所依靠的历史文化氛围。这种文化史取向表面上走出了"内部研究"的藩篱，实际上

---

① 陈元朋：《两宋的"尚医士人"和"儒医"——兼论其在金元的流变》，台湾大学文史丛刊1997年版第7页。相关的研究成果还有，金仕起：《古代医者的角色——兼论其身份与地位》，《新史学》第六卷第6期，1995年3月。

② 参见杜正胜：《作为社会史的医疗史——并介绍"疾病、医疗与文化"研讨小组的成果》，《新史学》第六卷第1期，第113~151页。我个人认为，杜正胜虽然把"医疗史"当作"文化史"来研究，例如涉及身体与医疗相关联的文化意义，医家的族群和学术归类及疾病反映的大众心态等方面，但其主导取向仍集中在精英和上层人士对医疗技术的认识和运用上，而基本没有考察医疗对普通民众的作用过程和传统习俗和制度对医疗过程的影响，即尚未充分涉及"医疗史"的"社会"面相。

仍是"精英研究"的翻版。这个翻版来自于民初谢利恒的判断，他说："自唐以前，医者多守专门受授之学，其人皆今草泽铃医之流。……自宋以后，医乃一变为士大夫之业，非儒医不足见重于世。所谓'草泽铃医'者，其格日卑，其技益日劣。盖此辈大都不通文义，罕能著书，仅恃师授，无复发明。"①这段话暗示宋以后儒医当道，似乎也能全面控制乡村社会生活了。

　　陈元朋基本上是沿着这一思路来观察宋以后中医之流变的。这里面至少有两点需要辨析，其一是：草泽铃医向儒医的演变只是从精英视角对传统医生身份进行内部观察的结果，这一身份变化没有经过民众评价的检验，特别是历史上到底是草泽铃医还是儒医起着主导作用并没有得到验证。其二是：没有对草泽铃医向儒医身份的转变所发生的区域和范围作出界定，特别是这种现象到底对基层社会生活拥有多大意义没有得到证明，所以这种转换的研究对理解基层社会的普通民众对医疗行为的态度很难说具有实质性帮助。因为如果只是通过论证两宋时期"尚医士人"与"儒医"人数的大量增加，得出中国社会在医疗知识系统和医疗实践的选择上更趋于"理性化"，这多少是出于一己之想象。这一思路基本上是把医生对传统医学典籍的熟悉程度作为确立医生身份的唯一标准，从而梳理出一个精英化医生发展的谱系，进而把这个标准直接挪用到基层社会医疗状况的评价之中，由此想象中国的普通乡民似乎也会自觉摒弃传统民间固有的生活准则，仅仅从职业化、专门化的标准来选择医生。

---

① 谢利恒：《中国医学源流论》影印初版，（台北）古亭书屋1970年版，第24页。

实际情况往往是，在民间社会中，即使医生有自成一系的传承网络，其作用也必须服从于基层民众的整体需要，这种需要不仅单单表现为一种对某种医疗技术的需要，而且更多受到文化背景和地方感觉的制约。比如仅就医疗空间而言，治疗环境是否符合于人情世故的标准可能比医疗技术的好坏更加显得重要，尤其是治疗过程中谁来参与这种环境也比纯医疗技术的因素显得重要。所以民间医生往往是一身多任的，他常常与巫者、社区领袖等种种身份混而不分，治病只是社区事务的一个组成部分，而不是可以和社区事务相分离的专门化活动。张仲礼曾指出，所谓"儒医"往往与其绅士的身份有关，一般并非是专门化的医生，"有些绅士挂牌行医，这不需经政府考试或获得资格证书。当然也有一批医生是普通百姓。有绅士身份的医生通常称自己为儒医，以区别于普通医生，而普通医生中有些是巫医"[1]。也即是说，绅士是成为一名儒医的必备条件，是获得社会声望的身份前提。[2]张仲礼估计，生活在十九世纪的绅士们从行医获得的总收入不会太多，这是因为行医的绅士人数有限。方志的资料显示，行医的绅士只占绅士总数的1%~2%，换句话说，即他们总共只有1.5万~3万人左右，也即每个州县仅有10~20人[3]，而且他们往往集中于一些文化发达的富庶地区。如1765年乾隆年间，苏州遭传染病侵袭，地方官赵酉布施医药并集中派遣25位名医在圆妙观设局治疗病人，据说许多人被救。这种措施显然

---

[1] 张仲礼：《中国绅士的收入》，费成康等译，上海社会科学院出版社2001年版，第109~110页。
[2] 周荣德：《中国社会的阶层与流动——一个社区中士绅身份的研究》，学林出版社2000年版，第178~181页。
[3] 张仲礼：《中国绅士的收入》，第113~114页。

并非任何地区尤其是农村地区都能做到。①

当然，晚清以来弃儒从医者的人数亦不少，此类医生俗称"看书郎中"。为充实自己的实际经验，有的起初试着诊病，潜心观察；有的中途参师进行临床实习，最后一举成为名医。特别是1906科举废除以后读书人纷纷习医，如民国时期湖南安化著名儒医李自成先读医书数载，深得《内经》要旨，然后再行临床。地方志中说他工于望诊，望色而定人死生，故有"竹神仙"之称。②另有些地区对中医有所谓名医、儒医、时医的划分。据认为，医理通达、技术精湛、医有成就、盛孚众望、名重一时者为名医，博览医籍、自学有成、医技娴熟、治疗效佳、名传一时者为儒医，参读医书、问学他人而得技、遇时疫或某些疾病、应时而获某些成效、为人们所认者为时医。③

不过按当时广大农村医疗的实际情况考察，以中医为业者的行医方式显得更为多样和复杂。大致可以归纳为以下数种：

开铺行医：以此行医者多为家传世医，或出自名师门下，医技高明，资本较为雄厚，医药兼营；或以行医治病为主，附带行医。有的医药兼营，历年不衰。如湖北松滋县杨林市官桥"任太源药店"，从1864年开始，先后经历任国川、任朝兵、任力征、任正嗣四辈，开铺上百年，行医售药，拥有资本（光洋）2000余块，每天收入10~20块。④又如广西岑溪县樟木街四代世医叶丽生，清末就开

---

① Yuan-Ling Chao, *Medicine and Society in Late Imperial China: A Study of Physicians in Suzhou*(1600~1850), Ph. Ddissertation, Depart of History, University of California, Los Anigeles, 1995, p.202.
② 湖南省安化县卫生局编：《安化县卫生志》1989年。
③ 湖南保靖县卫生局编：《保靖县医药卫生志》1983年。
④ 湖北松滋县卫生局编：《松滋县卫生志》（1911—1985）1985年。

设广福堂药铺等等。①

坐堂行医：多是博得药店主信任，有一定声望的名医，或是店主为了招揽生意，邀请自己亲戚或好友中的良医来坐堂看病，以达到互利的目的。他们受聘于药店后，能获得全部诊金，药店老板从药费中抽取适当报酬给医生。

摆摊医：多为草药医或擅长治疗跌打、杂症的民间中草药医生，一般流动于县城内或比邻集市，或趁农闲或重大节日，乡民赶集之际，在闹市区摆摊看病售药（如膏、丹、丸、散和各种草药）。也有外来游医药贩途经集镇，摆摊售药，或治跌打损伤，或治妇科杂病。如1928年曾获国民党武术比赛全国第三名的梁芳伍，曾以医治跌打骨科到广西岑溪县及广东比邻圩镇摆摊看病，并售卖自制的膏丹丸散等。

走方医者：又称"游医"，常年走村串户，以出诊为主。医学水平较低，但在一定地区内颇有名声，以服务态度好见长。因使用草药为主，故又名草医。有的还经年游走他乡，有其一技之长。湖北松滋县南一带还有一批"走方"医生，每年择期"整酒"，或张贴广告于集市要道，或发送请柬于往日顾主，届时聚会一堂，摆以宴席。凡来参加酒会者，必送一份礼金。以后治病，医生随接随到，病家可免交诊金。

习武行医：本出身武林，或有武术爱好，以治疗骨科和外科见长。如松滋县世居老城的彭楚才，子承父业，习医练武，在陈店设立武馆兼习医业，颇有名声。

还有一些在家看病者，多为病者上门求诊。这类医生有的是儒

---

① 广西岑溪县卫生局编印：《岑溪县卫生志》1990年。

医,有的是半路出家,习医济人,自学成才。如岑溪樟木街原来是小学教师的陈协尧在民国期间因其家人患鼠疫死亡3人,便弃教发愤学医;梨木乡大旺村卢相南始从武术后因连年鼠疫流行,便决心弃武从医,颇有声誉。

如果从某个地区抽样进行简单的统计,就可对农村地区医生的分布情况有个基本了解。如以松滋县为例,在民国初中期的一段时间,即1911—1936年的这段时间,全县中医人数是86人,而草医人数亦有70人,数字非常接近。① 又以湖南道县为例,从清末到1949年的不完全统计,全县先后共有民间中医204人,草医94人,民族医15人,巫医45人,各类医生的分布也比较平均。② 再以湖南沅陵县为例,沅陵县有各类中草医药人员316人,其中中医221人,草医57人,中药人员38人。而这些人中属于半农半医身份的就有85人,行医之外兼有其他职业的有20人,这些人合起来占了相当大的比例。③ 也就是说在广大农村地区,儒医的作用不可能占主导地位,而兼有多样身份的草泽铃医应据更重要的位置。

李涛曾经指出,尽管隋唐时代"医"与"药"两种职业已开始独立,但直至民国时期,北京附近一人兼任医药两业的人到处可见。就北京市内而言,天桥、隆福寺、护国寺、白塔寺、土地庙以及朝阳市场等处平民会集的所在,仍然可见这类江湖医生。只天桥一地,这类药摊大约就在五十处以上,其中最著名的有专卖立止牙疼散的瑞馨堂和卖倭瓜把眼药的亮光明,还有虫子王、癣药刘、瘊

---

① 湖北松滋县卫生局编:《松滋县卫生志》(1911—1985)1985年。
② 《道县卫生志》,黄山书社1992年版。
③ 沅陵县卫生局编:《沅陵卫生志》1989年。

子王等等。①《燕市积弊》中有一段对江湖医生的描述，其中说，这些人门户纸虽然不一，性质却是一样。有拿着串铃儿下街的，有扮成兵勇的样儿出卖的，有印点子传名单儿满市井撒散的，有在名第厕尿池粘贴报纸的，有坐铺出摊带卖钢的（就是连批带讲），有拿把戏场圆年儿的，甚至有以刀刺腿挑光子的（就是卖那点儿血），什么百步止嗽，什么吃了就好，以及春方儿打胎、长阳、种子、瞧香看病，总名都叫老合（生意）②。这段描述中值得注意的是，作者把瞧香看病当作是江湖医术的一种，这比较贴近普通百姓对医生的看法。在他们的眼里，医生的角色仅与治病技术好坏直接相关，而不存在现代意义上的专门化分类，所以我们必须把医生理解为社区活动的一个组成分子而不是专业人员，至少他的专门医生的身份是相当模糊的，才能更好地理解某项治疗活动的社会意义。

一个"巫""医"不分的地方案例

以下我们将通过剖析清代京郊发生的一起控告案件，来透视医生在乡间的模糊角色和作用。据道光年间军机处上谕档记载，隶藉大兴县的乡间医生傅添楠行医度日，早年随从东安门外玛喝拉庙内已故马喇嘛学习"唵嘛呢叭咪吽"符咒，医治疯迷病症，多有痊愈，曾到处游历京郊各州县，行医治病。道光十年（1830年）冬天，傅添楠前往海子西红门村行医，与该处乡民李二、贾青云及附近茶棚庵僧常修先后认识。1931年12月间，常修认识的一位叫郭

---

① 李涛：《北平医药风俗今昔谈》，《中华医史学会五周年纪念特刊》1941年12月中华医史学会发行，第124页。
② 同上。

大的村民患有"痰症",医治未能痊愈,病情渐渐沉重。常修转荐傅添楠诊视,傅添楠见郭大病情垂危,不肯下药,郭大之弟郭七恳求傅氏死马当活马医。傅氏无奈应允,他用朱砂画成"唵嘛呢叭咪吽"符张,并念此六字咒语,将符烧化,调入水中给郭大饮服,仍未痊愈,郭大终于因病身死。后来傅添楠又到茶棚庵内,恰遇到李二因代常修化缘,聊天中傅添楠知道李二素吃常斋,怀疑他是会匪,所以假意拜他为师,遭到拒绝;又因为贾青云曾患眼病,请傅氏医治,见他家有两本《药王经》,怀疑是红阳教会众,告到了步军统领衙门。①傅氏控告的另一位人物李帼梁曾用针灸治病,后想赚钱,所以捏称自己能够画符治病,遇到病人,他就用香头在黄纸上画上数行黑道,烧化放入水中,给病人喝服,收取诊费。傅添楠因为在该村行医,闻知此事后,把李帼梁告到了衙门。②

　　傅添楠控告的另一个对象是昌平州酸枣岭村人张宝庆,又名张二。张二原先是以赶车谋生,道光九年(1829年)因生活贫困,打算跪香治病,于是编造了"天罗神,地罗神,散碎杂鬼靠一边"的咒语,每当看病时,就在佛像前烧香,念诵咒语,默祝病好。有一天张二到该村吉兴寺后,见塔上盘着一条白蛇,就想起一个主意,向人声称白龙附体,并私下买了冰片、朱砂,合成药末,说是由白龙嘘气结成,给人治病,村人均称为张道童。这年七月间,张二在该村吉兴寺削发为僧,仍在外跪香治病,该寺的住持林五和尚怕被连累,随即迁出。张二向村人募化钱文,修盖庙内房屋,恰逢傅添

---

① 中国第一历史档案馆藏军机处上谕档,道光十二年二月三十日,直隶/红阳教/敬空会。
② 中国第一历史档案馆藏军机处上谕档,道光十二年二月三十日,直隶/红阳教。

楠到该村行医，张二请其将出钱人姓名写成匾额悬挂，旋即被指控，经顺天府拿获，奏送到部。①

傅添楠的控告案有两点值得推敲：一是傅添楠的身份在官方案卷里是"医生"，而且他是以医生的身份多次控告地方上的异端治病行为，似乎是与他们有所区别。实际上傅添楠本身行医也往往靠画符治病作为主要手段，也就是说，傅氏的医生角色和身份在社区里是十分模糊的，很难在纯粹意义上来定位傅氏的位置。而这恰恰可能是中国基层社会民众所能接受的一种形式，我们也因此不能纯粹基于现代医疗的专业化眼光来评价其行为。

二是官府对医疗行为的界定也是模糊的，往往分不清医疗行动与民间信仰之间的区别和关系，而是采取了一种整体性的认知态度。比如张二一案，官方认为他捏称白龙附体，跪香治病"均难保无拜师传徒及另有为匪不法情事"②，官方围绕着某个行为是否威胁社会秩序的安全考虑问题，他的观察焦点和注意力不会区别医疗行为与民间信仰之间到底有什么不同，而是集中在是否与会党有直接或间接的关系这个方面。虽然事后证明傅氏的控告大多不能成立，但是我们从官方对整个案件的处理中还是能够领悟出乡村医生与专门化医生（包括儒医）的确有所不同，他们在乡村社会中与民间信仰相互渗透过程中所能起到的作用很可能是更加主导性的。

上面的例子说明，即使在官方眼中已明确具有医生身份的傅添楠这类游医，在民间也往往采取看上去不怎么"专业化"的方法进行治疗，如画符治疗等，这些手法很难让持儒医标准的人加以接

---

① 中国第一历史档案馆藏军机处上谕档，道光十二年二月三十日，直隶/红阳教。
② 同上。

受,但这些散落在民间的非专门化的医生可能恰恰是普通民众所依靠的主要治疗力量。正由于他们使用的治疗手法和所遵循的医疗准则和经验往往有别于正统儒医,所以被排除在了一般研究者的视野之外,同时也被误认为不是乡间治疗的主流。根据20世纪40年代所做调查,华北农村中有很多类似傅添楠这样的游医采用各种各样的偏方和治疗技术医治病人,这些方法往往是登不了大雅之堂的。如有以下几种治疗方法:(1)针灸术:针术就是用细长的钢针扎血道治病,所谓灸术就是用艾叶与姜混合在一起治病。(2)治眼术:用去谷粒后的谷梗磨眼皮使出血,以达到治疗目的。(3)治翻法:翻症是中国历书上所载各种疾病的通称,种类很多,治法不同。(4)挑羊毛疗:羊毛疗是乡人对急性霍乱的俗称,方法是用针挑出患者前胸部八针眼,后背部七针眼,直到发现白丝状物,即所谓羊毛,将它割断为止。(5)其他常见的治疗法还有"正骨科"和"按摩术"等。华北的某些村庄中还流行所谓南蛮人治病法:有些拉小骆驼的江南人到各村中给人算命治病,调查者曾记录下了一些偏方治病的方法,如:(1)起黄法:用黄表纸、香、加上中药治病,所治之病为黄病,从病者身上起出黄色面粉状物。(2)治喉法:用锅烟、白矾与香油混合,再用中指蘸取伸入患者喉部治疗喉病。(3)铸油科:将香油与花椒放在勺内煮沸,用中指蘸取,抹在患处。(4)砍离砂:当患有寒腿等类似病症,即将许多球状物用火烧热后,装入一个袋子中去温暖患处。①

---

① 马树茂:《一个乡村的医生》,燕京大学毕业论文,1949年,第41~50页。

六、"巫"与"医"的现代之争
——一个乡村医生的生活史

"四大门"与中西医的效力之争

由以上的论述得知,传统中国的医生角色在相当长一段时间内与卜筮星相等职业并没有严格的界线区别。在民间社会中,医生与巫者虽在医治理念和技术上有所不同,但都是针对身体出现异常状况后所可能采取的治疗选择之一。两宋以后儒家伦理虽然广泛渗透进了医学界,"儒医"作为一种专门的称呼亦逐渐为一般人,特别是一些精英人士所认可。但在广大农村地区,医生的专门化程度还是相当低的,如《燕市积弊》中所说民国时期的医家,往往"只要念过一部汤头歌儿,半本儿药性赋,就称国手(如"八珍四物参苏饮,白虎柴胡建中汤"之类),不过是腰痛加杜仲,腿疼加中膝,头疼加白芷,疾盛瓜蒌皮。假如这个病人,浑身作烧,骨节酸痛,舌苔又黄,眼睛发怒,拿笔就开羌活、葛根、牛蒡子;要是皮肤枯瘦,干嗽无痰,盗汗自汗,胃口不开,一定是青蒿、鳖甲、地骨皮,妇人调经养荣,小儿清热化痞,真正的拿手,就叫蒙事大吉。不信一个病人请十位先生,脉案准是十样儿,往往真能大差离格儿"[①]。

---

① 李涛:《北平医药风俗今昔谈》,《中华医史学会五周年纪念特刊》,第125页。

民国以后，中央政府规定中医经过考试才能开业，而且要学习解剖学和传染病学等西医科目，卫生署规定中医称"医士"，西医称"医师"。这种划分显然有歧视中医的意思。①如昆明中医考试的题目几乎都是以西医科学的面目出现，如有病理学、药理学、方剂学、诊断学、内科学、外科学、儿科学、妇科学、喉科学、眼科学、花柳科学、伤科学、按摩科学及针灸科学等等。②毋庸置疑，中央政府对治疗系统的专门化区分曾经对中国城市传统医学体系的改造起了相当重要的支配性影响。由于这种政策的推行具有强制性特征，它有可能改变普通民众在需要治疗时的选择取向和动机。但在广大的农村地区，这种来自上层的控制行为到底在多大程度上能够左右乡民的选择意向是有很大疑问的。下面我们就通过民国时期一个乡村医生的生活史来观察乡民对医生种类的选择及其意义。

我们所选择的研究个案医生徐志明生活在北京西郊海淀镇北的前八家村。当时分布在京郊的许多村庄在20世纪三四十年代仍没有多少中医，西医更是难见踪影，例如在前八家村附近，巫医人数就比西中医为多，因为中医是在1921年以后才出现的，巫医的地位明显高于中医。这在华北地区似乎是个相当普遍的现象，如1935年张家口地区的《阳原县志》曾记载说，到当年，县境内还没有西医，"中医亦不能遍村皆有，然三百户以上之村，类有一人"③。1925年，县政府曾举行了一次中医考试，但从记载的效果来看，似乎不太理想，所以县志上说："未曾考而为人所信仰者，亦不禁其

---

① 《北平特别市卫生局管理医士（中医）暂行规则》，北京市档案馆J181全宗21目录29313卷。
② 车溢湘：《昆明市健康及卫生之调查》，西南联大社会学系毕业论文，1940年，第29页。
③ 丁世良、赵放：《中国地方志民俗资料汇编·华北卷》，第189页。

诊视。富者得病，率皆延医诊治；贫者往往听其自痊自死，终身未曾服药者，约占三分之二。近年赤贫者，往往衣食皆无，更难求医疗疾矣。妇女有病，亦有舍求医巫者，痊则信其灵，死则由其命。"①许多地方乡人有病先请香头去治，不得已时才请中医，最后才请西医。例如前八家村十六号住户福德海妻子死前病势很轻，请来神州庙香头，让病人吃仙药，结果病势转重，于是请来本村中医袁子痒与西医徐志明，但为时已晚，结果死去。

因此，治疗效力的大小在普通乡民的选择中，往往是占第一位的，"仙爷"的影响力大表现在很多人往往把一些事情发生的缘起与其支配力相联系。如前八家村三号住户欧德山，儿媳欧沙氏在民国38年（1949年）三月二十一日下午自杀，村人对死亡原因议论纷纷，有人称得罪了仙爷，因为欧姓门前有一棵大树，树中住着一条"神蛇"，就是"常爷"。欧德山见蛇有时甚长，有时很短。一次，将蛇从树中挑出，扔到远处去，结果，蛇又回来了。另一次，将蛇系上绳，以利于辨别，带到远处去，在带走之人回来之前，家人发现蛇已回来。后来，欧德山将蛇又挑走，把大树砍断烧毁，蛇终于不见了，可是不久欧德山就得了病，他儿媳自杀，也推断为是得罪了"神蛇"的缘故。在欧沙氏死后三天，欧德山也因病而死。一次，李永和太太说："前几天欧家死了两口，起初欧家儿媳，在死前两天晚上，到清华大学找她男人去，走到河边上，忽然掉到河里去。过了两天，就用杀猪刀自杀了，她公公也跟着死了。你说这是怎样回事？准是得罪了仙爷。"②

---

① 丁世良、赵放：《中国地方志民俗资料汇编·华北卷》，第189页。
② 马树茂：《一个乡村的医生》，第45~47页。

因此，中西医要与"四大门"展开竞争，首先就要在效力上做文章，这方面西医并非无所作为，但其发生影响往往是在"香头"无法施展效力的情况下发生的。如1945—1946年间本地发生急性症，有数人用西药治疗，发生效力，当时许多人对西医西药的治疗效果感到惊讶，到处传播，无形中作了口头宣传。同年又出现了脑膜炎症，中医无法治疗，最后由徐志明治好后，附近中医，有时得病不能医治，也请志明去治，有时中医甚至给徐志明介绍病人，因为知道徐志明可能专长某项治疗方法。

另有一位中医，是徐志明的亲戚，名叫关月樵，住在前八家村北面的北窝村。关月樵的女儿三岁染上重病，关姓自己不能治，将徐志明请去。徐志明到关姓家，看见已有两位中医在小孩身旁坐着，小孩已经气息奄奄，两位中医皆束手无策。徐志明抱定死马当活马医的勇气，先打强心针，后用补药针，守夜至天明，孩子的病势果然好转。两位中医非常佩服徐志明的医术。此后，关姓使其子跟徐氏学西医，同时一面给徐志明介绍病人，由于关家是富户，所以一面又借给徐氏一大批款项，使徐志明添置设备，购买药品。①

在京郊乡村，香头得到普遍的信仰，并非完全依靠其神秘的降神活动所发生的效力，而是在治疗过程中糅合进了中医的治疗因素，也就是说在经验范畴，香头的治疗有时很难和中医的经验区别开来。如果站在乡民的立场上看，这也是其与中医身份可以互换的原因。前述四大门香头下神多用中药可为明证。这可能在别的地区也是较普通的现象，另有昆明的旁证。据当时的调查，昆明有一王姓医生自称受神灵启示，能医奇难杂症，每次诊病均命患者携旧单

---

① 马树茂：《一个乡村的医生》，第35页。

至，诊毕，常从旧单的各味药中选择数种，另用纸书写，在神位前照视，说是禀与先师，保佑患者藉该药的力量早日痊愈。有一次看病，王医生就把病者提供的药单药性解说一番，然后说此药方虽佳，只可惜错放黄芩一味，若将之换成甘草，服后必可痊愈。开方后照例禀与神位，神位是个木牌，上刻"至圣先师之神位"六字，旁边放着一个小油灯。可见这种治疗活动走的完全是一种中医的程序，只不过借用了行巫的方式。问到病人为什么找王大夫，回答说："我的小娃娃，在前年患了咳症，花了许多钱，在那所医院里看了三个月还不好，说是什么百日咳，后来到王大夫那里一看，吃了两服药就好了。"① 这说明在这位病人的脑中，并没有严格意义上的中西医和巫医之分，而是以效果作为实际的判断标准。

"效力"是形成"地方感觉"的一块基石，但另一方面，"效力"的产生也必须依靠乡民可以接受的社会形式表现出来，才能拥有相当的竞争力。例如西医进入中国之初，由于采取的外科手术方式尽管有可能治愈中医无法治愈的疾病，却无法让中国人接受其解剖原则指导下的治疗原则，以至于引起种种误解，一度酿成了相当频繁的教案②，西医的一些理念也往往和中国的伦理行为相冲突，如民国年间在昆明的调查曾显示，当问及相信中医的理由时，有的人回答："西医讨厌，什么地方都要看。"另外一个回答是："西医老说，病是会传染的，如果是个好好的人，那会碰到那么倒霉的灾星，倘若病是真的会传染的话，家里有人病，谁去服侍他。"③

---

① 车溢湘：《昆明市健康及卫生之调查》，第45~46页。
② 秦和平：《清季四川民众敌视天主教的历史考察》，载丁日初主编：《近代中国》第十辑，上海社会科学院出版社2000年版。
③ 车溢湘：《昆明市健康及卫生之调查》，第30~31页。

这反映了民众的空间概念无法与西医中封闭的医院管理概念相互协调。所以西医系统的进入往往需要借助"地方感觉"的形式,甚至采取类似"借胎生子"的方式,才能在"效力"上和地方祭祀系统相抗衡。以下就是在京郊发生的一个有趣的例子。京郊平郊村延年寺中的药王神专司医治佑护病人的责任,据说具有起死回生的功能,所以村民患病时多来药王前请愿,以求早愈。但是根据效力大小的选择原则,村民有病不会完全依靠药王的许愿,大多数人采取的是一方面求医诊治,一方面许愿的兼顾方式。燕京大学社会学系就是利用了这种乡民的兼顾心理,同时利用药王殿的空间,完成了对乡村社会的渗透。

1940年夏天,燕大社会学系在平郊村延年寺药王殿中设有一个救急药箱,这个药箱托付给了当地村民于念昭主持管理,每月添加五元的药品,其中多属于医治普通病症的药物。这个救急药箱设立的目的是为了服务于村民,村里凡是患病的人,都可免费来此求药,因此每天来求药的民众颇为踊跃,平均每天有十人左右。关键在于药箱设立的位置和村民求药的动机颇可玩味,药箱设在药王殿内,无形中增加了其吸引力,因为村民来此求药往往带着愉快的心情,他们总猜想着药王会特意加神力在这些药品上,对早早治愈疾病一定大有帮助。[①]我们由此看出,现代西医对传统空间的利用,和乡民对治疗效力的心理选择有趣地达成了某种妥协。

另外,"经验"与"灵验"的关系在各地的表现是不一样的。在我们的印象里,中医的年龄越大,经验就越丰富,似乎更容易得到乡民的信仰,所谓"医不三世,不服其药",这在某些地区是可

---

① 陈永龄:《平郊村的庙宇宗教》,第99页。

以得到印证的。如1940年昆明市66位中医年龄45~75岁的有50人，年龄25~45岁的只有16人①；而34位西医中年龄20~45岁的有29人，45岁之上的仅有5人②。1930年李景汉对定县446位传统医生的调查发现，他们中40岁以上的占89%，50岁以上的占64.3%。③与昆明的情况相似，这说明习医时间的长短对于民众的选择心理会有一定影响，如对昆明的调查中，当询及民众对中医信仰的原因时，有一个回答是这样的："你看看中医他们学习多少年，自然有经验，西医只进三四年学校，出来便挂牌做医生了，我有一个甥子，从前是个顶顽皮的孩子，后来中学毕业了，便进了军医学校读了几年书，现在刚跑出来，又是医生了。"④但在京郊地区，除治疗经验以外，乡人对前八家村或自己村中医生多不信服，常常请外村人治病，所以当地有句成语："妙峰山娘娘，照远不照近。"⑤说明是否"灵验"有时比"经验"还显得重要，也为乡人信仰"四大门"留下了相当的空间。

政府按西医模式对中医体制进行职业化的改造对中医命运有相当明显的影响。职业化不仅在体制上容易使中医与西医进行攀比，比如模仿西医建立医院制度，而且直接在经济利益和传统伦理之间的关系也发生了微妙的转折。如前八家村一号住户袁子痒中医，曾于1919年在海甸镇药铺时读药书，学治病，后拜海甸孙志卿大夫为师，学习中医，不久步前八家村应诊。但自北平卫生局领得医照

---

① 车溢湘：《昆明市健康及卫生之调查》，第27页。
② 同上书，第24页。
③ 李景汉：《定县社会概况调查》，第295页。
④ 车溢湘：《昆明市健康及卫生之调查》，第30页。
⑤ 李慰祖：《四大门》，第50页。

后，因感到不易挣钱，转移到海甸应诊，后又移到北平行医，中间还一度去过张家口，最后于1935年返回村内居住。这期间一度到昌平与清河镇各药铺做主方大夫，此后，因土地增多，生活富裕，才返回家中居住。①很明显，袁子痒的行医轨迹是沿着经济利益的驱动而运转的。而这种转换很可能受到了政府对"医士"与"医师"进行分类，并由此确定其收入标准的做法有关。这部分"贵族化医生"在乡村中显然数量有限，而且集中居住在市镇，很少下乡，大部分乡间医生因医术较差，没有领到卫生局执照，他们主要靠亲朋好友介绍病人，慢慢把名声传出去。但这样做就要少收费用，或不收费用，或每遇节期只收些礼物。乡村也有用许多偏方治病，或有专门技术的中医，这部分医生要比用草药治病的中医数固为多。

选择治疗方式的经济原因

影响乡民选择治疗方式的另一个核心因素是经济问题，乡人得病一般来说是看不起医生的，除非其收费能负担得起。中医出诊需雇轿去请，医生来到家中处方后一般都要酒饭招待，还要赠送"红包"，金额多少不等。如是在家悬牌应诊，俗称"医寓"，一般是只诊病，开处方，不供应药品，也就是说，看完病后仍需到药店取药而付一笔药费。如民国时期道县的何纯斋是专门在家候诊的，他门前悬一"何纯斋寓所"的牌子，凡是来求诊的，处方以后，自觉丢一"红包"于桌上。红包钱不拘多少，病人家境好的多封，家境

---

① 马树茂：《一个乡村的医生》，第21页。

差的少封。①所以，在乡间看医生是要有相当的经济实力的，因医术有差异，故收费有高低，如果要在乡村当纯粹的医生肯定不敷生活的费用。西医正是因为收费过高，即使治疗效果明显，也受到乡人的拒斥。比如清河镇西医孙富华与王淑敏因为索取两石米的高额手术费与药费，乡人付不起，所以导致人们议论说："宁可人死，也不敢请西医。"又说："清河西医口臭。"这是对西医随便要价的批评。②由于无人上门看病，孙王两位西医只好经营起副业。其实乡村中的医生一直都有义务型医生与半义务型医生之分，义务型医生大多家产丰厚，有足够的资本扮演儒医施仁术的角色。而乡村中所谓半义务性质的医生却比例更高，他们往往不只靠治病获取收入，还多兼有其他职业。例如学校教员，据当时调查，兼医生和教员双重身份的人数目不少，因为医生治病要摸脉搏、开药方，所以要识字。而乡村识字者少，小学教员又不易请到，中医为了谋生也为了宣传自己，多兼教员之职。

徐志明早年曾在燕京大学在前八家村设立的医药箱和清河镇西面真福院天主堂诊所初步接触了西医的基本知识，中间一度跟中医袁子痒学习脉学，至于开草药药方，了解各种药品的性味，志明虽稍知一二，但并未深入研习。徐志明后来行医时，即兼用脉学知识诊病，不过仅以此为辅，仍以西医为主。在学习了一段中医治疗方法以后，徐志明感到对中医兴趣不高，所以成绩不佳。徐志明经常进城，看到城里西药房、医院以及卫生事务所设备良好，规模宏大，而中医则渐走下坡路，觉得还是学西医的前途更大，于是

---

① 《道县卫生志》，黄山书社1992年版。
② 马树茂：《一个乡村的医生》，第51页。

在1941年经朋友介绍，认识了住在北平城内西四牌楼的内科大夫杨百川。有段时间，徐志明每日随杨大夫学习，后改为每星期进城学习一次。从此，在前八家村，徐志明就开始以西医的身份与中医和"四大门"展开竞争。除了在效力方面进行反复较量外，徐志明参与竞争的最重要武器是收费低廉。徐志明给本村人治病，病轻时则有时白送一些药片，也不索取种牛痘小孩的费用，外村人知道徐志明治病不收手术费，也不会像清河镇医生那样收取费用昂贵的医药费，所以纷纷前来应诊，以至于门诊病人日多。徐志明治疗所用的药品也到指定药铺如杨百川开设的药铺购买，为适应乡民的经济情况，所购药品价格都较低廉；为避免药价波动，每次所购药品数量不多，用完再买，买药的周期是每隔一日进城一次。①

在京郊农村，治疗收费的高低与否，往往直接决定了一位普通乡民对治疗方式的选择。所以西医要和"四大门"竞争，首先在费用上应基本与其持平，不能过于昂贵。普通乡民到坛口上求香，只要一二角钱香资就够了，有时甚至不付香资也能获取香灰，若是请医生至少要花费四角，药品在外。乡民请香头大多是为此经济上的原因，连香头自己也认为这是其参与竞争的一大优势。这种情形在警事档案中也有所反映，如一份审讯书中就证明顶香看病在多数情况下并非为了赚钱，这份审讯一位叫王玉才的香头所记录的对话如下：

问：你因为什么顶香治病你将原因说！

答：我曾在南锣鼓巷信诚斋绱鞋，于前年十二月间我梦见一老者叫我顶香治病，不然他叫我生病。我无法，于去年正月间我移在永外苏家坡二号我姨兄孙兆祥家居住，我顶香治病不收治病者任何

---

① 马树茂：《一个乡村的医生》，第32页。

馈赠。至于卖香钱，我都不管。

问：你顶香治病实在你不向人民勒索吗？

答：我实在对于治病及其他并不收受分文，我亦无招摇是非情事。①

另一份其表兄的证词也证明王氏顶香看病并不索要钱财：

问：你这姨表弟他对于给人治病问事向人民要多少钱？

答：我姨表弟与人治病是顶神治病，并不要钱，连香都不卖。②

住在小泥湾的一位张香头也说过："若是请大夫吃药得要多少钱呀？老神仙是为救人救世，普度群生。"③西医在进入乡村时也多少考虑到了这一点，如当时进行的定县实验，力求创造出中国式的保健体系，其目的就是为了在经济承受力上能与其他医疗系统展开竞争。如当时的报告中说："农民经济既然如此困难，一切卫生设施，当然不得超过农民担负能力，因此定县卫生工作试验，遂以调查农民每年负担医药费用为起点。"④当时调查的结果是："每家每年医药用费平均为一元五角有余。一家在定县约有六个人，即是平均每家为每人医药，至多化用大洋三角之谱。此三角钱在现刻当然完全消用于旧医看病买药，无新医与卫生事业之可言。我们今日介绍新医，包括科学卫生方法，若能分得旧医四千年历史基础上三分之一之价值，即非易易。换言之，农村卫生行政费在今日华北

---

① 《抗战胜利后北平市查禁不良习俗倡导善良习俗史料一组》，见《北京档案史料》2002年第4期，第38页。
② 同上。
③ 李慰祖：《四大门》，第50页。
④ 《定县社会改造事业中之保健制度》，中华平民教育促进会1934年，第9页。

情形下,至多只能以获得每家担负大洋五角为准。"①当然南方有的地区平均每人负担的医药费用比定县还要略低一些。②由定县按最低标准议定的医药费用可知,其一年的医疗花费相当于一般香头几次看病的收费标准。但面对香头免收治疗费的挑战,有的地区的西医需施行完全免费的措施才能在争夺病人方面与"四大门"的香头相抗衡。

"社区医学"与乡村社会资本的融汇作用

除"效力"和"费用"之外,社会资本的重组,对西医在乡村占有一席之地起了相当重要的作用。中西医如果真正想要和"四大门"竞争,在民间社会中就不可能仅仅单纯扮演一个纯粹医生的角色,而需要当地多种条件的合力支持,因为"四大门"的"香头"就是在社区中扮演着多功能的角色。针对于此,负责定县医疗改革的西医陈志潜在定县实验中提出一"社区医学(community medicine)"的概念,此概念强调医学应基于所有人的需要和条件,而非基于那些单独的个人;基于治疗和预防方法的结合,而非单独依赖治疗技术。③陈志潜由此批评现代西医的职业化倾向只把注意力集中在缓解病痛,而没有注意不同社会和文化背景下应采取不同的治疗对策,否则西医就成为滋生贪图钱财心理的机械式技术。最重要的一点是,"社区医学"十分关注西医技术如何与地方

---

① 《定县社会改造事业中之保健制度》,第5~7页。
② 《全国经济委员会卫生实验处工作报告》,卫生实验处编印1935年,第34页。
③ 景军:《定县实验——西医与华北农村,1927—1937》(未刊稿),第7页。

社区和权力结构建立起合理而有效的互动关系,特别是如何有效地利用当地的社会资源如新旧士绅阶层的力量作为支撑和推广西医技术的背景。在这个互动关系中,陈志潜特别注意为传统的社会控制机制预留了生存空间,这与北京城里以洛克菲勒基金会支持的协和医学院模式引申出来的城区"卫生实验区"概念有了根本性的差异:"卫生实验区"设立的目的是为了彻底摧毁地方社区系统取而代之,而"社区医学"的理念则是力图与地方资源包括"地方感觉"相协调,做到在一个空间中和平共处。① 比如陈志潜所阐发的"社区医学"理念包括流行病学、重要数字统计和卫生管理。但在定县保健制度的报告中,他又高度灵活地强调一切卫生计划当以最经济之组织,推行最简单之事业,建议用短期卫生调查、门诊记录和学生身体检查,替代城里依据"兰安生模式"推行的烦琐生命统计程序。这样既可在夏季农忙期间,农人无暇参与社会建设的时候作简单的社会调查,也可节省费用。正如景军所论:"简化西医行医手段,通过依靠现存的社会组织和给这些组织注入新的机制来提高公共卫生制度的有效性的决定,是将西医应用于乡土中国的重要步骤。"②

徐志明在前八家村的特殊身份与从医经历之间的微妙关系证明了这一论断的合理性。徐志明的父亲徐维屏是个有新进思想的乡绅,曾将前八家村延寿寺内的私塾改为新学。当时徐志明在北平上

---

① 杨念群:《民国初年北京的生死控制与空间转换》,载杨念群主编:《空间·记忆·社会转型——"新社会史"研究论文精选集》,上海人民出版社2001年版,第131~207页。北京城区所实施的"卫生示范区"计划受到建基于大城市状况下的协和医院模式的直接影响,与陈志潜所倡导的比较适合于乡村社会的"社区医学"理念有很大不同。
② 景军:《定县实验——西医与华北农村,1927—1937》未刊稿,第10页。

中学，应父亲之招，返回家乡，一面料理家务，一面帮助管理学校。在父亲去世后，徐志明继续出任小学校长，因为他是附近村庄唯一受过中等教育者，在担负校长后积极与村中长者联络，热心推动村中公益事业，在此位置上也容易和附近各村的民众发生联系，后来被选为所辖附近各村第十五保的副保长。①这种职务显然是国民政府推行地方自治时的新型基层控制力量，但在推行国家的近代化方面却起着举足轻重的作用，按杜赞奇的看法，他们虽然地位不高，却能垄断国家与乡村之间的联系。②

1932年，燕京大学在清河镇举办乡村实验区，实验区下设诊所和医院，以及助产训练班，努力探求增进村民健康的办法。实验区的中心在清河镇，附近村庄的密度虽然很大，人口众多，对于治病的需求应很迫切，但乡村社会中没有西医，中医因收入甚少，常常不肯下乡，村中患病乡民只有少数富裕村民可到北平海甸或清河请医生，多数村民都是信奉"四大门"或其他神祇。因此，清河镇的医院少有人问津。面对这种情况，实验区专门抽出力量，向周围乡村扩散宣传。这时的徐志明已是前八家村小学的校长，兼副甲长，以地方政治和教育负责人的两种身份与燕大实验区人员进行联络，联络的最初结果是实验区在村中成立了一个幼稚园，同时使小学增加到六年级，使新型学制体系趋于完整。随后又在村内的延寿寺内搭台宣讲助产保婴的好处，并举行卫生图画展览。

1934年，清华大学社会学系在村内设立实验区，与清河燕大实验区的范围相衔接，清大实验区设在村内九号梁家院内，不但

① 刘秀宏：《前八家村之徐姓家族》，燕京大学社会学系毕业论文，1947年。
② ［美］杜赞奇：《文化、权力与国家——1900—1942年的华北农村》，江苏人民出版社1996年版，第57页。

接续以前燕大在村中的卫生工作，而且在实验区内附设医药箱，有一位常文英女士专门负责义务助产。徐志明这时开始介入医药箱的工作，逐渐对卫生事务发生兴趣，最初是到北平各书局购买医药书籍自学阅读，后又从中西医名师受教，逐渐成为本地有名的医生。由于徐志明医术有限，只善用几十种药品，打针药品有：强心剂、葡萄糖与花柳药针等，在药品方面常用凡士林膏、咳嗽片以及治疗胃痛、退热等药片。徐志明至此已在村中身兼政治—教育—医疗三重身份，这种身份较易调动和整合乡村资源，特别是可运用其在政治和教育方面的地位，来推行西医的理念与实践。①。

最关键的是，徐志明身兼数种角色的情况下，逐渐把西医导入了乡村本土化运作的轨道。西医进入中国后所奉行的一些规则如相对封闭的医院管理空间及严格规定的门诊时间，在中国城市中虽较能推行，但在乡村却完全违背普通乡民的生活节奏和对空间的感觉。而徐志明对西医的本土改造比较贴近中医的方式，如门诊设置的时间不固定，以及范围广大而频繁的出诊频率，因为乡民普遍缺乏准确的时间观念。原来徐志明根本没有确定准确的出诊和门诊时间，后来规定上午门诊，下午出诊，但上午应诊时间仍不确定，病人随来随治，下午出诊一般在两点钟。出诊时把药品用具装在一小药箱内，系在自行车上，骑车到病人应诊或复诊的村庄去。每次出诊平均约走四五个村子，回家时常常天色已晚，所以出诊时先用过点心，晚间回来时再吃晚饭。夏季里病人最多，最忙时门诊人数超过20人，因屋小难容，病人多在院中或房外相候，出诊人数平均也

---

① 马树茂：《一个乡村的医生》，第21~35页。

有10人以上。每天出诊所到的村庄最初只是在前八家村周围二里、三里的区域，后来扩展到十里、甚至十七里的村子。徐志明出诊范围达40余个村庄，最远曾到过前八家村北面35里的沙河。①另外，前八家村西医徐志明在与村民或病者的交谈中，不会放过任何宣传西医的机会，时常发出香头不能治病的种种言论，并举出"香头"诊病不灵的事实。徐志明很清楚，仅靠效力高低的较量显然并不容易在争夺病人来源方面占据上风，因为徐志明在当地的医术并不属于高明之列。

中西医逐渐在与"四大门"竞争中处于有利的位置，我觉得值得注意的是，他们逐步建立起了一种"身体化"的评价系统。凯博文说，中国乡民容易把精神疾病用身体化的形式加以表述，这是中国文化含蓄表现的结果。而我恰恰认为，乡民清楚在什么时候用什么样的方式表达自己的感觉，当然前提是治疗过程必须有效。至于用什么言语表示，其实是可以随场合而变化的，比如他们很清楚把身体疾病与精神疾病分开加以对待，身体疾病靠人，精神疾病靠神，如前引郭于华的研究表明，现在许多农村乡民看病仍持有如此的分类框架。理由是乡民原来认为"香主"可解决一切问题，而西医进来后，外科手术的效果显然是"四大门"无法企及的，于是乡民自然用身体化的语言表达感受，而这恰恰是现代科学规训的结果，但并不表明乡间的地方感培育的治疗心理已完全消失，或乡民已完全放弃了选择仙家治病的传统，它们只不过是各得其所而已。

---

① 马树茂：《一个乡村的医生》，第21~35页。

七、社会控制机制的转变与"地方感觉"的城乡差异

城区"四大门"香头的移民特征

从前面研究可知,"四大门"在北京城郊的作用并不仅仅局限于治疗功能,香头还扮演着协调社区事务的角色。而这种角色的扮演与城郊乡村的社会组织结构和生活秩序的特征密切相关。但据档案史料观察"四大门"在城区的活动和分布与城郊相比呈现出判然二分的特点。不仅活动密度和频率减少,活动时间也相对短暂,而且"四大门"香头多从郊区移入城区,很少是城区土生土长的人物。比如我所分析过的86份北京警察厅的侦讯档案中,抓获的香头几乎全部都是由郊区移入市内的,而且居住的时间都比较短,其中犹以大兴人和宛平人居多。抓获的香头来自大兴县的有15人,来自宛平县的有8人。比如大兴人尹王氏搬到城内盆儿胡同被抓获后招供说:"早先我们在城外住着时,我顶着大仙爷给人瞧香治病,后来我们搬进城内来居住,老没给人瞧病。"① 香头移入城内的动机十分复杂,有些香头是受到某一仙家的指示和督促,从京郊入城,比如1936年居住在菊儿胡同的顺义城南平格庄人蔡泽田夫妇顶狐仙看病被警察抓获。他的供词就称,来北京的前两年,妻子朱氏染病后总不见痊愈,被狐仙附体,催促香火,坚持要朱氏给人看病,

---

① 《外右四区警察署关于伊王氏等与张有合等瞧香医治病症一案的呈》,北京市档案馆J181全宗19目录22151卷。

而且非常灵验。到1936年，狐仙催促朱氏进城救济病人，所以于同年10月23日夫妇二人一起来城内顶香治病，到11月24日就被警察抓获。①也就是说，他们进城顶香的实际时间只有一个多月。

另有一种情况是进城后诸事不顺而顶香，与负有"四大门"入城使命的上一案例有所不同。如王翟氏住下头条甲二十八号，供称"自迁下头条诸事不顺，是我设坛顶玉皇香火求顺，代人治病，仅收香钞"②。也有个别外省人进城顶香的例子，如四川人赵卞氏在前门外罗家井七号居住，顶的是"糊涂差"，据她自己的口供："我并不知医学，治病时我即烧香，上天告我用何种药材，我转告病人，并无符咒情事"③。入城顶香人还有一个普遍特点就是，一般她们顶香治病的时间很短即被查获，如河北省新城县人方张氏在1934年7月由新城原籍来京，住在西郊小马厂门牌七十三号，顶南山大仙爷给人看病扎针，烧香每股给铜元十枚，但八月即被查获。据她的说法："这红药面药丸是大仙爷赐下来的，我不知名称。"④这么短的顶香经历确实难以和城郊香头一般顶三年以上，甚至二三十年的经历不可同日而语。

由于京师五方杂处，除固定居民外，其他人口均有较强的移动性，所以"四大门"的香头或借"四大门"之名行医的人群，其区域分布、行医动机、顶香治疗方式均比城郊显得多样和复杂。比

---

① 《内五区呈送蔡泽田夫妇顶香治病卷》，北京市档案馆J181全宗21目录47093卷。
② 《外三区警察署关于抄获格邹氏、王翟氏等顶香治病一案的呈》，北京市档案馆J181全宗21目录12452卷。
③ 《外一区警察署关于赵卞氏瞧香看病一案请讯办的呈》，北京市档案馆J181全宗21目录6076卷。
④ 《西郊区警署关于方张氏以顶香治病敛财一案的呈》，北京市档案馆J181全宗21目录28998卷。

如有的香头可能一人同时顶几个大仙诊病,有一个叫陈陈氏的香头供称:"我于前年间因病经顶香人医治后,我即由此顶东山大仙爷及几位仙姑,与人看病服用香灰,并不服药,且用手指施以神针,看好病人无数,只收香资,并不额外索要钱财。"①〔一般而言,香头多由女性承担,这种"性别角色"在京郊被普通乡民习以为常地加以认可,因为香头不但从事治疗,还负责社区事务的调解,所以从事此职业的性别特征是不能模糊的。有的学者认为,在唐代以前,女性就已介入了健康照顾的领域,她们的角色既不限于用药,也未必具有医者的名分。她们或以巫祝符咒祷解,或靠物理治疗,或赖本草药方,除治疗产育相关病变之外,亦为人解除疮伤、消渴和中毒之苦。②〕而我在档案中却发现好几例男性香头治病被抓获的例子。如内六区警察署曾破获一个案子,案犯张文江供认因拉车不拉钱造成"三口无吃",于是在民国20年(1931年)三月初一向人说:"我梦见一老头叫我给他顶香,他自称是胡三老爷子,他有十二位女童,我就每日给人看病,不准我要钱生财,我曾给人圆光问问事,均是胡三老爷子叫我办的,我子女每日仅能不挨饿。"③可见张文江既不是真正的香头,也不懂医术,而是借香头为名骗钱生活。

还有一种情况是夫妇二人同时进城当神差,如房金善和房徐氏都是大兴县人。房金善当玉皇神差,房徐氏会过阴,当幽冥差使,遇到疯邪各样病人前来,"我即烧香自将手指烧烤,与人画符治

---

① 《内一区呈送陈陈氏顶香治病卷》,北京市档案馆J181全宗21目录47094卷。
② 参见李贞德:《唐代的性别与医疗》,唐宋妇女史研究与历史学国际学术研讨会论文,2001年。
③ 《内六区警察署关于抄获张文江顶香惑众一案的呈》,北京市档案馆J181全宗21目录12451卷。

病,所得香资,不拘多寡。我身穿黄色棉袄,是经人助善所给我,左胁现扎三针,是我在天津与人治病,受阴魔之害,现我将他捉住,故钉在我肋上,现不能起落,恐有性命危险"①。档案中说,这对夫妇从天津入京后不久就被侦知捕获。所谓"幽冥差"在各地均有记载,西南联大在昆明所作调查也证明西南城市中也存在借"幽冥差"治病的例子。②

档案中记载,在北京城区还出现过一家之内分别顶仙家和龙王而又各不相扰的例子。吕德泉因患病,曾在东便门外二闸龙王庙求圣水治愈后,即在龙王庙助善,龙王托梦给他,令他催香火顶香给人治病,他治病的方法与"四大门"的香头相同,即"用香灰茶叶令人用凉水煎熬喝下",档案中的描述是:"伊给人治病系先烧香,龙王给伊警动身体,或散或紧,龙王有何言语,伊并不知。"可是警察在吕德泉家检查时,发现院内东南角地方砌着一个砖洞,内有红布横匾一小块,上有"诚仙德道"四个金字,经查财神楼是吕德泉叔叔吕纯良供奉的,而吕纯良只听说他的侄子前四五年常有摔跟头的毛病,并称在前门楼、安定门楼当差,并不知他如何瞧香看病。据吕振元的供词:"财神洞是我父亲盖的,为的是在外头作事求顺遂,并没别的意思。"吕纯良的供词则承认:"我们小院内有一个小庙,我们早先供着财神,后来塌啦,我又砌上啦,我把财神像撤下去啦,换上的是红呢小横匾,每天归我们烧香。"吕德泉的父亲也说他儿子前四五年常摔跟头,"竟摔死过去,缓醒

---

① 《东郊区警察署关于查获房金善等顶香治病一案的呈》,北京市档案馆J181全宗21目录12450卷。
② 昆明在三四十年代也有从事此职业的人,均以女性为主,故名叫师娘,据说"此种师娘,能入阴间请已死者籍其口而言",参见车溢湘:《昆明健康及卫生之调查》,第51~53页。

过来，他就说是在前门楼子上安定门楼子上当差，直闹了一个多月才好的"[1]。从治病动机上看，顶龙王差使与纯粹的"四大门"顶香略有不同，即毫不隐讳赚钱的心理，吕德泉所跟随的王姓老妇在教他学习顶香看病时明说是为了赚钱，吕氏供词中说："他（她）曾叫我用水给他摇香灰成球，他说给人治病当药，并向我说我如跟他（她）学，将来给人治病，那病人万不能白叫给治，一定可以得钱。"[2]可见叔侄二人所信不同，侄子顶香顶的是龙王，叔叔则选择了财神，但两人却可以相安无事地同处一个空间之中。

城内还出现过"四大门"与"医士"（即中医）和平共处的情况。例如内三区西颂年胡同二十五号住着一个名叫刘瑞清的医士，据邻近住户反映，该医士家中供奉仙家黄二老爷，但并不与他人看香，亦不奉仙家与人诊病。该管第十三段会同户籍警士赵连方往刘瑞清院内彻查，发现他家院内西墙下有一座财神洞，里面供奉着黄纸牌位，上书黄二老爷之位，每日早晚由其家人焚香祈祷，院中的南房是诊病室，内设有脉案及诊断方根等物，按警察的话说："确与医士诊所无异。"[3]于是发还了曾经扣留的医士执照。刘瑞清是否信奉"四大门"不能完全确定，但其家人信奉仙爷却是确定无疑的，至少刘医士没有从中制止，而是让中医诊所和仙爷居所共处在同一个空间中，这一现象本身就验证了中医角色的模糊性。

还有一些案例是某些人假借顶香看病为名行医，说明即使懂医道的人有时也不得不凭借"顶香"的神秘力量为自己诊病的水平

---

[1] 《名左二区警察署关于侦获顶香治病人犯吕德泉一人一案的呈》，北京市档案馆J181全宗19目录22154卷。
[2] 同上。
[3] 《内三区警察署侦获刘瑞清看香事》，J5全宗1目录63卷。

提供佐证,以呼应民众的社会心理。如外四区警署发现盆儿胡同六号住户王洪林家每天有很多人出出入入,于是对他家进行了突击巡查,把王洪林及看病人王世全等五口人带署审查。按照王洪林的供词称:"伊给人医治病症,并未经过考试正式立案。至治病方法,全恃顶香求神为助,立方自行购药,并不勒索钱财,所有前来看病者凭其自愿,酌给挂号香资铜元二三十枚不等。……伊所配之药四种,系经公安局发有执照,准予售卖等语。"①在这个案例中,一个核心问题是王洪林是否真能降神治病呢?按照王洪林自己的叙述颇显出相互矛盾之处,一般来说,"四大门"香头降神,不管是"明白差"还是"糊涂差",香头自身都不具备医术和治病的能力,更无法识别药性的作用。而王洪林一会儿说治疗"全凭顶香求神为助",一会儿又说自己所配四种药完全符合公安局药品检验标准,明显给自己的顶香行为留了退路,说明王洪林知晓医道,却并未被"拿法"顶神,只不过想借助顶香之名行医而已,况且男性顶香也不符"四大门"的规矩。不过这个案例恰巧说明在相当长的一段时间内,作为"巫医"的"四大门"香头和传统中医之间确有一种相互倚重和相互包容的关系,并非完全处于相互排斥的状态。

城区空间控制的加强与"地方感觉"的弱化

费孝通曾经指出,由于中国幅员辽阔,其社会结构在进行上下沟通的过程中不可能只在自上而下的单轨上运行,"在一个健全

---

① 《外四区警著关于王洪林假籍神术行医请讯办的呈》,北京市档案馆J181全宗21目录28992卷。

的、能持久的政治必须是上通下达，来往自如的双轨形式"①。换句话说，中国传统政治结构是有着中央集权和地方自治两层。中央所做的事是极有限的，地方上的公益不受中央的干涉，由费孝通称为"无形组织"（informal organization）的自治团体管理。②这大致可以说是前现代基层乡村的状况。城市空间也存在类似的情况，斯普伦克尔认为，城市人们的生活受着两类组织的管理，这两类组织之间互有某种交叉：一方面是地方性、排他性的团体、会社（大部分人都生活于其中）制定自己的规章手续，借助惯例加以推行；另一方面是官方的国家行政机关，靠法令、家庭与官僚政府来进行治理。官僚政府平常总有点拒人于千里之外，除非有什么申诉或骚乱时，才会行动起来。③这种平衡的格局在十九世纪以后遭到了破坏：首先是新式警察的建立改变了警事系统和自治空间各安其位的现状，开始更多地干预民众的日常生活④，其次是非治安系统控制的加强，所谓"非治安系统"是指非传统意义上的控制机制的引进并发生主导作用。

更具体地说，卫生概念和系统的引入成为城市"非治安系统"最重要的内容之一。"卫生"应成为城市管理内容的观点起源于18世纪的欧洲，按照罗芙芸（Ruth Rogaski）的看法：卫生管理的主要推动力是从空气、阳光和秩序的需要考虑如何利用城市空间。最

---

① 费孝通：《乡土重建》，选自《费孝通文集》第四卷，群言出版社1999年版。
② 《费孝通文集》第四卷，第336页、340~347页。
③ 西比勒·范·德·斯普伦克尔：《城市的社会管理》，[美] 施坚雅主编：《中华帝国晚期的城市》，叶光庭等译，中华书局2000年版，第755页。
④ Alison Dray-Novey: "Spatial Order and Police in Imperial Beijing," *The Journal of Asian Studies* 1993 (52), No.4: pp. 885~922.

初对秩序的迫切需求是由于要划定界限——下水道把清除污物的功能与道路的运输功能分离开来。将死亡限制在屠宰场和坟墓的功能使这些地方远离城市精英们的视野和嗅觉。由政府划定的市政管界把可能会传播疾病的躯体与健康的躯体分开，设定了民族聚居区和种族隔离的"城市避孕套"[①]。

"卫生"观念的引入改变了中国人对疾病与环境关系的看法。原来中医理论认为疾病的发生只与不正常的天气、无节制的饮食以及恶鬼的存在相关，而到了20世纪初年，"是否卫生"已成为评价城市文明程度的标准，疾病的发生与城市环境建立起了直接相关的联系。与此相应的是，"卫生"事务作为整个城市空间治理的一部分措施开始纳入警察监控的职责中，扮演着与地方自治组织争夺城市控制权的角色。20世纪以前的城市管理者在保证人民健康方面采取的是有限干预的态度，其职责主要是确保正常的粮食供应，劝告人们遵行中医预防疾病的合理箴言。国家没有权力或相应的组织去直接干预人民的健康事务，也不想这样做。[②]

进入20世纪以后，城市管理者以"卫生"的名义对居民日常生活的干预逐渐变得越来越合法化。即以北京为例，这一合法化过程经历了两个阶段：第一阶段是"卫生"事务附属于警察系统成为维持地方秩序概念的一种延伸，还不具备独立作用的条件；第二阶段是覆盖内外城区的六个"卫生示范区"的建立，重新分割了北京的城市空间，特别是把卫生职能与警察职能予以区分，设置了专门阶段机构，这样就改变和拓展了城市空间的内涵，把"卫生"监控

---

① 罗芙芸：《卫生与城市现代性：1900—1928年的天津》，《城市史研究》（第15—16辑），天津社会科学院出版社1998年版，第151页。
② 《城市史研究》，第159页。

的职责引入了日常生活领域，同时也改变了邻里之间对"什么是安全"的传统看法。①

民国初建，"卫生"观念的引进也影响到了北京警察对传统医学和"四大门"等巫医人群的处理方法的变化，我们先来看一段1915年京师警察厅的告示，其中说道："医术多门，皆能救济，星家推步，各具师承，小道可观，籍作谋生之路，本为例所不禁。乃近因发生案件，竟有一般作利之徒，不顾生命关系，或以符咒顶香，假充神道，或以偏方配药许奏奇功，迹其居心，无非以骗诈得财为主义，而病家情因迫切，往往坠其术中，小则枉费赀财，大则暗伤生命。"②告示最后提示民众说："如有冒感疾病，务须寻觅良医诊治，勿再被人诱惑，乱投药品，致使生命濒于危险，倘或有人以诈术惑人，意存骗财者，证据如系确实，尽可扭送该管区署，从严究办，不必隐忍。"③

细读这份告示，其内容仍承认"医术多门"，实际上仍包容了星相佛道诸种及"四大门"等并非纯粹中医理念所能解释的治疗方法，甚至顶香看病只要没有诈财或更加广义的妨害公共秩序和安全的嫌疑，似乎也不在禁止之列。这说明在1915年间，警察厅还没有完全依据现代专门化的医疗分类概念处理公务，对医疗观念的认识仍具有通融新旧的兼容性和整合性，这一点倒是和京郊存在的乡民"地方感觉"有相通的地方。这个阶段城内警署的判词中经常出现

---

① 杨念群主编：《空间·记忆·社会转型——"新社会史"研究论文精选集》，第131~207页。
② 《京师警察厅关于市民勿被符咒治病诈术欺骗的示》，北京档案馆J181全宗18目录5162卷。
③ 同上。

诸如"似此假神骗财,不惟引人迷信,尤恐伐害生命"①。关注点还在对骗财行为的预防上,还是一种维护治安秩序的视角。

抗战以后,国民政府内务部曾相继颁行了查禁不良习俗办法及倡导民间善良习俗实施办法,令各省市遵行。北平市政府也颁布了相应的细则条例,制订了不良习俗调查表和现有不良习俗实施严禁期限表。细则中规定,调查表不但要填注所谓"不良习俗主体"得到姓名、性别、年岁、住址、职业、教育程度;还要注明种类(例如缠足或迷信之类),心理影响(如不良习俗者之情绪如何,有无执迷不悟情形),生活关系(例如以卜筮星相为业之类)②。"顶香看病"在这场比较常规化的道德教化运动中自然也成了重点纠察的对象,在所订严禁期限表中,"顶香看病"与信仰邪道、圆光看香、指佛持咒、借机敛财或假冒僧侣包办佛事、吹唱杂曲,以及一贯道、摸摸道秘密聚众结社和妇女缠足等自1947年11月4日即日起被强制解散,并察酌情形没收其药方、药剂或符咒书籍。③这次习俗改良运动的一个重要特点是其强制措施都是在1929年推行的城市保甲自治的框架内进行的。1929年1月,全市城郊被划分为十五个自治区,许多政府组织的活动都在这一新的城市空间安排下进行,民政局制订的不良习俗调查表格就是由其派员督同各区保甲长详细访察,分别填注,最后还要制成统计图表。比如第十五区公所呈报的八保十五甲所填《不良习俗调查表》中就填报了一位51岁的王杜氏,在"不良习俗之种类"一栏中填的是:"信奉邪道顶香

---

① 《外右二区关于赵贺氏顶香看病被判罚的报告》,北京档案馆J181全宗18目录5416卷。
② 《抗战胜利后北平市查禁不良习俗倡导善良习俗史料一组》,《北京档案史料》2002年第4期,第29页。
③ 同上书,第49页。

看病",在"心理影响"一栏中填报的是"愚惑乡民"。而在第四保十九甲所填报的对一名叫王玉才的男子调查表中,内容就更加详细,在"不良习俗之种类"一栏中填的是:"信奉邪道顶香看病","心理影响"一栏指其"引诱良家妇女,每于夜间聚集多人,影响地方治安"①。可见对"顶香看病"的察访仍最终落在了对地方治安状况的关注上。只不过这种关注形式更加细密地落实到了以自治区划为主体的城市细胞的监控程序之中而显得更有效率。在这次行动中,就因为第四保的"保正副保长事前不向民众劝导,更不举发,殊为失职",因此各被记过一次。甲长韩永珍因参加该秘密道,"不能领导民众,应撤职另行改选具报"②。不过,直到1948年1月,第十五区内仍有顶香看病的情形发生。1月18日第八保保长王文佐报称胡兆增"勾引十四区大柳树李佛缘(自称系济颠僧活佛下界)在该村聚众烧香,籍词索款,并称若干日后即有大乱,尔等草民即应归顺我佛,以登仙界"③,并报警局处理。可是到了4月28日,王文佐继续呈报说,李佛缘等不但不知敛迹,还借端调戏妇女,"且时有外县人以看病为名来往其家。值此戡乱时期,倘有匪人乘隙潜入,于地方治安实有攸关"④。所以还是通过位于市郊的第三警察分局将李佛缘驱逐境外才算了结此事。

尽管如此,我们从另一份档案处理案件的前后措辞变化中仍可以观察到,现代"公共卫生秩序"的概念已经逐渐渗透进警察处理"四大门"等事务的程序之中。如1915年对李朱氏顶香一案判词的

---

① 《北京档案史料》,第40页。
② 同上书,第39页。
③ 《抗战胜利后北平市查禁不良习俗倡导善良习俗史料一组》,《北京档案史料》2002年第4期,第50页。
④ 同上书,第53页。

改动就很有意思，原有的判词是："李朱氏左道惑人，殊属有碍治安，合依违警律第三十八条二款拘留十日。"①这显然还是按传统的治安标准予以处罚，字面上无甚新意。但档案中显示，判词经涂抹后改为："李朱氏左道惑人，殊于公共卫生有碍。"②虽然只是几字之差，却已把李朱氏的顶香行为变了性质，即警局原来考虑打击的重点是妨害传统治安秩序的行为，而改动后的措辞则更强调对所谓"卫生秩序"的破坏。这显示出警局处理"四大门"等传统治疗技术的微妙心理变化。20世纪20年代以后的许多判词就更是直接从"卫生"的角度入手，判定案件的性质，如外左三区判决胡永泰一案称："查胡永泰竟敢以信邪秘密与人治病，实与风俗卫生两有妨害。"③1936年公安局对张葛氏案件的判词是："虽供并无顶香与人治病敛财之事，惟无医学知识与人治病，亦属不合。"④所谓"不合"当指公共卫生标准。其判词意谓即使查出无顶香之事，也需按医学标准讯办。

　　警局判词的改动只反映了空间控制变化的一个方面。北京城区内的"卫生示范区"成立以后，"四大门"香头的活动范围受到了很大限制，卫生区通过邻人举报、媒体曝光、巡警督察等方式日益压缩香头的治疗区域。如一部分深浸于"卫生"观念的市民的介入，使侦讯"四大门"的行为带上了公共参与的色彩，卫生局档案中存有一封市民林石鸣和张瑞杰的来信，其中把有顶香看病嫌疑的

---

① 《内左一区警察署关于李朱氏的呈》，J181全宗19目录10324卷。
② 同上。
③ 《外左三区警察署关于送胡永泰与人瞧香治病的呈》，北京市档案馆J181全宗19目录26230卷。
④ 《内四区送遵将匿名函报瞧香治病张葛氏一口》，北京市档案馆J181全宗21目录47093。

几家住户的分布情况了解得非常仔细。信中说："平市对于一切卫生事件，均百分努力，惟近来一事贵局不甚介意……窃平市有名医不下数百，均无使病人吃香灰符纸而愈者，近来有人异想天开，立以佛堂，顶香看病，送病人香灰符纸为药品。如北城妙豆胡同安灵里二号何宅，南城宣外果子巷羊肉胡同二十九号阎香甫，樱桃斜街李宅，兵马司谢宅。"①这段描述已从专门化的角度把"四大门"诊病与标准的医学行为作出区分。这显然有别于城郊乡民对香头身份的模糊感觉。

城区内的各种媒体也通过相关报道为巡警对"四大门"的侦讯提供讯息，这直接使香头的活动受到很大的压力，使她们的行动必须在日益诡秘的情况下才能进行，如著名的吕德泉一案就是由《京兆新报》曝光后被警察侦获的。当巡警查到香串胡同吕德泉有顶香行为时，知道其"惟甚守秘密，须熟人介绍始肯给人医治，查办颇费手续，当觅一金姓老妇托词求药治病两次未允"②。吕德泉的叔伯兄弟吕振元也曾经提醒吕德泉，"劝他不必信这些个，我说瞧香治病地面上不准，不叫他顶香"③。另有例子证明香头在城内顶香显然比城外有更多的心理压力，如胡永泰的口供说："我恐地面干涉，是我备有高香，来治病的人，烧我的高香，给我香钱，我并不贪别的钱财。"④档案中曾透露拿获吕德泉经历的十分复杂的过

---

① 《内四区送遵将匿名函报瞧香治病张葛氏一口》，北京市档案馆J181全宗21目录47095卷。
② 《外左二区警察署关于侦获顶香治病人犯吕德泉一人一案的呈》，J181全宗19目录22154卷。
③ 同上。
④ 《外左二区警察署关于侦获顶香治病人犯吕德泉一人一案的呈》，J181全宗19目录26230卷。

程。由于无法接近吕氏，警察查到与吕氏同院着茶食胡同无盛斋蒸锅铺铺掌刘顺先与崇文门大街永盛牛肉馆铺掌王德福相识，警察委托刘顺先找到王德福，告诉他有张姓小孩在城外玩耍，向枯树撒尿时昏迷不醒，导致双目失明，想找吕德泉医治。吕德泉答应后，定于1918年7月27日午后备车接请。警察一面在太乙胡同门牌七号福昌涌纸局内借用房屋，并令在该局居住的张子和代为接待，同时命令第二分驻所的伙夫锡珍扮作患眼病的小孩在局中等候。然后命令王德福备车接吕德泉，等车行至榄杆市大街，张子和上前阻止，告诉说小孩已经进城，在福昌涌纸局等候医治。于是将吕德泉让至纸局内，吕德泉即令买香，"俟其焚香作态叨念请神之际，即令巡警张德山进该局将其拿获"①。整个侦破过程看起来相当复杂，经过了一番精心设计。这与京郊地区"四大门"活动的公开化和透明化程度相比显然不可同日而语。

特别值得注意的是，警察在处理顶香行为时由于受到"卫生"观念的影响，常常把顶香过程中的降神行为按精神疾病进行归类，这与原先从治安和维护秩序的角度所作的判定又有区别，甚至会影响到当事人对自己行为的自我判断。比如处理张赵氏顶香案时就出现了这种情况，据当事人佟李氏供称："这张赵氏于去年九月间租住我院中北房一间，至本年二月间我院中无分昼夜，时常有人抛掷砖头，遍寻并无人迹，疑系大仙，我遂写一牌位供在堂屋，迨后张赵氏他即顶香在我屋中给人看病，并报药名，令旁人给写。"②据

---

① 《外左二区警察署关于侦获顶香治病人犯吕德泉一人一案的呈》，北京市档案馆J181全宗19目录26230卷。
② 《外四区警察署关于佟李氏控张赵氏顶香治病一案的呈》，北京市档案馆J181全宗21目录12453卷。

张赵氏供称:"有一次我看见一个大白脸将我吓死,我遂买得香炉蜡钎供在佟李氏所供牌位之处,至本年正二月间我屡次犯病,迨后每迷糊不醒之际,我听院邻说曾与人看病,我毫无知觉。"①请注意张赵氏对自己顶香行为的表述,与城郊香头的表述完全不同,城郊香头的职责就是给人治病,她们从来不会认为自己的行为是一种病态。而作为城里的香头,也可能张赵氏会受到"卫生"观念的影响,反过来认为自己的行为属于病态范畴。因为在此之前,她丈夫对妻子附体治病的行为颇不理解,请中医诊治的判断是:"气冲肝症",而警局对张赵氏的判词是:"经医官验明实有间断期神经病,免予置议。"具有反讽意味的是,有些顶香人只有被贴上现代医学分类下的"精神病"标签,就可能被免予追究。

总之,在现代警察系统和卫生体系的双重监控下,"四大门"在北京城区的势力受到很大削弱,这表现在香头在城区失去了在城郊那样的地方感觉的氛围,既无法成为城里社区事务的协调人,从而成为类似解决城郊乡民疑难问题的源泉,又无法与监控严密的现代卫生制度相抗衡,分享其城区的文化资源,因而与城郊的情况形成了巨大的反差。

八、结论

本文通过研究北京郊区乃至华北地区普通乡民的"四大门"信

---

① 《外四区警察署关于佟李氏控张赵氏顶香治病一案的呈》,北京市档案馆J181全宗21目录12453卷。

仰形态,得出了以下结论:

其一,以往对宗教信仰的研究比较强调上下形态如何沟通,特别注意上层的"宇宙观"如何规范下层乡民朴素的民间形态,或者是下层民众对上层"宇宙观"如何作出回应和抵抗。一些精英知识群体总是用一套学理意义上的宗教崇拜的等级原则去想象和比附普通民众的宗教意识。本文则通过北京城郊乡民的"地方感觉"所营造的氛围对知识精英所建构的神谱身份制进行解构,试图说明,"四大门"虽然是喜怒无常无法成为更高一级神祇的"仙",却能左右乡民的情绪并催动更高一级偶像的香火,并制约着其发生作用的形式。这表明在乡民的意识里并不存在严格意义上的神界秩序,也不会按照这种秩序去安排自己的信仰生活。

其二,乡民对"四大门"的信仰与地方感觉的构造有关。乡民信仰对神祇和仙家的选择并不完全取决于其信仰层面的精神效力,而是关注其在日常生活中实际发生作用的程度,比如是否能解决普通生活中的一些难题,偶像可信度与否往往与其是否能验证具体的生活经验有关。而生活经验又与个人所处的特定空间和其持有的特殊感情状态有关,这种地方感觉是乡间挑选成员、友谊、恋爱、婚姻、结社等的基础。京郊乡民对"四大门"香头作用的认可,往往是因为她们处于乡民认同自己的地方感觉的枢纽位置,因为她们经常扮演社区事务的协调角色,而不是官方超越地方感觉制定的信仰原则。与此相关,如果空间的内涵变了,信仰的生存基础也会随之发生变化。布迪厄认为,社会世界是处于不同生活方式之中的地位群体所形成的空间,人们在相似的类别身份中确立自己的地方感觉①，那意思是说，环境变了，地方感觉就会随之改变或消失。比如"四大门"香头在城郊的身份并不仅仅是治病的医者，而且还是事务的纽带，她可以通过顶香这种"差异的标记"来标识出自己区别于普通民众的重要价值。但是一旦移居城内，因为城市的空间结构与城郊有很大差异，香头无法在这样的空间中占据主导地位，"地方感觉"自然就弱化了。这并非仅仅是一种心理感觉，而且是身体与周围世界重新发生关系时所导致的位置感的移换。从主观方面而言，在城区，现代国家可以更直接地通过改变感知与评价社会世界的范畴对原先的地方感觉重新进行分类，从而积累起了新的象征资本。分类框架制定的具体表现就是对一些职业资格的认定，如对"医士"与"医师"资格的确认，并通过职业化训练的手段成为城市民众的共识，实际上就改变了城区的地方感觉结构，香头所依恃的地方感自然就被弱化了。

其三，从以上的论述可能会得到一个印象，"地方感觉"的构造与城市化的过程似乎是背道而驰的。如果把"四大门"等信仰仅仅简单地理解为所谓"封建迷信"的话，这个过程就似乎具有不容置疑的合理性。但事实远非如此简单，城乡差异经过近百年的变革在中国仍是一个主要问题。在过去相当长的一段时间内，用评价城市的专门化标准或感觉分类原则去强行规范乡民具有自治意义的感觉结构，而不顾忌地方环境的特性，已经造成了地方文化资源的枯竭和流失。早在40年代费孝通就警告过，不要为了盲目推行自上而下的现代化，就肆意破坏传统社会结构形成

---

① ［法］布迪厄：《社会空间与象征权力》，载夏铸九、王志弘编译：《空间的文化形式与社会理论读本》，明文书局1994年版，第435~440页。

的双轨制原则，用行政村体制彻底取代自然村体制，如此试验政治单轨制就会堵住自下而上的政治轨道。费孝通的思想在当时引起很大的争议，被认为是"反现代化"的论点，现在看来却是最清醒的一种看法。对"地方感觉"的认识亦当如此，当我们考察一种信仰的内涵和功用时，应更多地考虑它与不同地方感之间的关系，而不要仅仅把它视为纯粹的宗教形态；同时，也应该在地方感的框架下来评估其信仰的意义和价值。而不要先入为主地在现代化的框架下来对之予以定性的评价。

华北青苗会的组织结构与功能演变

"青苗会"在清末民初曾经是华北地区农村基层社会的重要组织,它的诞生、发展和演变也与华北地区村落形态构成的特殊性密切相关。它的起源是华北农村在收获季节为确保农作物不被偷盗者搜取,农民们不得不派遣家庭成员在夜间轮流到田间巡视,较富裕的家庭则雇用专门的看护人,这叫"看青",一些邻近居住的家庭也往往联合起来雇用一个看护人保护田中谷物直到准备收割。

在收获过程进行当中,许多地区有个习惯,那就是允许周围村庄的穷苦农民进入田地拾取收割遗留下来的麦穗和谷物,这个习惯无疑是照顾那些穷人的慈善行为,却也往往是地主与拾穗者之间发生冲突的主要根源,为了处理好这一习惯所造成的麻烦,华北农村往往自发组织起较为正式的机构解决类似的纠纷,这就是"青苗会"兴起的缘由。从"看青"到"青苗会",原来都属于自发组织的性质,然而在20世纪初,"看青"已开始从一个家庭自发的行动向村庄所拥有的集体性责任转移。

"青苗会"功能从简单向复杂结构的演变趋势已经引起了社会史研究者的重视,目前出现了两种有影响的对立观点:一种观点认为,从清末到民初,随着国家现代化策略向基层社会的不断渗透和延伸,"青苗会"组织已从一种单纯的"看青"功能演化为颇为复杂的地方自治机构。另一派学者的解释则有所不同,他们根据满铁调查的资料发现,"青苗会"功能的变动恰恰证明的并不是村庄自身的成长和发展,而是标志着村庄的衰落。无论怎样评价这两派观点,"青苗会"日益变成了一种复杂的地方功能组织当没有疑问。本文通过河北三个村子即解口村、太子务村和黄土北店村"青苗会"组织的研究,试图修正以往研究对"青苗会"功能的若干看法。

一、"青苗会"组织功能的双面性

本文所探讨的村庄之一解口村属河北永清县288个村庄之一,该村共有耕田1147亩,如按所有权划分,耕田又可分为本业地、租地和当契地三种。该村拥有62户人家,每家平均人口4.3人,拥有耕田18.5亩。户姓以梁姓为最多,占全户数58.1%。"青苗会"是解口村的七种重要组织之一(其余六个组织是村公所、禁赌会、祭茔会、路灯会、添油会、吵子会)。"青苗会"成立的确切时间已不可考,大约在清末就已出现。"青苗会"会员一般都设有会首或称会头一人,司理全会一切事宜,另有管事的或称理事人八九人至十三四人不等,具体执行会内事务。还设有管账先生一人,司理一切账目,另外就是看青的或称青夫一至二人,司理看守庄稼之职,防止偷窃及损坏事情的发生。"青苗会"的正规工作可以概括成写青、看青和敛青三项。所谓"写青"就是将青苗会应保护的青苗，划分清楚，载之于册，以便按册保护青苗及收敛"青钱"的一种手续，在保护范围内的耕田称为"青圈"。青苗会成立的时间大约在玉米成粒之时，即阴历七月初，或十三四日时，即阴历八月中之时。写青时应划定青圈界限，清末以前青圈的界限划分似乎从未发生过问题，但青圈内地亩的确实数字，却不准确。每年写青时，各地主报告青圈内的亩数常不确实，随着村务中国家摊派费用的增多和青苗会功能的复杂化，迫使对地亩数的登记越加严密细致，除登记本村青圈以内的地亩外，还登记其青圈以外的地亩数，以便作为将来村中摊款的根据。①所以写青实际上就是登记全村地亩数量，这说明其范围已扩充到了青苗会本身事务之外而与村政相混合了，同时也证明青苗会的职责已经逐渐在溢出原有的单一职能。

有的学者认为，为了明确村与村之间财政权与管辖权的界限，青圈亦成为村界，使村庄在历史上第一次成为一个拥有一定领土的实体。②有关"看青"职能的演变，我们在下面将进行讨论，但"青圈"即为村界的结论恐怕有一定问题，因为解口村青圈内耕田的地主，不必属于本村，也包括不少外村人。该村青圈面积为1530.5亩，村子恰居青圈的中心，直径约为一里半，但圈内土地却分属六个村庄，"青圈"界限与村界显然不一致。为了协调"青圈"内本村与外村人交纳看青费有可能造成的矛盾，在"敛青"时形成了相应的协商和转费制度，看青人将属于自己看护的青圈但

---

① 梁柏：《解口村大秋青苗会之概况》，《社会研究》1933年第四十期。
② ［美］杜赞奇：《文化、权力与国家——1900—1942年的华北农村》江苏人民出版社1996年版，第187~188页。

不居住于本村之人交纳的看青费转给相应的看青人,并接纳对方转交的"代征"看青费,有些地方村民称这种"代征"为"联圈制"①。据当时的调查,华北许多村庄都采取这种"联圈制",本村种外村圈地到外村交青钱,外村种本村圈内地到本村交青钱。

然而,"联圈制"的实行一般只能在"青苗会"处于早期状态下时才能发挥日常的作用,而国家权力的渗透导致"青苗会"功能复杂化之后,"联圈制"因为只征收狭义上的看青费用,故而不能满足现代征税的要求。以解口村的"敛青"内容为例,"敛青"作为"青苗会"的最后工作,其内涵前后已发生了相当大的变化。"敛青"在"青苗会"的原始形态时,只在禾稼谷物收割完毕后,收敛看青的费用,普通情况下在阴历九月底或十月初举行,但在光绪末年以后至民国初年,"敛青"的内容已经从单纯的收取"看青费"扩展成了三项工作,即:(1)征收"青钱"。在光绪二十六年(1900年)以前,每亩青钱为十六个制钱,后改为铜子四小枚。在1912年时,增至二十枚;1930年时,每亩改为一毛。(2)户口费。这项费用大约在1929年开始征收,村民不论是否有耕田,只要被称为一户,就要纳洋两角五,村民叫作"灶火门"费,意思是按"灶火门"收费,每一个"灶火门"意为一个经济独立的家庭。(3)村款费。这项费用包括村中一切花费,多则每户多摊,少则每户少摊。②从各种款项的划分来看,"青苗会"的职能已远远越出了"看青"的范围,而演化成了村级的征税组织。

"青苗会"在1928年以后有一个重要变化,土地登记和村差

---

① [美]杜赞奇:《文化、权力与国家——1900—1942年的华北农村》,第187~188页。
② 梁桢:《解口村大秋青苗会之概况》,《社会研究》1933年第四十期。

派遣以及敛钱摊款替代"看青"成为主要内容，同时"青苗会"的征税功能也使得自然村显示出了向"行政村"转型的信息。据万树庸对宛平县黄土北店村的调查，此村"青苗会"的历史就可清晰地划分为两个不同的时期，一是庚子年（1900年）以前的地保时期；一是庚子以后的会首时期。黄土北店的地保姓施，已在村中住了十代，他担当此职位是由县政府指派的，以便在村内应酬官差，所以"地保"一职是现代警察制度建立以前的乡村地方政治领袖，乡与县、县与乡种种关系都以地保作为沟通的媒介。凡由县里派下的官差，每到一村，就向村民索要差费，所以地保即向青苗会的会员敛取。这样一来，地保就会一面接应官差，一面向会员敛钱，便自然成为青苗会这种自然组织的领袖。

"青苗会"的第二期改组是义和团事变以后外国军队攻陷了北京城，一部分官员为了追赶王室驻扎在清河镇，要在一天的时间内向附近各村的民众征收两万枚鸡卵，如果没有本地人员负责此事，就要亲自下乡夺取。以后随着人事日繁，青苗会的组织系统为应付各种国家和地方的行政指令而变得日益复杂化了，最终摆脱了地保时期的初始状态。①

由于"青苗会"的事务与村中其他行政事务常常混淆不分，所以民国以后的人们谈到"青苗会"时也往往不自觉地把它看作是村一级的日常行政单位。比如清河镇的人们谈到"青苗会"时就说："谈到我们乡村中，都有自治机关，其中以青苗会（即村公所）为中心，村长、村副及会员为首脑，所管理的事，不过青苗会，应酬

---

① 万树席：《黄土北店村社会调查》，《社会学界》1932年第六卷。

兵差官差，监督小学校，修盖庙宇……"①可见"青苗会"已无法和村公所的职能相区分。

不过以上所述"看青"外延的扩大和组织行为的变迁，并不意味着国家权力的渗入就一定赋予了"青苗会"这种组织以现代的新意。这表现在"青苗会"仍缺乏现代意义上的规范化管理，所有大小事情仍为会首和"管事的"所包办，而且他们的位置都是世袭的；这种宗法性还表现在一切组织规则仍按习惯的程序处理，除出入账之外，都是口头的，毫无明文规定，有关一切事件的决议，也是在闲谈中达成，只要无人反对，就默默地通过了。徐雍舜在《农村自治的危机》一文中曾经明确点明了"青苗会"功能扩大后的弊端，认为"组织变多了，村长、村副、闾长、邻长、监察委员、调解委员、放足委员、财政委员、书记、校长、自卫团团总等等官衔，不一而足。村里的事情没办多少，而对外的事情却极繁，今天征区公所办公费，明天催保卫团饷金，后天征枪弹款，接着又是军事捐、抗日捐、八厘公债、县借款、教育费、房田草契费、中佣费、旗产留置费、警察费，征大车、征骡马、征民夫"②。这里面的批评既包含了对"青苗会"功能多歧性的质疑，同时也暗示了其旧有组织形式基本没有多大的变化。

华北"青苗会"一方面开始应付日益繁重的国家摊派任务，另一方面却仍保留了一些传统社区内的职责，如需带头举行求祈龙王赐雨等等宗教仪式。"青苗会"在其他村庄内也体现出了强烈的"两面性"，包括管理一村公产（如庙宇、香火地、坑地、义地、

---

① 《青苗会送龙王》，《清河旬刊》1935年第七十号。
② 徐雍舜：《农村自治的危机——农村社会研究感想之二》，《社会研究》1933年第十三期。

官井、树木等）以及重修或新造公共建筑。"青苗会"一方面要主持村级的"新政"事务，比如新式学校管理便操诸青苗会或乡公所之手，学校组织的最高当局如董事会和校长，往往也是青苗会的会首，由他们控制经费及用途，至于聘请教员和校役、添置教具、分配课程、规定假期等事，也都在他们监督之下。另一方面，"青苗会"仍操纵着村级的宗教和宗族事务，比如清河镇以庙宇为中心的宗教活动，一般分公私两祭。公祭每逢正月十五日，由村中领袖代表并统率村民至各庙致祭，并散放灯花，驱逐鬼怪，这叫"灯节"。至于六月二十四关公生日，及"谢秋""祈雨"等活动，也都由青苗会或乡公所领袖在庙内主祭。[①]

通过以上的材料分析，"青苗会"从清末至民国确实经历了一个演变过程，其特征是职能分工更加复杂化了，已经完全越出了原初单纯"看青"和"保卫"的作用范围，而成为国家在基层实施新政的工具和手段。但这并不意味着华北"自然村"共同体体系已遭到了根本的破坏，因为"青苗会"除了其行政职能外，仍保留着乡村秩序协调和保护人的角色，比如对宗教祭祀活动的控制与中枢作用。特别值得明辨的是，"青苗会"部分行政职能的国家化，并不意味着其基层权力系统发生了根本变更，这特别体现在对"会首"资格的遴选方面。

---

① 黄迪：《清河村镇社区——一个初步研究报告》，《社会学界》1938年第十卷。

二、"青苗会"与乡村权力网络

解口村的"青苗会"作为早期自发组织形态时,在选择会首的过程中,大致应符合以下标准:首先要家庭富裕,能给会中提供零用物品(如柴火、油等);其次要有空房能作为开会或存放会中公共粮食之用;最后是办事能力强,自幼即帮办会务,有一定经验。"会首"的任期无一定限制,一般都是以家庭为单位,而不是以个人为单位,也就是说,只要家中富裕,虽人不能干,会首也必定由此家选出。所以"会首"之职往往是世袭的,或者可以说是财产标准创造和决定了会首世袭的条件。

自1874—1931年,解口村共有六人出任会首,平均每人任期为九年半。从会首姓氏分布观察,多集中于张、梁两家,其中梁家在村中的户数和人口数最多,张家则居第三位。在全村62户中,梁家占36户,为总户数58.1%,张家有4户,占6.5%,可见"会首"的选择也多少与其姓氏人口在村中所占的比例有相当的对应关系。光绪初年解口村的会首是张荣,张姓户据说自明末始迁至该村,当张荣办事之初,曾开茶馆于韩村镇,喜欢与富人联络,后来又开了一家杂货铺,此铺也是当时该村赶集时聚会的地方。除拥有一所杂货铺外,张荣还有本业地77亩,土房二十余间,大车一驾,是村里当时的第三富户。除青苗会首一职外,张荣还兼村长、禁赌会长、路灯会长,活动能力很强,人皆称"老张先生""张大爷""荣爷"。张荣取得会首的原因曾经源于一段故事:同治十一年(1872年)时,解口村全体村民同韩村镇赵某争讼,结果青苗会所有款项都已花完，张荣于是将自己耕田三十亩作为抵押品，借得款项后充当全村的诉讼费用。这件事结束后一年，村民商议每年从公款中拨出若干以赔偿他所遭受的损失，同时选其为青苗会首管理村事，可见在紧急之时有财力垫付村款应是出任会首的最必要条件。①

张荣在光绪元年（1874年）出任会首后，直到光绪十九年（1893年）因年老精力不济退位，在位共19年，由其子张彦山继任。可是因为张彦山太不能干，被人称为"狗熊"，搞得家产渐少，房屋倾塌，任职仅六年就下台了，由梁家的梁江接任。梁江自20岁时，即帮同办观会务，取得会首位置时，已年届50。他家拥有本业地同租地共百余亩，土房十二间，可是因为好饮酒，家中又无空房供开会之用，所以仅当了两年就让位给了梁春之子梁玉林。梁玉林有本业地200余亩，砖房十二间，但因人口少有空房，又有现钱为会中垫用，所以是最合适的继任人选，任期也较长，自光绪二十八年至宣统三年（1902—1911年）共十年。从此之后，解口村"青苗会"的会首位置在相当长的一段时间内为梁家所世袭和垄断。②

"青苗会"的会首在有的地区也采取某种集体轮换制度，如宛平县黄土北店村的"会首"多达20名。在国家力图以行政村的组织形式改变地方组织之前，20名会首中以当上村长、村副者为最有权，在无村长、村副的名目以前，其中六位会首轮流管账管钱，有了村长、村副的名目以后，每年另有一人管账，如1932—1933年度为邓浚海，1931—1932年度为刘广生，1930—1931年度为刘广生，

---

① 梁桢：《解口村大秋青苗会之概况》，《社会研究》1933年第四十期。
② 同上。

1929—1930年度为秦世荣。此外另有司库管钱。由于黄土北店村较富裕，会中每年都有存款，但又恐外村知道，抱怨在区内摊款不均，或被官府知道随意加征提取税款，所以账目只有20名会首知道，其余民众一律不得而知①。

黄土北店村的"青苗会"尽管在外表上采取的是不同于解口村那样的家族垄断制，而是比较注重集体公正性的轮流策略，但是如果仔细分析其中的权力构成结构，就会发现其中宗族、知识和财富仍是谋求此项位置不可或缺的三项要素。在宗族关系方面，六位轮流掌权者中，除赵德章基本与他人没有亲属关系外，其他五人之间都有连环套式的亲戚关系，如赵本是赵玉林的叔叔，赵栋的堂兄，许宽的亲家，同时又是叶方珍的妹夫。就知识经历的构成比例而论，20位会首平均年龄43.85岁，入学平均年龄是六年半，而全会读书的比例是33%，没有读书的比例是63%，说明这些会首相对都受到了较良好的初级教育。就财富占有量来说，这20位会首只占全村267家户数的7%，却拥有2930亩面积的土地，在全村7033亩耕地中占41.66%，平均每家拥有土地约为150亩，这与当会首负有的首要职能是垫款有关，亲族关系和知识拥有量只是从属因素。

黄土北店村"青苗会"对权力网络的设计，采取了三级制的运作框架，即由20名会首、六名会头和两名村长副村长的"金字塔形"制度构成，以应付民国以后自然村日益行政化的趋向。这种会首轮值制度从表面上突破了单一家族的世袭程序，也有可能会增加村庄征税和其他行政部门的实际效率，但由于权力仍集中于少数拥有财富的家族之手，"青苗会"不过是在同一地点、同一人物的网

---

① 万树庸：《黄土北店村社会调查》，《社会学界》1932年第六卷。

络中，同时拥有政治名称和自治名称的机构罢了。比如黄土北店村村北关帝庙的门口挂着"宛平县第五区黄土北店村公所"的牌号，其实也同时是青苗会的办公场所，村长、村副由青苗会六名掌权的会首轮流充当的时间是三年一个周期。比如1929—1930年度为赵德章与赵本，1931—1932年度为赵栋与许宽，1930—1931年为叶方珍与赵书林，1932—1933年度又是赵德章和赵本。[①]

华北的其他村庄也出现过类似的情况，如太子务村青苗会首领称为首事人，往往有一二十位之多，从这些首事人中推出一个"香头"，"香头"的位置相当于村长，"青苗会"的另一个职务叫"总管"，相当于村副，首事人同时又被称为管事的。"香头"的职位也采取轮流制，每人轮一年，村中有事由"香头"负责召集，会场就设在他的家里。宣统元年（1909年）间县政府下命令选举村正、村副时，由首事人公推，但实际上仍是由香头接任，因此"香头"制取消，首事人仍照旧。第一任村正、村副在任约有十年之久，1912年，起开始有自己的办事场所。经过村正、村副选举之后，"青苗会"改称公议会，其实是同一回事，可见太子务村的青苗会仍保持了原有的管理系统。[②]

通过比较解口村、太子务村的会首权力网络及其功能，我们注意到，"青苗会"自身的权力机构和作用有相当的延续性。尽管国家在20世纪初一直想通过行政控制的手段，力图把华北一带的自然村落置于国家现代化建设的总体规划之中，以此来改变村庄内部的权力结构。从表面上看也确实部分达到了这个目的，因为"青苗

---

① 万树庸：《黄土北店村社会调查》，《社会学界》1932年第六卷。
② 梁桢：《解口村大秋青苗会之概况》，《社会研究》1933年第四十期。

会"的职能外延确实有所扩大,而且几乎包容了国家基层行政的各个方面。但值得深思的是,"青苗会"表面功能作用的演变,其实并没有从根本上改变其组织内部的权力构成和运转方式,这些新型事务的实施大多仍是由原有的传统社会网络加以推动完成的。比如真正操纵乡村社区事务的仍是有经济势力的族人和与他们相关的社会关系,他们也负有筛选国家信息以保护地方族人利益的责任。

三、结论

正如本文开头所讨论的,华北的"青苗会"有一个从简单的看青组织向复杂的行政组织转变的轨迹,如何评价这种转变基本上形成了两种极端的对立观点,一是认为"青苗会"依靠处理日益增多的行政问题而趋于复杂化,这恰恰增加了村庄的凝聚力;另一派观点则认为,基层组织行政色彩的增强恰恰是自然村解体的标志,它喻示着村庄凝聚力的瓦解。目前还有一种观点认为,随着国家现代化策略逐步深入农村,乡村领袖已无法依靠自己的财富和关系来树立威信以得到村民的拥戴。通过以上研究我们发现,应把"青苗会"处理实际事务的类别日益增多所造成的村级表面的行政化,与乡村传统权力网络是否真正瓦解区别加以对待。换言之,村庄事务中处理行政性能的增加,或村级领袖的更迭,并不意味着传统的乡村事务同时面临解体。一个"青苗会"的会首有可能同时扮演催款征粮和主持乡村宗教祭祀的双重角色。"青苗会"自身也可能同时体现出这种双面的作用。更应深思的是,乡村百姓往往会操纵国家话语以为己用,他们表面上对国家行政意志的屈从,恰恰可能转化为地方社会的权力资源。正如有论者指出的那样:不应只注意地方政府的军事化、现代化与田赋负担剧增的双重压力下传统村庄的解体趋势,而更应注意村规等隐性话语和权力之间的互动关系,即村民如何操纵村规以利于自己的行为,同时在此网络中维持着村社共同体,而不使之濒于瓦解。①对华北"青苗会"的研究也应作如是观。

---

① 李怀印:《二十一世纪早期华北乡村的话语与权力》,《二十一世纪》1999年10月号。

缠足由"美"变"丑"历史进程的身体政治学分析

一、**导论**——反缠足运动的三种诠释方法及其修正

如果几年前我斗胆问出一个问题："缠足的女性果真不快乐吗？"也许会立刻招来一片质疑甚至责骂声，因为"缠足"已经成为中国女性受压迫的象征。对"缠足"是否痛苦的质疑，也就是对妇女曾经受压迫的政治命题的质疑。然而，近期发现的缠足史料促使我有信心在此证明，女性自我的感受仍有可能超越一般的道德评判和政治诠释框架，引起我们的高度重视。我要说快乐不快乐标准的确定不仅取决于个人心理，而且也受制于社会风习，如果承认这个说法有其道理，恐怕就无人敢轻易对缠足是否快乐轻下结论了。因为至少在民国初年以及后来相当长的一段时间内，恰恰是占人口少数的天足妇女而不是缠足女性显得并不快乐，有论者得出结论说："这就是社会风气力量，缠足女子的生理痛苦被心理上的自

豪感弥补了，而大脚女子生理上的健全，却被精神上的自卑压倒了。"①因为缠足美作为女性美的标志在抗战前一直居主导地位，尽管缠足博得赞誉往往要付出巨大的生理与心理代价。兴起于十九世纪末叶的反缠足运动，试图颠倒天足与缠足女子的社会地位，长期被誉为革命性的行动。可是如果仔细分析各种反缠足运动特别是早期运动倡导者的性别构成，我们就会发现，女性身影和发出自主声音的情形真是少之又少，并不足以代表"缠足"与"反缠足"运动相互对立冲突的全部含义，这似乎不仅是反缠足运动单独面临的问题，而且也成为近代早期妇女解放运动的共通现象。

1997年，身为女性学者的高彦颐在《闺塾师：17世纪中国的妇女与文化》一书中，对五四运动以来形成的受现代性影响的妇女研究方法提出了激烈批评。在她看来，"妇女解放"只是西方赐予的一个命题，妇女形象的塑造，本身就是一种政治和意识形态建构，是20世纪中国现代性的一种界定，而不是"传统社会"的本质。大量例子证明，妇女解放是通过男性的声音传达出来，或者是受到精英男性影响的女性的一种强势表达，而没有充分反映出女性自身的声音。她重提女性研究的创新目的，就是力求摈弃社会外在结构对妇女生活形态与形象的歪曲，从而把妇女形象分离出现代性意识形态的控制。②

对缠足现象的解释目前就处于这样一种状况：似乎没有多少人意识到，对缠足的身体感受最初是通过男性话语间接加以想象和表达的，即使随着反缠足运动的进展，越来越多的女性感受得以公

---

① 吴存存：《明清社会性爱风气》，人民文学出版社2000年版，第231页。
② Dorothy Ko and Romeyn Taylor, *Teachers of the Inner Chambers: Women and Culture in Seventeenth-Century China,* Stanford University Press,1994, pp.1~24.

开流露,但身体感受的描述也大多是男性早期想象性表述的延伸,或者是为受过现代教育的知识女性的替代性表述所操纵;而大多数缠足女性由于迅速沦为弱势群体而长期被迫处于"失语"的状态,被剥夺了说话的权利,缠足女性不仅处于"失语"的境地,而且她们的形象由于遭到现代性标准的重新裁量,由"美丽"迅速向"丑陋"滑落,因而普遍成为被贱视的人群。

近几十年来,对"缠足现象"的主流评价近乎单调乏味,多年未有变化,无外乎从道德评价和男权压迫的角度入手定下基调,然后与烟赌毒归为一类,痛加遣责。如有论者云:"自宋代后,在儒家文化中的礼教影响下,妇女被认为要为社会道德负起责任,其重点已经从妇女平常的家庭、道德转到女性的勇于自残的英雄主义和甘愿自我牺牲精神。"[①]缠足女性成为儒家道德载体的象征。或有论者云:"缠足陋习之所以能够得以兴起,根本原因在于中国封建社会的男权文化被普遍认同。"[②]这是典型的以性别压迫立论,一些女性主义研究者如刘禾对这两点提出过质疑,她的问题是:缠足女性从传统的道德形象载体转化为现代强国保种的民族主义工具后,她们果真拥有了自己的话语表述权力了吗?[③]

女性主义比较方法的出现和衍生出的新式分析范畴,刻意强调女性自主性的历史存在价值,其用意显然是为对抗现代性支配下的性别压迫理论。这种理论既不拘泥于儒家意识形态是抑制还是塑

[①] 徐海燕:《悠悠千载一金莲:中国的缠足文化》,辽宁人民出版社2000年版,第110页。
[②] 梁景和:《近代中国陋俗文化嬗变研究》,首都师范大学出版社1998年版,第205页。
[③] 刘禾:《语际书写——现代思想史写作批判纲要》,上海三联书店1999年版,第1~26页。

造了缠足风气，也不纠缠于论证缠足对女性身体的拘束作用是否根源于男权的迫害，而是强调历史上的妇女曾经在医学、文学和教育子女等方面积极创造出自身角色，特别是在公共空间中拥有一定的自治能力，从而完全可以认定和自我塑造形象。这一视角的切入基本上有点为反男权而反男权的味道，仍是在男权—女权的二元框架中重新调适二者的张力关系。只是如此刻意突出女性的自主状态，仿佛明清时期女性通过宴集、诗社、游乐等空间活动已足以摆脱男性的控制，容易使人造成误解，似乎当代女性自由意识的萌生和发展被前移了数百年，特别是一些女性学者借助了哈贝马斯的"公共领域"理论，实际上仍是现代化叙事的委婉说法，而且单从史实而言，也颇有故意矫枉过正的嫌疑。

区别于以上两种观点的学者则把"上层女性"与"下层女性"对缠足的认识分割成"两个世界"进行讨论，这种观点不去直接辨析妇女是否或在多大程度上摆脱或承担了儒家规定的道德任务，而是关注女性缠足在什么样的社会氛围中构成了其万众景从的历史合理性，以及这种合理性在近代被消解破坏的复杂背景和上下层相互错位的动因。它尽量强调女性在社会风俗制约的状态下作出选择的动机、状况和效果，而没有拿现代人的标准去硬性判断缠足的是与非。以此方法观之，反缠足运动其实一直处于某种悖论状态，在追求"妇女解放"这一社会进步过程中，民初的趋新人士为之奋斗的主要原则，包括女性个人权利及选择生活方式的自由，却因为缠足行为被认定为"野蛮落后"而在相当程度上被"合理地"剥夺了发言权。[1]

---

[1] 杨兴梅：《观念与社会：女子小脚的美丑与近代中国的两个世界》，《近代史研究》2000年第4期，第55页。

本文的研究思路既区别于现代化叙事（第一诠释）与女性主义视角（第二诠释），也区别于"两个世界"（第三诠释）的分析方法。我认为，要启动新颖的"缠足史"研究，至少应回应好如下三个方面的问题：

其一，必须承认缠足在某些特定的年代确实具有审美的功能和意义，而且我们尤应在历史合理性的范围之内审定和诠释其意义，不可超越特定的历史氛围急于设定道德是非标准。"缠足现象"不能说没有男权势力的干预和塑造，但更应视之为社会复杂运行过程中诸多因素交织互动的结果，甚至应重新估价"缠足审美"过程中女性的自主参与下的感觉作用，以修正"男性摧残说"。

其二，现代反缠足理念是男性激进知识分子与国家话语合谋塑造的结果，其基本的目标是把反缠足运动转换成民族主义运动的组成部分，因而运动发起之初被论者称为"男人的不缠足运动"，所以"反缠足运动"虽打着妇女解放的旗号出现，其实与女性如何支配自我感受这一重要的文化向度关系不大，而基本属于男性表述其想象中的现代女性的工具。

其三，超越男权—女权相对立的视角是本文的一个出发点，仅仅从寻求与男性生理心理平等的角度倡导女权，实际上是一种标准的传统（东方）—现代（西方）二元对立的公式化表述。从表面上看，女性对男权的反抗往往表现为在生理心理方面否认两者的差异，寻求表面性的平等，其代价是在消灭女性特征的同时，沦为新一轮男权的支配对象。本文的观点认为，早期反缠足运动成为打着"妇女解放"旗号的男性知识分子运动，乃是中国社会的一大景观。反缠足运动的言论从民间话语转向国家话语，其核心也是男性权力支配的表现形式，女性在男权—女权对峙关系的较量中改变了自己的身份，却并未摆脱男权支配的阴影，也只有在这个大前提的笼罩下，女性自我选择的自主意识才能从缝隙中萌生出来。

从表面上看，本文的叙述似乎并没有超越男权—女权的二元对立框架，但如细读其区别仍清晰可辨，即本文更多地展示现代国家行为与传统社会风习的互动状态，以凸显男女性别差异的复杂背景。本文从西医传教士通过宣示"医疗卫生观念"使缠足从美观向丑陋的演变过程入手，中间集中探讨维新知识分子把缠足现象表述为强国保种之障碍的经过，再转而研究缠足在国家制度层面最终沦为非法的复杂现象，全景式地呈现了反缠足运动在各个阶段由不同势力所参与塑造的过程和达致的结果。本文的特点是不重价值评判而重事实呈现。

二、从审美到卫生——反缠足话语的阶段性建构

早期反缠足表述的医疗化特征及其扩散

缠足之美在中国古代已经相延成风，成为一种较为稳定的评价标准，这不仅表现于士大夫的审美情调方面，而且逐渐渗透进民间，泛化为一种相当深厚的社会风习。因此，反缠足运动要想取得实质性成效，首先必须在舆论上破坏其审美的内涵，转而赋予其"丑陋"的意义。对缠足丑陋的评价最初是由来华的外国人传播开来的，早在17世纪，英国人马戛尔尼曾有如下评论："我无意为中国人将女人的小脚塞进婴儿鞋中的习俗表示敬意，我认为那是一种该诅咒的畸形。然而那里的人们却盲从时尚，心甘情愿被扭曲，除

了粗人以外,每一位中国人都认为那是女人不可缺少的美德。"①
从现有文献来看,对缠足丑陋予以"科学化"解释的始作俑者是来
华的西医传教士。西医传教士最初把身体看作与灵魂的高尚相对立
的部分。②妇女缠足限制了女性走出家庭、奔赴教堂,无疑对灵魂
的洗脱不利。③

　　传教士话语的特征是把"缠足"纯粹看作应在医疗领域中予
以观察的行为,而且极力建立起一种与"疾病"表现出的各种症候
的关联性,哪怕这种联系是难以确定的。西医传教士雒魏林在《从
1840—1841年度舟山医院医疗报告》中就对把缠足与疾病相联系的
做法开始表现出某种犹疑态度,说话显得小心翼翼:"尽管有些
身患各种疾病以及腿部溃疡的女性来医院就医,因裹脚扭曲脚骨而
引发腿部溃疡或其他疾病的似乎只有一两例。我们丝毫不敢肯定这
种行为对健康的危害如何。但是,这种从孩童起即已经受的残酷虐
待似乎并不像人们所预想的那样会带来那么多痛苦。总的看来,裹
脚的折磨以及其难以为人察觉的后果对健康和安逸带来的危害也许
并不比西方的时尚给妇女带来的痛苦为甚。"④雒魏林的犹疑当然
出于自己严谨的科学态度,这使另一个传教士美魏茶得出了同样
的结论,认为"坏疽病的发生源于残忍的裹脚的说法值得怀疑,失
去双腿、丧命或其他疾病或许使人联想到这种恶毒的风俗。但是,

---

① ［英］雷蒙·道森:《中国变色龙》,常绍民等译,时事出版社1999年版,第
289页。
② 祝平一:《身体、灵魂与天主:明末清初西学中的人体生理知识》,《新
史学》1996年第七卷第2期。
③ 严昌洪:《中国近代社会风俗史》,浙江人民出版社1992年版,第154页。
④ ［英］约·罗伯茨编著:《十九世纪西方人眼中的中国》,蒋重跃等译,
时事出版社1999年版,第113~114页。

我也认为备受折磨的双脚并非如人们想象的那样必定会给生命和健康带来危害"①。把"缠足"置于西方医疗的语境下进行解说无疑更让人直接感受到身体构造的差异对人们判断美丑的影响，尽管出现了种种类似锥魏林这样的质疑观点，不断验证着西医传教士根据医学想象推测的偏狭性，可仍然没能阻止人们放弃从卫生角度对缠足进行观察。"缠足"甚至与疯癫、灾荒等社会现象挂起钩来，成为一个重要的诱发因子。曾经有个叫沃尔特·马洛里（Walter H. Mallory）的人曾经提到缠足对中国的劳动力是个消耗。②在一篇讨论南中国精神病的发生条件的报告中，西医传教士Charles C. Selden曾经估测，中国妇女的缠足习惯可能是诱发精神障碍的原因，尽管这尚无法证实，而且在医院中也无法估计是否已缠足女性就一定比未缠足女性拥有更高的精神病比率。③

值得注意的是，即使在一些隐约肯定"缠足"具有诱发男性情欲的文字中，西人的论述仍是从医疗的角度立论的。在一篇题为《小脚研究》的文章中，一位西人写道："从民族精神学上研究之，固早知残伤之行为实有性欲的意义存于其间。而中国妇女之缠足，即不能外此。"④因为从解剖学意义上观察，"双足缠小则下腿萎缩。至步履之际着重于股关节与大腿，因是大腿发育特甚，且行路时外阴部亦受磨擦。事实上此等妇人之性行为当大腿相压时非

---

① 《十九世纪西方人眼中的中国》，第113~114页。
② Walter H. Mallory, *China: Land of Famine*, American Geographical Society of New York, 1926, p.98.
③ Chas. C. Selden, "Conditions in South China in Relation to Insantiy", *American Journal of Psychiatry,* Vol, LXX, No.2, October, 1913.
④ 姚灵犀：《采菲录初编》，天津时代公司1936年版，第215页。

常有力，从而其性欲亦较诸天然足之妇女为盛也"①。这段叙述偏重于从生理和身体构造上立论，带有鲜明的科学医疗话语特征，尽管都是从性特征的角度入手，却与中国士人对缠足表现出的性感觉评价的含蓄与暗示完全不同。

尽管西医传教士在缠足是否对人的身体带来危害方面显得举棋不定，而且缺乏精确的证据，但这种评价思路仍然迅速波及中国的舆论界与知识界。在不少反缠足的文字中，"缠足"与许多疾病症候都建立起了有机的对应评估关系。陈微尘在为《采菲录》作序时就特指自己为"巫医"，表示没有办法从别的角度评述缠足之害，所以只从生理上立论，认为"缠足"与妇女月经不调密切相关。他分析说："盖每月红潮皆应去瘀生新，气不足则瘀不能去。缠足妇女缺乏运动，气先不足已成定论，加以足帛之层层压迫，使血管受挤，血行至足，纡徐无力。一人每日之血液，本应环行全身一周，若在足部发生障碍，则其周流必生迟滞之弊。一日如此，日日如此，积年累月莫不如此，欲求月经上不发生疾病可以得乎？"②

陈微尘从足部被包裹导致血液不流通的角度揭示缠足的害处，具有相当普遍的示范意义。查阅相关文献，早期和晚期的反缠足表述都在不断重复着类似的主题，甚至措辞和术语都相当近似。比如1902年的《大公报》上有一篇《戒缠足说》中就有相似的议论："缠了足，血脉便不流通，行走不便，日久便成肝郁的病。"③同年宋恕在一篇劝谕放足的白话文中也表述了同样的意思："人身脉络，手足统连，脚缠得短，脉络半伤，自然气血不流通，自然多心

---

① 姚灵犀：《采菲录初编》，天津时代公司1936年版，第215页。
② 姚灵犀：《采菲录》影印本，上海书店出版社1998年版，第1页。
③ 《大公报》1902年6月17日，第一号。

头病，自然容易小产，自然产后容易致病，自然多临产艰难。"① 这些评论很少有可靠的证据给予支持，多源自宋氏的想象和推测。可见，无论是月经不调还是所谓肝郁小产，都与缠足导致血脉不通这样的医学结论建立起了直接的对应关系。

更有刻意模仿西医传教士把缠足视为疯癫、灾荒诱因的早期表述，而直指欣赏缠足的动机乃是精神病的一种表征。朱善芳就曾指出："有一种叫作节片淫乱症的。这种病，心理学者和医学者都说是一种变态性欲的症候，就是把异性的身体某部分，像眼、齿、耳、头发、手、足等，做他恋爱的对象。缠足的动机，恐怕就是应这些害节片淫乱者的要求而起的。"②

由此可知，早期的反缠足运动话语在相当广的范围内与各种疾病的发生和症候建立起了相互参证的关系，从而从西方医学病理分析的角度开始，把"缠足"的美观特征丑化为一种病态的身体残症。

身体政治学——维新期反缠足言论的特殊解说

近代反缠足运动由维新知识分子发起，已成定论。早期维新派的反缠足言论一般都是极力从生理上刻画缠足的丑陋形态，明显受到了西医传教士话语的影响。维新派与西医传教士的不同点在于，他们并不满足于在生理上丑化缠足现象，而是更多地把缠足对身体的伤害视为民族衰弱的表征，从而把缠足女性的身体赋予了

---

① 宋恕：《遵旨婉切劝谕解放妇女脚缠白话》，《宋恕集》（上），中华书局1993年版，第341页。
② 朱善芳：《缠足和解放的方法》，《妇女杂志》1926年第二十卷第三号，第29~30页。

民族自救的政治内涵。如康有为著名的《请禁妇女缠足折》中就已出现"卫生"两字,说缠足"且劳苦即不足道,而卫生实有所伤。血气不流,气息污秽。足疾易作,上传身体,或流传子孙,弃世体弱"①。单就这段话看,从公共卫生学的角度解说缠足与身体损毁的关系,显然仍是医疗化的视角,但是下面一段话,意思就有所转折:"是皆国民也,羸弱流传,何以为兵乎?试观欧美之人,体直气壮,为其母不裹足,传种易强也。今当举国征兵之世,与万国竞而留此弱种,尤可忧危矣!"这已不是个体卫生和疾病祛除的问题,而是直接泛化为群体育种传种的责任。如果说西医传教士慑于证据不足、对缠足的危害尚处于较严格的医疗表述范围内的话,维新派对缠足的指责则显得大胆而武断,具有更为夸张的想象力:"以国之政法论,则滥无辜之非刑;以国之慈恩论,则伤父母之仁爱;以人之卫生论,则折骨无用之致疾;以兵之竞强论,则弱种展转之谬传;以俗之美观论,则野蛮贻诮于邻国。"②

康有为这篇激扬的文字是以奏折体的形式出现的,行文节奏明快,层层递进,读后使人热血沸腾,其意义在于使缠足超越于女性个体痛苦的感受范围,使之转化为切关国计民生的国家兴衰的象征。这话如果从当时民族存亡的际遇而言,倒也并非危言耸听,然而如果硬把缠足与国家存亡的命运相连,则可能变成一种故意夸张的政治策略。也许在上达天听时容易打动皇帝或官僚的神经,却从一开始就与女性个体的感受拉开了距离,变成了承载民族主义职责的政治话语。事实证明,这种奏折体的表述确实颇容易拨动上层人

---

① 康有为:《请禁妇女缠足折》,《采菲录》影印本,第56页。
② 同上。

物的心弦，以至于后来逐渐成为一种通用的标准官方话语，在各种官方文件中不断得到重复。如张之洞讥缠足使"母气不足，弱之于未生之前，数十百年后，吾华之民，几何不驯致人人为病夫，家家为侏儒，尽受殊方异俗之蹂践鱼肉，而不能与校也"[①]。立论点还是落在了母气不足产生病夫，影响了和西洋国力的竞争较量这一公式化论述方面。

再看袁世凯的说法："今缠足之妇，气血羸弱则生子不壮，跬步伶仃则教子者鲜。幼学荒废，嗣续式微，其于种族盛衰之故，人才消长之原，有隐相关系者。"[②]他强调的还是气血羸弱与传承子嗣的关系。不过官方文书与知识士人的文章常常构成互为呼应的互动结构，最终使缠足女性的身体层层覆加上了越来越多的政治内涵。看看一位叫李增的士人所推导出的公式："况乎缠足不变，则女学不兴；女学不兴，则民智不育；民智不育，则国势不昌，其牵连而为害者，未有等也。"甚至"苟因循不变将见数十年后举国病废，吾四百兆之黄种直牛马而已，奴隶而已！"[③]好家伙！缠足女性甚至要为国人智商的高低与体能的强弱负责。这种煽情夸张的文字，已把缠足所造成的严重后果推向了极致，但却未必符合事实。

其实早在十九世纪末，西医传教士虽力倡放足，却老实地承认，并没有找出缠足与各种疾病有关的确切证据，所以对缠足的批评均源自大胆的医学式想象。至于缠足与弱种退化的关联更是有些无稽之谈，难以用具体的证据说明缠足与强国保种的关系，更像是在医疗想象之外，平添出了一种政治想象。所以当年化名老宣

---

① 《张尚书不缠足会叙》，《知新报》第32册，光绪二十三年九月一日。
② 《直隶总督袁世凯劝不缠足文》，《采菲录》，第58页。
③ 李增：《迁安·遵化天足会序》，《采菲录》，第64页。

的写手就曾质疑过这类观点,认为应从女性个体对缠足的感受出发立论,以免用高远之说遮蔽了普通百姓的感受:"劝人缠足不应当以天理人情为题目,不必高谈阔论离开当前的事实,用虚而且远的'强种'或'强国'作招牌!说着固然是冠冕堂皇,好听已极,怎奈打动不了愚夫愚妇心坎!"老宣更对缠足与强种的实际关联性表示怀疑:"若说缠足与强种有关,我并不反对。然而我看北平及各处的天足妇女所生的儿女,并不比缠足妇女所生的特别健康,缠足妇女的死亡率,也不高于天足的。天足妇女的疾病并不少于缠足的。北平及各省旗人的妇女,过了五六十岁,多半是驼背而大犯脚病,岂是起于缠足的原因呢?若说天足容易强国,我也表同情。但是我以为国的强弱,在人民智愚勇怯,在内心而不在外形,更不专在妇女的两只脚上。"①这似乎是对维新言论大唱反调,对于习惯运用激扬文字进行快感宣泄的理论家们而言,颇觉有些扫兴,不过在我看来却比较贴近历史的真相。

当时维新话语对缠足女性的附加性指责已到了愈演愈烈的地步,如湖南士绅曾继辉在《不缠足会驳议》中有缠足"三弊生三穷"之说:"生少食多其穷一,穷奢斗靡其穷二,因二万万无用之女并二万万有用之男亦消磨其志气,阻挠其事机其穷三。夫至弊与穷交深,国其危矣。"缠足女性不但负背起了生育不良的骂名,而且也应为男性气质萎靡不振、无法勇于任事、甚至国家的经济衰退全面负起责任。于是面向缠足妇的讨伐声从此不绝于耳:"今者欲救国先救种,欲救种先去害种者而已,夫害种之事,孰有如缠足

---

① 老宣:《对于采菲录之我见》,《采菲录初编》,第12~13页。

乎？"①男性在其中扮演的角色只是个拯救女性于苦难的救世主，缠足成了亡国灭种的象征，缠足妇女一下子被预设成了备受歧视的"弱势群体"。早有论者指出，这是一种变相的"祸水论"，是一种男性中心主义话语。光绪年间四川巡抚发布的劝诫缠足示谕中就说过："国家所以要干涉的原故，皆由女子缠足，就会把一国的男子，天下的事情弄弱了。"②

在这些打着妇女解放招牌的反缠足表述中，女性被定位在生育和生产领域，成为生产工具和生产机器。摆脱缠足的束缚，其目的无非是承担生育和生产工具的角色。与不缠足相关联的兴女学、开女智，也无非是让女性更好地相夫教子。有论者注意到，《湘报》上倡不缠足的文章居然是与褒扬殉夫的烈妇之文排在一起的。③这一现象非常耐人寻味，它似乎揭示了缠足女性向天足女性角色的转换，尽管位置表面上被替换，却并没有根本消除其政治化的职能。其区别仅仅在于缠足女性担负着家庭道德的象征角色，而天足女性则以隐喻的形式体现民族主义人种延续的实践角色，两者均是男性权力操纵的结果，只不过男性权力分别被贴上了"传统"与"现代"的标签。如果再稍做申论，缠足女性的身体是在政治化的过程中被改造的，它其实是不断变换的政治需求的载体，这套身体政治化（body politic）的策略运作与女性的个体自主意识无关。④

---

① 《湘报》第一百五十一号。
② 姚灵犀：《采菲录》影印本，第61页。
③ 张鸣：《男人的不缠足运动》（1895—1898），《二十一世纪》1998年4月号，第65页。
④ ［美］约翰·奥尼尔：《身体形态——现代社会的五种身体》，张旭春译，春风文艺出版社1999年版，第61~88页。

一个家庭的故事

反缠足运动虽是由精英知识分子发起,初期也是通过精英社团和报刊议论的方式形成一个特殊的话语群体,然而在相当长一段时期内,反缠足运动似乎无法在社会层面上形成某种与旧习俗相抗衡的局面,或者由此为出发点改变基层民众的生活形态。这就是有学者说过的反缠足运动一直处于"两个世界"隔离状态的缘故。不过我们在阅读史料时会发现,女性对缠足态度的改变恰恰是由男性对缠足态度的改变之后才开始的,男性对缠足凝视目光的变化支配了中国近代女性的行为,起码起着重要的导向作用。特别是男性对现代西方医疗观念的接受及其阐发,间接成为反缠足运动中新派女性的知识资源。下面一个发生在普通家庭中的故事可以为我们展现一个现代知识男性通过什么样的手段和途径迫使女子曲从于反缠足的社会导向。这段故事看起来简直像一场"两性战争"。为了讨论方便,我将尽量完整地叙述故事要点,并保留其场景对话的生动性。

故事背景发生在一个新旧混合的家庭中。一个叫桂兰的女子受过一些初等教育,比如会弹琵琶,她的丈夫是从西方学医归来的留学生。故事发生的时间从他们搬入新居开始,而第一幕场景居然聚焦在一本医书上。女方的自述是这样的:"差不多搬来有十四天了,那日黄昏时候,我们在这所新房子底寝室里坐着。他正在读一本又厚又大的书,我向书上的一张插图瞄了一眼,看见一个站着的人形,但是没有皮肤,只看到那鲜血淋漓的筋肉,我真害怕极了。

我简直不懂,他为什么读这种书,但是我也不敢问他。"①

故事的开场竟然有点恐怖片的味道,但这本医学解剖学著作似乎发挥起了隐喻的功能,它喻示着以后故事的发生都会围绕着那插图中被透视过的人体而展开。

看看下面情节的铺陈吧:当时出现了一个相当古典的场景,女主角弹着琵琶,丈夫则专心地看着那本解剖书,可那绝不是红袖添香传统场面的再现。过了一会儿,女主角突然弹不下去了,把琵琶放开,"经过很久的沉寂,丈夫将书合上,满怀心事地望着女主角,叫了声'桂兰'。桂兰心房不住地只是跳,因为这是丈夫第一次叫她的名字。恍惚之中,丈夫的声音又出现了:从我们结婚的那一天,起早就要问问你,不知道你愿意不愿意,把你那脚上的缠脚布取消了。这个关系乎你全身底健康,不卫生到极点。"②语言的训诫还得配合形象的展示,丈夫拿起一支铅笔,很快地在他那本书里面的一张白纸上,画了一只赤裸裸地跛得可怕的脚。画完后,丈夫的声音又出现了:"你看罢,你底骨骼是这样长着的。"

"你怎么知道的?"桂兰讷讷地问,因为她从没有当着丈夫的面解开过自己的脚布。丈夫的回答在现代人看来并不出人意料,但是对桂兰来说却颇为费解:"因为我是医生,而且是在欧洲学的。现在我希望你,把那些缠脚布一齐改了罢,因为那实在太难看了。"在当时的情景下,桂兰作出一个一般人都认为是正常的反应,她很快将一只脚缩回来,藏在椅子下面。紧接着是一段独白:"不好看吗?我常常以我底一双小脚而傲视一切。我当小孩子的时

---

① 唐哲译:《德国杂志中的中国婚姻问题》,《妇女杂志》第十三卷第三号,1927年,第1~6页。
② 同上。

候,我底母亲亲自动手给我洗,用尽心思地替我缠,一天比一天缠得紧一点。我有时痛得哭了,她就劝我忍着痛。要知道将来我底丈夫,要怎样地称许这样美丽无比的小脚。好了,刚好有一年不受缠脚时那些痛苦了。结果呢,他反而觉得小脚难看!"①

镜头切换后,母亲当然是在一片哭诉声中出场的。桂兰诉说着:"他要我给他做平等的伴侣,我不知道怎样做法。他厌恶我底脚,他说太难看了,并且画些怪模怪样的图形。但是他从何知道的,我也莫明其妙,因为我从没有将我底脚让他看到。"②母亲显然误解了丈夫给桂兰画图的意思,于是追问中带着埋怨:"那一定是你又懒得没有好好的包了。我陪嫁你二十只鞋子,你不会选择出你应穿的几双出来。"

下面又是一来一往的对话:"他不是画的外面的形状,他画的里面跛着的骨头。""骨头?有谁见过一只女人底脚里面的骨头?男人底眼力能够穿过一层肉吗?"

"他底眼睛可以,因为他说他是一个西医。"

一阵沉默之后,母亲的声调微弱了许多:"我底孩子,他虽然这样,但是世界上只有一条路给你走,你只好顺从他底意思,使他欢喜。"

回到家中,丈夫把"启蒙者"的目光直射在了桂兰的脸上,到了这时可谓胜负已判,对白已在一方的支配情绪中进行,另一方似乎只有缄默的权利:"我知道,为了我底原故,使你如此,于你本觉得很难。让我尽我所有的能力,来帮助你罢,因为我是你底丈夫呀。"

---

① 《妇女杂志》,第1~6页。
② 同上。

这话说出口多少有些自私和虚伪，可桂兰在自述中已无反抗的余地："我只是缄默着，任他摆布，他轻脚轻手地脱去我底鞋袜，松开裹脚布，严肃而伤惨地注视着，然后低声叹息：'你这是受过多厉害的折磨哇！唉，可怜的孩童时代，这都是吃力不讨好的事！'桂兰的脚重新用肥皂洗过后，又重新被缠了起来，只是较以前松动一些，但是她反而觉得疼得厉害，令人忍耐不住，几乎痛得要死。她的自述是这样的："我痛得受不了的时候，两手紧紧地抱着他。他说：'我们一齐努力战胜它罢，桂兰。我看到你这样受苦，我着实难过但是我们要想，想我们之所以如此，决不是仅仅为了我们俩，一方面也为着旁的人们，这也是一件反对吃人的旧礼教的事业哪！'"

"不是这样！"桂兰哽咽着说："我却仅为了你而如此，因为我要给你做一个时髦的妇人。"①

不知其他人读完这几段对话做何感想，我读后脑海里充满的全是幽暗的灯光，面目狰狞的丈夫和沉默无语的佳人构成的反差图景，与女性解放所应呈现出的明快色调相差颇远。末尾最后一句话倒仿佛这台"两性战争"戏剧落幕后的点睛之笔。桂兰对反缠足从抗争到顺从的心理演变轨迹，实际上是在作为丈夫的男性目光逼视下而发生变化的，丈夫的留学生身份尤其具有霸权的意味。犹应注意者，从激烈的抗拒到摇摆犹疑，再到无奈地顺从，这一系列的变化没有一件是女性自己决定的，和女性的自主意识无关，而恰恰是男性审美心态演变支配下的一个缩影，即从缠足之痛到放足之痛的

---

① 唐哲译：《德国杂志中的中国婚姻问题》，《妇女杂志》1927年第十三卷第三号，第1~6页。

感觉体验，竟然是以男性从审美经验到医学经验转向的一个性别化的演示。

桂兰丈夫从图示骨骼变形的医疗解说到反对吃人旧礼教的政治声讨，实际并未触动妻子的神经，可最刺激她的还是这些建构起来的话语背后的真实感觉，"缠足是丑陋难看的"，而女人对男人虚荣的敏感，更有直觉的意义。"做一个时髦的女人"这句话终于破毁掉了一个经过男权包装的"解放神话"。当年的姚灵犀在编辑《采菲录》续编时说了句公道话："往日以之为美，非缠足不能求佳偶者，今日又以之为丑，偶有缠足者，其夫婿必以为耻，小则反目，大则仳离，夫妇之道苦，难乎其为妇女矣。"[①]李荣楣更从放足妇女的痛苦中体味到了女性取悦于男性支配的心理，几乎与缠足女性无异。他看到中年妇女放足后："其行路迟笨苦形于色者，亦昌为新式冀悦其夫之心有以致之也。故足之放否，权实操之男性，女性不过为男性求美标准过程中之试验品。观于男性心理之移易，则缠足之习当为自然的灭绝。"[②]

一点引申的评论

如果回到特定的历史年代，缠足之美确有一定的性象征意义，其中一个重要的功能就是区别男女的性征。所以，当时赞同缠足的有力理由之一就是易于区别男女。这里边当然不排除具有对男人进行性吸引的考虑，但缠足后的行走姿态，缠脚布的包裹方法及其解

---

① 姚灵犀：《采菲录》影印本，第3页。
② 李荣楣：《中国妇女缠足史谈》，《采菲录》影印本，第23页。

带方式也包含着女性对自己性征美的自我认同。如果不承认缠足美的判断具有双向性，实际上也就剥夺了女性具有自主的审美认知和把握自我意识的基本能力。所以，早年的反缠足论虽然也承认缠足会导致筋骨受伤，移步不便，但仍承认妇女缠足后，"其娴娜窈窕之状，亦迥与不缠足者各异，所以闺秀阃艳，亦愿缠小其足，增其妩媚，娇其姿态，助其丰神"。最后这位同治年间的反缠足论者无奈地感叹缠足"吾恐相习成风，将与天地同休，历千亿百年而不改也"①。言外之意是，只要有审美意义上的双向认同，缠足作为普遍习俗的合理性就是牢不可破的。

其实如果从外观美的角度立论，在当时人的眼里可能缠足与天足之美可以说是各擅胜场，并没有"美""丑"的二元对立之分。如一位作者曾撰文描述缠足与天足不同美观之处："昔者女子长裙委地，而裙下双钩，微露凤头，行路娉婷袅娜，所谓腰支一搦信多情者，殆咏此也。今则天足解放，蛮靴革履，举步健速，不让吾侪，有如惊鸿游龙，亦别具风致。"②不过，前提自然是半掩半遮的性诱惑产生朦胧神秘的美感，缠脚布对骨骼变形的遮挡，成为女性区别于男性的象征符号，所以当年高罗佩撰《秘戏图考》时很惊讶在所有春宫画的性爱姿势中，缠脚布都是不摘下来的。③

真正使"缠足"与"天足"从美感的不同类型划分转向"美"与"丑"的二元对立评价的动因，是医疗卫生视角对传统审美姿态的干预。医疗视角的切入对缠足形态实施了"丑"的建构，从而隔开了与"性审美"的实际联系，比如当年"天足会"对天足妇女嫁

---

① 《缠足说》，《申报》同治壬申四月十八日，第21号。
② 吟华：《足之小语》，《妇女月刊》1927年第一卷第3期。
③ 张事业：《中国古代的恋足及其性心理》，《东方文化》2001年第1期。

娶的关注主要集中于对健康卫生的考虑上。回顾上节所讲的故事，在桂兰学医丈夫的冷峻目光中，桂兰的脚首先变成了解剖学的对象，在男女平等的含义上规定和想象缠足是否具有合理性，在医疗式目光的凝视下，缠足所带有的传统美感和性征是受到贬斥的。无论"天足"还是"缠足"在解剖学的透视下，只有生理上的公共差异性，没有私人化的审美意义上的差别。值得特别关注的是，解决生理差异性的办法就是寻求女性在生理上与男性平等，而忽视和压抑其原有的身体形态的性征表现，所谓"欲望的规训"由此被合理地展开了。

缠足妇女由审美的化身转变成"病人"的过程，正是从医疗解剖学目光的凝视下开始的，怪不得桂兰的母亲吃惊地发现，她的女婿怎么会不去掉裹脚布就知道女儿小脚长得什么样。这位医生女婿其实通过医学语言的训练可以直接推测出作为医疗对象的小脚的内部构造，而且用医学的话语把这种状态表述出来，这样就把原来不可见的"正常"状态转化为可见的"不正常"状态。

福柯曾经指出："18世纪以后的西方医学就是把一些不可见的疾病症候通过医学表述为可见的。医学经由目视与语言，揭露了原先不属其管辖之事物的秘密，词语与物体之间形成了新的联结，使'去看'及'去说'成为可能。"[①]更重要的是，医学视角不但重新设置了"正常"与"不正常"的边界，而且给它赋予了社会意义，这种意义又与国家利益和政治动机也建立起了联系。18世纪末叶以前，医学和健康的关系要大于其和"正常"的关系，它和社会

---

① ［法］米歇尔·傅柯：《临床医学的诞生》，刘絮恺译，时报文化出版企业有限公司1994年版，第6页。

秩序与医学秩序是否正常的判断没有太多关系。也就是说，"医学"更是个人化、家庭化的选择，没有人把它拉到社会秩序的维持这个层面上来考虑。

18世纪以后，健康—病态的二元对立从医疗语汇扩散为一种社会行为，也即人们在社会中的行动甚至心灵活动也被用此二元结构加以区分，"人们首先想到的，并不是那内在于组织化个体之结构，而是那由正常与病态构成的医学两极性"[1]。

在桂兰丈夫的眼里，桂兰的脚已被置于健康—病态的二元框架里加以审视，从而完全跃出了传统审美的范畴，而且被日益赋予了严重的社会意义，即对旧礼教秩序的颠覆。健康—病态的二元框架也重新分割了"美""丑"观念对峙的内涵，同时极力剔除性别特征对社会秩序的危害性，对女性缠足中所表现出来的"性征"的欣赏，原先具有私人化或家庭化的特征。可是在现代社会的医学管理观念中，就有可能对社会秩序和国家利益造成威胁，因此，对"天足"优点的鼓吹须在与男性平等的意念下，尽量消灭自己的女性特征。缠足中的审美内涵经过卫生解剖观念的筛选和剔除，使女性重新变成了男性"管理的对象"。只不过不是在家庭和传统的社交视界之内，而是在国家强盛和种族延续的意义上重新定位。

医疗研究对缠足性征意义带有"禁欲主义"色彩的贬斥逐渐扩散到了服饰穿着和社交礼仪等方面，出现了与男性趋同的社会风气，所以当时已有人感叹："从前的女子都梳髻、缠足、短装，与男子的服饰完全不同，我们一看便可断他是男女。现在的女子发剪

---

[1] ［法］米歇尔·傅柯：《临床医学的诞生》，刘絮恺译，时报文化出版企业有限公司1994年版，第6页。

了,足也放了,连衣服也多穿长袍了。我们乍一见时,辨不出他是男是女,所以我说,按照这种趋势,将来的男女装束必不免有同化之一日。"①反缠足的医疗性话语逐渐通过排除女性身体的性征形成一种社会的通识,并由国家法令的形式固定了下来。民国初年北京市曾制订《取缔妇女奇装异服暂行办法》就曾把对服饰长短的限制与禁止缠足束胸并列而论,甚至规定:"腰身不得绷紧贴体,须略宽松""裙长最短须过膝""衣袂最短须至肘""着西服者听但禁止束腰。"②规定中关注的多是对女性性征的约束与监控。上海的一家报纸还发布了几位女性的倡议,把化妆与缠足混为一谈,规定:"妇女应废弃一切首饰,不涂脂粉及衣服上各种花边云。"③这些都说明"禁缠足"运动可能会诱发相应的禁欲主义运动。

三、"缠足之美"与"缠足之痛"
—— 传统与现代理解的错位

"疼痛"的病理学分析与审美理解的差异

在对缠足的各种想象和评论中,"士大夫话语"基本上是在"缠足之疼痛"与妇女的外在体态之间建构起自己的审美想象关系的,如有以下典型的议论:"纵使初裹之时,难免痛苦难支之状,然裹之日久习惯自然。出入周旋,亦即行其所无事。一旦改穿新

---

① 北方的马二:《男女装束势将同化》,《展报》1925年04月05日。
② 北京市档案馆J5全宗1目录44卷,第145~146页。
③ 《顺天时报》1927年04月22日。

履，顾影自怜，更增一己之欢，兼取众人之赞，昭艳丽，助妖娆，如天仙之化人，如嫦娥之下界。"①这种话语还特别注意女性缠足后引起的身体姿态的变化对审美视觉的影响："夫人有生活之性，斯有变动之力。……即如妇女之足，初生本无可取，迨及裹成之后，日益加美，能使人爱之而飞魂，变动之力大矣哉。假使当初无人创为此谋，则当今之世，安能见此步步生莲之美态哉！"②

另有言论认为，缠足之习并非男性一人欣赏之力煽惑而成，而是社会风习浸染互动之结果。且看如下发自内心的感叹："盖足自具可缠之性，人但因势利导，顺理成章，足自渐缩渐消，日新月异，迨及真成点点，丈夫见之而爱，旁人见之而誉，自己视之而欢，握之而喜。如是以言，缠足之乐无疆，缠足之福实大，缠足实为舒心快意之事，缠足更为消愁解闷之方。"③

在此需要切记的是，"莲事之美"并非只是男性强权塑造的历史现象，女性显然也主动参与其中，对缠足加以品评、鉴赏和议论。女性并非被迫地成为观赏对象，而是同样主动地介入了对"缠足"历史的诠释过程，尽管她们大多数时常处于失语的状态。下面一则出自女性之手的议论甚至出现视缠足具有"美术价值"这样极端的表述："所有莲事之附属品，及莲之本质，皆富有美术价值，外而一鞋、一袜、一带、一帛，内而柔肌、腻肤、玉趾、秀腕，无一不具有超然之美，应以神圣视之。"④

很显然，这些议论并没有刻意回避缠足与疼痛的关系，而是突

---

① 佚名：《缠足小言》，《采菲四录》，第37页。
② 同上。
③ 《缠足论》，《采菲四录》，第39页。
④ 严珊英：《复缠秘诀》，《采菲四录》，第134页。

出强调疼痛后所造成的审美效果的补偿作用,甚至反其道而行之,在"小脚一双,眼泪一缸"之论外,大倡"大脚一双,眼泪一缸"的宏论:"其实在小脚盛行时代,裹脚的时候,果欲痛泪直流,待到双脚裹小以后,博得人人瞩目,个个回头。在家时父母面上有光泽,出嫁后翁姑容上多喜色。尤其十二分快意的,便是博得丈夫深怜密爱。"又说:"在那裹足时代,凡是爱好的女郎,没有一个不愿吃这痛苦的,他们以为痛苦的代价,便是将来无穷的荣宠。幼年时代挥撒几点泪,不算怎么一回事。哭在先,笑在后,哭是暂时的,笑是永久的。"①

这一议论着眼点在于社会习俗的赞赏对缠足疼痛过程的淡化作用,至于女性自身对疼痛的反应,虽缺乏资料加以详细的印证,但就目前有限的女性自述中仍可窥见社会风气的影响过程。例如1988年在对河南一位名叫尚玉兰的缠足妇女的调查中,尚玉兰在自述中虽在采访者的暗示启发下屡次谈及缠足的过程及其痛苦感受,但在口述末尾却骄傲地宣称自己因为脚缠得小而去替脚大的二姐相亲:"把我喜得半夜没睡着觉。"尚玉兰已经是生活在80年代的女性,却仍为小脚获得赞赏而不自觉流露出内心的得意,可见审美后果确实支配着对疼痛的判断,进而支配着女性的行为。②严珊英曾经从女性角度阐释了疼痛与快乐的关系,她说开始缠裹的时候:"一面觉得趾骨刺痛,一面仍是紧上加紧,她以为痛是一件事,缠是一件事,深知非紧缠不能收获可爱的至宝,非茹痛不能克偿神秘的大欲。"在这样的心理状态支配下:"痛时,虽值严寒天气,不肯着

---

① 邹英:《莳菲闲谈》,《采菲续录》,第271页。
② 尚玉兰口述,尚景熙整理:《忆缠足》,《上蔡文史资料》(河南)1989年第二辑。

用棉履，睡眠中常置双足于床栏上，彻夜倒悬，以防血脉之膨胀，而促足肌之瘦减。"经过一年的时间，"肉体上有时不免稍感苦楚，精神上却无时不感大慰，觉得未来有无上之快乐在。"①

严珊英的结论是：痛苦的代价导致了一件艺术品的诞生，是十分值得的，即使"偶有痛苦，辄以此等精神克制之，无不化苦为饴。常说'予爱予之纤足，过于爱予之生命'。盖信彼扎头、扩唇、割指、削足之流，及在无限不能以人力缩减之天足，竟能完成巧夺天工，易硕为纤之大愿，皆赖此哲理的爱好一念精诚之力，有以致之。质言之，胥视克偿大欲之决心而已。"②

我们虽然无法断定这段女性自述是否具有普遍涵括所有女性心理的作用，但多少可以看出对缠足的喜好绝非单纯的男权话语的支配力量这一单一的启蒙解释所能说明，至少女性自身也参与了缠足之美的世俗评价的建构过程。从某种意义上说，这些女性拥有相当自觉的自主意识。在具体的历史语境下，缠足之痛未尝不会带来缠足之乐，按照严珊英的说法就是："甘痛如怡的人们，设使没有他们最后无上的代价，合无上的快乐，来补偿他们，而达到满足他们大欲的地步的话，那么，他们的身体，一样不是木石做成的，谁又肯无故作那些个傻子不为的事情呢！他们不计目前的、暂时的任何痛苦，以谋永久快乐的心理，既都是基于他们欲仙佛欲作美人的大欲之一念，非具绝顶聪明，曷克臻此！"③这种议论虽与认为缠足纯属男性玩弄之物的主流解放话语相悖，却未尝不代表相当一批女性的自主立场和实际心理。

---

① 严珊英：《复缠秘诀》，《采菲四录》，第12、131页。
② 同上。
③ 同上。

"缠足之美"固然部分是男性凝视目光所塑造的产物,但似不可视其为唯一的诱因,否则女性的历史主体即会被置于完全"失语"和毫无自由选择的位置。这可以从史料偶尔流露出的女性对缠足自我欣赏的态度中察觉出来。如一位笔名燕贤的作者在《足闻一束》中比较各地缠足状况时,曾回忆自己幼时观看邻院妇女对缠足的欣赏和爱恋。这位妇女年约三四十岁,"在室内窗前向阳处,解其双缠,白足毕呈,反复注视,既而抚摩殆遍,一若把玩物状。约食顷,见其匝匝细裹,着大红鞋,轻轻踏地,注视如前状,若不胜其爱惜者。所可怪者,半小时后再窥之,则妇人适又展其双缠,捧白足而注视矣。友云是妇解布露足,注视把玩,日恒在十次以上,且逐日如是"①。

经过痛苦的过程之后,"缠足"之美已不仅仅表现为日常生活中对女性身体姿态的评价,而且逐渐被移植到了戏曲舞台艺术中,赋予了更为抽象的审美含义。比如古典京剧中扮演花旦的男演员都要练习"跷功",即模仿缠足女性的姿态,练习跷功的过程几如缠足一样痛苦。传说四大名旦之一的荀慧生曾忍着剧痛在装着半缸水的大咸菜缸缸沿上练跷功。王瑶卿后来主张废弃跷功的理由完全出于卫生的观点,他认为跷对身体不好,感到练跷功受罪,与练腰腿不同:"小孩正在发育,让他老这么脚尖顶着地站着……小孩叫苦连天,受不了。"②跷功虽然最终被废除了,但作为艺术观赏的对象却始终没有被遗忘,而且即使到20世纪90年代在男女演员的记忆中仍不乏正面的评价。如1994年采访武旦男演员李金鸿,李金鸿就

---

① 燕贤:《足闻一束》,《采菲录》,第282页。
② 黄育馥:《京剧·跷和中国的性别关系》(1902—1937),三联书店1998年版,第155、164、173页。

认为应把缠足时对女性的约束及缠足的痛苦和其实际的美观区别加以对待,他说:"小脚太残酷了,外国人一看,好像中国人就是小脚大辫子。其实这主要还是封建的时候,一个是约束妇女,另一个也是讲美。小脚走起路来和大脚就是不一样,就跟现在时装表演的模特似的,走的是'猫步'。"因此,踩跷作为缠足的艺术化表现形式,与缠足的步态近似:"绑跷也得这么走(即走一条直线),要是这么走就不好看了(即分开两脚走)。绑跷也讲究直着走,所以自然腰里就是很美的。缠足当然很残酷,妇女挺受罪的。但是绑跷作为一种艺术,作为戏曲来讲,还应保留它。"①

这是一个男旦的视角,而另一位唱花旦的女演员周金莲也有类似的看法,她说:"绑跷与不绑就是不一样,就是美,跷小,走起来就觉得飘。小脚老太太自然就扭起来了,再有功夫,就更好看了。"②这无疑属于女性相当自主性的看法,不能仅仅归类于男权视角的影响。

在我们原来的历史分析框架中,女性对自身感受的视角一直处于缺席的状态。女性往往是在男性行为支配和解释的阴影下出场的。对缠足与身体感受状态的研究,基本上是基于以下理念:男人以审美自娱的目光孕育出来的女性缠足世界,残忍地使大多数中国女性置入无边的苦难之中;而女性对缠足具有自主意义的感受,包括对疼痛过程与疼痛结果的不同感知与理解,都被遮蔽在了一种笼统的对"苦难"的政治化描述和记忆之中。

故当年的怪笔手老宣更发出怪谈,要把对男女关系的政治化定

---

① 黄育馥:《京剧·跷和中国的性别关系》(1902—1937),第155、164、173页。
② 同上。

位重新放在男女性爱吸引的感性角度予以重新把握。首先他对"压迫—屈从"的男性政治话语进行解构:"若说缠足的妇女,全是愿为'玩物',那么,家家坟地里所埋的女祖宗,有几个不是玩物?现今的文明人,有几个不是由那些玩物肚里爬出来的?我们追本溯源,不当对不幸的她们,妄加污蔑。"①政治视角的消解首先在于对处于历史现场的女性自身的感受投入更多的关注和理解,因为:"美的观念,并无一定标准,随一时多数人的习俗眼光就是美,看熟了,就是美;看不惯,就以为丑而已。在十年前,我们若见一位剪发女子,又说她是顽固是落伍了。"②

"甚至缠足审美的发明权在女子而不在男子,缠足虽然乃是取媚男子的工具,但控制权却始终握在女性的手里,是女性征服男性的武器,男性不过是在女性构织的魅力之下越陷越深而已。不过任何伤肌毁肤的修饰,经妇女发明之后,男子们就以此为喜爱与选择的标准,甚至她们对身体某部分摧残得愈厉害,愈能使男子们,爱之好之,如疯如狂!这并不是怪男子心狠,是怨她们自寻苦吃,男女间这种情形,并不关甚么帝国主义、封建制度,也不关甚么财产私有或公有,更不关'经济独立'或不独立,尤其不关甚么人格堕落不堕落,全是由男女的天性不同而起的。"③

从"两性战争"的角度诠释缠足的渊源,解构了现代政治话语附加于缠足现象的理解与观察,说女子缠足为诱惑男子之具,其好意在于把"两性之战"的主动权操于女性之手,这话不免有牵强和意气用事的成分在,而且也有重蹈"祸水论"的嫌疑。但老

---

① 老宣:《对于〈采菲录〉之我见》,《采菲录》初编,第8、10、18页。
② 同上。
③ 同上。

宣的言说确实想把评价尺度建立在男女情爱的生理框架内复原缠足作为两性相互吸引之现象的互为因果关系，而且特别突出了女性的自主意识，故对政治解说具有相当的纠偏作用。"因为男女各本天性，互相求爱，是维持人类于不绝的天职，方式虽然不同，并无轻重高下尊卑之可分"。老宣的提醒是，缠足现象同样是女性审美意识参与下形成的，甚至会出现"同性战争"的场面。一位叫金素馨的女子有一次随母亲赴邻村祝寿，来宾中的张氏姊妹由于小脚"瘦不盈握"，受到众人称赞；相反，则由于自己双脚又大又肥，受到了嘲笑。于是下定决心，"纵受任何痛苦，誓死加紧缠足，以雪此耻焉"。经过一番痛苦的缠裹过程，回到家中，众人"相与瞠目挢舌，争为予贺。自是惟从事于新式鞋袜，不再求足之小，而远近数村诸姊妹论足，已推予为魁首矣。"①金素馨缠足从被动到自觉，除了社会舆论的推力之外，女性间对缠足程度的相互认同也是使缠足日趋合理的原因。

与传统的审美取向构成鲜明差异的是，近代反缠足理论几乎越过了对缠足女性体态行为的评价，而是直接从缠足的内部构造入手来定义和描述疼痛的感觉，把它视作"解剖上生理上的变态"②。过去对缠足妇女行路姿态的描述往往是"踏青有迹，一钩软玉之魂；落地无声，两瓣秋莲之影"③，极尽赞叹欣赏之能事。而近代反缠足话语则抱着生理解剖的技术眼光给缠足的步态下了结论，定性的是"行路时起的障碍和特殊的步行"，以下这类病理式的疼痛

---

① 《金素馨女士自述缠足经过》，《采菲录》，第90~92页
② 朱善芳：《缠足和解放的方法》，《妇女杂志》1926年第二十卷第三号，第20~30页。
③ 《九尾龟》，引自《蒱菲闲谈》，《采菲录》，第239~240页。

分析经常见诸报端和杂志："大概缠足的人往往把身体的重心单注在脚跟上,所以身体动摇不稳固,而步行时全力都在跟部,发出一种重笨的步音来。踝关节的运动领域,因为足趾不活动,所以不很活动,行路时只见膝关节的屈曲或伸展,而不见踝关节的屈伸,又遇到外物接触着他的独一的拇趾的时候,往往发生剧痛。"①

在这里,"疼痛"按照健康—病态的医学二元标准重新进行了衡量和划分,然后再泛化为一种民族和国家的苦难记忆。我们发现许多新中国成立后的访谈和自述都是从"疼痛"入手扩展对缠足的记忆的,而对疼痛获得的快乐结果基本采取淡化的态度。河南临颍县天足会的一张公启中更把"疼痛"的摆脱与民族人种的兴旺发达直接建立起了因果关系,因为"放足以后,身体强健,老者放足可减免病痛,幼者放足发育较速,并无妖殇之患"②。然后直接推导出一个想象性图景:"天足之母生子必强壮易于养育",这显然是个无法证明的结论,再上升到令人咋舌的新高度,"我国二万万妇女,悉变成强健的女国民,能作生理事业,又可产出亿兆的男女国民,则中国可望富强"③。

"疼痛"被重新定义后,原来缠足疼痛所付出的代价是嫁个合适的人家,谋得家庭幸福,"疼痛"正是获取幸福的通行证。而近代对缠足之痛的理解则在健康—病态的医疗框架下被赋予了完全负面的含义。原来的疼痛既可能是社会习俗也可能部分是女性个人的选择,而现代意义上的"缠足之痛"被纳入一种国家利益的复杂

---

① 朱善芳:《缠足和解放的方法》,第20~30页。
② 杨海泉供稿:《民国初年"临颍县天足会公启"》,《漯河文史资料》(河南)1988年第二辑。
③ 同上。

关系网络中重新加以识别。在这个意义上，"疼痛"已不是个人选择不选择的民间事情，而是国家利益的真实反映，"疼痛"与婚姻幸福的对应关系被切断了。这样一来，疼痛换来的缠足公众形象之美，就自然消解在了国家种族的大叙事之中，因为"家庭""婚姻"的个人幸福也须服从于国家兴亡大格局的制约。

中国传统对反缠足话语的回应

一般论者均认为，缠足作为中国社会中的丑陋现象，一直得到了中国传统知识阶层理论的有力支持，而对缠足行为的批判完全是西方思想输入后引发的现代性现象，这种传统—现代的二元对立观，基本上把中国思想视为缠足现象的同谋和背景，从而排除了在中国传统内部寻找反缠足话语的可能性。然而事实证明，中国传统知识圈中确实存在着相当丰富而复杂的反缠足言论，其立意的基点与建构在现代医疗观基础上的西方反缠足话语有相当大的不同。尤其值得注意的是，晚清的一些反缠足话语并非统一遵循维新派设计的如下思维取向：即把缠足经过"医疗化"的处理，从而把它转换成一种现代政治现象加以审视，晚清部分反缠足言论出现的理由往往恰恰是因为缠足违反了中国传统中的某一类理念和规则，而不是对传统思想或规则的继承和阐扬。把这部分反缠足言说从受西方影响的现代医疗话语中离析出来，有助于我们理解反缠足运动的复杂性和多元特征。

近代以前禁缠足言论的出现至少可以追溯到宋代，宋人车若水在《脚气集》中即已抨击缠足摧残无罪无辜之妇女。①清代钱泳则从传统的角度批评缠足会导致女性柔弱,和人种衰退:"妇女裹足,则两仪不完,两仪不完,则所生男女必柔弱,男女一柔弱,则万事隳矣!"②这句话看上去有些形似于现代的医疗政治话语,实际上是从传统思路中延伸出来的评价。钱泳还从王朝更替的节奏中推断缠足与王朝兴亡的关系:"考古者有丁男丁女,惟裹足则失之;试看南唐裹足,宋不裹足得之;宋金间人裹足,元不裹足得之;元后复裹足,明太祖江北人不裹足得之;明季后妃宫人皆裹足,末朝不裹足而得之。"③这条史料曾被史家反复运用,其意即在于欣赏钱泳反缠足言论的政治视野,但此政治视野显然不同于处在国际政治秩序支配下的近代知识分子的视野。近代知识分子在缠足与强国保种的焦虑之间建立起有机的联系,与钱泳处理的王朝兴替的话题并非具有不言而喻的传承性,但我们至少可以看出反缠足言论在传统框架内仍有可能上升到政治的纬度。

尽管如此,晚清的一些反缠足言论并没有沿袭钱泳的思路,而基本上仍是在士大夫审美观念的笼罩下进行评论。比如光绪年间发表的一篇《缠足说》中的反缠足理由竟然是认为缠足不足以显示女性美的特征:"不知以古美人端在眉目清扬,肌肤细腻,态度风流,腰肢绰约,如必沾沾于裙底双弯之纤短,其亦每况愈下矣。就使其双弯纤短矣,而或面目极陋,几如无盐之刻画难堪,瑕不掩瑜,虽双翘为尘世所无,亦不得谓之为美。"④

---

① 梁景和:《近代中国陋俗文化嬗变研究》,第209页。
② 钱泳:《履园丛话》(下),中华书局1979年版,第631页。
③ 同上。
④ 《缠足说》,《申报》第39册,光绪十七年十一月初一,第930页。

这似乎是在为欣赏女性身体美的正当性作解释,完全是一种士大夫式的诠说姿态,然而下文却笔锋一转,认为男子娶妻与审美无关:"不知男子娶妻本为继嗣,原非若秦楼楚馆中卖笑倚门,令赏心裙下者趋之若鹜,足虽缠小无用也。"除了传宗接代的功用外,女子闺训中塑造出的女性特征仍是判别美丑与否的重要标准:"况妇以四德为要,假使颜色既美,双弯亦佳,而独不能娴闺训,河东一吼,四座皆惊,其不免邻里之耻笑,失男子之欢心者几希,足之小不小何益焉!"①

另外一位作者则同样指斥缠足只有利于在家里狐媚争宠,而无助于"妇德妇功",他发问道:"噫,养育子女将以妇德妇功,异日宜其人家乎,抑欲教以女子有使之狐媚争宠乎?"②这就直接把缠足与海淫风气联系了起来,与原有的缠足合理化的言论区分了开来。曾经有一位士子在看了张之洞的《戒缠足会章程叙后》以后醒悟到缠足不仅可区分男女,而且也可区分等级阶层,所谓"男之与女居处有别,职事有别,服饰有别,而自汉唐以后,因时制宜,则又别之以缠足,其不缠足者,边省僻县也,农民小户也。此外上自勋戚,下至闾阎,凡诗礼之家,缙绅之族,无有生女而不缠足者"③。

不错,缠足在中国社会中本是具有区分等级的功用,不过如果不稍加约束,其区分男女的功用就会膨胀起来,成为海淫的工具。原来缠足是为女性节步而设的障碍之法,结果因为青楼女子以

---

① 《申报》第39册,光绪十七年十一月初一,第930页。
② 贾子膺:《劝诫缠足说》,《大公报》1903年12月15号。
③ 《再书南皮张尚书戒缠足会章程叙后》,《申报》第57册,光绪二十三年九月十五日,第241页。

此诱人,所以到了晚清,反缠足言论中有不少已从"色诫"的角度为重设男女之防张目。比如一位晚清学人在听说西方妇女设天足会后,首先反应的是,中华妇女不出闺门者居多,所以天足会之设很难为中国女性接受。接着又抨击婚配以缠足之美为优选对象,有可能误导民众心理,抱怨:"又闻之今世俗之订婚姻者,往往于媒妁之前,询问女足之大小如何,而定婚姻之成否,至于德言容工四者之尽合与否,则多不甚措意也。"① 缠足本为家庭婚事方面增加性趣,却又想抑制其扩散为普遍的性解放行为,在这点上,传统范围内的反缠足话语倒是与现代性的反缠足话语强调女性个人与保国强种之间关系的"禁欲主义"言说有异曲同工之妙。

这套以整齐妇容为目标的议论,甚至渗透进了基层学校的教育之中,成为作文议事的范本。例如,在一篇江西吉安县立学校学生的国文习作中,就出现了如下议论:"缠足非古也,其始女学亡而妇容废,端庄齐敬之态度,后世失其传衍,于是竟为新奇,以取媚悦,而灭绝人道之徒,利此时机,逞其凶德,缠足之恶习,作之俑焉,其始也成为下流社会之风俗,其终也破坏世家大族之礼法。"②

如果从医疗史的角度观察,中国传统医学对反缠足的回应还表现在各种"缠脚药"偏方的发明和传播上。当时各种都市报纸上都刊登有缠脚药的广告,例如《申报》光绪二十二年(1896年)登有一则《包缠小足外洗药》的广告,广告中写道:"此药西蜀盛行,能舒筋活血,止痛化湿,凡女孩缠足痛苦万分,殊堪悯恻。只须用

---

① 《闻泰西妇女设天足会感而书此》,《申报》第50册,光绪二十二年四月初十,第19页。
② 谢振欧:《论缠足之害》,《中华妇女界》1915年第一卷第6期。

此药煎洗，逐渐缠小，三月之后即如意可观。每瓶四两，洋二角，另缠足内搽药，大瓶二角，小一角。"①

另一则《管可寿首创缠脚药》的广告中强调"此药缠脚不痛易小"，同时也治疗"幼缠僵不能走"的女孩。②《申报》上甚至刊登过"缠脚药声明假冒"的打假广告③，以示缠脚药在晚清仍是一种流行药品，同时也暗示出反缠足运动的曲折状况。在大量为缠足辩护的议论中，尚有一种观点认为"疼痛"的发生在于缠足手法的失误："盖缠之得法，实无多少痛苦可言，其法则不外勤洗、轻拢、慢捻，数种手段而已。"④一位缠足女子在回答好奇者提问时，特别强调七八岁的女子"骨之胶质多，其性柔软"，只要缠裹方法正确，"久而久之，于不知不觉中，足趾即可就范，尚何有多少之痛苦乎？"这名女子又称："莲之愈小而尖瘦者，行走愈不疼痛，至其半尺之莲及两足如船者，其行走愈加疼痛，此无他，盖拗时既不得法，未免因痛而不肯拗。迨稍知爱美，而年已老大，虽欲拗而不能矣。贻害终身，实自贻伊戚也。"⑤大量存在的缠足之痛反而源起于缠裹的不得法，这到底有多少医疗根据，或有多少代表意义，很难确考，不过从现在遗留下来的大量对缠足痛苦过程的描述中至少可以确知，民间母亲给女儿缠足时的手法真可谓千姿百

---

① 《申报》第53册，光绪二十二年，第688页。
② 《申报》第50册，光绪二十一年四月十二日，第38页。民初上海也出现了一些"放脚药"，如《申报》上就曾刊出过五洲大药房出产的放脚药广告。其中说道："此药活血壮筋，日常用之非但放脚有效，大益卫生，且能辅助生育。"参见黄克武：《从〈申报〉医药广告看民初上海的医疗文化与社会生活（1912—1926）》，《"中研院"近代史研究所集刊》第十七期下册，第185页。
③ 《关于金莲问题征答，答五》，《采菲续录》，第320页。
④ 同上。
⑤ 同上。

态,肯定会对疼痛的轻重程度有决定性影响;另外,所用药物无论是民间土方还是正规的中药,都可能对缠足后的骨骼位置及行走姿势与及行路时的舒适程度有差异极大的影响,不可一概而论。

从"金莲"到"高跟鞋"——士大夫与卫生视角的交错

高跟鞋的引进本为现代时尚在中国流行的表现,与缠足风气的没落恰成反差和对比,被当时舆论认为是上流社会取代缠足的象征性标志。然而在近代语境中,对穿高跟鞋女子步态与行姿的评价却存在着两种截然相反的观点,即从"审美"和"卫生"的角度出发作为评判标准。令人惊奇的是,"审美"与"卫生"的评价并不截然二分地出自传统与现代的两个阵营人群之口,而是交错存在于不同背景的论说中间。

比较典型的一种观点是蒋梦麟在《西潮》中的说法:"也许是穿着新式鞋子的结果,她们的身体发育也比以前健美了……我想高跟鞋可能是促使天足运动迅速成功的原因,因为女人们看到别人穿起高跟鞋婀娜多姿,自然就不愿意再把她们的女儿的足硬挤到绣花鞋里了。"[①]蒋梦麟的观点基本上把缠足与高跟鞋作为两个时代女性生活的象征对立了起来,但我们明显感觉到他仍是从体态入手分析,认为穿高跟鞋姿态在婀娜多姿的程度上远胜于缠足,这基本上还是一种传统文人凝视女性的欣赏角度。所以就有人专门从女性姿态入手予以反驳:"至西妇之好穿高跟鞋者,以鞋跟既高,则行走时有所顾虑,不能过于急速,且鞋跟愈高,行时愈见窈窕,正不输

---

① 蒋梦麟:《西潮·新潮》,岳麓书社2000年版,第99页。

吾国缠足女子之美观焉。"甚至高跟鞋"行时其声囊囊,与昔时弓鞋声之咭咯者,有殊途同归之妙"。这位作者还煞有其事地考证出中国自古就有高底鞋,而高底鞋的作用就是"使尖尖玉趾,不得不俯,盖其作用为辅助小足愈见其纤削耳"①。高跟鞋既然具有使足部纤削的作用,自然和缠足的功用无异,只是程度不同而已。

也正因如此,高跟鞋的流行受到了另一派言论的批评,如李一粟就认为:"高跟鞋是天足运动发起后的变相缠足,因为现代女性也许以为足太大了,未免要失去美观,但她们又不愿意开倒车去步古人的后尘,把脚缠起来,让她痛而不能行。最后自然只有穿高跟鞋以免露出马脚了。"高跟鞋"于行恰时,也可以收到袅袅娜娜之风韵、媚态"。正因如此,李一粟"以为应该要有一个第二次的真正的天足运动的产生"②。

这一派中与李一粟略有不同的观点多从健康与卫生的观念入手,有意丑化高跟鞋的审美特征,如有议论认为穿高跟鞋至少有三大害处,即不经济、不卫生和不方便。从卫生角度说:"不惜削足就履,走起路来,只得用那五个指尖头,于是原来的筋骨,尽被屈折,久而久之,两脚形成变态,有累及子宫的位置,造成月经不调和经痛!"自然感叹是免不了的:"这样还说是摩登吗?岂不是自己造孽吗?……不信,请看看十字街头的小姐,她们走路岂不是好像缠脚老太婆一样吗?慢慢地一举一踏,恐怕稍微着急,就有倾倒之虞,所以精神疲乏,气喘力竭。"③

---

① 卿须:《莲钩清话》,《采菲录》,第135、136页。
② 李一粟:《从金莲说到高跟鞋》,《妇女杂志》1931年第十七卷第五号,第30页。
③ 温建之:《广西女学生生活》,《妇女月刊》1935年第三卷第3期。

与袅娜多姿的评价相反的原因显然源自于对高跟鞋造成疾病症状的想象性延伸。有论者说得更为严重："久而久之，尻骨盘向前突出，子宫也变换了自然的位置，往往成不娠或流产的毛病。尻骨盘的前突，能波及邻近的脊骨也随之而弯曲，甚至身体衰弱，不耐劳苦，竟旷废了妻子的天职，岂不罪过。"①

　　又有一种观点从力学的角度立论，把高跟鞋与踩高跷相比较："其足趾用力之形式相等，踩跷无论如何矫健，亦可暂而不可久也。然其痛苦与后患，当之者自能知之，较之缠足之苦相伯仲耳。"②把忍痛显示体态的美学过程，转换成寻找支点而不得的纯粹生物物理学现象，高跟鞋之美自然要大打折扣了。如以下把高跟鞋与缠足做比较的描述就像一场冷冰冰的科学讨论，高跟之用意"据云此系西俗尚曲线美，有科学作用。因西方美人之曲线，在耸臀与献乳，成为S形。此与中国缠足作反比例，御高跟鞋足趾用力，其臀自耸，其胸自挺，缠足妇女，除环肥者外，其臀多缩，曲线甚小云"③。这样讨论的结果，自然人们无法纯粹从步态体姿上比较缠足与高跟鞋的优劣，因为它们共同是在科学的观照下被丑化的。

　　有论者有鉴于此，专从文化比较和习俗氛围规定的特有情景中立论，倒也显得不无道理，起码反映的是当时人们的普遍心态，在特定的历史场合，"缠足女子亦应纤纤细步，方能适合与精妙，任何变易，皆不雅观，变换标准以相讥诮，亦不达理。当缠足盛行时，天足妇女自惭形秽，每着高鞋，底作船形，行时前后俯仰，仿

---

① 《关于金莲问题征答》，《采菲续录》，第330、328页。
② 同上。
③ 同上。

佛小足者以为雅观，今则因风气不同而不取。而穿高跟鞋之摩登女，行时无异小脚女，故知缠足女子之行步实有一种雅观也"①。

也就是说雅观不雅观不可能由科学标准作出评判，而更多的是一种历史文化习俗的选择，即时人所谓"雅观不雅观，须就各样体态范围内而评定优劣，不可以龟鹤同列，而比较其颈之短长也"②。从以上所举对高跟鞋与缠足相比较的评论中，其实有一部分人明显承认高跟鞋不卫生不经济，可背后仍窃窃欣赏认同高跟鞋所带来的体态美。如1933年的《女声》杂志中就记有一条故事，其中说："某君大做文章骂女人穿高跟鞋，理由是不卫生、不经济，但他却不愿自己的恋人穿平底鞋。据说是因为他的恋人太胖，穿平底鞋太难看。"文章作者揣度此君的心理是："难看对于爱是有影响的，爱情动摇时，比不卫生不经济的损失还大。"③

四、介于现代国家控制与社会风化间的反缠足运动

胡仿兰事件——民间精英与国家行为的互动

在前近代社会里，缠足基本上是作为一种民间现象出现的，除清代以外，历代君主既没有故意提倡，也没有刻意禁止缠足现象的发生和蔓延。清初从崇德三年清太宗禁止妇女"束发缠足"，到康熙三年（重申顺治）时缠足者杖罚流刑的禁令，都没有得到实际

---

① 《莲妙》，《采菲四录》，第51页。
② 同上。
③ 《女声》1933年第一卷第二十三期。

的贯彻，其中原因当然和汉人绵延已久的民间风习影响至大有关。但清初禁缠足遭强烈抵抗的另一个原因是，汉人有意以缠足为族群认同的标志，以区别于满人①，甚至当时缠足的保留与明服入殓共同成为降清的先决条件。社会风习加上族群认同的双重制约，使反缠足运动的实施变得难度极大。直到光绪二十七年（1902年）十二月那拉氏再下劝诫缠足的上谕时，才促成了地方大员态度的转变，纷纷从各自任内颁发谕示敦促放足。据说早在光绪二十九年（1904年），"中国十八省总督皆有戒缠足之示"②。这些谕示中虽有一部分流于具文，没有形成实际效益，但也有一部分地方官员与流散于民间的反缠足精英团体建立起了良性的互动关系，反缠足运动开始逐渐走出空言呐喊的阶段。当时的实际情况是，十九世纪末兴起的反缠足运动主要依赖由民间知识精英群体发起的社会团体为主导力量，但这些团体提出的口号过于玄远，没有与社会风习的需要真正衔接起来。比如在早期《不缠足会章程》中虽规定会员之间婚姻皆娶放足女子，却并未考虑大多数缠足女性的出路问题，所以基本处于自说自话的状态。而（1902年）谕旨的颁布，则有可能使民间反缠足团体突破精英空言鼓动的无援状态，直接转化为一种国家行为后，使反缠足运动演变为具有强力控制的特征，大大扩张了其在地方上的影响力。

以下我选取一个发生于江浙地区案件，具体考察这种互动过程的形成和加强的趋势。1902年禁缠足谕旨颁布后，两江总督端方随即发出禁缠足示令，指斥缠足为害之处有四端——包括伤恩、丧

---

① 王振忠：《〈朱峙三日记〉所见晚清武昌县民及其变迁》，《民俗研究》2001年第1期，第115页。
② 《天足会来函》，《万国公报》，光绪三十年甲辰九月。

耻、致弱、致贫，基本上包含了早期反缠足话语从医疗、卫生与强国保种角度对缠足现象的批判内容。看上去并无新的创意，但引起我注意的是示令的最后一部分，强调要避免以往反缠足陷于"空言告诫，终恐视为具文，难资鼓舞"的境地，依靠当地乡约、保甲等基层组织和乡绅等社会阶层具体推行谕旨，建立奖惩标准："如有劝谕得力之绅董，果能移风易俗，应准由各原籍州县详情奖叙，或给匾额，或赏顶戴，其举贡分发教职等准予委署乡约、地甲等，或赏顶戴，或赏银牌、衣料，或免差徭。其劝不得力者，应由州县官随时诫饬乡约地甲人等饬期逐渐转移。"①

对地方乡绅的奖惩原则制订得不可谓不具体，只是是否能具体实施，从何角度切入社会层面始终是一个谜。然而在海州发生的一起命案，终于有机会使处于民间自语状态的放足会与官方的申令程序之间建立起了实质性的互动合作关系。

事情经过如下：海州沭阳一处叫上马台的地方，一位叫徐嘉懋的人，其儿媳胡仿兰平时思想激进，以振兴女学为己任，不仅率先倡导放足，而且自己亲自躬行实践，遭到婆家的极力反对："姑则阴谋暗算，欲用桎梏主义驱使奴仆强令复缠，继则变为鸩毒主义，将女士于三月初八日锁闭房中，给以鸦片，令其自裁，不予饮食者四日。"②徐家一位女仆偷偷告诉了胡氏母家。胡母知道这一情况后，赶快抬着轿子来接，却被婆家拦住，胡仿兰一见脱身无望，随即仰药自尽。

---

① 《江督示禁缠足》，《申报》第88册，光绪三十三年四月十八日，第377~378页。
② 《女士放足被逼毙命骇闻》，《申报》第88册，光绪三十三年五月初四，第568页。

胡仿兰自尽后,江苏教育会官员宋敦甫因公到沭阳办事,偶尔听说此事,起初并不相信,通过明察暗访才得知详情。令宋观察大感吃惊的是,胡仿兰的死并未在当地引起多少人同情,"沭人非独不以女士之死为无辜之冤,反谓因放足而死有应得之咎"。所以决心"备叙始末,分布各处为女士申雪"①。与此同时,江苏教育总会在沭阳的会员也以信函的形式报告了胡氏之死的情况,并附上了宋敦甫的报告。江苏教育总会立即致函端方,一面声称:"不意同在吾帅景风淑气之中,而尚有此黯雨愁云之惨"以动其心,一面又对地方机构的干预能力提出质疑:"岂地方官亦以为妇固宜死而嫉视此妇,不独徐姓翁姑及其夫男欤。"主张按清律中尊长凌虐卑幼致死的律文予以惩罚。②

江苏教育会发出的声音矛头指向的是省以下的县级地方官督办不力,而其中最重要的一段是:"但此等乡愚不识字者多,尤鲜与上等社会交换,其嫉视伊妇之提倡放足,以为妖言惑众,犹之顽锢士绅,嫉视一切新政,而以为甚于洪水猛兽也。"这已经把受新学教育的人士视为上层,教育与否与"缠足""天足"之间建立起了与过去完全颠倒的对应关系:"普通教育之消亡,其流毒乃至此极,尚何言哉。"③过去闺中女性因不必劳作而有闲暇,缠足与闺秀阶层身份形成对应关系;"天足"女性则与劳作阶层有关。接受新学教育与否一旦变成是否进入上等社会的标尺,社会风习就会被迫随之转移,然而这种转移并非出于自然,而是政府行为规训的结果,如光绪三十三年(1907)北京曾颁布《缠足妇人贬为贱氏之

---

① 《申报》第88册,光绪三十三年五月初四,第568页。
② 《江苏教育总会致江督端午帅书》,《申报》第88册,第708页。
③ 同上。

新令》中甚至强行规定："嗣后女子缠足即贬为贱民，凡缠足妇人不能受其夫得子之封典。"①官方明令把缠足妇女贬为贱民一旦在社会上树为标准，将会对缠足妇女的命运造成极大影响，使她们从"诗礼之家，缙绅之族"的典范群体迅速沦降为"弱势群体"。

如果说作为半官方性质的江苏教育会在胡仿兰事件中刻意强调天足与新式教育的关系，那么作为民间组织的上海天足会则极力借助官方力量，使民间的反缠足势力拥有合法化的依据。如天足会沈仲礼观察在上端方书中就强调要地方官出面严究此事，派淮阳道提徐嘉懋夫妇到案，从严惩罚，"并祈恩施颁发匾额，旌表徐胡氏，以慰冤魂，而资开化"②。颁发匾额原为旌表节妇烈妇，对胡氏的表彰延用朝廷对乡间妇女的旧规，显然意在得到官员更强有力的支持。

有趣的是作为半官方的江苏教育会与作为民间组织的上海不缠足会在处理胡仿兰案件时表现出来的关注焦点颇为不同。江苏教育会比较刻意强化缠足与未受新式教育之间的因果关系。据上海学界公推的调查员李埧的报告，胡仿兰死前放足已有两年，而婆家并没有强行威逼干涉，逼死胡仿兰的原因是，胡氏志在创兴女学，当年春天两江女子师范招生，胡氏想前往报考，受到婆家的阻拦："而女士励学之心益切，翁姑以为该氏洋教之心始终不渝，一经入学未免有玷祖宗，而死氏之心乃于此决。"③

另有一份胡仿兰留下的《别兄嫂书》中也提及："妹虽不贤，

---

① 《申报》第89册，光绪三十三年七月二十日，第702页。
② 《申报》第88册，光绪三十三年五月十七日，第720页。
③ 《淮徐海留沪学界公推调查员李埧报告书》，《申报》第89册，光绪三十三年六月十三日，第261页。

亦无大过,不料竟为放足及想入学堂二事,使妹如此,妹死不足惜,唯念创兴女塾之志未就,女儿又小,将来必致缠足。"①所以江苏教育总会在上端方的报告中强调要"罚徐氏巨资建设女学,即以女士之名,并以徐氏妇生女由官断归母家抚养教育,免遭其祖父母之虐待"②。罚徐氏巨资建女学,其实已属于官方行为,与地方士绅捐资助学的传统行为有很大区别。关于罚没徐氏财产兴学的过程,中间还有反复。当时调查员报告徐嘉懋拥有丰厚的资产,县令俞夔坿提讯当事人核实,讯问后未加深究。这件事被报到端方那里,据调查员报告,徐家有田亩三十余顷,约值五六万金,"而其呈验契券为数仅十七顷,只及其半",而俞县令在核收的时候并未派人清查,引起当地士人一片哗然。而徐嘉懋通过运动关系,只罚了三四千贯,所以当时的士人要求对徐嘉懋从重科罚。③

　　近代以来,兴办新学实际上是国家统一现代化规划方案的组成部分,它的示范意义不是仅仅用"教育"一词的内涵就能说明的,它还兼有改造和模塑社会风习的责任。罚徐氏建女学不仅从正面直接肯定了胡仿兰报考女学的合理性,而且间接肯定了放足的正当性;同时由于在"放足"与"新式教育"之间建立起了因果意义上的合法纽带,也就为放足女性从弱势阶层上升为上层群体提供了有利的轨道。

　　而天足会针对此事的运作方式则颇为不同,他们把纪念胡仿兰的行动演示为在政府督导下的民间反缠足运动,如通过召开特

---

① 《申报》第88册,光绪三十三年七月二十日,第720页。
② 《江苏教育总会致江督端午帅书》,《申报》第88册,第708页。
③ 《沈仲礼观察上江赘端午帅禀》,《申报》第90册,光绪三十三年九月初一,第442页。

别大会，将胡仿兰的事迹列入天足会季报，"更演成戏剧，付诸梨园以为永远之纪念"，其目的是"使下流社会群知女界文明，有女士其人者足资观感"①。这明显仍是站在精英立场上启蒙"下流社会"的姿态。不过，这次宣传更加注重借助官方的参与来增加运动的合法性。胡仿兰事件在江南地区逐渐波及为一场颇具声势的放足运动。光绪三十三年（1907年）五月，苏州放足会会长谢长达在苏州召开了一次追悼会，然后偕同潘韬芳、王季常到沭阳开会。八月二十三日抵达沭阳，由沭阳劝导不缠足会发起人吴铁秋安排在城内秦女祠住下，同时该县县令俞夔掬出告示晓谕民众。八月二十五日，以山西会馆为会场，隆重召开追悼大会，当时有四五百人到会，俞县令及夫人蔡华娟及女儿俞潄芳、沁芳也一齐到会。当时报纸的描述是："诸女士登台演说，委婉剀切，闻者鼓掌。"第二天又召开放足大会，"来宾愈众"。当时的评论是："偏隅小邑，得二三女杰现身说法，耳鼓脑筋，经一番震荡，长一番智识。"②

中国的早期反缠足运动尽管兴起于民间，却基本上是知识群体自身发动的一场精英运动，表述的也是一套精英话语，无法与当时的社会建立起有效的沟通关系。而20世纪初的反缠足运动开始改变策略，运动发起人更自觉地把运动纳入国家的现代化方案制约的范围之内，而国家通过教育和各类新政开始建立起与民间风习不同的生活标准，力图颠倒社会风气影响下的价值轨范，包括对上下阶层的固有评判，如兴女学女塾等。天足运动与这些新的观念标准建立起了直接的关联性之后，才开始有效地修正民间习俗的影响。在胡

---

① 《申报》第89册，光绪三十三年六月二十二日，第370页。
② 《申报》第90册，光绪三十三年九月十九日，第622页。

仿兰事件中，官方（督府）、半官方（江苏教育总会）与民间（上海天足会）之间互相倚重的互动关系清楚地揭示了这一特点。

北平女子矫风队——一个城市控制的案例

放足运动在20世纪的中国展现的是一幅立体式的图景，与十九世纪末初兴的反缠足运动有所不同。十九世纪的反缠足运动均由受传教士影响的激进知识分子发起，他们所建立的各种反缠足组织由于没有充分考虑到民间风习对缠足女性的支配作用，所以提出一系列的反缠足方案几乎变成了封闭性的自说自话，无法与基层普通民众的需求建立起恰当的对话联系，充其量大多成为小圈子里的"知识话语"的自我诉求。而20世纪反缠足运动的不同之处在于，当年激进群体所宣示的"知识话语"逐渐为国家在实施现代化目标的过程中所逐渐认可，成为现代民族—国家理念资源的组成部分。我们从反缠足话语扩散为国家行为的过程可以看到，反缠足运动并不是一个女性进行自我解放的过程，而是一个国家控制下的习俗转换过程。很显然，反缠足习俗的形成不是自生自发的社会调节结果，而是训练、习得和建构的产物。①以下我们以北平城放足运动为例，来验证这一结论。

1928年5月，南京中央政府批准由内政部颁发禁止男子蓄辫和女子缠足的禁令，通令各省一体遵办，切实查禁。其中《禁止妇女缠足条例》中特别强调解放妇女缠足要分期进行办理，以三个月为

---

① ［美］保罗·康纳顿：《社会如何记忆》，纳日碧力格译，上海人民出版社2000年版。

劝导期，三个月为解放期。劝导期设置劝导员，解放期设置女检察员，协同村长、街长及警察执行。《条例》还就妇女放足的年岁及惩罚规则作了严格规定。以1928年为限，全国各地的反缠足运动的节奏和速率明显得到了强化，尤其是督导的力度明显加强。当时北平特别市政府社会局也依照此令具体拟定了劝导办法，设立了妇女矫风队，其任务为劝导放足、戒烟、剪辫（指男子之发辫言）以及其他不良习俗。成立矫风队的理由明显受到了精英卫生话语的影响，如社会局致公安局的函稿中就指出：缠足、蓄辫等陋习"均足妨害卫生，愚者不察，因沿不改，亟宜劝导禁制"①。

社会局在函中特别注明"现已纠集女同志8人，组织妇女矫风队一队，共分4组，每组2人，前往各区分途挨户劝导"②。在另一份函稿中社会局更强调矫风队员为"曾经登记女录事之心性和平、口才敏信者"，工作程序是："拟从内左一区先行试办，渐而及于四城四郊。"③女子矫风队的成立带有明显的强制性，与民间性质的放足会有所不同，奉行的是比较典型的国家强制话语。如在一份呈词中，矫风队员明确地对这场运动进行定位式描述，认为缠足陋习："成为自弱国民之习惯，因无强母，何能有强子女，又焉能有完善之国民，实为病国害民，损伤种族"，特别强调的一点是："专制之沿革而于青天白日旗下不能改革，则女界缠足之痛苦，永无解放之日矣。"④

与早期放足会所具有的独立民间特性有所区别的是，北平成

---

① 《社会局为请派警随同矫风队工作致公安局函稿》（1928年10月23日），《北京档案史料》1997年第2期。
② 同上。
③ 《社会局呈报成立妇女矫风队函稿》（1928年10月25日），引自上刊。
④ 北京市档案馆J2全宗7目录28卷。

立矫风队后，社会局才函请公安局会同社会局督促成立放足会。信中说："至放足会一层，敝局业已函请各法团从速组织，辅助进行。尚望贵局再切实函商各法团早日组织成立，俾收辅本相依之效。"①也就是说，这时的放足会不但由官方授意成立，而且成为女子矫风队的辅助组织。

正因为女子矫风队的工作方法和程序具有强制性，如挨个劝导，警察协从督察等，所以一度引起了普通市民的误会，以至于《晨报》报道各区署长请矫风队行为慎重。公安局认为《晨报》所载不实，特意作出说明："队员均系妇女，并有徽章、旗帜为工作时间特别之标帜，所云难免不无土匪混充抢掠情事，似与矫风队如风马牛不相及。"②据女子矫风队队员王啸秋的呈报，自1929年1月10日起，女子矫风队逐渐在空间上细化了劝导区域，即按北平城各区分段进行劝导。比如内一区劝导区域就分为二十八段，外三区分二十四段，其他各区也分十八至二十段不等，据矫风队的报告：外一区"第七段至第十段共四段，遂按日劝说缠足之害，解说放足之益，各住户亦皆赞同此举"。分段劝导的效果似乎是显著的，"并闻有一二住户，闻听内城各区有本队劝导缠足妇女即应解放各节，已有闻风兴起者，即日放足者甚多"③。

但从实际效果而言，其实劝导情形并不乐观。到1929年3月，社会局呈报劝导效果时对此仍无法回避，认为"北平为数百年专制旧都，居民习于旧染，一时不愿湔除者亦实繁有徒"④。所以应该

---

① 《致公安局函稿》（1928年10月23日），《北京档案史料》1997年第2期。
② 《公安局为〈晨报〉所载不实致社会局公函》（1928年11月24日），引自上刊。
③ 《妇女矫风队王啸秋呈报劝导情形》（一），引自上刊。
④ 《社会局呈报派员劝导蓄辫缠情形（稿）》，引自上刊。

继续复查，再申诰诫，由此女子矫风队的行动进入第二阶段。为了吸取第一阶段推进缓慢的教训，社会局拟订的第二期复查方案是，先制造舆论攻势。甚至借用汽车游行全市，同时印成《告北平市蓄辫缠足民众白话书》，分途散发，一面送登各报。经过半个月到一个月的宣传后，再派员复查，这次复查比第一阶段带有更为明显的强制性。社会局规定："遇有尚不剪放者，即时由各队员协同警区加以强制执行，按照部颁罚则分别处以罚金，并得将该罚款提出四分之一作为奖励巡警之用。其无力受罚之妇女，则捕送妇女救济院代为解放。"争取做到"惩一儆百，成绩当有可观"[①]。社会局在1929年3月24日的布告中更明确规定："缠足之女子，如年龄未满十五岁者尤应立时解放，其在十五岁以上三十岁以下之缠足妇女，统限于本年五月一日以前一律解放。设再阳奉阴违，即属有意延玩，定处该家长一元至十元之罚金。其无力缴款者，应即拘送妇女救济院感化部代为解放。"[②]

不仅处罚的力度加大，而且督察"档案化"的程度也相应提高了，建立起了缠足人数与户籍控制的对应关系，如《北平特别市社会局妇女矫风队复查蓄辫、缠足户籍表》中的栏目就包括区别、段址、姓名、年龄、住址、门牌等项目。在另一份《北平特别市社会局妇女矫风队每日复查工作报告表》（1929年5月1日）就包括：区别、未放足人数、已放足人数、迁移人数、回籍人数、出嫁人数、蓄辫已剪、未剪人数等项目。据矫风队简章的规定看，矫风队每天的任务是相当繁重的，虽然限定劝导时每户不得超过10分钟，每组

---

① 《社会局呈报派员劝导蓄辫缠足情形（稿）》，《北京档案史料》1997年第2期。
② 《北平特别市社会局布告》（稿）引自上刊。

每天仍至少要劝导50户。①以上引述的材料均说明，国家对反缠足运动控制的强度和密度在明显加大，而且这种强度的增加恰恰是因为世俗风气仍以缠足为美，"而顽固之流因仍积习者亦居多数"的缘故，也就是说，国家有意塑造和修正了民间风习，尤其是审美习惯。实际上这也从反向证明了放足运动作为国家行为与民间的自觉行动不应混淆视之，并非民众自觉效法的结果。

这可以从民众的反应中略窥当时的情景：1929年4月9日，内三区署巡警报称，当矫风队女劝员万又惢查至蚂螂胡同七号时，看到住户张朱氏女儿秀贞是缠足女，于是上前屡次劝说她放足，张朱氏"出言蛮横"，巡警协同万又惢把张朱氏和张秀贞带到警署讯问，最后被押到石碑胡同妇女救济院强制解放。②据供词称，张朱氏46岁，系河北南皮县人，来北平居住已三年，女儿张秀贞当年13岁。张朱氏供称1928年12月曾有矫风队员到家中劝说放足，张朱氏马上命女儿放足，可矫风队刚转身走开，张朱氏就又把女儿的脚裹上了。由于缺乏具体史料，我们无从把握张朱氏复缠的心理，但据有限的资料，我们仍可发现，反缠足运动与城市空间控制的关系。根据《北平特别市社会局妇女矫风队复查劝导放足剪发成绩统计表》的不完全统计进行测算，到1929年5月31日为止，北平市从内一区到外五区共有缠足人数3138人，其中已解放906人，占全部缠足人数的34.6%左右。若以空间分布为例，则各区显得很不平衡，如内二区已放足人数为51人，未放足人数是

---

① 《北平特别市社会局妇女矫风队简章》，《北京档案史料》1997年第2期，第16页。
② 《内三区署函送不服劝导张朱氏母女》（1929年04月09日），《社会局函复将张朱氏母女送交妇女救济院》（1929年04月09日），《朱张氏口供》。引自上刊。

206人,强制放足八人,罚款四人;外三区已放足人数136人,未放足人数158人,强制放足13人。这当然和矫风队的工作力度与各区缠足百姓的抵抗程度密切相关。

我根据报表做过统计,各区20岁以下的缠足人数的残留比例也有很大差异。从空间上来讲,基本上呈外向放射性状态,即越向外域发展,20岁以下缠足人数愈多。如内二区257位缠足女性中,20岁以下者占43人,约占总人数的五分之一;外四区222位缠足女性中,20岁以下占89人,接近二分之一。这说明越接近内城区,国家对缠足的控制越严密。

尽管如此,1929年7月,女子矫风队仍然由于财政竭蹶等原因无法继续工作下去。当时矫风队员王啸秋、刘毓曾上书陈情,认为北平城内放足状况是:"虽经本队调查并复查二次劝导儆告之力,当时遵行者固不乏人,而存观望者亦复不少,若不继续彻底查办,诚恐将来陋习终难铲除。"她们担心矫风队的工作如过眼烟云"与腐化政治则有何异?"①可见30年代的北京放足运动仍处于拉锯战的状态。

从禁缠到复缠——国家行为与民间风习的冲撞

近代早期的反缠足运动属于精英社团式活动,所以基本上停留在舆论传播的层次,早年的一些不缠足会组织尽管有不娶缠足女为

---

① 北京市档案馆J2全宗7目录28卷。其实直到20世纪30年代,北方许多地区缠足人数的比例仍远高于放足人数。如河南在1935年和1936年对56个县的调查中,发现相当一部分县的缠足人数仍高达百分之七十以上。参见《河南统计月报》1935年第一卷第1~12期;1936年第二卷第1~6期。

妻这样的规定,如谭嗣同在《湖南不缠足会嫁娶章程十条》中规定会中男女可以互通婚姻,同会人亦可与会外不缠足之女通婚,并想通过随地创办女学塾为天足女性身份的提高提供制度性的支持。然而早期精英设置的公共领域的封闭性由于无法有效地解决与普通民众的日常生活特别是缠足女性的婚嫁问题,所以早期反缠足运动根本无法在基层社会引起实质性回响,更进一步说是无法转化为自觉的群体行动。

社会风气的转变是多种因素综合作用的结果,其中既包含个人或群体身份的自我重新定位,也涉及群体之间审美评价标准的转移(包括不同性别目光的凝视),最重要的是这些标准的转换是通过什么样的途径予以制度化的。风俗转换绝不是自然发生的过程,而是带有相当强烈的暴力和强制性特征。从实际情形来看,禁缠足是否成功绝非当年谭嗣同等维新党人的舆论所能轻易奏效。我认为最难解决的首先是一种身份问题:在传统文化氛围内,缠足女性作为诗礼之家的象征,不仅有区分男女性别的功用,而且以此为标志成为区分上下层妇女的界限,这绝非某个精英组织所能轻易改变。它必须通过国家进行自上而下的干预,前引述(1907)贬缠足妇人为贱民的新法令一旦实施,效果未必立竿见影,却会从社会格局重组的意义上根本改变女性身份。

女性身份转变的制度化依据是女学的勃兴,原来缠足女性留守闺中是高贵身份的标志,民国以后则以入女学为身份显贵的特征,当然这仍是国家强行干预塑造的结果,不是自然演化的现象。如前述胡仿兰事件,胡氏想入女学及创建女塾,遭到婆家激烈反对,自杀之后仍得不到乡间的广泛同情。经过官方做出罚没徐家财产的暴力制裁和按传统方式加以旌表,以及天足会多次召开纪念和追悼会后,胡氏的身份才大大得到提升,胡仿兰成为官方和知识精英共同建构出的一个反缠足英雄的符号。反缠足与入女学从此建立起了一种固定的对应关系,同时也暗示着入女学恰恰是女性身份高贵的标志,而不是相反。同时,缠足女性往往被排斥于女学之外,自然容易被归于下层女性之列了,这肯定与国家体制对社会风习干预能力的加强有直接关系。民国以后,这种迹象表现得越来越明显。

民国初年,孙中山曾以国民政府的名义下令禁止缠足。除此之外,我们看到的一条最早的属于民国禁缠足法令的文件是《赣都督严禁女子缠足》,由于当时民国肇兴,还没有制订和颁布相关的法律,这份禁令中的处罚条款仍沿用清律,其中第一条规定就是"各女学堂不得收缠足之学生",明确了放足与受教育之间的呼应关系,因为缠足女子不得受现代教育,预示着她们可能失去从事现代职业的机会而处于受鄙视的地位。同时,这份禁令开始以国家法律的姿态起到了强行干预和改变社会风习的作用,规定:"凡缠足女子自此令宣布后仍然不放松者,无论何人不得为其媒介,违者照前清违警律,关于风俗之违警罪之,重者处罚。"还规定:"不得娶足不放松之女子为妻。"[①]

只是这种颠倒女性地位的法律性划界未必在乡间总能平衡地加以实行,往往是女学校仍收缠足女子入学,然后在校内督促放足,再配合以其他法律手段加强其效果,如云南凤庆县城里的顺宁县立女子小学校就吸收缠足女子入学,再劝导放足。直到1930

---

① 北京市档案馆J2全宗7目录28卷。其实直到20世纪30年代,北方许多地区缠足人数的比例仍远高于放足人数。如河南在1935年和1936年对56个县的调查中,发现相当一部分县的缠足人数仍高达百分之七十以上。参见《河南统计月报》1935年第一卷第1~12期;1936年第二卷第1~6期。

年,农村女学生,还有个别不肯放足的,县督学在视导时,劝令放足,否则用罚款来恐吓,学生害怕受罚的制裁,天足风气才有了明显的成果。①在学校内部劝放的手段相对还是较为温和的,如贵州织金的天足会陈章就在学校中聘请了一位穿着打扮"摩登"的女教师作剪辫、禁缠的示范表演。时人回忆说:"这个女教师叫章振华(张月石的妻子),她是贵阳人,短发、放脚,衣着大方美观,比较开化。"②这类示范有可能潜移默化地支配着人们审美心理的变化,特别是小脚与现代服饰之间难以兼容搭配,使其在流行摩登时尚的城市更难立足,如当时就有人注意到:"小脚女子剪发,益增其丑,剪发女子,戴西洋插花帽,露两鬓于外,远望之如画中人。"③

更多的地方可能仍是按社会风习的规则行事,由于入女学已渐成女子身份高贵的进阶之途,所以女子读书可能仍是谋求嫁个好人家,如有的地方女学生"除了在学校里读些书外,余暇时间都消费在装饰和照料家务方面,很少有专心苦读以求深造的,她们的目的,亦不过想借求学提高自己身价嫁个较好的丈夫而已!"在女性解放的新招牌下,这里面仍有浓浓的男权支配的意味在。特别是她们并没有认可天足与教育之间的合法对应关系,结果出现了这样的情况:"她们的外表装饰,大都和平常女子相似,不过衣服美丽些,她们大都还留着猪尾巴式的小辫,天足亦不能使其任意发展,间或有剪发者和脚较大的女子,则时常被取笑于邻人,说其为一个

---

① 陈兆昌:《凤庆妇女天足和读书史料》,《凤庆文史资料》(云南)1989年第二辑。
② 陈豫口述,柳方识整理:《织金"天足会"简介》,《织金文史资料》1985年第一辑,第165页。
③ 啸云:《剪发隽语》,《妇女月刊》1927年第一卷第三期。

半疯子。"①很显然，女学仍没有彻底取缔缠足女子在乡间的优势地位，转移风气也不可能靠平和的自然方式轻易达致。

事实证明，放足运动是在一系列极其严酷的法律程序实施中得以奏效的，这主要不是温和舆论倡导的成绩，而是律令暴力规范的结果。在《赣都督严禁缠足》令中，民国政府就不打算以倡导新风气为由与旧习惯展开平行式的赛跑，而是想强行阻断传统在民间的支配线索。其中规定："各靴店及洋货店及提包串卖之卖婆不得卖缠足鞋靴，违者除没收其货品外，照前清违警律第二十三条第三项处以五日以下之拘留或五元以下之罚金。"以下的律令则显得更加严厉，"十二岁以下之女子如有缠足者，其家属照前清修正刑律，第三百一十二条伤害他人身体律之第三项处以三等至五等有期徒刑，其在十二岁以上已行缠足者（年过四十岁以上者不在此例），自此令宣布日起严令一律不得再缠，限一年内一律放松（凡放松之度以全撤缠足条改用方布为率），至一年限满如再有不放松者，除照本条科罪其家属外，并将其本身照前清违警律三十六条第二项处以五元以下之罚金"②。

民国与清末反缠足运动的差别是：清末处于王朝体制向现代国家的转型期，中央政权与新型的地方精英之间也存在着一个磨合期，在这一阶段，一些激进知识分子一直试图把仅仅局限于社团圈子范围内的反缠足话语转变成国家认同的官方话语，并真正付诸行动。但是清末政府除形式上颁布过几条禁缠足法令外，一直没有具体可靠能贯穿至民间的措施。官方与激进知识群体这种若即若离的

---

① 赵月新：《沙河县妇女生活状况》，《女子月刊》1935年第三卷第1期。
② 《赣都督严禁女子缠足》，《申报》第117册，1912年05月31日，第594页。

关系，其实给官方与基层社会之间形成了一个谈判场域。胡仿兰事件所发生的曲折恰恰说明，清末地方大员虽然在执行慈禧谕旨时，已经考虑依靠地方绅董和乡甲的力量介入反缠足的过程，但仍限于文告宣示，没有实际的运作，这样就仍给民间缠足风习留下了很大的发展空间。

民国初年以后，情况逐渐发生了变化，由于国家政权把禁缠足变成了一种强制性行为，清王朝与地方社会之间自然形成的谈判界限渐渐被消弭了。当然，国家对民间社会风习的渗透和改造有一个日益强化的过程。例如民初山西查足派的妇女仍均是福音堂放过足的中国女教徒。据史料称："这些查足人一进村马上被传说：'二鬼子来了'（那时把洋人叫洋鬼子，把中国信福音教徒叫二鬼子）。小脚妇女一听说'二鬼子'来了，吓的魂飞天外没命的逃匿。"①其他地方民初也零星成立过"天足会"，如处云南偏远地带的通海早在1913年就在县城的女子小学校成立了"天足会"，号召成年妇女放足，幼女不再缠足，"言者虽然谆谆告诫，听者终属寥寥"②。稍晚些时候，山西曲沃在（1918）也设立了天足委员，"由城内曾任小学教员的杨月英（字益华）担任，负责向全县妇女进行宣传、教育、督察，当时曲沃城内高小学生，胸前佩戴桔红色纸质六角徽章，上写'不娶缠足妇女'六字，以互相提示"③，实际上暗示出迎娶天足妇女仍须冒被讥讽的危险。又如山西阳城在

---

① 宋学璟：《中国妇女坡小脚始末》，《运城文史资料》（山西）1986年第十辑。
② 尹瑞华：《民国年间的禁止缠足》，《通海文史资料》（云南）1988年第三辑，第84页。
③ 王琦、王居正、张相如：《民国初年的剪辫子、禁缠足》，《曲沃文史》（山西）1989年第四辑。

1919年展开的禁缠运动就是在知事吴杰已的主持下进行的,"阳城各村、间的公共场所,皆书有'稽查赌博吸烟缠足'的标语。西关村村民王和尚,因隐藏女儿躲避放足,被罚大洋五元"[①]。

国家暴力对民间风习冲击的最集中表现主要发生于1927年北伐成功以后。国民政府对地方社会采取了强制性的改造措施,目的是摧毁基层组织在传统空间中的自治调节作用,使国家权力尽量替代原有的制度运作机构。反缠足运动随之完全变成了政府支配的行为,特别是与国民党组织建立起了直接的隶属关系。如1928年河南郑州县长庄守忠和国民党党部联合各界成立"郑县妇女放足运动委员会"。由郑县俱乐部主任王泽民任主任,县党部宣传干事陈景阳任副主任,领导妇女界赵梅贞、张淑贞等十余人开展宣传,先发动女学生带头放脚,又分别组成城区和乡村两个宣传队,对街巷居民及村庄农民逐户检查,实行强制放脚。[②]甚至有的地区的放足运动干脆就是国民党党务的一个组成部分。如云南玉溪1933年就由国民党党务指导委员会成立天足宣传队,将暑期党义讲习班青年学员王文政、潘广缙、王慧心、孔宪高、尹秉义以及中小学校的师生计数十人,编为几个宣传小组,由警务人员维持治安,先城市、后农村,开展"灭小脚"运动。特别是"灭小脚"运动动员各区乡保甲当事人起来配合宣传,酌情罚款。[③]

又如河南南乐县在1928年夏天受到北伐影响,县国民党党部魏

---

① 张惠民:《从绣花鞋漫谈吴知事解放天足》,《阳城文史资料》(山西)1987年第一辑,第172页。
② 吕秀贞:《郑州的妇女放足运动》,《管城文史资料》(河南)1990年第二辑,第49页。
③ 王德庵:《缠足与放足漫谈》,《玉溪市文史资料》(云南)1988年第四辑,第253页。

锡瑕先生等人，邀请了六七个大名五女师毕业的学生，在南街女子小学成立了"南乐放足会"，隶属县政府领导，并支付经费。可见"放足会"已非自发民间组织，而是带有相当强烈的政府背景。放足会成员经常结伴下乡、宣传、检查放足，遇到固执不放者，罚洋一元，以至于不少妇女一听见"放脚的来了"，就吓得关门闭户、东躲西藏，有的钻进床底下，有的爬到顶棚上，有的藏到地窖里，放足委员甚至遭到殴打，放足运动渐趋低潮。而到了1933—1934年，县政府重整放足队伍，放足会长由警察局长吴玉全兼任，巡官李绍资负责放足会事宜，放足会成员增至十几人，下乡由警察保护。政府向各村布置的放足任务，比以往更加细密、具体，指定村长和学董负责，学生宣传动员，任务落实到户和人，放足范围是30岁以下的妇女，重点对象是未成年女子。放足会两人一组，分片包干，负责督促检查、验收汇报。发现缠足未放者罚洋1~3元，查到小女孩新近缠足者，罚其家长15元，并强制放足，撕下裹脚布挑到当街示众。①

　　1927年以后的反缠足运动与过去的一个很大区别是具有鲜明的暴力强制特征，而不是国家与社会风习妥协谈判的温和对峙状态。这方面的例子很多，如湖南南漳"天足会"对不自觉放足者进行检查时，"警察随行，携带筐子扁担，内放剪子与火钳，发现30岁以下妇女未放足的，会员就亲自动手，用剪子剪开缠脚布，用火钳扯下脚布，放入筐子里，带回烧毁，对抗拒者，由警察带回警察局拘留，放足后始放出"②。

---

① 《打碎锁链，还我天足——南乐妇女放足史》，《南乐文史资料》（河南）1987年第一辑。
② 郭铭宪：《南漳天足会》，《南漳文史》（湖北）1987年第一辑。

云南通海县县长周怀植在亲自主持盘查过程中发现有老少二人故弄玄虚:"一为奶奶包庇孙女,一为本人制造假象,同样用布条包扎脚尖,穿上大鞋,想瞒过放足会员的眼睛,被查出后即刻将此老、少二人带到南门口扛枷示众。"①还有的地区的天足会干脆设在了公安局内成为其分支机构,如玉溪排山屯张桂清当团长回来,一位当事人余和轩回忆说,1932年3月20日神像回殿,龙山大庙唱戏三天,余和轩同夏家厚、朱自仁每日下午戏散后,堵在路上,强迫女青年解下自己的裹脚布放火燃烧。当时放脚的妇女乍一来不习惯走路,过后就骂毫不讲人情。②

一位河南郸城人回忆40年代家乡反缠足情形时说:"记得黄水过后的一年秋天,驻在我们双楼集上的国民党游击队,到处撵妇女放脚,有的女孩子听说放脚队来啦,不是越墙跑,就是躲藏在红薯窖里。偶尔被发现者,便捻着双脚强行扯掉缠脚布。有的还用竹竿挑起某某女孩的臭裹脚布游街示众。"③更为严重的是,福建漳州妇女激烈抵抗放足,甚至谩骂当局,漳州放足机构"乃思得一法,令劝告人各持一鞭,凡小脚妇女上街,即以鞭鞭其脚,惊逃则逐之,小脚点地带跳带跌,至家已不胜其娇喘,而追逐者复在后嘲之曰:汝以小足为美,今欲逃不得,盍早放却。"④甚至有逼死缠足妇女的情况发生,如洛阳放足委员会派周委员赴乡下检查放足,

---

① 尹瑞华:《民国年间的禁止缠足》,《通海文史资料》(云南)1988年第三辑。
② 余和轩:《玉溪破除迷信和天足运动》,《玉溪文史资料》(云南)1988年第四辑。
③ 徐云卿:《郸城妇女缠足与放足》,《郸城文史资料》(河南)1990年第五辑。
④ 《莳菲闲谈》,《采菲续录》,第273页。

到了焦寨这个地方,"周委员见李姓院内一少女双足尖尖,见周避去,周追人强令脱袜检验,露出缠足白布。周委员以为有犯禁令,科以十五元之罚金,后经父女辨别,卒不允"。女孩子被罚后视为奇耻大辱,乘人不备,跳入井中自杀。①《民国日报》上一条消息曾以"匪窟中使人类兽化"为题,报道某一地区青年妇女:"16岁以上32岁以下者,皆须入妇女青年团为团员,一律剪发放足。不从者裸笞其下体,而被放足之妇女,并须日操四小时,不到者裸笞臀三十,迟到者打手心三十。"②

反缠足运动中的罚款行为由于有浓厚的政府背景作依托,在基层社会往往混生腐败现象。比如陕西武功县的放足运动,物色大足的妇女数人为领队(如武功镇华家堡大脚麻婆娘,贞元区邵家寨大脚女人邵雅宜等)奔赴四乡查禁。史称:"他(她)们一伙坐上马拉京筒轿车,竿挑妇女裹脚布,牌示禁令及惩罚条例,声势浩大。妇女闻风震恐,东躲西藏。他(她)们每一村弄的鸡飞狗跑,一些村长,先酒饭招待,且付罚金一百,暗中进行交易。这些人勒索一批钱物后,扬长而去,常因查禁放足进行贪赃枉法而引起诉讼情事。"③放足甚而成为生财聚敛之道,如有的县长委派的天足会两位调查员由于每月有二十圆薪水,结果县教育局长挟党部指导委员之威,介绍其媳为监察员,"于是支出陡增,遂加罚款,收入为补救之策,民怨沸腾,指为虐政"④。

清末确有人动议以征收"小脚捐"为由以弥补清朝日益亏空的

---

① 《采菲续录》,第273页。
② 同上。
③ 杨纯厚:《武功县有关天足会琐闻》,《武功县文史资料》(陕西)1989年第三辑,第128页。
④ 《采菲续录》,第276页。

财政，如徐建寅曾戏撰《征收缠足捐论文》，内中规定："足小三寸者，日捐三十文，足以五分递加，钱以五分递减。全国裹足者，统计不下八九千万之数，每妇女日约捐银一分，日共得银八九十万两，年共得三万万两。"至于"缠足捐"的用处："以十分之二抵厘金及津贴候补各官，则厘金可裁，官民乐从，以十分之一为皇太后修囿，则颐养有资；以十分之五充练兵经费，则自强有期；以其余分奖不裹足妇女及稽查，则人会益多。"①这虽然是一篇游戏文字，可无独有偶，1907年《月月小说》杂志上也刊有一篇题为《小足捐》的小说，其中谈到某省巡检为讨道员的欢心，冥思苦想敛财之道，最后居然想出"小脚捐"的办法，其中章程内说道："凡妇女足小二寸余者，每日收捐五十文，按寸以十文递减。若大至六寸者，即行免捐。按户稽查，另立捐册。"②这段文字虽出于想象，却不意在民国初年的反缠足运动中几乎变成了现实。

民国强迫放足的国家行为，曾遭到广大民间妇女各种各样的抵抗，主要表现为心理、生理上的恐惧，甚至于"只要一见着服装稍不同或陌生的男子，便以为是党部里去检查的人，于是吓得惊慌失措，在家里的，急忙躲到房里去，在田里工作着的，一下来不及躲避，有些便跑到那积水不深的沟里站着，意思是想把她们的脚藏在水里，便使人看不见了。……有一些被抽去缠足布的，只消等检查的才走开，她们仍然又把它裹上了。"③这是云南玉溪的情景，其他地区类似的情况也绝不少见。

---

① 《采菲录》影印本，第53页。
② 陶安化：《小足捐》，于润涛主编：《清末民初小说书系·社会卷》，中国文联出版公司1997年版，第63页。
③ 黄一帆：《玉溪的妇女》，《女子月刊》1934年第二卷第十一期。

当时缠足妇女的恐惧心态往往表现为相当直觉本能的反应，经常吓得乱躲乱藏，不过有的女性心理则很有些微妙，如湖北老河口的放足队对待"凡是已放脚的妇女，每人发一枚花形的'文明放足'证章"，这具有相当明显的导向作用，暗示得证章者已摆脱弱势群体的定位。老河口女性中放足会员工的衣着也是个焦点，1984年出版的一篇回忆中的评价是："她们上穿白色大襟的短褂，下穿黑绸裙子，白袜子、黑尖口鞋。手中拿着笔记本，她们的工作，她们的打扮引动了许多人的注意与羡慕。"①这有些掺杂了现代想象的描述，恐怕无法代表缠足女性的感受，在她们的眼里，大多数地区的放足队员不啻为魔鬼幽灵。

缠足女性面临的最大问题是如何应对放足过程带来的巨大心理压力和身体痛楚，为了顺利放足，大多数缠足女子"辗转思维，苦无良法"，有的人甚至想出了十分荒谬的做法："或以小羊将肚破开，双足纳入，数次即能放大。"结果自然是："如此法苟灵，而伤数条性命，以心何忍。"②一般的农村女孩有的放足仅是为了应付查脚，查脚的来了就放，查脚的走了再缠。这样缠缠放放，放放缠缠的女孩子的脚就出现了多种类型。人们把原来缠脚，后来又放开的脚叫作"半大脚"，也叫"解放脚"；缠而不放的脚叫"小脚"；自幼没缠过的脚叫"大脚"③。

小脚的"缠"与"放"深刻昭示着国家权力与社会风习之间展开反复对抗的过程，其影响最大的当属25岁以上这个年龄段的妇

---

① 秦学贞、怡雯：《杂忆放天足运动》，《老河口文史资料》（湖北广）1987年第十四辑，第37页。
② 施曼珠：《放足絮语》，《妇女月刊》1928年第二卷第一号。
③ 张修卿：《宜阳妇女缠足与放足简述》，《宜阳文史资料》（河南）1991年第五辑，第60页。

女，因为她们的脚往往已被缠死，很难再放大到正常的状态。其实即使是幼女缠足，也有一个技术高低的问题，比如有所谓"生脚""熟脚"之分。有论者说道："肉脚肥不易裹，骨脚瘦易裹，然骨又有软硬之分，骨硬者不易裹，骨软者易裹，易裹者越裹越小，越小越不疼，妇女谓其脚裹熟矣，不易裹者一裹即疼，越疼越难裹小。妇女谓之生脚。"这里面完全要取决于母亲缠裹技术的熟练程度，母亲缠裹方式的把握足以改变"生脚"与"熟脚"的自然状态。"又有脚本硬也，类乎生脚，而母或女加力极裹，变刚为柔，终成小脚；有脚本软也，类乎熟脚，而母或女美恶不辨，暴弃自甘，终成大脚。"①

1933年，孝义人强介堂曾在临汾写文章讽刺缠裹不当而形成的各种奇形怪状的小脚，如有"老鼠过梁脚、蒜菜疙瘩脚、一条鱼脚、萝卜脚、红贤脚、洋姜脚、粽子脚、鸭嘴脚、一炷香脚、捣蒜槌脚、前头杀猪刀后头羊肉饱脚"②等等。还有的地区盛行一种"钩刀脚"，"因为这种鞋脚的主人，每把双脚弄成割麦或割稻用的钩刀似的弯曲形，就有人给她们取了个名字叫作钩刀脚"③。缠裹技术的好坏甚至会直接影响妇女以后行动自由的程度，其中不乏脚小而步健的例子，一首浙东民谣中曾唱道："三寸金莲到田间，丈夫出门十八年，种起稻来碧青青，割其谷来橙橙黄，春起米来雪雪白，裹起粽来四角尖，做起活儿滚滚圆，做成白鹤上青天。"④歌谣中描绘出缠足女性在田间与家庭中仍承担繁复的劳动工作。林

---

① 佚名：《缠足小言》，《采菲四录》，第34、35页。
② 宋学璟：《中国妇女缠小脚始末》，《运城文史资料》（山西）1986年第十辑。
③ 希真：《从钩刀脚说起》，《女青年月刊》1932年第十二卷第9期。
④ 成维翰：《歌谣中的浙东妇女》，《妇女杂志》1927年第十三卷第六号。

散之在《漫游小记》中也看到:"嵩岳附近来此焚香者不下数百,妇女多缠足,无一解放者,然登山陟岭,不觉其难,路险凌高,异于常辈。"又恩荣记载:"潜山农民状况"时说道:"妇女多系缠足,荷锄耨地,不让男子,旱时且车水灌田,毫无倦容。"①又蕴卿记《东平妇女生活》云:"她们走起道来,脚虽小而善走。"②有人更说道:"尝见有脚小妇人,无论家之贫富,行动操作一任自然,不但不形局瘠,且便捷轻利异常。"③

从当时的状况来说,放足运动对年岁较大的妇女有更为严重的影响,她们的处境也最为尴尬,因为一旦放足不慎,行走起来可能比小脚状态更加痛苦。故时人已有评论:"其不利于行者,多为裹僵之半大足,若紧缠之真小足者,步履反极便捷。"④余淑贞曾详细描写放足的痛苦,说到勉强新中国成立之后,"一至寒季,足部血脉之不流通如故,而包围御寒之物已卸除,故十九皆患冻疮,及春溃烂几难移步"而且"缠小之足,无论如何解放,骨格早已变形,无法恢复,仅肉部作不规则的扩张,决难增强足力。倘御大而无当之鞋袜,更似腾云驾雾,扭扭捏捏,东倒西歪,转不如缠时紧凑有力"。特别是外观上更形难看,"小脚解放其结果常使足背隆起,肉体痴肥,如驼峰、如猪蹄,一只倒来一只歪"⑤。

---

① 《葑菲闲谈》,《采菲续录》,第238、332页。又参见新武:《云南妇女概观》,《女子月刊》1933年第一卷第10期;杨珈娱:《四川妇女生活概观》,《女子月刊》1934年第二卷第1期。
② 《葑菲闲谈》,《采菲续录》,第238、332页。又参见新武:《云南妇女概观》,《女子月刊》1933年第一卷第10期;杨珈娱:《四川妇女生活概观》,《女子月刊》1934年第二卷第1期。
③ 佚名:《缠足小言》,《采菲四录》,第34、35页。
④ 《采菲续录》,第332页。
⑤ 余淑贞:《书莲钩痛语后》,《采菲续录》,第53页。

1916年，就已有人从美术的意义上谈论缠足相对于天足的区别，为女性合理放足提供方案，他的结论是，足一旦乱放，反而会由美变丑，还不如过去的缠足女子。《妇女时报》登有一篇《美术的放足法》就警告说："放足之顷，若不得其道，其结果往往与美术之目的相反，于是或者肥而短，或者瘦而光，更有前锐如锥，而后方如圭，亦有前指翘起而后踵肥圆，较鞋底突出若干分，着地拖沓，使鞋后跟挫摺者，亦有足背隆起，厥状如棕者，种种怪状，不一而足"，这样做的结果反而"因葆爱新文明而转失其由美术之精神"①。

　　所以当时的舆论有相当一部分同情"半大脚"在现实生活中的难处，有人出主意说："再就好看一点上说，小脚诚然已成时代之落伍者，但是短而肥的半拦脚，既无天足之活泼大方，再无小脚的瘦小玲珑，实在难看。所以我主张要穿袜套，使她狭而长，不要使她肥而短，觉得好看一点，总之能放的脚，要尽量放大，不容易放的脚，要酌量的放，切不可随意乱放，变成屈死脚。走起路来扭呀扭，他人见了要作三日呕。"②有名叫邹淑珍的女士出来为已缠足的妇女请命，认为禁缠足没有像剪辫那样简单，"当街逼剪，也算不了一回事"，因此"禁缠"与"劝放"应分别处理，不可以年龄为限作一刀切式的处理。③

　　在此时代转型的时刻，"复缠风"一度骤然刮起，严珊英女士居然书写出《复缠秘诀》这样的奇文，她把"金莲"的缠法分成"古式"和"近式"的两种，以增强时代感。她认为具有时代

---

① 《美术的放足法》，《妇女时报》1916年第十八号。
② 《葑菲闲谈》，《采菲续录》，第280~281页。
③ 同上书，第277页。

性的缠法强调的是"务求极度尖瘦,不求极度短小"。而且复缠后也要注意现代卫生保健:"复缠后之饮食,亦应加以注意,宜多饮开水,多食水果蔬菜之类,辛辣浓茶咖啡,及其他含有刺戟性之食品,宜禁绝之。"①

"复缠风"当然不可能无限期地刮下去,大多只是针对"半大足"的女性过渡心理的权宜之计,"缠足"终于在日复一日的取缔实践中销声匿迹,我们可以从中领会的是,社会风气的实行标准有一种历史的地方氛围制约着其合理性的程度,后世的合理性设计往往应作为参照,而不应作为唯一的决定性标准。

五、余论

在本文中,"反缠足"运动被理解为以下两个过程:一是现代习俗观念的建构过程;二是社会秩序观念的重新建构过程。具体而言,第一个过程受到了西方种族与医疗话语的强烈支配。有学者认为,我们在研究过程中不但要注意西方关于种族与医学观点在现代化过程中如何被接纳和使用,而且也要注意到,在回应社会文化环境的转换过程中,种族和医疗的话语、逻辑如何使社会秩序的观点被重新建构起来。②

比如"进化"作为"退化"的对峙观点被鲜明地提出来后促

---

① 严珊英:《复缠秘诀》,《采菲四录》,第138页。
② Frank Dinkotter, "The Discourse of Race and The Medicalization of Public and Private Space in Modern China(1895–1949)," *History of Science*, 29(Dec, 1991).p. 411, p.415.

成了中国医疗观念的极大变化。原来中国医学的观点是认为通过治疗疾病使人体恢复正常的自然状态,这与儒家思想的基本逻辑正相吻合。而现代西方医学则认为,治疗不是复原人体的自然状态,因为自然状态的恢复恰恰是病弱退化的表现,治疗的目的是使身体发生符合于进化标准的"变化"。西方医学进入中国的含义恰恰起到了论证中国人身体病弱,不符合世界演进潮流的隐喻作用,医学技术的使用应和改造中国人的体质以符合进化观念主导下的世界发展趋势相联系。以此观察反缠足运动,就可发现其表述内容有相当大的差异。中国士人内部基于传统逻辑的反缠足言论一般局囿在身体发肤受之于父母,不得损伤这样的表述圈子里跳不出来,强调缠足的反自然性;而受西方影响的反缠足言论则大多在缠足与种族存续的进化原则之间建立起对应关系,反而不强调缠足是违反自然的行为,因为"自然"在现代变得有意义,恰恰是因为它是不断变化着的,即使偶有提及也设法把它链接到人种强弱的比较这样的线性发展状态中观察,而不是着眼于反缠足是否使中国人恢复到了一种所谓"自然"的状态。

  上述的"自然"状态不只是一种观念形态,而且也是一套基于此而形成的社会习俗与风尚。所以早期中国知识群体的反缠足言论面对的主要还不是与传统观念的较量,而是社会习俗对个体行为的制约,当时不缠足女性面对的最大问题尚不是社会舆论的压力,而是婚嫁命运的无定所导致的身份降低。因此,反缠足运动的实施只有在知识群体话语转换为一种真正的国家行为之后,而且国家真正能在身份方面保证女性的地位不至于下降的情况下才能发生实质性的影响。在此之前,国家必须接受反缠足运动设立的基本思想命题,这套思想命题与追求自然和谐的古代医学观念向强调种族建构的现代医学的转换有直接的联系。

古代医学把个人身体与宇宙类推成一个相似的系统,它把人整合在一个超越国家政治边界的帝国式的宇宙体系之内;现代医学则把公民与一个叫作种族的神话实体联系在一起。"公民"成为种族的一个组成部分,家庭也自然成为种族的细胞,可以起到强化种族生存的作用。①在种族对抗的语境中,优生学意义上的医学成为国家斗争的工具,我们前引的反缠足言论中,许多人都把缠足与种族的兴亡命运勾连在一起。由此出发,反缠足就不是个人的事情,也不是家庭之间可以控制的事情,而是国家作为整体形象所要考虑的内容,这样就完成了国家秩序对社会秩序(包括风俗、信仰)的取代过程。

---

① Frank Dikötter, "The Discourse of Race and The Medicalization of Public and Private Space in Modern China (1895–1949)," *History of Science*, 29 (Dec, 1991). p.411, p.415.